新編諸子集成

管子校注

上

黎翔鳳撰
梁運华整理

中華書局

目録

上册

中册

下册

序論

一九六二年秋，余參考郭沫若管子集校，重新校注管子，一年有半而畢事。甘苦曲折，喻之於心，可得而宣之於口也。

郭校收羅廣博，所未收者，惟張太岳等四庫全書考證，然其書極粗略，非有價值者。故宫文溯閣近在咫尺，無異文可徵，余未一顧也。

永樂大典輯於明初，所見爲宋本無疑，影印於郭校之後，輯得十餘條。如心術上「掃除不潔」作「絜」，制分「乘瑕則神」作「⿰王叕」，與楊本同。心術上「嗜欲充益」，王念孫以韻文校爲「充盈」，與「聲」爲韻，大典正作「盈」。其可貴有時在現存宋本之上。蓋所見非一種，殘缺之餘，僅二十函。乾、嘉諸儒，未嘗用大典校勘，爲可惜也。

郭校人手雜，勢不免有時漏奪，有時失序，有時失當。明法解趙本比楊本多「賞之違於法者」六字，未出校。單字未校出者不少。如侈靡「百姓誰衍敖」，趙本作「敢敖」。輕重乙「桓公衍終舉兵攻萊」，趙本奪「衍」字。輕重丁「衍布五十倍其賈」，趙本作「術布」。三「衍」字趙本皆誤。輕重戊「吾欲制衡山之術」，楊本「欲」作「谷」。

此一字關係學術源流甚大。老子「谷神不死」，河上本作「浴」。管子、老子同爲道家，以「谷」爲「欲」；書、易、左傳、史記「谷」皆音「欲」。禮運：「天秉陽，垂日星。地秉陰，竅於山川。」老子以「谷」爲玄牝，乃陰竅，故其義爲「欲」，非假借也。四時篇趙本與楊本次序不同，未指出。霸言「之時視先後之稱」至「國之形也自古以」凡三百二十五字，横截於「三滿而不止」句中，上二而下三，不能成句。湖北先正遺書中仿印朱本之錯誤，未曾校出。皆漏奪也。重令「則是教民邪途也」，郭云：「此下宋楊忱本正文脱四百四十五字，注文二百六十二字亦全脱。古本、劉本、趙本有之，涵芬樓影印再版本已補入。」所補爲後八頁，楊本九頁接八頁之後，不視爲缺頁，未曾説明。山至數「禄肥則士不死」，在「彼穀十藏於上，三游於下」之前，集校誤在其後，此失序也。輕重甲「管子曰：一農不耕」至「則是下艾」，缺「民」字；下文「死得藏」，「遺財不可包止」，管書在「下艾民」之前。此失當也。類此者尚有，非一二條也。

集校所引宋、明版本凡十有七，可歸納爲五類：（一）楊忱本。（二）趙用賢本。（三）古本、朱東光本、劉績本。（四）戴望所見墨寶堂本。（五）凌登嘉以下各本。

余謂楊本爲漢、魏之真迹，以其獨有之異字，獨有之次序定之。大匡「將胥有所定也」，郭沫若云：「古本、劉本、朱本亦均作『胥』，僅宋楊忱本誤作『咠』。」認「咠」爲誤字。然戒篇「賓咠無之爲人也好善」，下文「賓胥無之爲人也好善，而不能以國絀」，同在一篇之中，「咠」即「胥」，非誤也。枚乘七發「弭節伍子之山，通厲骨母之場」，注：「骨母，字之誤也。」韓勑碑「胥」作「骨」。「咠」作「骨」，漢隸也。七法「審於地啚」，各本皆作「圖」。戴望謂：「説文以啚爲鄙嗇字。」而韓勑後碑「改畫聖像如古啚□」，隸釋云：「啚即圖字。」權脩「國者鄉之夲也」，從大、十。説文訓爲「進趣」，非從木、一。而漢白石神君碑「本」作「夲」。問篇「以困兒德」，戴望云：「『兒』乃『完』字之誤。如上文『定冬完良』，宋本作『兒良』之例。完德，全德也。」各本均作「貌德」。郭沫若不信戴説，以爲「『困』假爲『悃』，言貌爲忠厚」。然隋張君妻蕭氏墓誌「浣」作「淣」，則「兒」確爲「完」字矣。大匡「桓公與宋夫人飲舡中」，各本均作「船」，獨淩登嘉同楊本。「舡」讀「缸」，形聲均謬，亦當爲誤字矣。然隸書「口」「厶」不別，如唐張封墓誌「私」作「和」，漢魯峻碑「強」作「强」，上文之「啚」作「畗」，則「船」可寫爲「舩」，再寫爲「舡」。説文「舩」字，廣韻作「舡」，是其證矣。今之「鉛」「鈆」、「沿」「㳂」等字，亦多互用。史記佞幸列傳「鄧通以濯舩爲黄頭郎」，漢書古今人表「晉舡人固來」。由西漢至東漢，隸書「舩」「舡」遞變，痕蹟顯然。六朝、隋、唐抄寫，沿用漢隸別字，其風未變。單以韻書言之，別體不少。姜寅清瀛涯敦煌韻輯收羅手蹟頗完備。如「胥」字廣韻及伯二〇一一王仁昫刊謬補缺切韻皆作「胥」。「壻」字刊謬補缺切韻作「娟」。唐韻及吳縣蔣氏藏唐寫本唐韻作「咠」。「鉛」字刊謬補缺切韻及斯二〇七一隋末唐初增字加注本陸韻皆作「鈆」，「船」作「舩」，「沿」作「㳂」同。而廣韻則從「㕣」之字皆作「公」。山至數：「今以諸侯爲笇，公州之飾焉。」「公」即「㕣」即「沇」即「兖」，「公州」即「兖州」。張佩綸、郭沫若不得其説，而多方改字，仍不能通。知爲別體，解釋極容易。

余由碑別體之啓示，解決不能解決之問題。輕重戊：「虙戲作，造六峜以迎陰陽。」「峜」，洪頤煊、莊述祖定爲古文「法」字。聞一多考定「六法」，無疑問矣。又云：「周人之王，循六㤄，合陰陽，而天下化之。」諸人以「㤄」爲「峜」之誤。然周人有八卦，無六法，且「峜」「㤄」形各異，定爲誤字無據。漢隸書「土」爲「山」，如漢景北海碑陰「赤」作「⿱山小」。以「峜」字從「去」例之，「㤄」即「志」。「志」即「識」之古文。周禮保章氏「掌天星以志星辰日月之變動」，注：「『志』，古文『識』。識，記也。」論語「多見而識之」，白虎通禮樂篇作「志」，則「六㤄」即「六識」。儀禮士喪禮「卦者在左」，注：「卦者，識爻卦畫地者。」少牢饋食禮「卦以木」，注：「卦以木者，每一爻畫地以識之，六爻備，書於板。」然則「六㤄」指識六爻於地或板，恰爲周人所循者。所謂隸書別體，非必具隸形，亦有形如楷書，而實爲隸之別體。如「急」之作「彶」，「池」之作「沱」，爲人所不注意。前述郭以「怠生」爲「怡生」，亦爲隸書別體，與此相類。山權數「民智而君愚」，別體作「㥥」。説文：「㥥，懽也。」通以娛爲之。諸人不知其義而改之。張佩綸謂當作「君智而民愚，君愚而民智」，郭沫若謂當作「民智而君智，民愚而君愚」，此皆不得其説而以意改之者。郭知「怠」之爲「怡」，而不知「愚」之爲「㥥」。甚矣！隸書別體之難辨也。甚矣！隸書別體之有助於校勘也。入國「徧枯握遞」，朱本作「偏」。醫書有「偏枯」而無「徧枯」，似能正誤矣。周易益卦「偏辭也」，孟喜作「徧」。「偏」「徧」不能相假。魏張猛龍碑「信」作「信」，魏奚智墓誌銘「徵」作「徵」，「彳」「亻」不別。曲禮「二名不偏諱」，鄭注謂「二名不一一諱之」，其義爲「徧」，然經典、唐律作「偏」，不作「徧」。以其相通，知朱本改「徧」爲多事，不明隸書之律令，爲妄作矣。

趙本改楊本隸書爲正楷，如上文所舉，「啚」之改「圖」，「咠」之改「胥」。然有時改錯，如「完」錯當「貌」。四時「鬭譯誋」，「誋」爲忌諱，趙本改爲「跽」，則爲長跪。大匡「凡仕者近公」，趙本改「公」爲「宮」，似乎近理。然小匡「公立三官之臣，市立三鄉」，「公」爲首都，趙不知也。小匡「人君唯僾與不敏」，「僾」訓掩翳，趙改爲「優」。

國準「燒山林，破增藪，焚沛澤，禽獸衆也」，趙本不知「禽」即「擒」，改爲「猛」。輕重丁「有五穀收粟布帛文采者」，趙本疑聲誤，依孟子改爲「菽粟」。不知「收」同「莜」，即蕎麥。小雅采菽本作「叔」，艸頭爲後加。「莜」本作「收」也。五行「神龜衍不卜」，趙本删「衍」字，忘洪範有「衍忒」之文，陳奂已爲訂正。有時將正字改爲俗字。心術上「掃除不絜」，趙本作「潔」。説文無「潔」，本作「㓞」，修禊采蘭水上，祓除不祥。「絜」訓「麻一耑」，乃借字，後人乃於借字之旁加水，則爲漚麻，非其義矣。總之，趙本不明故訓，所改多不可信。

古本、劉本、朱本爲一系，間有不同，而大體一致，其誤比趙本更甚，名曰古本，實不古也。輕重甲「遺財不可包止」，三本改爲「拘止」。春秋隱八年「盟於浮來」，公羊作「包」，「包」通「浮」，即「俘」，非誤字。輕重乙「家足其所者，不從聖人」，「聖人」指君，後世通稱「聖上」。古本誤認「聖人」爲「盛德」，改爲「望人」。「望人」不可通。輕重丁「物之生未有刑」，三本疑「刑」爲誤字而改爲「形」，不知「刑」假爲「型」。堯典「觀厥刑于二女」，是其證矣。輕重戊「虙戲作，造六峜以迎陰陽」，「峜」爲古「法」字，古本改「六峜」爲「大陸」。山權數「天毁埊凶旱水泆」，「埊」與「峜」不同，決非「大陸」，而「大陸」亦不可通。

第四種之宋本，心術上「簡物小末一道」，墨寶堂本「末」作「未」。說文：「未，象木重枝葉也。」釋名：「未，味也。」言其物多而小，「未」非誤字。國蓄「謂之託食之君」，戴望云：「宋本『託』作『記』，誤。」輕重乙「桓公衍終，舉兵攻萊」，戴望云：「宋本無『終』字。」許維遹云：「墨寶堂本無『終』字。」「衍」同「演」，桓公演武既畢，舉兵攻萊，去「終」字則不可解。重令「凡君國之重器，莫重於令」，蔡潛道本「君」作「右」，丁士涵謂「右」通「有」。考「右」通「又」，「又」通「有」，而古籍無以「右」通「有」者，實爲不合。

第五類爲明板，異字不足論矣。

郭校羅列衆本，不分輕重，使人目迷五色，則其失也。

別有類書，字句亦多不同。王念孫以類書改正文，影響甚大，略論數則。四時「毋蹇華絶芋」，劉績云：「後禁藏作『毋拊竿』，必有一誤。」洪頤煊云：「類聚二一、御覽十、事類賦注三引俱作『無絶華萼』，『蹇』是衍字。『華絶』二字誤乙，『芋』即『萼』之譌。尹注非。」王念孫云：「『蹇華絶萼』，類書引作『絶華萼』，所見本異耳。說文：『攓，拔取也。』『蹇』皆『攓』之或字，尹訓『蹇』爲『拔』，是也，但未知『芋』爲『萼』之譌耳。」三類書俱作「萼」，「芋」爲誤字無疑。然管書春發五政，五曰「無殺麑夭，毋蹇華絶芋」，各種皆有實用，獨禁折花萼何爲耶？儀禮士喪禮「其實葵菹芋」，注：「齊人或名全菹爲芋。」周禮醢人「七菹」，注：「韭、菁、茆、葵、芹、菭、筍。」「華」爲草木之榮，與花朵之「萼」有别。「蹇華」謂拔欣欣向榮之農作物，「絶芋」謂割韭、菁等。類書不解而改之。説文：「竿，竹梃也。」即全菹中之筍。春筍味鮮，長而成竹，竹園禁拔。禁藏房注：「竿，筍之初生也。」劉績謂必有一誤，而皆不誤矣。五行黄帝「得奢龍而辯於東方」，王念孫云：「『奢』當爲『蒼』。北堂書鈔帝王部十一、太平御覽皇王部四引此並作『蒼龍』。」蒼龍爲伏羲。金石索武梁石室畫像：「東方蒼精，其精爲龍。畫卦結繩，以理海内。」伏羲非黄帝之臣。且東方爲蒼龍，則南爲朱鳥，西爲白虎，北爲玄武，而皆不然，知「蒼」字爲類書所改。形勢解「奚仲之爲車器也」，王念孫云：「『器』字涉下文兩『器』字而衍。藝文類聚舟車部、太平御覽車部二引此皆無『器』字。」俞樾云：「下文云：『巧者奚仲之所以爲器也。』考工記曰：『一器而工聚焉者，車爲多。』此文以作『器』爲長。」俞説不全。形勢解謂「奚仲之爲車器也，方圜曲直皆中規矩鉤繩」，車不能中規矩鉤繩，中者爲車器。世本、尸子、墨子非儒、淮南脩務皆云「奚仲爲車」，無「器」字。類書删之，不知其不合文義也。上述數則，王氏所據類書，皆不可信。即以御覽而論，小問「走馬前疾」，御覽八百八十二引文同，三百二十九引作「馬前疾走」。「從左方涉，其深及冠，從右方涉，其深至膝」，御覽八百八十二引同，三百二十九引作「從左涉，深及冠，從右涉，深至膝」。若如王念孫之信御覽，則小問篇「錯誤」同時又「不錯誤」。其矛盾至此可爽然自失矣。

余之爲校注也，有問題之句，每字必考，不以常見之字而忽之。常見之字，往往蘊藏問題。輕重甲「桓公問四，因與癸乙、管子、甯戚相與四坐」，豬飼彥博、聞一多謂衍「四因」二字，張佩綸、許維遹謂衍「問四因」三字，皆以爲不可解矣。「四」爲常見之字，知假爲「駟」，則貫通矣。山國軌、山權數、山至數之「山」字，皆以爲誤字，予初用淮南說山訓注「說道之旨，委積若山」，釋篇名可通，然宙合「散之至於無間，不可名而山」，侈靡「能與化起而王用，則不可以道山也」，義不可通。宙合，劉績改「山」爲「止」；侈靡，丁士涵、郭沫若亦解爲「止」，定爲形近之誤。三人一致，當無問題，然不可以釋篇名。尋說文訓「山」爲「宣」，則五處皆貫通矣。輕重丁：「龍鬬於馬謂之陽，牛山之陰。管子入復於桓公曰：『天使使者臨君之郊，諸使大夫初飭，左右玄服，天之使者乎。』」末句不可通，豬飼彥博、顧廣圻、陶鴻慶均疑有脱字，若知「乎」爲「評」之借，則天使呼召，文從字順矣。「乎」假爲「評」，甲骨、金文常見，好以甲骨、金文釋管之于省吾曾不感覺。以「者乎」二字爲疑詞，乃常見也。予自經幾次教訓之後，每字必查，於舊説之改字，不肯信矣。早年崇拜王念孫之心理，乃大變易。

予之爲校注也，擴展舊法，通用之法四：有問題之字，先求説文本訓；不可通，求之於假借；不可通，求之於聲訓；最後均不可通，則定爲形誤。

説文本訓，至易知也。小匡「用此五子者何功」，俞樾、姚永概、張佩綸皆以「何」爲問詞，惟孫星衍知爲「擔荷」之「荷」，乃説文本訓也。戒篇「天不動，四時云下」，姚永概、許維遹謂「云下」爲「云云」之誤，王引之亦謂「運，古字讀若『云』，故與『云』通」，釋爲假借，不悟「云」爲「雲」之古文，「象雲回轉形」，轉運乃其本義。上二則單純，述其複雜者。侈靡「辱舉其死，開國閉辱」，丁士涵釋「辱」爲「厚」，與「蓐」通，章太炎釋「死」爲「屍」，皆是也。然「蓐」何以訓「厚」，丁、郭無説。説文：「葬，藏也。从死在茻中，一其中，所以薦之。易曰：『古之葬者，厚衣之以薪。』」「死」即「屍」，「辱」爲以蜃殼去草，其訓「厚」，在「葬」字説解中。「辱舉其死」，爲厚薦以草而舉其屍也。「開國閉」，張佩綸以「闢四門」釋之。俞樾以「閉」乃「門」之誤字，改爲「開其國門，辱知神次」，而「國門」之含義則不問也。説文：「國，邦也。从口从或。」徐鍇謂「或」亦「域」字。古籀補以「或」爲古「國」字。「或，邦也。从口从戈以守一。一，地也。」「『或』又从土」作「域」。「或」、「域」、「國」爲一字，以聲變而不覺。周禮冢人「掌公墓之地，辨其兆域」，國門即兆域之門。考工記「匠人營國」，禮運「祀社於國」，皆謂「公墓」。「國」之本義，乃在「域」字説解中。由是知求本義亦非易事也。

假借者，聲近義通，王念孫擅其勝。群以爲法，然亦有曲折者。輕重己「夏日至始，天子祀於大惢」，王紹蘭以「大惢」即「月」，爲「晶」之譌。郭沫若謂與夏祀太宗、秋祀太祖同例，「乃人鬼之祀」，其言有理，然以「惢」音近於「昊」，「晶」若「皎」，謂即太郊，證據不足。魏都賦「神惢形茹」，注：「垂也。」假爲「蘂」。曲禮「立視五巂」，注：「巂，或爲『橤』。」説文：「巂，周燕也。」即「鳦」，乃商頌之玄鳥，祀簡狄爲高禖者，於是郭説證實矣。侈靡「則約殺子，吾君故取夷吾謂替」，張佩綸擅改爲「鈞殺于吾」。郭沫若謂義不可曉，疑爲談易牙殺子事。不知「子」同「祀」。周禮閩隸「掌子則取隸」，杜子春謂「子」當爲「祀」。「包」字説文解云：「巳在中，象子未成形。」子則已成形。金文「乙子」、「辛子」即「乙巳」、「辛巳」。易損卦「巳事遄往」，虞本作「祀」。「殺」訓衰減，「替」爲「廢」，謂約減祀典也。此二則稍複雜，然亦有簡單而誤者。侈靡「薄德之君之府囊也」，「薄」假爲「普」，「德」假爲「得」，其義易知。丁士涵疑「薄德」爲「博德」。以俞樾之精而改「府」爲「所」，釋爲「薄德之君之所囊也」，不認爲假借而釋本義，則單純之假借亦易誤矣。

第三爲聲訓。朱駿聲闢一目，用者極少。五行「五穀鄰熟」，戴望云：「釋名釋州國曰：『鄰，連也。』『五穀鄰孰』猶言連孰，即所謂屢豐也。」此外未曾見。予嘗用之，前述「山」訓爲「宣」，即其一例。心術下「金心在中不可匿」，劉績、洪頤煊、冢田虎、許維遹皆謂内業作「全心」，爲「全」之譌。内業「全心在中，不可蔽匿」，承上文「心全於中，形全於外」，確爲「全」字。此則承「鏡大清者視乎大明」，下文「金心之形，明於日月」，文義一貫，非誤字。釋名釋天：「金，禁也，氣剛毅能禁制物也。」白虎通五行：「金在西方。西方者，陰始起，萬物禁止。『金』之爲言禁也。」「金」、「禁」同音，故「捦」之或體爲「襟」。物稱之爲「禁」，而其形爲「金」。説文謂：「生於土，从土，左右注象金在土中形。」地數：「上有丹沙者下有黄金，上有慈石者下有銅金，此山之見榮者也。君謹封而祭之，距封十里而爲一壇，是則使乘者下行，行者趨。若犯令者，罪死不赦。」蓋金可爲貨幣，爲兵器，禁民採取。釋名、白虎通之説，尚未抉其内蘊也。「金」音同「禁」，故兵以鼓進，以金退。釋名釋兵：「金，禁也，爲進退之禁也。」其義是也。孳乳爲噤，謂噤心不言而不可匿也。金人銘稱「古之慎言人」，亦謂其噤口不言也。戒篇「遂南伐楚，門傅施城」，姚永概謂「門傅」不辭，丁士涵謂「衎

『門』字」，不知釋名「門」訓捫，謂迫近施城也。心術上「天曰虛，地曰靜，乃不伐」，俞樾謂「『伐』乃『貸』字之誤」，天地不可伐。不知春秋説題詞「伐之爲言敗之也」。虛而靜則不敗，非誤字也。幼官「四舉而農佚粟十，五舉而務輕金九」，群以「十」「九」爲誤字，不知「十」訓爲具，「九」訓爲勼，聚也。説文解字形、聲、義並舉，義即在聲中，至劉熙釋名，專以聲訓。清代訓詁極盛，未曾運用，成爲具文，使一部分古籍不可解，抑亦大缺失也。

第四爲形誤。爲形誤而改字，王念孫喜用之，給後來壞影響不少。釋形誤有兩大原則：其一，詳爲考證，用各種方法不可通。其二，有堅强之證，上下文義皆貫通。否則，心靈一至，摇筆而定爲形誤，未有不謬者。其反面之禁條有一，金文、草書不可定形誤。形誤非隸即楷。金文在漢以前，隸定時不用。抄書雕板均慎重，不用草書。諸家用金文、草書定形誤者，無一可信，可以爲鑑戒。此外有隸書別體，似誤非誤，前已論之矣。輕重甲「夫妻服簞，輕至百里」，王引之定「簞」爲「葦」之譌，謂隸書相似。張佩綸定爲「單」字，引晏子春秋「民單服然後上」。言皆有理，要在上下文義。桓公因貴市皮幹筋角，非爲國之數。管子令高杠柴池，天雨，十人之力不能上。皮角爲九府之一，出於幽都，齊國出産少，而農業國不輕殺牛，故高杠柴池，使牛自斃。晏子云：「景公登東門防，民單服然後上。公曰：『此大傷牛馬蹄矣。夫何不下六尺哉？』晏子對曰：『昔者，吾先君桓公，明君也。而管仲，賢相也。夫以賢相佐明君而東門防全也。』」知高杠駕於高隄之上，牛馬上下難，多困斃。絶罷相繼而死，國家以高價收買皮角。晏子内諫下：「服牛死，夫婦笑，非骨肉之親也，爲其利之大也。」皮角價高利大，自斃乃得之，夫婦爲之笑。俞樾改「笑」爲「哭」，誤矣。霸言「埊近而攻遠」，孫星衍、宋翔鳳皆以爲古「地」字。王紹蘭謂：「地近攻遠之文不配，『埊』乃『峚』之譌。西山經『峚山』，郭音密，借爲『密邇』之『密』。」王説近之。然「密近」之文未見，仍有問題。「峚」乃「坴」字，説文：「土塊坴坴也。」山權數「埊凶旱水泆」，同形同義，即「陸」字，謂陸凶旱而水溢也。易「莧陸夬夬」，釋文蜀才「陸」作「睦」。唐扶頌「内和陸兮外奔赴」，嚴舉碑「九族和陸」，皆以「陸」爲「睦」。説文：「坴，一曰坴梁。」史記始皇本紀作「陸」。是「坴」於山權數用爲「陸」，於霸言用爲「睦」矣。郭謂山海經音「密」者，「睦」通「穆」。史記相如傳「旼旼睦睦」，漢書作「穆穆」，是其證。「穆」從「㣎」聲，「㣎」從「㡭」省聲，「㡭」同「隙」，故有「密」音也。此王説當修正者也。

予校管另有專用之法，非一般所能採用。其法有三：（一）漢隸别體。（二）齊國方言。(三)管書中心理論。隸書别體，上文舉出不少，不但保存漢、魏真蹟，且可以解決疑難問題。如「巨乘馬」或作「臣乘馬」，或作「匡乘馬」。魏司馬景和妻墓誌「矩」作「矩」，隋呂胡墓誌作「矩」，「臣」及「臣」皆爲「巨」字。形勢篇「譙臣者可與遠舉」，淮南作「蹠巨」，均可爲證。至於「匡」字，則爲「臣」之變矣。侈靡「鵙然若謞之靜」，余證明即「高」，同「蒿」，「謞」爲字書所無。何以左旁多「言」字，無法證明。齊陋赤齊造象記「高」作「髙」，移「言」於旁則爲「謞」矣。管書中齊之方言不少。山權數「天毁埊凶旱水泆」，戴望疑有脱文，聞一多以「天毁地」爲一句，郭沫若改爲「故天毁地」。説文：「燬，火也。」毛詩汝墳「王室如燬」，釋文：「『燬』音毁，齊人謂火曰『燬』。」「毁」即「燬」，「火」旁爲後加。孳乳爲「燬」爲「焜」，「天毁」即「天火」也。大匡：「吾欲發小兵以服大兵，内失吾衆，諸侯設備，吾人設詐，國欲無危，得已乎？」公羊僖三十三年傳「詐戰不日」，注：「詐，卒也。齊人語也。」諸侯有備，齊倉卒應戰，無有不敗，非謂欺詐也。輕重甲「今每戰，輿死扶傷如孤，荼首之孫，仰傳戟之寶」，張登雲謂「寶」爲「室」之誤，張佩綸謂「荼首」爲「貧子」二字之壞。左傳哀公六年「陳乞弒其君荼」，公羊作「舍」。是齊讀「荼」爲「舍」，「荼首」即「舍首」也。左傳莊公六年「齊人來歸衛俘」，公羊作「衛寶」。「傳戟之寶」即「傳戟之俘」。晏子春秋内諫上：「貧氓萬七千家，懷寶二千七百家」。「懷寶」即懷來之俘。第三法則管子以幼官爲中心，乘馬爲輔，詳見下文。

余用此七法校管，以釋難題。中有昔人所謂十分之見或非十分之見者，一人之精力有限，補苴闕失，留待後人。

余於是有感焉。少年學「文字學」，爲古代之小學，而字形孳乳，聲音部居演變，窮極幽妙，遠出小學範圍之外。識字辨句，專家所不屑爲，至校管而心情爲之改變。識字辨句，問題尚多。立政「道塗無行禽」，房注：「無禽獸之行。」俞樾改訓「禽獲」，是也，即「擒」字。白虎通田獵：「禽者何？鳥獸之總名，明爲人所禽制也。」其義甚明。段、桂、王未言「禽」即「擒」。易井「舊井无禽」，朱氏謂爲「捦」之借，「捦」訓「急持衣衿」，或體作「襟」。段注：「此篆古假借作『禽』，俗作『擒』作『捦』，走獸總名爲『禽』者，以其爲人所捦也。」是朱之誤由於段改白虎通之「鳥獸」爲「走獸」，是一誤而再誤。「捦」者擒而禁制之，與「擒」有殊，故其或體爲「襟」。「金」訓「禁」，前已述之矣。在小學大明之時，尚有此誤，何尤乎房注乎？立政「而民自盡竭」，李哲明云：「『竭』即盡也，『盡竭』連文無義。」不知「竭」之本義爲「負舉」，「盡竭」爲「盡負舉」。任法「皆虛其匈以聽其上」，許維遹云：「『匈』即『胸』省。」不知「匈」之或體作「㒼」，從「勹」與從「肉」同義。「胸」乃俗字，此玉篇之謬，其字不見於説文。山權數「而農夫敬事力作」，李哲明云：「『敬』當作『亟』，亟猶急也。王氏謂五行篇『農事爲敬』，『敬』當作『亟』。此『敬』字宜與彼説同。」五行篇王氏謂讀如「亟其乘屋」之「亟」。集韻「亟」或作「⿱艹亟」，因譌而爲「敬」。「敬」從攴、苟會意，「苟」從廾，訓「自急敕」，與從艸之「苟」異。「亟」、「苟」、「敬」音義同。漢瓦當文「亟」作「檄」。廣雅釋詁：「亟，敬也。」段玉裁謂「當爲者定其字聲之誤而改之」。李哲明不知「竭」字之義，不知漢讀之例。許不知「胸」爲謬字，不足爲異。王念孫亦不知「敬」之從「苟」而音同「亟」，則可怪也。侈靡「而民不殺智運謀而雜櫜刃焉」，諸人定「雜」爲「離」之誤。説文：「雜，五彩相會，從衣，集聲。」「襍」變形作「雜」。廣雅釋詁三：「雜，聚也。」諸人不知其從「集」而有「聚」義。五行「不誅不貞」，諸人或以爲誤字，或從通義訓「正」，不知「貞」之本訓爲「卜問」，此五行之真義也。

上文所述，皆古代小學生之常識，而今之專家有問題。至於句讀之誤，則舉不勝舉。然則校勘之學，真當從古之小學做起，而非近代之所謂小學矣。

余用七法校管，前六法均屬「文字學」範圍，然不足應用，蓋所述有出文字範圍之外者矣。地數「上有慈石者下有銅金，上有陵石者下有鉛錫赤銅」，張佩綸引淮南説山，謂慈石引鐵，銅則不行，疑當作「必有鐵」。許維遹謂北山經注引作「下必有銅」。二人最好改字，而此文則疑之而不敢改。不知此乃黄鐵礦，視磁鐵礦磁性稍弱，似銅之黄色，故稱「銅金」，其實鐵也。「陵石」則爲真銅礦矣。孫星衍謂御覽三十八引作「緑石」，八百十引作「陵石」。孫毓棠引桂海志：「石緑，銅之苗也。」「陵石」是否錯誤，無人置喙。此乃孔雀石，有鮮緑色，故稱「緑石」，分佈於銅礦最上部，故稱「陵石」，管書不誤。我國各地銅礦，此石最多。地員「三分而益之以一，爲百有八，爲徵。不無有，三分而去其乘，適足以是生商。有三分而復於其所，以是成羽。有三分去其乘，適足以是成角」，諸人疑「不無」二字衍，而「百有八」非十二律之數，閉口不言。不知三分去一益一，淮南、史、漢與管子同。黄鐘八十一下生，管子則上生，"81×4/3＝108"，得徵。「三分而去其乘」，乃下生，"108×2/3＝72"，得商。「有三分而復於其所」，復爲上生，"72×4/3＝96"，得羽。「去其乘」下生，"96×2/3＝64"，成角。「不無有」謂如六韜所説，必有應聲，「知三軍之消息」。王光祈中國音樂史，知管書與淮南、史、漢之異同，而不能説其義。武王伐紂，吹律聽聲，其來遠矣。非一般書生所知也。或疑戒篇「桓公外舍而不鼎饋」一節，復見於侈靡，以爲不可辯護之錯簡。則請較兩篇之同異。侈靡篇開始多「載祭明置」一句，置社稷而祭之也。侈靡之列士叢葬，即置於社中。孟子謂「諸侯危社稷則變置」，與致諸侯之語合。「汙殺之事」，乃殺牲塗血以祭，戒篇則易爲「持接」，彼此不同。蓋戒篇爲以言儆君，記中婦諸子之言，爲其能戒儆也，與侈靡之置社不同。言各有當，非錯簡也。論語八佾、鄉黨二篇同有「入太廟，每事問」一節，舊説以爲重出。劉寶楠鄉黨正義云：「此事弟子類記行事，與前篇別出。」其言是也。八佾記「或」有「孰謂鄹人之子知禮」之疑，所記詳。鄉黨記孔子之言行，則僅六字而已。觀論語之非重出，則管子非錯簡益明矣。

自宋以來，多疑管書非一人之作，中雜僞篇。嚴可均鐵橋漫稿書管子後：「近人編書者，每謂此書多言管子後事，蓋後人附益者多。余不謂然。先秦諸子，皆門弟子或賓客或子孫撰定，不必手書。」章學誠文史通義：「春秋之時，管子嘗有書矣。然載一時之典章政教，則猶周公之有官禮也。記管子之言行，則習管氏法者所綴輯，而非管子所著述。或謂管子之書，不當稱桓公之謚，閻氏若璩又謂後人所加，非管子之本文，不知古人並無親自著書之事，皆是後人綴輯。」余嘉錫四庫提要辨證：「向、歆、班固條別諸子，分爲九流十家。而其同一人之書，又自爲一家。合若干家之書，而爲某家者流，明乎其所謂家者，不必是一人之著述也。父傳之子，師傳之弟，則謂之家法，稱述師説者，即附之一家之中，如公、穀傳中，有後師之説是也。管子而稱毛嬙、西施、吳王、齊桓公，此明是爲管氏學者之言，何足疑乎？若謂管子不當記仲之死，則論語不嘗記曾子之死乎？故讀先秦之書，但當問其是否依託，而不必問其爲何人所著。」三子之言善矣，然猶未盡。學術至唐而荒，至宋而衰落，其轉變爲理學無論矣。管書以幼官爲理論中心，劉向定爲道家，深知管子；隋書改入法家，乃皮相者。幼官以顓頊爲主，故水地篇以水爲神，而楚水獨合標準。心術、白心、内業，理論導於幼官，前已指出，此四篇不僞。全書體系嚴密，一家之學，脈絡相承，言論不離其宗，非隨意綴輯也。輕重戊「魯梁之於齊也」，張佩綸、馬元材皆以爲梁孝王故國，謂「本書之作，至早不得在漢文帝十二年徙淮南王武爲梁王以前」。其言如此肯定，不知即魯國之南梁，見於國策齊策。最常見之書不考，輕騰口説，真妄人也。侈靡爲管子生財教戰之重要篇籍；婦人爲政，亦見君臣下，無可疑者。問題較複雜，爲小稱篇之稱西施，葉適、豬飼彦博、張佩綸、郭沫若皆以爲僞。女稱氏而不名，三傳所記，齊姜、周姬，無一稱名者。孟子稱爲西子。周禮遂人「與其施舍者」，注：「施，讀爲弛。」「施」即「子」。趙岐注孟子，高誘注淮南，皆以爲「古之好女」，而許慎淮南注則以爲「好人」。美女稱「好女」，古籍未見，更無稱「好人」者。丁山以甲文「婦好」爲子姓之女，證以甲文之「婦弋」、「婦妊」，其言可信。詩衡門「豈其取妻，必宋之子」，箋：「子，宋姓。」左隱元年「惠公元妃孟子」，杜注：「子，宋姓，女以字配姓。」則西子爲殷女，故許以爲殷人而稱「好人」。越之西施，或用古人之名，或因其美而混名西施，皆不可知，而非管書之西施，故疑小稱爲晚作，亦不足信也。

集校叙録云：「唐中宗神龍年間，國子博士尹知章曾爲之注，有篳路藍縷之功。其注亦有存佚。文獻通考引崇文總目云：『按吳兢書目凡三十卷，今存十九卷，自形勢解篇而下十一卷亡。』今考諸解均無注，其輕重篇之偶有注者，蓋幸存者也。注文奪誤甚多，且每被人竄改。其最受人詬病者，如大匡篇『兄與我齊國之政』，『兄』本讀爲況，而注乃謂『召忽稱管仲爲兄』。然據劉績補注引『別本注』，則並無此語。藉此可知今存尹注已非尹氏之舊。顧尹氏之不幸尚不僅此，以其姓名不著，『尹知章』三字自唐以來已被坊間竄改爲『房玄齡』矣。晁公武郡齋讀書志云：『……房玄齡……注頗淺陋，恐非玄齡。或云尹知章也。』王應麟玉海卷五十三亦云：『唐杜佑抄管子書爲指略，序稱房喬所注，而舊録皆作尹知章，文句無復小異。』唐志及吳兢書目均有尹注而無房注，則或說得之。」不知關於管子目録問題甚大，決非如郭氏所言之簡單。

隋書經籍志法家：管子十九卷，齊相管夷吾撰。

唐修隋書時，管子尚未有注，此爲舊本。

舊唐書經籍志：管子十八卷，管夷吾撰。

新唐書藝文志：管子十九卷，管仲。尹知章注管子三十卷。

十九卷當爲目録一卷，本十八卷。張守節史記正義引劉歆七略曰：「管子十八篇，在法家。」班固藝文志移於道家，八十六篇。而劉向叙録稱八十六篇。向、歆父子間不至相差六十八篇之多。此十八篇者，即十八卷，篇爲簡册，卷爲縑素，名異而實同。此八十六篇者，一簡最多二十五字，簡牘繁重，不能聯綴只十八篇。藝文志分著於道家、兵家，隋志移於法家，即歆之舊部舊第也。舊唐書尹知章傳：「所注孝經、老子、莊子、韓子、管子、鬼谷子，頗行於時。」本書房傳未言其注管子。新唐書尹、房二傳均未言及，而志則有尹注。尹注老、韓各種均亡，則其書不爲人重視。房傳未提及，然不能因此謂房無管子注。房以相業爲重，注書非其要者。魏徵與玄齡同以功業著，所抄群書治要赫然尚在，而徵傳固未有也。

通志藝文略：管子十八卷，齊相管夷吾撰。又十九卷，唐尹知章注，舊有三十卷。又二十四卷，唐房玄齡撰。

通考經籍志：管子二十四卷。杜佑指略序云：「唐房玄齡注。」崇文總目曰：「唐國子博士尹知章注。」按吳兢書目，凡書三十卷，今存十九卷，自形勢解而下十一卷已亡。

宋史藝文志：管子二十四卷，齊管夷吾撰。尹知章注管子十九卷。

玉海云：隋志法家十九卷。唐志尹知章注三十卷。國史志尹知章注十九卷。吳氏西齋書目此自形勢解亡。舊唐史尹知章傳云：「注管子。」唐杜佑抄管氏書爲指略，序稱「房喬所注」，而舊録皆作尹知章，文句無復小異。今本房玄齡注，五十八篇有注。有經言、外言、内言、短語、區言、雜篇、解、輕重。牧民第一至輕重庚第八十六。

崇文總目：管子十九卷，唐國子博士尹知章注。吳兢書目凡三十卷，今存十九卷，自形勢解以下十一篇亡。

晁氏袁本讀書志：管子十八卷，五十八篇有解。指略序云「房玄齡所注」，或云「尹知章注」，不詳。晁氏衢本讀書志：管子二十四卷，杜佑云「唐房玄齡所注」，而注頗淺陋，恐非玄齡，或云尹知章也。

綜合觀之，十八卷本，房析爲二十四卷。十九卷本，尹析爲三十卷，亡形勢解以下十一篇。此十九卷爲隋志之舊，非由三十減十一爲十九，以所亡者十一篇，非十一卷也。王應麟所見之管子與今本同。今本亡十篇，形勢解上下均有，則所亡者乃尹注，非管書之篇目也。注文句無復少異，晁疑非玄齡，以其淺陋，非别有據也。

今本管子二十四卷，與房本同，而與尹本不同。自形勢解以下十一篇中，今本海王、國蓄、山國軌、山權數、山至數、地數、揆度、輕重甲乙丁戊均有注，其海王、國蓄注特詳，而尹注則已逸，此可斷言今本爲房注者一。杜佑去唐初不遠，所見爲房注本，而通典食貨引管子注文不少。以海王爲例：「海王，言以負海之利而王其業。」「正，税也。」「少半，猶劣薄也。」「吾子，謂小男小女也。」「曆，數。」「鹽十二兩七銖一黍十分之一爲升，當米六合四勺也。百升之鹽，七十六斤十二兩十九銖二纍爲釜，當米六斗四升。」所引均與今注同，此可斷言今本爲房注者二。歐陽修修新唐書時，尚見尹注三十卷之全。鄭樵修通志時，十一篇已亡。亡者尹注，非房注也。然今通典引國蓄末「天下也」下有「是以命之曰衡，衡者使物一高一下，不得有調也」十九字，又引注「若五穀與萬物平，則人無私其利，故設上中下之幣而行輕重之術，使一高一下，乃可權制利門，悉歸於上」，今本缺。則今本不但房注不全，而正文亦有奪失。唐及宋之初期，抄寫困難，注釋别行，如史記索隱尚有單行本，陸德明經典釋文今尚别行。爲閲讀便利,合而爲一。王弼注易,以傳合經,爲時甚早。經典釋文之莊子注,亦與郭象注合刊。有時已合,又復析出,如説文、字林爲其一例。今本説文中有字林之説,不易辨别。淮南爲高誘注,今本題許慎,與管子相傳爲尹注而今本題房玄齡同,蓋已合而復析者。劉績所舉别本凡五十餘條,爲房爲尹,不能定也。易明夷「用拯馬,壯」,釋文:「拯救之拯。説文云:『舉也。』子夏作『抍』,字林云:『抍,上舉,音承。』」是説文作「拯」,字林作「抍」,説文「舉也」,字林「上舉」,極爲分明。今本説文無「拯」字,云:「抍,上舉也。」此以字林混説文也。今本二十四卷之管子,確爲房注,以淮南、説文例之,則房注因混入析出而有奪失,蓋唐末或北宋人矣。而以爲尹注則謬,王念孫已誤於前矣。

房注淺陋,爲世所譏,然精粹者不少。如前述「附竿」之「竿」訓笴,此豈常人所能耶? 小問「爲千國多」,房注:「戰功曰多。」郭沫若謂「不辭」,疑「多」爲「死」字,而不知其見於周禮司勳也。法禁「家無常姓」,注:「姓,生也。」君臣上「下有五横以揆其官」,注:「横,謂糾察之官,得入人罪者也。」此即漢之黄門,由虞横而演變者。霸形「宋伐杞,狄伐邢、衛,桓公不救,裸體紉胷稱疾」,注訓「紉」爲「摩」。洪頤煊以「紉」爲「束」,引左傳「魏犨束胸見使者」爲證。不知魏犨乃因受矢傷而束之,桓公稱病，但示胸有鬱滯，非傷也。方言六「擘，楚謂之紉」，房注爲有據。房所注爲諸説改壞者不少，譏爲淺陋，謂其以後世常用之義釋古書，不合於本義，則校管所推尊之三大家俱不能免。王念孫不知「芋」爲「全菹」，俞樾不知「國」爲「兆域」，已具於前。幼官「刑則交寒害鈦」，孫詒讓謂「害」爲「肉」，不知「鈦」訓「車轄」，「害」假爲「轄」也。王、俞、孫三大家不知古義，於房玄齡何尤？

管子内容博大，體系整飭，超越九流諸家之上，漢初賈誼、晁錯稱述之。武帝定儒家爲一尊，其書漸微，然鹽鐵論猶論及之。孟軻極力貶抑，至東漢趙岐注孟子而後，傳述衰息。漢末鄭玄、服虔、許慎諸人不爲管子作注。六朝重玄言，更非老、莊之比。五胡亂華，士族南遷，中原舊義湮没，管子遂無人能讀其全矣。房玄齡作注於師傳久絶之後，不能盡解者，勢也，而又闕佚不全。通典十二引玄齡佚注：「此篇經秦焚書，潛蓄人間。自漢興，晁、賈、桑、耿諸子猶有言其術者。其後絶少尋覽，無人注解。或編斷簡蠹，或傳訛寫謬，年代綿遠，詳正莫由。今且梗概粗知，固難得搜摘其文字。凡問古人之書，蓋欲發明新意，隨時制事，其道無窮，而况機權之術，千變萬化，若一二模楷，則同刻舟膠柱耳。他皆類此。」玄齡此言，指山至數之「幣乘馬」爲不可行於後世，兼以否定管書精義，此則玄齡之淺陋不僅在注文也。「幣乘馬」即輕重之術，物價由政府控制，今世極爲重視，玄齡烏足以知之耶？玄齡之貽誤後人者，自己不明古音古義，而稱爲「編斷簡蠹」、「傳訛寫謬」，然猶未敢改字也。此風一扇，輒無據而「删」、「改」、「塗」、「乙」，其害不可勝窮矣。

管子樹義有五：曰政治，曰法令，曰經濟，曰軍事，曰文化。政治以牧民爲主，治國、權脩、山權數、山至數、揆度、禁藏、霸言、霸形、立政、正世、入國、度地、九守、輕重乙、問、版法、七臣七主、君臣上、君臣下次之。其樞言類似自序。法令以法禁、任法、明法、重令爲主，四時、正、正世、版法次之。經濟以國蓄爲主，山國軌、乘馬、巨乘馬、乘馬數、輕重甲、輕重乙、輕重丙、輕重丁、輕重戊次之。海王、地數爲鹽鐵專篇，地員爲農業專篇。軍事以參患、七法爲主，地圖、八觀、制分、九變、勢、山國軌次之。文化以幼官、水地爲主，侈靡、心術上、心術下、白心、内業、四時、五行次之。別有故事，在政治理論之外而兼有其内容，以小匡爲主，大匡、中匡、戒、四稱、封禪、桓公問、問、事語次之。主要者不過六七篇，爲全書之綱領，而幼官則爲腦神經中樞，理論體系由是出焉。

幼官爲玄宫，祀五帝、五室。東方太昊執規，南方炎帝執矩，中央黄帝執繩，西方少昊執衡，北方顓頊執權，以顓頊爲主。權衡用於經濟，規矩用於法令，繩用於軍事，皆源於幼官。以神道爲治，非泛言也。輕重之説即源於權衡，五帝、五獸、旗物、兵刑皆有圖，爲大教之宫，祭先祖，祀上帝，朝諸侯，養老尊賢教國子，饗射獻俘馘，治天文，告朔，皆在於是。其數爲洛書。「圖」比文字重要，全書每一篇皆可於幼官尋其脈絡。以牧民言之，「務在四時，守在倉廩。守國之度，在飾四維；順民之經，在明鬼神，祇山川，敬宗廟，恭祖舊」，似與幼官無關係。然務在四時，即春發五政，夏秋冬皆有之。春行冬政則雕，行秋政則霜，行夏政則欲（詳四時篇），即見於幼官矣。實倉廩之説詳治國篇，幼官「量委積之多寡，定官府之計數」，即其義也。四維以廉耻與禮義並重，「禮不踰節，義不自進，廉不蔽惡，耻不從枉」，皆爲戰爭之用，宋司馬子魚所謂「明耻教戰，求殺敵也」。柳宗元不知此義，作四維論，以廉耻不能與禮義並舉，此迂儒之見也。至於明鬼敬宗廟則關係顯著矣。雖然，管子非獨任神治也，而深倚民治：「政之所興，在順民心。政之所廢，在逆民心。民惡憂勞，我佚樂之；民惡貧賤，我富貴之；民惡危墜，我存安之；民惡滅絶，我生育之。能富貴之，則民爲之貧賤；能存安之，則民爲之危墜；能生育之，則民爲之滅絶。故刑罰不足以畏其意，殺戮不足以服其心。故知予之爲取者，政之寶也。」「民從上也，不從口之所言，從情之所好。……明君知民之必以上爲心也，故置法以自治，立儀以自正。」

（法法）此深達人情之論矣。「巧者能生規矩，不能廢規矩而正方圜。雖聖人能生法，不能廢法而治國。」（法法）「法律政令者，吏民規矩繩墨也。」（七臣七主）「民有餘則輕之，故人君斂之以輕。民不足則重之，故人君散之以重。君必有什倍之利，而財之櫎可得而平也。」（國蓄）「輕重」由「權」來，孟子「權然後知輕重」，規矩準繩權衡之源於幼官有徵矣。

輕重政策，管子所重視。以幣與穀權百物，又以幣互爲權。當幣重物輕，聚物散幣；穀重物輕，聚物散穀。穀輕幣重，聚穀散幣；穀重幣輕，聚幣散穀。穀、幣、物三者互爲影響。同一幣也，有上中下之不同，珠玉爲上幣，黄金爲中幣，刀布爲下幣。以中幣制上下之用，使之平衡。此種控制，現在經濟專家仍不越其範圍。

別有輕重之策，運用於戰時，稱爲「侈靡」。所謂「富者靡之，貧者爲之」也。「雕卵然後瀹之，雕橑然後爨之」，其作用爲發積藏，散萬物。漢書郊祀志「不如西鄰之瀹祭」，注：「煮新菜以祭。」「雕燎」即晝燭。禮記：「庭燎之百，自齊桓公始。」玉燭寶典云：「古之豪家，食稱晝卵。管子云：雕燎然後灼之，雕卵然後瀹之。」雕燎用於宗廟易知。雕卵入於宗社，惟殷俗有之。商頌「天命玄鳥，降而生商，宅殷土芒芒」，指簡狄吞燕卵也。所雕之卵爲燕卵。輕重己「天子祀於大禖」。祀簡狄於高禖而求子，與庭燎之百，皆有大宗收入也。别有叢社爲烈士公墓。「辱舉其死，開國閉辱」，「辱」爲厚裹其屍，「死」即「屍」，「國」爲兆域。「參天地之吉綱」，公墓得吉壤。「開其國門者，玩之以善言，奈其斝」，既葬而祝福也。「斝」爲酒之器，與「嘏」諧聲，玩味祝福之頌詞。禮運「醆斝及尸」，周禮鬱人注「斝爲受福之嘏」是也。此種行動，所以鼓勵民衆，所謂「民欲佚而教之以勞，民欲生而教之以死，勞教定而國富，死教定而威行」也。於幼官精神之密切，亦不待言矣。

抑幼官之水宫爲水神玄冥。水地：「地者，萬物之本原，諸生之根菀也，美惡賢不肖愚俊之所生也。水者，地之血氣，如筋脈之通流者也，故曰水具材也。」「集於天地，而藏於萬物，産於金石，集於諸生，故曰水神。集於草木，根得其度，華得其數，實得其量。鳥獸得之，形體肥大，羽毛豐茂，文理明著。萬物莫不盡其幾，反其常者，水之内度適也。」此爲哲學之根本認識，希臘泰勒斯以水爲萬物之源，印度有水論師，命意相似，而精到不及。原子集爲萬物，其核爲流體，真可謂之水神矣。又云：「人，水也，男女精氣合而水流形。三月如咀，咀者何？曰五味。五味者何？曰五藏。酸主脾，鹹主肺，辛主腎，苦主肝，甘主心。……凝蹇而爲人，而九竅五慮出焉。」五味具於幼官，九竅五慮發爲心理及政治理論。心術上：「心之在體，君之位也。九竅之有職，官之分也。心處其道，九竅循理。」此心理學也。「耳目者，視聽之官也。心而無與於視聽之事，則官得守其分矣。夫心有欲者，物過而目不見，聲至而耳不聞也。故曰：上離其道，下失其事。故曰：心術者，無爲而制竅者也。」則爲政治學矣。夫心不能代耳目之職，心有欲則耳目反失其職，是以道家主張無爲而治，無爲而無不爲矣。任法：「不思不慮，不憂不圖，利身體，便形軀，養壽命，垂拱而天下治。」此老子之術也，後人誤會久矣。漢志列管子於道家，隋志改入法家，非知管子者也。小匡：「鮑叔爲大諫，王子城父爲將，弦子旗爲理，甯戚爲田，隰朋爲行。」「理」即法官，即大理院長。漢書藝文志：「法家者流，蓋出於理官。」法從理出，爲生理之自然現象。水可以爲平準，爲五量之宗。管子以「權」、「衡」、「規」、「矩」、「準」當之，而未嘗專以「法」稱也。山至數：「桓公曰：『天子三百領，泰嗇而散，大夫准此而行，此如何？』管子曰：『非法家也。』」此「法家」之「法」爲法度，「家」指大夫，義與九流之法家異。此孝經所謂先王之法言、法服，師法舊制。管子則主張「不慕古，不留今，與時變，與俗化」（正世）。荀卿之「法後王」，韓非之「不期修古，不法常可」，皆與管異趣也。

水地又云：「齊之水道躁而復，故其民貪麤而好勇。楚之水淖弱而清，故其民輕果而賊。越之水濁重而洎，故其民愚疾而垢。秦之水泔㝡而稽，㳺滯而雜，故其民貪戾，罔而好事。齊、晉之水枯旱而運，㳺滯而雜，故其民諂諛葆詐，巧佞而好利。燕之水萃下而弱，沉滯而雜，故其民愚戇而好貞，輕疾而易死。宋之水輕勁而清，故其民間易而好正。」所言之水，非江河而爲「潭」，回旋往復，旋而下，復旋而上，所謂弱而清也。齊有天齊淵，俗謂龍所潛也。楚、宋水最善，而齊次之。「賊」同「則」，扎實也，知齊與楚、宋同爲殷文化，則此説不足爲奇，然非主觀之武斷也。太平廣記三九九引水經，陸鴻漸（即陸羽）稱「楚水人間第一」，「晉水最下」。又引中朝故事略同，指「南陵」及「零水」，「山下江心旋流。警世通言王安石三難蘇學士謂「三峽之水，中峽在緩急之間」，皆楚水也。晉水有鹽池，味鹹，故最下。「枯旱」即苦悍也。莊子庚桑楚「則蟻能苦之」，釋文「崔本作『枯』」，是其證矣。所言爲事實，郭沫若不知此義，以爲「戰國時文獻對於宋人每加鄙視，……此篇獨讚楚而美宋者，乃西楚霸王都彭城時作品。項羽乃下相人，下相與彭城均古宋地，而楚則項羽之故國而有天下之號也」。此真瞽説。當時鄙視者尚有楚，如「契舟求劍」，即楚人也。閻若璩四書釋地考之甚詳，此爲周人敵愾之詞，郭於金文叢考謂「楚之文化勝於周，而周人鄙視之」，於此則忘之，何也？好異之過。心術、内業，其理論源於水地，郭沫若不悟，以爲宋鈃遺著，其謬亦猶是也。

最難理解者，侈靡篇：「二十歲而可廣，十二歲而聶廣，百歲傷神，周、鄭之禮移矣。則周律之廢矣，則中國之草木有移於不通之野者。然則人君聲服變矣，則臣有依駟之祿。婦人爲政，鐵之重反旅金。而聲好下曲，食好鹹苦，則人君日退。亟則谿陵山谷之神之祭更應，國之稱號亦更矣。視之亦變，觀之風氣，古之祭有時而星，有時而星熺；有時而熰，有時而朐。鼠應廣之實，陰陽之數也。華若落之名，祭之號也。是故天子之爲國，圖具其樹物也。」每句每字，有奇怪含義，舊注不知所措，然若將精神貫注管子全部，則不難解決。歲星十二歲一周天，「聶」者「攝」也。帝張四維，運之以斗，斗柄旋轉，每月皆有攝提，故曰「十二歲而聶廣」。曆法一年三百六十五日四分之一，十九年七閏。幼官以十二日爲節，一年三百六十日，差五日，當置閏，約二十年，故曰「二十歲而可廣」。「可」者不足之詞。大匡「百歲之後」，指將來之老死言之，故曰「百歲傷神」。鄭伯爲周王卿士，有置閏之責，置閏失調則非禮，故曰「周、鄭之禮移」。閏失調則以冬爲春，而黄鍾之律廢，故曰「則周律之廢矣」。四夷無曆法，而以十二肖紀年，四時不誤。中國以冬爲春，無草，而四夷則春生草木，平日與中國無交通往來，故曰「中國之草木有移於不通之野者」。冬服白色，聽商聲。春服青色，聽角聲。冬春失調，「人君聲服變矣」。桓公多内寵，婦人爲政，管子屢舉以爲戒。地數：「上有慈石者，下有銅金。」磁石吸鐵，以女性得名，銅金即黄鐵礦，鐵之重反於金也。社稷變置，山谷更而應之。天垂象見吉凶而示人，視之亦變，其應爲風角，故曰「觀之風氣」。古之風角，今之氣象學也。冬祭大惢，爲心星，商人所重也。其神爲簡狄而祀於高禖。「星」假爲「腥」，殺牲薦其毛血。「熺」同「饎」，薦黍稷也。熰，炮也，薦燔炙也。朐，脯脡，薦籩豆也。雕卵而祭，與簡狄之女性有關，即與祀大惢有關。「惢」同「橤」，垂也，所謂「華若落之名，祭之號」。鼠爲十二肖之首，起於印度，中國早有之，於歲星爲十二次，故曰「鼠應廣之實，陰陽之數也」。「圖」指幼官圖，「樹物」即所樹之旗物，具於幼官中，故曰「圖具其樹物也」。一字一句，皆可徵實。郭沫若以爲吕后時所作，徒據「婦人爲政」一句，餘不能説。

諸葛亮自比管、樂，必能深知管子。漢經師鄭玄、服虔、許慎未注管。至唐，語言隔閡，多不能通其説。余生於漢學大昌之後，追踪漢儒較易，受時代之賜，受先師黄季剛之賜。此書完成，距先師之没二十九年矣。感念疇昔，不自知其耿耿不忘焉。

一九六四年二月二十五日黎翔鳳序於遼寧大學

附記：一九七四年山東臨沂漢墓，孫子兵法、六韜而外，兼發現管子。漢人固以管子爲兵書也。文物、考古諸刊物無一字提及，蓋不知也。

凡例

集校叙録云：「研究工作有如登山探險，披荆斬棘者縱盡全功，拾級登臨者仍須自步。」本書即在集校基礎之上，繼續努力，仍有少數未滿意者。補苴罅漏，期待後人。

本書以宋楊忱本爲底本，有疑難加以説明，以存其真。

諸家有立説允當而無證據，或證據不足者，一一補證。

諸家或據類書，或以私意增删，無關文義者，删削之，節省篇幅。

趙用賢用楊本校勘劉本，通行最廣。其序謂正其疑誤逾三萬言，其不可考者尚十之一二。趙本不明古義，改爲後世之文從字順，爲校勘之一厄。王念孫常蹈此病，然易得衆人之同情，必須糾正，以求存真。此非有好古癖，古人之書，還古人面目，方合原意。

加工説明

黎翔鳳先生於一九六四年完成管子校注。先生逝世後，原稿被中華書局購得。因字迹不易辨認，曾請沈嘯寰先生整理謄録。沈先生請人將原稿抄録一遍，自己只校核了前幾卷，亦與世長辭。後經書局一位編輯通校一遍，并請黎先生夫人李雪塵女士核校原稿，改正了不少文字差錯。雖經如此謄録校核，原稿仍存在一些問題，主要有三：一、黎先生稱用宋楊忱本爲底本，但原稿用以剪貼的却是四部備要本，即明吳郡趙用賢本，并將原有注文全部剪去，不僅與撰者的出發點相背，且出現未加校訂而據趙本立論之事。如釋幼官「三卯」、「十二始卯」爲趙本，楊本實作「十二始冊」。二、黎先生於凡例中强調，對前人的説法，「或據類書，或以私意增删，無關文義者，删削之，節省篇幅」，但原稿中却全部保留，未作處理。三、引書未認真核校原文，其突出者，如輕重甲注「春獻蘭，秋斂落」引侈靡、地數、西京賦、喪大祭文，無一條準確者。注「東車五乘」引釋名三十一字，竟錯漏十一字。因李雪塵女士年事已高，加工原稿力不從心，編輯部領導讓我勉爲其難，我只好從命。

此次加工，除改正一般文字、標點錯誤外，主要解決以下三個問題。

一、管子正文及原注用上海涵芬樓影宋刊楊忱本爲底本，重新進行標點、校勘。參校本有：湖北先正遺書影明刻中都四子本管子補注（簡稱補注），中華書局諸子集成本管子校正（簡稱校正），日本玉山堂新雕管子纂詁（簡稱纂詁）。凡有改動，均出校説明。保留張嵲讀管子一文（原稿缺）。

二、對前人的校注，除删削「或據類書，或以私意增删，無關文義者」外，重複者亦一併删去。

三、對校注中的引文重新進行核對。對部分注文亦稍有删改。

雖盡力遵循黎先生的思路整理其遺稿，爭取能多少彌補一些缺失，但學力所限，難免有背離之處，甚而有增添錯誤之處，還望讀者指正。

梁運華

一九九八年七月

楊忱管子序

序曰：春秋尊王不尊霸，與中國不與夷狄，始于平王避夷難也。是王室遷而微也，見于周書文侯之命。微王也，是王者失賞也。費誓善其備夷，是諸侯之正也。秦誓專征伐，是諸侯之失禮也。書、春秋合體而異世也。書以文侯之命終其治也。春秋以平王東遷始其微也。自東遷六十五年，春秋無晉，以其亡護亂也。及其滅中國之國，而後見其行事，譏失賞也。周之微也，幸不夷其宗稷，齊桓之功也。其中國無與加其盛也，其夷狄無與抗其力也。見于衛詩，美其存中國也。春秋無與辭，何異也？存一國之風，無其人，則衛夷矣。全王道之正，與之霸，是諸侯可專征伐也。夫晉之爲霸也，異齊遠矣。桓正，文譎。夫桓之爲正，抑夷狄，存中國。文之爲譎，陵中國，微王室。晉之風也，無美其美，無功其功，外無他焉，雖國人不與也。然而桓之正，非王道之正也，以文譎而桓正也。桓之功，非王道之功也，以攘狄而存周也。無桓周滅，有周桓賊。桓卒齊衰，楚人滅周。周之不幸，桓之早死也。故曰：周之存，桓之功也。桓之不幸，管仲之早死也。故曰：桓之功，管仲之力也。自是楚滅諸國而熾矣。今得其著書，然後知攘狄之功皆遠略也。儒譏霸信刑賞，豈王者者詆民哉；霸嚴政令，豈王者怠忽哉；霸鄉方略，豈王者不先謀哉；霸審勞佚，豈王者暴師哉；霸謹畜積，豈王者使民不足哉！亦時夷狄内聘，大者畏威，小者懷仁，功亦至矣。不幸名之不正，然奈衰世何！孔子曰：「微管仲，吾其被髮左衽。」此其據也。時大宋甲申秋九月二十三日序。

劉向敘録

護左都水使者光禄大夫臣向言：所校讎中管子書三百八十九篇，太中大夫卜圭書二十七篇，臣富參書四十一篇，射聲校尉立書十一篇，太史書九十六篇，凡中外書五百六十四，以校除復重四百八十四篇，定著八十六篇，殺青而書可繕寫也。管子者，潁上人也，名夷吾，號仲父〔一〕。少時嘗與鮑叔牙游，鮑叔知其賢。管子貧困，常欺叔牙，叔牙終善之。鮑叔事齊公子小白，管子事公子糾。及小白立爲桓公，子糾死，管仲囚，鮑叔薦管仲。管仲既任政於齊，齊桓公以霸，九合諸侯，一匡天下，管仲之謀也。故管仲曰：「吾始困時，與鮑叔分財，多自予，鮑叔不以我爲貪，知吾貧也。嘗爲鮑叔謀事而更窮困，鮑叔不以我爲愚，知吾有利有不利也。公子糾敗，召忽死之，吾幽囚受辱，鮑叔不以我爲無恥，知吾不羞小節，而恥功名不顯於天下也。生我者父母，知我者鮑叔。」鮑叔既進管仲，而已下之，子孫世禄於齊，有封邑者十餘世，常爲名大夫。管子既相，以區區之齊在海濱，通貨積財，富國彊兵，與俗同好醜。故其書稱曰：「倉廩實而知禮節，衣食足而知榮辱，上服度則六親固。」「四維不張，國乃滅亡。」下令猶流水之原，令順人心，故論卑而易行。俗所欲，因予之；俗所否，因去之。其爲政也，善因禍爲福，轉敗爲功，貴輕重，慎權衡。桓公怒少姬，南襲蔡，管仲因伐楚，責包茅不入貢於周室。桓公北征山戎，管仲因而令燕脩召公之政。柯之會，桓公背曹沫之盟，管仲因而信之，諸侯歸之。管仲聘於周，不敢受上卿之命，以讓高、國。是時諸侯爲管仲城穀，以爲之乘邑，春秋書之，褒賢也。管仲富擬公室，有三歸反坫，齊人不以爲侈。管子卒，齊國遵其政，常彊於諸侯。孔子曰：「微管仲，吾其被髮左衽矣。」太史公曰：「余讀管氏牧民、山高、乘馬、輕重、九府，詳哉言之也。」又曰：「『將順其美，匡救其惡，故上下能相親愛，』豈管仲之謂乎？」九府書民閒無有。山高一名形勢。凡管子書，務富國安民，道約言要，可以曉合經義。

向謹第録上。

〔一〕翔鳳案：小匡：「管子對曰：『昔吾先王周昭王、穆王。』」管子爲周後，即管叔鮮也。管在今之鄭州。潁上在今安徽，當爲管叔失敗，家屬逃走，擬往依吴泰伯之後也。名夷吾，字敬仲，仲父乃其尊稱，非字也。海王篇之「吾子」即姪子，「夷」本作「𡰥」，從二、尸。詩國風：「誰其尸之？有齊季女。」古人以童男童女衣先人衣服，立爲尸而拜之，尸踞坐於上。論語「原壤夷俟」，「夷」爲踞坐。夷吾爲踞坐之姪子，故字敬仲，古人名與字相應也。周公殺管叔，爲管氏之讎，故管仲不滿於周公。侈靡：「今周公斷首滿稽，斷足滿稽，而死民不服，非人性也，敝也。」其情溢於言表。俞樾疑「周公」爲「用法」之誤，並房注而改之，謬矣。

管子校注卷第一

唐司空房玄齡註

牧民第一

國頌　四維　四順　士經　六親五法　　經言一

翔鳳案：說文：「牧，養牛人也。」「牧民」從畜牧得義。權修：「無以畜之，則往而不可止也。無以牧之，則處而不可使也。」畜牧連用，是其證。禮記曲禮：「九州之長入天子之國曰牧。」書立政「宅乃牧」，鄭注：「殷之州牧曰伯，虞、夏及周曰牧。」齊爲侯國，故曰「牧民」。大夫以下，不得言牧。桓公爲五霸之長，霸爲月魄，假爲伯。白虎通號：「霸者，伯也。行方伯之職。」荀子成相「穆公任之，强配五伯」，注：「伯，讀爲霸。」齊爲殷文化，沿殷族之舊稱。周人則書「伯」爲「霸」。說文「霸」字引周書「哉生霸」，今康誥作「魄」，可證矣。禮記王制「州有伯」，漢書刑法志作「州有牧」。章氏叢書原經：「古之爲政者，必本於天，殽以降命。命降於社之謂殽地，降於祖廟之謂仁義，降於山川之謂興作，降於五祀之謂制度，故諸教令符號謂之經。吳語稱『挾經秉枹』，兵書爲經。論衡謝短曰：『五經題篇，皆以事義別之，至禮與律獨經也。』法律爲經。管子書有經言、區言，教令爲經。律曆志序庖犧以來帝王代禪，號曰世經。辨疆域者有圖經，摯虞以作畿服經是也。仲尼作孝經。漢七略始傳六藝，其始則師友讎對之辭，不在邦典。墨子有經上、下，賈誼書有容經，韓非爲内儲、外儲，先次凡目，亦楬署經名。老子書至漢鄰氏復次爲經。名實固有施易，世異變而人殊化，非徒方書稱經云爾。」管子爲教令，降於幼官，一家之言，後學尊崇誦習。韓非言法而祖管子。漢初張良、韓信校爲兵書，藝文志列於權謀家。經言之名，必合觀而其義始全矣。文學總略云：「書籍得名，馮傅竹木而起。經者編絲總屬之稱，異於百名以下用版者。亦猶浮屠書稱修多羅。修多羅者，直譯爲線，義譯爲經。蓋彼以貝葉成書，故用線聯貫也，此亦竹簡成書，亦編絲綴屬也。鄭康成論語序云：『春秋二尺六寸，孝經一尺二寸，論語八寸。』劉向校中古文尚書，一簡二十五字。』服虔注左氏傳云：『古文篆書，一簡八字。』蓋二十五字者，二尺四寸之經也。古官書皆長二尺六寸，故云二尺四寸之律，舉成數言，則曰三尺法。經亦官書，則長如之，其非經律，則稱短書，皆見論衡。」是則管子經言，爲長二尺四寸之簡。經言九篇，復有短語十九篇，則短書也。

凡有地牧民者，務在四時〔一〕，四時所以生成萬物也。**守在倉廩。**食者，人之天也。**國多財則遠者來，地辟舉則民留處**〔二〕，舉，盡也。言地盡闢則人留而安居處也。**倉廩實則知禮節，衣食足則知榮辱**〔三〕，**上服度則六親固**〔四〕，服①，行也。上行禮度則六親各得其所，故能感恩而結固之。**四維張則君令行**〔五〕。**故省刑之要，在禁文巧**〔六〕；文巧者，刑罰所由生。

---

① 「服」字原作「留」，據補注改。

守國之度，在飾四維〔七〕；順民之經〔八〕，在明鬼神，祇山川〔九〕，鬼神、山川皆有尊卑之序，故敬明之。敬宗廟，恭祖舊〔一〇〕。謂恭承先祖之舊法。不務天時則財不生，不務地利則倉廩不盈〔一一〕。野蕪曠則民乃菅〔一二〕，菅，當爲姦①。上無量則民乃妄。文巧不禁則民乃淫，不璋兩原則刑乃繁〔一三〕。璋，當爲章。章，明也。兩原，謂妄之原，上無量也；淫之原，不禁文巧也。能明此法者則刑簡。不明鬼神則陋民不悟〔一四〕，不悟鬼神有尊卑之異也。不祇山川則威令不聞〔一五〕，言能登封降禪，祇祀山川，則威令遠聞。不敬宗廟則民乃上校〔一六〕，校，効也。君無所尊，人亦效之。不恭祖舊則孝悌不備〔一七〕。四維不張，國乃滅亡〔一八〕。

右國頌〔一九〕頌，容也。謂陳爲國之形容。

〔一〕張佩綸云：本書有四時篇，「務在四時」，即堯典之「敬授人時」，論語之「使民以時」。聞一多云：山權數篇「天以時爲權」，「四」當爲「天」，字之誤也。下文「不務天時則財不生」即承此文「務在天時」言之。尹注「四」字疑亦「天」之誤。知者，四時中惟春夏二時生成萬物，不得云四時皆然也。翔鳳案：形勢解云：「春夏生長，秋冬收藏，四時之節也。」小匡

① 「姦」字原作「蕪」，據補注改。

云：「今夫農，審其四時權節，具備其械器用，比耒耜穀芨；及寒，擊槀除田，以待時乃耕。

深耕均種疾耰，先雨芸耨。」農夫四時皆有任務，聞氏忽略「務」字，改「四」爲「天」，大誤。四

時包含天時，下文「不務天時」，可以補足。

〔二〕豬飼彦博云：舉，謂耕種也。臣乘馬曰：「起一人之繇，百畝不舉。」　戴望云：朱東光本作「地舉辟則可留處」，據尹注似亦作「地舉辟」。舉、處爲韻，上下文皆協韻，此不宜獨異。輕重甲篇曰「地辟舉則民留處」，事語、地數二篇並曰「壤辟舉則民留處」，是其明證。朱本「可」字誤。　許維遹云：戴説是也。廣雅釋詁一：「發，舉也。」則「舉」亦可訓發。辟、闢同。「地闢舉」，猶言地開發也。　翔鳳案：説文：「舉，對舉也。」古人偶耕，對舉耒耜，故言「辟舉」。詩大田箋「計耦耕事」，正義云：「以耕必二耜相對，共發一尺之地，故計而耦之也。」詩七月：「三之日于耜，四之日舉趾。」「發」今作「挖」。許知「舉」訓發，而不詳其義。「辟」訓法，此假爲「闢」。古本誤認「舉」訓皆，改爲「舉辟」，不知訓皆爲「與」之借。「辟舉」改爲「舉辟」失韻，決非管書之舊。凡古本、朱本、劉本所不同於楊本者，皆爲不知而妄改，予將一一證之，庶世人知其誤而不爲所愚矣。

〔三〕何如璋云：賈子新書引管子曰：「倉廩實知禮節，衣食足知榮辱。」無兩「則」字。史記管仲傳：「故其書曰：倉廩實而知禮節，衣食足而知榮辱。」兩「則」字作「而」字。鹽鐵論授時所引同。通典職官部引應劭曰：「張敞蕭望之言：『倉廩實而知禮節，衣食足而知榮辱。今小

吏奉率不足，常有憂父母妻子之心，雖欲絜身爲廉，其勢不能。可以什率增天下吏奉。』宣帝乃益吏奉十二。」所引亦作「而」字。唯本書輕重甲則兩句仍爲「則」字也。劉師培云：周禮小祝疏、後漢書樊弘傳注引此文「則」並作「而」，文選籍田賦李注引作「則」。又羣書治要引崔寔政論云：「故古記曰：倉廩實而知禮節，衣食足而知榮辱。」字亦作「而」，與史記本傳及序録引合。任林圃云：齊民要術序文、通典序、太平御覽三百八十六引無「則」字。文選天監三年册秀才文注引此上句亦無「則」字。翔鳳案：永樂大典七五〇六卷引無「則」字。賈誼爲習管子最早之書者，知牧民篇本無「則」字，有「則」字爲輕重甲。或作「而」，則依史記也。

〔四〕張守節云：上之服御物有制度則六親堅固也。六親謂外祖父母一，父母二，姊妹三，妻兄弟之子四，從母之子五，女之子六也。王弼云：「父母兄弟妻子也。」豬飼彦博云：賈誼新書曰：「人有六親：始曰父，父有二子爲昆弟，昆弟又有子，爲從父昆弟，從父昆弟又有子，爲從祖昆弟，從祖昆弟又有子，爲曾祖昆弟，曾祖昆弟又有子，爲族昆弟。」如淳漢書注亦依此說。張佩綸云：説文：「服，用也。度，法制也。」漢書賈誼傳：「建久安之執，成長治之業。以承祖廟，以奉六親，至孝也。」注：「應劭曰：六親：父母、兄弟、妻子也。」後漢書馮衍秦彭傳注作「父子兄弟夫婦」，但賈生以六親對祖廟，復屢以父子與六親並言，似不得夷父子於六親之内。翔鳳案：下文六親五法：「毋曰不同生，遠者不聽。」老子：「六親不和有孝慈。」故賈以「六親」對「祖廟」。同生爲同姓，一國一姓，爲自由民，非六親爲庶民。齊爲姜姓。權脩：「上身服以先之，審度量以閑之。」「地之生財有時，民之用力有倦，而人君之欲無窮。以有時與有倦養無窮之君，而度量不生於其閒，則上下相疾也。」文義甚明。

〔五〕翔鳳案：「四維」各家無説，其解有二。周易以震、兑、坎、離爲四正，乾、坤、艮、巽爲四維。四維即四隅。似乎四維之外，尚有四正，比禮、義、廉、恥更爲重要，而管書無有也。蓋管子爲殷文化，與周不同。拙著中國文化兩大系統詳論之，此管書之要義，不可忽也。魏書李謐傳：「鄭康成釋五室之位，謂土居中，木、火、金、水各居四維。」此四維即幼官「四正」。明堂之制，殷五室，周九室，幼官乃五室，故管書有四維而無四正，此義被人忽略久矣。管子以幼官爲主，全書理論由幼官導出，宜注意也。

〔六〕豬飼彦博云：文巧，淫工也。張佩綸云：漢書禮樂志：「哀帝即位詔曰：惟世俗奢泰文巧，而鄭衛之聲興。夫奢泰則下不孫而國貧，文巧則趨末背本者衆，鄭衛之聲興則淫辟之化流。」廣雅釋詁二：「文，飾也。」鄭氏月令「毋或作爲淫巧以蕩上心」，注：「淫巧謂奢僞怪好也。」　翔鳳案：立政：「工事競於刻鏤，女事繁於文章。」「文」指布織，「巧」指刻鏤。「文巧」爲工業，何爲禁之？鹽鐵論輕重：太公「通利末之道，極女工之巧，財畜貨殖，世爲彊國。管仲相桓公，襲先君之業，行輕重之變，本末並利，上下俱足」。是管仲時，齊之工業發達，農事不被重視而禁之，故重令云「菽粟不足，末生不禁」，本末並重，非輕視工業也。重令云：「工以雕文刻鏤相稺，女以美衣錦繡綦組相稺。」「稺」訓驕，相驕則作僞而犯刑，故禁文巧，兼以省刑也。

〔七〕俞樾云：禮義廉耻非由修飾，「飾」當讀爲飭。詩六月篇「戎車既飭」，毛傳曰：「飭，正也。」飭四維者，正四維也。「飭」與「飾」古通用。易雜卦傳「蠱則飭也」，釋文曰：「王肅本作『飾』。」禮記樂記篇「復亂以飭歸」，史記樂書作「復亂以飾歸」，並其證矣。郭沫若云：本篇乃有韻之文。而「守國之度在飾四維」，「維」既不與「巧」韻，「度」復不與「維」韻，字當有誤。疑「度」當作「癸」，「揆」之省文。「揆」亦度也。「癸」則與「維」爲句中韻矣。翔鳳案：黄梅讀「度」開口呼，與「右」、「尤」、「牛」同一韻母，在段表第一部。段表列「度」在第五部，其合音如「母」、「謀」、「士」等本音在第一部。此一、五兩部相轉之證。「牛」古讀疑，「右」讀以，「母」讀末。「度」塞口語作「抵」，「過渡」黄梅呼「對過去」，是「度」與「維」叶矣。郭疑「度」爲「癸」，非也。凡古音多存於現代方音中，如江、浙呼「母」爲「嫲」，江西稱「右邊」爲「以邊」，安徽呼「牛」爲「疑」，皆古音也。言古韻不以方音爲證，而拘守段表，段之合韻即方音，而謂之合韻，已甚不妥。凡顧、段之古音，皆周代雅言，乃官音，而尚有方音之存在，則顧、段不知也。說文：「天，顛也。」顛從真聲，即頂，轉入先韻之後，再製「頂」字，實則「天」、「顛」、「頂」爲一字。顧讀「天」爲丁，不知其讀頂。段以「天」、「顛」爲「同部叠韻爲訓」，而不知其爲古今字，非真能知古語者。

〔八〕俞樾云：「順」當讀爲訓。「訓民之經」，言教訓其民之道也。古順、訓通用。尚書洪範篇「于帝其訓」，「是訓是行」，史記宋微子世家「訓」並作「順」，是其證。

〔九〕豬飼彦博云：明，顯也，謂曲制祭祀之禮，以顯明鬼神之德也。大戴禮曰：「帝嚳明鬼神而敬事之。」　金廷桂云：禮禮運孔疏「明猶尊也」，尊鬼神以覺愚衆，爲先王神道設教之意。　顔昌嶢云：墨子有明鬼篇，明，猶尊也。祇，敬也。　翔鳳案：鬼神爲始祖，人鬼尊爲天帝氏者，例如顓頊。鬼神居幽，明之，所以尊之也。明之者，柴燎以祭。明衣明器，皆由柴燎得義也。宗廟則爲始祖以下之帝王。

〔一〇〕王紹蘭云：「鬼神」、「山川」、「宗廟」皆對文，若以「祖舊」爲「先祖之舊法」，非其例矣。「舊」當讀人惟求舊之舊。四稱篇「敬其山川宗廟社稷及至先故之大臣，收聚以忠而大富之」，文義正與此同。是「祖舊」謂「先故之大臣」。祖即先，猶盤庚「乃祖先父」。舊即故，猶春官大宗伯「以賓射之禮親故舊朋友」，故下云「不恭祖舊則孝弟不備」（恭祖舊屬君，孝弟屬民）。「孝」對「祖」言，「弟」對「舊」言。大學所謂「上老老而民興孝，上長長而民興弟」也。　顔昌嶢云：祖謂宗親，舊謂故舊。論語：「君子篤於親則民興於仁，故舊不遺則民不偷。」

〔一一〕戴望云：御覽居處部十、資産部十六引此均無「廩」字。　翔鳳案：永樂大典七五〇六卷引此文亦無「廩」字。「廟」、「舊」叶，「生」、「盈」叶。

〔一二〕豬飼彦博云：上下皆用韻語，獨「菅」字音與曠不協，義亦難通，疑當作「荒」，惰也。　安井衡云：上下韻語，此獨不韻，非體也。「菅」當爲「營」，字之誤耳。營，猶貪也。戴望云：元刻本「蕪曠」作「無儥」。「菅」疑「荒」字之誤，「荒」與「曠」爲韻。或作「蕪」，誤。張佩綸云：「『菅』當爲『蕪』」應作「『菅』當爲『荒』」。爾雅釋天「大荒落」，史記曆書作「大芒落」。亡、無易溷。蓋尹氏改「菅」爲「荒」，而傳寫作「蕪」，非尹改「菅」爲「蕪」也。趙本云「『菅』當爲『姦』」，失之。劉師培云：「野蕪曠」，「蕪」當從元本作「無」。尹注「『菅』當爲『蕪』」乃「『無』當爲『蕪』」之誤。李哲明云：疑「菅」或爲「蕩」，「蕩」古省作「募」，簡缺脱筆，後人描改耳。「蕩」與「曠」叶，言士多荒棄，民乃游蕩也。禮王制「無曠土，無游民」，即此義之證。注「蕪」字亦即「蕩」之誤。翔鳳案：楊本誤字，多爲漢隸之别體，實際不誤，以後隨處可見。漢北海相景君銘「管」作「菅」，魏王汲浮圖頌作「菅」，韓非姦劫弒臣篇「管」作「管」（四部叢刊本），「吕」「目」不分。唐皇甫誕碑「榮」作「荣」，上半之二「火」作「艹」。則「菅」爲「營」字無疑，安井説是也。「營」與「生」、「盈」叶。其本句「曠」古讀横，亦可叶也。聞一多讀「菅」爲「逭」，引説文訓「逃」；郭沫若以豬飼説爲是，認爲「菅」乃「荒」之誤，均非。「量」、「妄」叶，「禁」、「淫」叶。

〔一三〕豬飼彦博云：「瑋」當作「障」，塞也。説苑李克曰：「彫文刻鏤，害農事者也。錦繡纂組，傷女工者也。農事害則飢之本也，女工傷則寒之原也，饑寒並至而能不爲奸邪者，未之有也。」亦是此意。俞樾云：尹氏據上文以説「兩原」，是矣。讀「瑋」爲章，未得其字。「瑋」乃

「墇」字之誤。説文土部：「墇，擁也。」經典多以「障」爲之。呂氏春秋貴直篇「是障其原而欲其水也」，高誘注曰：「障，塞也。」障塞即墇擁也。此云「不墇兩原」，正與呂氏春秋所云「障其原」者同義。若非誤作「墇」，亦必改而爲「障」矣。　翔鳳案：「璋」爲「墇」之誤，俞説是也。

〔一四〕張佩綸云：楚辭自悲王逸注：「陋，小也。」　豬飼彦博云：「悟」音與「神」不協，義亦難通，疑當作「信」。　丁士涵云：「悟」疑「信」字之誤。神、信爲韻。　安井衡云：「悟」亦不與上下相韻，疑當作「悛」。悛，改也。　翔鳳案：「悟」讀霸。海王篇「吾子」即「姪子」。寤爲開眼，黄梅稱霸眼。「神」讀煞，「神」、「煞」爲古今字。「神」與「悟」韻。類此者如「參」同「三」，方音爲沙。伸開手爲耍手，哂爲耍笑，甚麽爲啥子，辛爲辣，登爲踏，盛飯爲打飯，刀柄爲刀把，皆是。

〔一五〕豬飼彦博云：王制「天子祭天下名山大川，諸侯祭名山大川之在其地者」，不必指封禪也。

〔一六〕張佩綸云：論語「犯而不校」，包咸曰：「校，報也。」韓子外儲説右上「荆莊王曰：夫犯法廢令，不尊敬社稷者，是臣乘君而下尚校也。臣乘君則主失威，下尚校則上位危。威失位危，社稷不守，吾將何以遺子孫」，本此。原注所見尚淺。　翔鳳案：張説是。

〔一七〕尹桐陽云：文選晉紀總論注引此「恭」作「供」。供、恭聲轉通用。　翔鳳案：説文：「犕，服也。易曰：『犕牛乘馬。』」今易繫辭作「服牛」。説文：「福，備也。」「福」、「服」同爲方六切，與「舊」韻。「張」、「亡」叶。

〔一八〕聞一多云：本章文分二段，前段歷陳行三事之利，後段重申不行三事之害。二段本詞意相承，井然有序。惟上來二句誤遭割裂，倒在前文，稍覺文意隔斷，層次不明。今悉移正，並製爲左表，示其正誤，裨有覽焉。翔鳳案：聞説逕改原文，承唐改洪範之誤，此禁例也。

	前段　陳行三事之利（誤）	前段　陳行三事之利（正）	後段　重申不行三事之害
1	凡有地牧民者，務在四時，守在倉廩。國多財則遠者來，地辟舉則民留處。倉廩實則知禮節，衣食足則知榮辱。	凡有地牧民者，務在天時，守在倉廩。國多財則遠者來，地辟舉則民留處。倉廩實則知禮節，衣食足則知榮辱。	不務天時則財不生，不務地利則倉廩不盈，——野蕪曠則民乃菅（逭）。
2	上服度則六親固，四維張則君令行。故省刑之要在禁文巧。	上服度則六親固，故省刑之要在禁文巧。	上無量則民乃妄，文巧不禁則民乃淫，——不璋（障）兩原（源）則刑乃繁。
3	守國之度在飾（飭）四維。順（訓）民之經在明鬼神，祇山川，敬宗廟，恭祖舊。	順（訓）民之經在明鬼神，祇山川，敬宗廟，恭祖舊——守國之度在飾（飭）四維，四維張則君令行。	不明鬼神則陋民不信，不祇山川則威令不聞，不敬宗廟則民乃上校（姣），不恭祖舊則孝悌不備——四維不張，國乃滅亡。

〔一九〕何如璋云：其文每句諧聲如頌體，故名曰「國頌」。張佩綸云：頌、容通。廣雅釋詁：「容，灋也。」此篇乃爲國之法。翔鳳案：説文：「頌，皃也。」釋名釋言語：「頌，容也，叙其成功之形容也。」周禮鄉大夫「和容」，杜子春讀爲「和頌」。漢書儒林傳「魯徐生善爲頌」，即善爲容也。阮元有釋頌，謂「頌爲形容，猶今言樣子」。房注不誤，張得其半，何則誤矣。

國有四維。一維絶則傾，二維絶則危，三維絶則覆，四維絶則滅。傾可正也，危可安也，覆可起也，滅不可復錯也〔一〕。何謂四維？一曰禮，二曰義，三曰廉，四曰恥〔二〕。禮不踰節，義不自進，自進，謂不由薦舉也。廉不蔽惡，隱蔽其惡，非貞廉也。恥不從枉。詭隨邪枉，無羞之人。故不踰節則上位安，不自進則民無巧詐，不蔽惡則行自全〔三〕，不從枉則邪事不生。

右四維〔四〕

〔一〕張文虎云：「錯」字疑衍。類聚五十二引作「得復」，「得」亦「復」字之譌衍。李哲明云：當作「滅不可復也」。「錯」字涉下文「不行不可復」與「錯國」句相連，傳寫誤創句讀。類聚引作「得復」，「得」即「復」之相似而衍。翔鳳案：下文「錯國於不傾之地」，作「復錯」是也。方言六「錯，藏也」，「措」之借。

〔二〕洪頤煊云：賈子新書俗激篇「恥」作「醜」。　任林圃云：文選晉紀總論注引作「恥」，與今本同。　翔鳳案：權脩以「禮」、「義」、「廉」、「恥」並言，「恥」字不誤。

〔三〕張文虎云：「全」疑當作「正」。　翔鳳案：作「全」爲是，理由詳下。

〔四〕豬飼彦博云：大射儀謂以小繩綴侯之四角而繫之於植爲維。四維者，喻繫四角也。淮南子曰「帝張四維，運之以斗」，亦此意也。　何如璋云：此節乃牧民解攙入者。禮義即禮節，乃治國之法度，所包甚廣。文但言「不踰節」、「不自進」，則禮義之一端也。廉恥即爲榮辱，榮辱加於賞罰。法度賞罰四者，御世大綱也，文但言「不蔽惡」、「不從枉」，乃禮義之緒餘耳，安得爲「四維」乎？即此可證其非經言也。　柳子厚四維論以「廉恥」二字不能與「禮義」並舉，其論甚允。　張佩綸云：禮義廉恥所括非止一端，必謂「不踰節」即足盡禮，「不自進」即足盡義，「不蔽惡」即足盡廉，「不從枉」即足盡恥，轉不如權脩所言之「脩禮、行義、飾廉、謹恥」爲包舉無遺。牧民解已亡，疑此乃管子解，非經言，傳寫溷入，轉删經言「禮義廉恥是謂四維」八字以遷就之。惟治要引「國有四維」至「四曰恥」，即直接「國乃滅亡」之下，「政之所行」之上，而子厚復引「禮不踰節」四句，則唐時寫本已然矣。　翔鳳案：解之特點有二：一有「故曰」，二逐句釋之。此二者無有，則非解明矣。禮以辨上下。王制：「脩六禮以節民性。」荀子致仕：「禮者節之準也。」「不踰節」爲禮之確詁。「義不自進」者，論語：「質直而好義，察言而觀色。」不輕於自進明矣。論語：「舉直錯諸枉。」「直道而事人，焉往而不三黜？

枉道而事人，何必去父母之邦。」「直」與「枉」對，「枉」訓邪，有恥則守正而不從邪矣。徐灝説文解字注箋：「堂廉之石，平正修潔，而又棱角峭利，故人有高行謂之廉。其引申之意爲廉直，爲廉能，爲廉靜，爲廉平。」戴侗曰：「臯陶謨曰：『簡而廉。』孟子曰：『頑夫廉。』管子曰：『禮義廉恥。』恥於貪冒而不爲，故俗習以不貪爲廉，不貪特廉之一隅是也。」侈靡：「廉以摽人。」中匡：「刑廉而不赦。」廉爲有骨氣之人，不自隱蔽其惡。四稱「貞廉在側」，房注：「隱蔽其惡，非貞廉也。」所釋不誤。不能廉則行不全，不能爲完人矣。不知廉之含義，僅視爲不貪而輕之，陋矣。「四維」爲立國之本，而以爲「與人君之道不甚切」，誤矣。

政之所興，在順民心〔一〕；政之所廢，在逆民心。民惡憂勞，我佚樂之；民惡貧賤，我富貴之；民惡危墜，我存安之〔二〕；民惡滅絶，我生育之。能佚樂之則民爲之憂勞，君於平康，能佚樂人，及其危，人必爲之憂勞。下三順皆然。能富貴之則民爲之貧賤，能存安之則民爲之危墜，能生育之則民爲之滅絶。故刑罰不足以畏其意〔三〕，殺戮不足以服其心。畏意、服心，在於順其所欲，不在刑罰殺戮。故刑罰繁而意不恐，則令不行矣。殺戮衆而心不服，則上位危矣。故從其四欲，則遠者自親；行其四惡，則近者叛之。故知予之爲取者，政之寶也〔四〕。謂與之生全，取其死難也。

各本俱異。

〔一〕孫星衍云：羣書治要三十二、藝文類聚五十二、太平御覽六百二十四引「興」作「行」。張德鈞云：葉適習學記言卷四十五引作「政之初興」，下文「政之所廢」亦作「政之初廢」，與各本俱異。

〔二〕戴望云：御覽治道部五引作「我安存之」。

〔三〕孫星衍云：治要引「畏」作「恐」，下句云「故刑罰繁而意不恐」。此作「畏」字誤。于省吾云：作「畏」者是也，畏、威字通。治要改作「恐」，以爲與下文意不相符，不知假「畏」爲「威」。就君言則曰「不足以威其意」，就民言則曰「意不恐」。且尹注「畏意」，則正文「畏」字不誤，明矣。翔鳳案：于説是也。臯陶謨「天明畏」，釋文：「馬本作『威』。」吕刑「德威惟畏」，墨子尚賢作「德威維威」，表記同。治要所引，多任意改原文，不足據，此其一也。

〔四〕許維遹云：「予」與「與」通。治要引作「與」。

右四順

錯國於不傾之地〔一〕，積於不涸之倉，涸，竭也。藏於不竭之府〔二〕，下令於流水之原〔三〕。使民於不爭之官，明必死之路，開必得之門。不爲不可成，不求不可得，不處不可久，不行不可復。錯國於不傾之地者，授有德也。積於不涸之倉者，務五穀也。藏於不竭之府者，養桑麻、育六畜也。下令於流水之原者，令順民心也〔四〕。使民於不爭之官者，使各爲其所長也〔五〕。各長其所長，則順而悦，故不爭也。明必死之路者，嚴刑罰也。開必得之門者，信慶賞也。不爲不可成者，量民力也。不求不可得者，不彊民以其所惡也。不處不可久者，不偷取一世也〔六〕。謂所處必可使百代常行。不行不可復者，不欺其民也。復，重也。欺民之事，不可重行也。故授有德則國安，務五穀則食足，養桑麻、育六畜則民富，令順民心則威令行〔七〕，使民各爲其所長則用備，嚴刑罰則民遠邪，信慶賞則民輕難。量民力則事無不成，不彊民以其所惡則詐僞不生，不偷取一世則民無怨心，不欺其民則下親其上。

右士經〔八〕

士，事也。經，常也。謂陳事之可以常行者也。

〔一〕孫蜀丞云：文子精誠篇「錯」作「處」，本書度地篇云「故聖人之處國者，必於不傾之地」，亦作「處」。翔鳳案：上文云「不可復錯」，作「錯」是。

〔二〕吴廣霈云：「積」、「藏」下應各有「糧」、「財」字，或佚脱也。郭沫若云：吴説近是。唯「積」下當奪「食」字，「藏」下當奪「富」字。下文言「務五穀則食足，養桑麻、育六畜則民富」，即其證。翔鳳案：三句爲喻語，以一「國」字貫之。諸説非是。

〔三〕孫星衍云：「於」字當依文子精誠篇作「如」。張佩綸云：史記本傳「於」作「如」，與文子同。別録作「猶」。劉師培云：文心雕龍書記篇云：「管子『下命如流水』。」是舊本「令」作「命」，「於」亦作「如」。孫蜀丞云：施彦執北牕炙輠卷上引亦作「如」。聞一多云：「原」，文子作「源」，古字通。翔鳳案：五句皆比擬，用「於」字，明其爲基礎也。作「如」字，則是以此句爲比擬，誤矣。「原」爲「源」之本字，「源」乃「原」之孳乳字，聞説誤。

〔四〕張文虎云：上云「下令」，則下句「令」字衍。上文「授有德也」，「務五穀也」，「育六畜也」，皆四字句，宜一例。張德鈞云：葉適習學記言卷四十五引管子此文云：「下令如流水之源者，令順民心也。」「者」下亦有「令」字。翔鳳案：張説直排偶文，以後聲律之文，强古人就我，大不可也。

〔五〕孫星衍云：長短經八引「民」作「士」，「爭」作「諍」。戴望云：鄭注周官士師曰：「官，官府也。」張佩綸云：治要引作「使民各爲其所長也」，據下文當補「民」字。翔鳳案：下句蒙上，補「民」字不合，不可補也。

〔六〕張佩綸云：「一世」當作「一時」。「一世」三十年，不得謂不久矣。「時」作「世」，聲誤。韓非子難一篇：「以詐遇民，偷取一時，後必無復。」史記蘇秦傳：「偷取一時之功而不顧其後。」是其證。翔鳳案：諸侯世及，不偷取一代之苟安而不顧其後，以作「世」爲是。與「一時」有別，不可據彼改此。

〔七〕豬飼彦博云：「威令」之「令」疑衍。翔鳳案：令順民心，非爲立威。「威令」，君令也。

周書「合閭立教」，以威爲長，以閭胥爲君也。廣雅釋親「姑謂之威」，即爾雅之「君姑」。此「威」字猶言各級首長，與國君不同。知此，則「令」字不能衍也。

〔八〕顧廣圻云：「士」字當是「十一」二字並寫之誤。翔鳳案：房訓「士」爲事，是也。其證極多。詩東山「勿士行枚」，「士」非訓事不可。本節偶爲十一事，顧牽合之，鑿矣。

以家爲鄉，鄉不可爲也〔一〕。言有家之親，斥以爲鄉之疎，必生怨，故不可爲也。下三事同此。以鄉爲國，國不可爲也。以國爲天下，天下不可爲也。以家爲家，一親也。以鄉爲鄉，二親也。以國爲國，三親也。以天下爲天下，四親也。毋曰不同生，遠者不聽〔二〕。謂家也。言有家之親，而謂之曰不與汝同家而生，用此以相疎遠者必不聽。下同。毋曰不同鄉，遠者不行。毋曰不同國，遠者不從〔三〕。如地如天，何私何親〔四〕？五親也。如月如日，唯君之節〔五〕。六親也。天地日月，取其耀臨。言人君親下，當如天地日月之無私也。御民之轡，在上之所貴。言人從上之所貴，若馬之從轡。道民之門，在上之所先〔六〕。上所先行，人必行。人必從之，若由門矣。召民之路，在上之所好惡〔七〕。故君求之則臣得之，君將求之，臣已先索得之也。君嗜之則臣食之，君好之則臣服之，君惡之則臣匿之。一法也。毋蔽汝惡，毋異汝度，汝，君也。賢者將不汝助〔八〕。言室滿室，言堂滿堂〔九〕，是謂聖王〔一〇〕。二法也。言堂室事而令滿，取其露見不隱也。城郭溝渠不足以固守，兵甲彊力不足以應敵〔一一〕，博地多財不足以有衆。言城郭、兵甲、博地不足以固守、應敵、有衆。其固守、應敵、有衆，更在有道者也。唯有道者能備患於未形也，故禍不萌。三法也。天下不患無臣，患無君以使之。天下不患無財，患無人以分之〔一二〕。可以分與財者，賢人也。故知時者可立以爲長，無私者可置以爲政〔一三〕。審於時而察於用而能備官者，可奉以爲君也。四法也。緩者後於事，吝於財者失所親，信小人者失士〔一四〕。五法也。

右六親五法〔一五〕

〔一一〕劉績云：鄉大於家。言以爲家者爲鄉，則鄉必不治。等而上之皆然。豬飼彦博云：爲，治也，謂以治家之法而治鄉，績云爲是。

〔一二〕俞樾云：「生」與「姓」古字通。哀四年春秋經「公孫姓」，釋文曰：「姓，本又作『生』。」然則「同生」猶同姓也。詩杕杜篇「不如我同姓」，毛傳曰：「同姓，同祖也。」尹注謂「不與汝同家而生」，未達古義。

〔一三〕豬飼彦博云：「國」當作「邦」，與「從」協韻，蓋漢人避高帝諱改之也。老子曰「修之國，其德乃豐」，正與此同。王念孫云：「國」當爲「邦」。上文生、聽爲韻，鄉、行爲韻，此邦、從爲韻。今作「國」，是漢人避諱所改。翔鳳案：「邦」與「封」同，讀「封」之重脣音。

〔四〕張文虎云：韓子揚搉篇「若地若天，孰疏孰親」，語本此，疑「私」字誤。郭大癡云：韓非五蠹「自環謂之私」，是斉於推惠也。易雜卦傳「同人，親也」，是樂與人同也。私、疏同紐，不煩改字。翔鳳案：「天」，古「頂」字，讀頂。舊讀丁，非是。

〔五〕戴望云：朱本作「如日如月」，誤。「日」與「節」韻，古日、月二字聲不同部，詩齊風東方之日篇可證。

〔六〕許維遹云：商君書君臣篇「臣聞道民之門，在上所先」，語本此。又「道」與「導」通。治要引作「導」。説文寸部：「導，引也。」尹注釋「道」爲「由」，非是。翔鳳案：「先」讀銑。

〔七〕丁士涵云：「召」，「詔」之假字。爾雅釋詁：「詔，道也。」翔鳳案：丁説是。吕氏春秋知度「凡朝也者，相與召理義也」，即借爲「詔」，與「誥」同。訓「道」，不切。

〔八〕張佩綸云：「惡」承上好惡，「度」承上服度。廣雅釋詁：「蔽，障也。」釋名釋天：「異者，異於常也。」大學「所惡於上，毋以使下」，此不蔽惡者。盤庚「以常舊服正法度」，此不異度者。

〔九〕聞一多云：「滿」謂聲滿。言於室而聲滿於室，令一室之人皆聞之。言於堂亦然。尹注未憭。韓非子難三篇：「管子曰：『言於室滿於室，言於堂滿於堂，是謂天下王。』或曰：管仲之所謂『言室滿室，言堂滿堂』，非特謂遊戲飲食之言也，必謂大物也。人主之大物，非法則術也。法者，編著之圖籍，設之於官府，而布之於百姓者也。術者，藏之於胸中，以偶衆端，而潛御羣臣者也。故法莫如顯，而術不欲見。是以明主言法，則境内卑賤莫不聞知也，不獨滿於堂；用術，則親愛近習莫之得聞也，不得滿室。而管子猶曰『言於室滿室，言於堂滿堂』，非法術之言也。」韓非引管子此語，而譏其不知御羣臣之道在藏術於胸中，是管尚誠而韓尚詐，此二家之異也。尹注云「取其露見不隱」，得之。

〔一〇〕安井衡云：「聖」，古本作「賢」。戴望云：宋本、朱本「聖王」並作「賢王」。御覽皇王部一引與此同。張德鈞云：葉適習學記言卷四十五引此語亦作「是謂聖王」，是葉所見本與楊忱本同。翔鳳案：「聖」爲聽之聰，「賢」爲多財，「見賢若貨」是其證。古本妄改，不足信也。

〔一一〕孫星衍云：治要引「彊」作「勇」。許維遹云：「應」讀爲膺。詩魯頌閟宮篇「戎狄是膺」，毛傳：「膺，當也。」翔鳳案：説文：「應，當也。」「膺，匈也。」詩之「戎狄是膺」，史記建元以來侯者年表云「戎、狄是應」。「膺」訓當乃「應」之借，許乃以本字爲借字，其疏於古訓如此。

〔一二〕黄震云：「分」，如分地之利之分，言有人次有財耳。乃釋云「可以分與財者，賢人也」，殊非章旨。（見黄氏日鈔卷五十五，後同。）俞正燮云：此「分」字，即乘馬篇「聖人善分民」之「分」，言託業用之也。注非。

〔一三〕丁士涵云：「爲政」與上「爲長」對文。「政」當讀爲正。爾雅釋詁：「正，長也。」

〔一四〕丁士涵云：廣韻：「叐，俗『夻』字。」當改正。張佩綸云：此言不能審時，不能察用，不能備官。原注强分五法，非是。

〔一五〕丁士涵云：「六親」與「五法」當分章。宋本及劉氏績補注本子目下分爲二，是也。何如璋云：「六親五法」目無所指，舊注强爲分別，不可從。又上節釋「十一經」之目，此節言「十一經」之效，乃後人牧民解攙入正文者。許維遹云：丁氏及戴望所云宋本，乃墨寶堂本，與常熟瞿氏鐵琴銅劍樓藏宋刊本不合。張德鈞云：黄氏日鈔引稱「五法之章」，似所見本已將「五法」與「六親」分立矣。翔鳳案：身一，家二，鄉三，邦四，天下五，治法不同，是爲五法。六親亦在法中，是爲「六親五法」。求之過深，反失其義矣。房注所分非是。

形勢第二　經言二

自天地以及萬物，關諸人事，莫不有形勢焉。夫勢必因形而立，故形端者勢必直，狀危者勢必傾。觸類莫不然，可以一隅而反。

豬飼彥博云：山高、淵深，形也。羊至、玉極，勢也。取篇首兩句之意以爲名耳。一名山高，於體爲勝。丁士涵云：史記集解引劉向別録曰：「山高名形勢。」翔鳳案：説文無「勢」字，經典通用「埶」。禮運「在埶者去」，鄭注：「埶，埶位也。」釋文：「本亦作『勢』。」形勢之意，荀子正名言之最詳：「爵列尊，貢禄厚，形埶勝。」注：「形埶，謂埶位也。」埶位之義爲主要。又云「聖王之子也，有天下之後也，執籍之所在也」，亦謂執位。又云「天子者，執至重而形至佚」，則以「形」與「執」分言之。形勢爲身處高位，藉其勢以臨民。蛟龍得水，虎豹託幽，皆形勢也。形勢爲篇中之宗旨，山高則取篇首二字爲名，然亦爲「形勢」也。

山高而不崩，則祈羊至矣[一]。**淵深而不涸，則沈玉極矣**[二]。極，至也。山不崩，淵不涸，興雨之祥，故羊、玉而祈祭。烹①羊以祭，故曰祈羊。**天不變其常，地不易其則，春秋冬夏不更其節，古今一也。**今之天地即古之天地，今之四時即古之四時，故曰古今一也。**蛟龍得水而神可立也，虎豹託幽而威可載也**[三]，至德處盛位，天下可平。載，行也。**風雨無鄉而怨怒不及也**[四]。鄉，方也。既無方所，故無從而怨怒也。**貴有以行令，賤有以忘卑，**貴而行令，令乃行。賤而忘卑，卑可移。**壽夭貧富無徒歸也**[五]。皆有理在焉。**銜命者，君之尊也；受辭者，名之運也**[六]。言受君之辭以出命，則名必運。運，行也。

〔一〕錢大昕云：周禮肆師「及其祈珥」，注：「故書『祈』爲『幾』」，杜子春讀『幾』爲祈。」又犬人「凡幾珥沈辜」，注：「鄭司農讀『幾』爲衼。」引爾雅「祭山曰庪縣」。然則幾、祈、庪、衼四字同音亦同義也。管子「祈羊」謂庪縣之羊。　俞樾云：「祈」當讀爲𧗝，説文血部：「𧗝，以血有

① 「烹」字原作「耳」，據補注改。

所刉涂祭也。」周官或以「幾」爲之，犬人職「凡幾珥沈辜」是也。或以「刉」爲之，士師職「凡刉珥」是也。或以「祁」爲之，肆師職「及其祈珥」、小子職「掌珥于社稷，祈于五祀」是也。肆師之「祈」，故書作「幾」，小子之「祈」，鄭云「或爲刉」，是知「祈」爲假字矣。依説文，正當作「鐖」。凡作「幾」者，「鐖」之省；凡作「刉」者，音同也。陸德明云：「『刉』音機也。」鄭注於士師職云：「刉衈，釁禮之事，用牲，毛者曰刉，羽者曰衈。」此云「祈羊」，正「毛者曰刉」也。尹注「烹羊以祭，故曰祈羊」，北宋本作「耳羊以祭」。「耳」即「衈」之壞字，蓋以衈釋刉也。刉、衈雖有毛羽之别，然散文亦通。山海經中山經云：「祠毛用一雄雞，一牝豚，刉。」郭璞注曰：「『刉』亦割刺之名。」夫雞、豚並言刉，是刉、衈通稱之證。尹注以「衈羊」釋「祈羊」，未乖古義。因「衈」壞作「耳」，後人遂臆改爲「烹」，並「祈」字之義而亦晦矣。張文虎云：「祈羊」無義，疑「羊」當讀爲「祥」。國準篇云「立祈祥以固山澤」，是其證。何如璋云：此以山淵喻主德也，高而不崩則靈，深而不涸則神，靈則威令遠聞，神則變化不測。祈，説文：「求福也。」按祈則祭山之名。冬官考工記玉人注「其祈沈以馬」，此乃用羊。夏官小子：「掌祭祀，羞羊肆。」羊人：「掌羊牲，凡祈珥，共其羊牲。」沈，祭川之名。春官大宗伯：「以貍沈祭山林川澤。」沈玉者，祭川以璧投淵，故曰沈玉。左僖二十四年傳：「所不與舅氏同心者，有如白水。投其璧於河。」史記秦始皇本紀：「使御府視璧，乃二十八年行渡江所沈璧也。」

劉師培云：張説近是。輕重甲篇云「此所謂設之以祈祥」，設、立義同。惟後解以「所欲得」解「祈羊至」，誼亦難曉。竊以「祈祥」指祭山言。侈靡篇曰：「若樊神山祭之。」地數篇云：「苟山之見榮者，君謹封而祭之，距封十里以爲一壇。」是祭山即所以封山，故國準篇以爲「固山澤」。（宋紹興壬申本「固」作「周」。）任林圃云：胡承珙小爾雅補遺云：「考工記玉人釋文引小爾雅：『祭山川曰祈沈。』案爾雅『庪縣』、『浮沈』，郭注或庪或縣，或浮或沈，各分爲二。據釋文引小爾雅『祈，音九委反』，是以祈爲庪，於庪縣、浮沈各舉其一，與玉人合。儀禮『祭川沈』，周禮大宗伯『以貍沈祭山林川澤』，鄭注『祭川澤曰沈』，皆言沈，不言浮。管子：『山高而不崩，則祈羊至矣。淵深而不涸，則沈玉極矣。』曰祈曰沈，正與小爾雅合也。」尋管子此文以「山川」與「祈沈」相對並舉，則祈爲祭山，沈爲祭川，其義甚明。然則「祈羊」之義以俞、何説爲長，蓋下文云「沈玉」，此言「祈羊」，恰爲對舉。張、劉説並非。翔鳳案：説文：「羊，祥也。」元嘉刀銘：「宜侯王，大吉羊。」即以「羊」爲「祥」。博古圖十二辰鑑「辟除不羊」，亦以「羊」爲「祥」。蓋畜牧時代，羊爲主要財産，故以羊爲祥。積古齋有漢洗二，銘皆曰「大吉羊」，至漢猶然，則「祈羊」爲「祈祥」矣。與「沈玉」合看，則祈時用羊，並不矛盾。

〔二〕張佩綸云：左氏傳襄十八年：「晉侯伐齊，將濟河，獻子以朱絲係玉二瑴而禱。」昭二十四年：「王子朝用成周之寶珪于河。」定三年：「蔡侯歸及漢，執玉而沈。」史記秦始皇本紀：「有人持璧遮使者，使者奉璧具以聞，始皇使御府視璧，乃二十八年行渡江所沈璧也。」河渠書：「搴長茭兮沈美玉，河伯許兮薪不屬。」是周秦及漢均沈玉祭河。周禮玉人注：「於大山川則用大璋加文飾也，於中山川用中璋殺文飾也，於小山川用邊璋半文飾也，其祈沈以馬。」所謂「以馬」者，用玉時以馬爲牲也。近郝懿行疏爾雅，乃泥小子及玉人注，謂沈以牲，不以玉，誤矣。

任林圃云：漢書郊祀志記祭祀名山大川云：「春以脯酒爲歲禱，因泮凍，秋涸凍，冬塞禱祠，其牲用牛犢各一，牢具圭幣各異。」所記乃祠祀太室、恒山、泰山、會稽、湘山及沛水、淮水之事，皆爲牲幣並用，無所謂「以牲不以玉之事也」。通典引漢祀令：「天子行有所之，出河，沈用白馬，珪璧各一，衣以繒緹五尺，祠用脯二束，酒六升，鹽一升。涉渭、灞、涇、洛他名水如此者沈珪璧各一。律：所在給祠具。及行沈祠他川水，先驅投石，少府給珪璧，不滿百里者不沈。」此爲古代祭河牲玉並用之證。翔鳳案：張説是也。爾雅釋詁：「極，至也。」詩崧高「駿極於天」，傳：「至也。」以玉爲上幣，沈玉猶後世之化錢紙、寶錠也。春秋書「梁山崩」，國語言「伊、洛竭」，古人以爲災異，則不祈禱之矣。

〔三〕安井衡云：「載」讀爲戴。翔鳳案：説文：「載，乘也。」「託」於其上，舌上讀舌頭，故讀戴。

〔四〕豬飼彦博云：「鄉」同「嚮」。何如璋云：「鄉」，釋名：「向也，衆所向也。」風雨之施，無所偏向，故非小民怨怒之所及，喻人主行政無私也。

〔五〕孫蜀丞云：淮南子俶真篇云：「夫道有經紀條貫，得一之道，連千枝萬葉。是故貴有以行令，賤有以忘卑，貧有以樂業，困有以處危。」注：「一者道本，得其本，故能連理千枝萬葉以少正多也。」與此解異而誼相成也。　翔鳳案：賤者非樂其卑，知其不可奈何而安之若命，故忘之也。

〔六〕豬飼彦博云：「銜」者，奉而守之也，言民奉命令則君尊。　俞樾云：「銜命」，形勢解作「銜令」。其解曰：「令出而民銜之。」此作「銜命」，雖於義亦通，然非管子原文矣。當據解訂正。　張佩綸云：禮記檀弓篇「銜君命而使」，漢書孫寶傳「臣幸得銜命奉使」，劉歆書「奉辭旨銜命，將以輔弱扶微」，後漢書寇恂傳「建節銜命」，魏志鄧艾傳「銜命征行」，鍾會檄「奉辭銜命」，「銜命」皆屬臣銜君命言，解謂「令出而民銜之」，非也。莊十九年公羊傳「聘禮大夫受命不受辭」，則他事固有受辭之理。辭亦臣受其辭，非民受其辭也。此言命即君之尊，辭即名之運，身不正則令不行，名不正則言不順，當有持於命與辭之先者，下所謂無事不言是也。抱蜀夜行，則召遠者使無爲，不待銜命矣，親近者言無事，不待受辭矣。　翔鳳案：臣銜君命而宣之，受其辭者民也。後解云：「民受其辭則名聲章。」張不得其解而爲之説，誤矣。

上無事則民自試〔一〕，試，用也。**抱蜀不言而廟堂既脩**〔二〕。抱，持也。蜀，祠器也。君人者，但抱祠器，以身率道，雖復靜然不言，廟堂之政既以修理矣。**鴻鵠鏘鏘，唯民歌之**〔三〕。感德化也。**濟濟多士，殷民化之**〔四〕。**紂之失也**，戒紂之失，故化文王。**飛蓬之問，不在所賓**〔五〕；**燕雀之集，道行不顧**〔六〕。蓬飛因風動摇不定，喻一二三之聲問，明主所不賓敬。燕爵翔集，事之常細也，故行道之人忽而不顧。謂小事非大人所宜知。**犧牷圭璧不足以享鬼神**〔七〕，鬼神享德，不在圭璧。**主功有素，寶幣奚爲**〔八〕**！**主能立功，可謂有素。有素，則諸侯不敢犯，寶玉幣帛何所爲乎！**羿之道非射也，造父之術非馭也，奚仲之巧非斲削也。**羿之射，貴其肆武服戎，不在其落烏中鵠。造父之馭，貴其軍容致遠，不在轍跡徧天下也。奚仲之巧，貴其九車以載，不在斲削成光鑑也。**召遠者使無爲焉**〔九〕**，親近者言無事焉，唯夜行者獨有也**〔一〇〕**。**遠使無爲，所以優遠方也。親於近者，貴於恩厚，不在於虛言①。夜行，謂陰行其德，則人不與之爭，故獨有之也。

〔一〕戴望云：元刻本「則」作「而」，與後解合。翔鳳案：後解云：「明主之治天下也，靜其民而不擾，佚其民而不勞。不擾則民自循，不勞則民自試。」牧民：「民惡憂勞，我佚樂之。」其言正合。上不擾民，民自試行。

〔二〕豬飼彥博云：李國祥曰：「蜀，疑當作『獨』。」愚案：抱蜀，猶言疑獨也。解恐非。王念孫云：朱東光説「『蜀』乃『器』之誤」，是也。後形勢解作「蜀」，亦誤。「脩」當爲「循」，亦字之誤也。事、試爲韻，循、言爲韻。循，順也，從也。言人君抱器不言，而廟堂之中已順從也。俞樾云：形勢解曰「所謂抱蜀者，祠器也」，宋氏于庭據公羊「祠兵」左、穀作「治兵」，謂

① 「虛言」二字原無，據補注增。

「祠器」即治器。又據方言「蜀，一也」，謂「抱蜀」即老子所謂「抱一」。其説「祠」字是矣，至「抱一」之説，終有未安。「抱一」可謂之治道，不可謂之治器，一也。影宋本第一卷音釋曰「蜀音猶」，宋謂「猶」乃「獨」字之誤，是固然矣。然「蜀」不當音獨，二也。竊疑管子原文當作「抱欘」，「欘」即櫝字也。詩葛生篇傳「韣而藏之」，釋文曰：「『韣』本作『欘』，又作『櫝』。」是韣、欘、櫝三字通用。古者國之寶器皆櫝而藏之，故論語曰「龜玉毀於櫝中」，而陳國所分肅慎氏之貢，亦藏於金櫝，事見魯語。「抱欘不言而廟堂既脩」者，言有德之君，但謹守宗器，恭默不言，而廟堂之上已無所不治矣。欘字經典罕見，故須音釋，宋本音獨，正爲欘字作音，自字壞作「蜀」，遂不可曉矣。王紹蘭云：疑「蜀」即「蠲」之壞字。小雅天保篇「吉蠲爲饎」，毛傳：「蠲，絜也。」周官蠟氏鄭注：「蠲，讀如吉圭惟饎之圭。」士虞禮「圭爲」，注引詩曰：「吉圭爲饎。」（吕氏春秋尊師篇「飲食必蠲絜」，高注：「蠲讀曰圭。」）是蠲爲圭也。攷工記玉人「四圭尺有二寸以祀天，土圭尺有五寸以致日，以土地，裸圭尺有二寸有瓚，以祀廟」，是圭爲祠器也。然則「抱蠲」猶言秉圭矣。翔鳳案：後解云：「所謂抱蜀者，祠器也。」此爲不可移易之定義。房注：「蜀，祠器也。」宋氏譏其删「抱」字，此一問題。音義「蜀音猶」，宋謂「『獨』之誤」，此又一問題。方言「一，蜀也」，注：「『蜀』猶獨耳。」「蜀」音獨無疑。古音舌上讀舌頭，「蜀」、「猶」音皆同獨，此一問題不足言矣。尸子治天下篇：「鄭簡公謂子産曰：『飲酒不樂，鐘鼓不鳴，寡人之任也。國家之不義，朝廷之不治，諸侯交之不得志，子之任也。子無入寡人之樂，寡人無入子之朝。』自是以來，子産治鄭，城門不閉，國無盜賊，道無饑人。孔子曰：『若鄭簡公之治樂，雖抱鐘而朝可也。』」「抱蜀」與「抱鐘」同，蜀爲祠器，而非抱蜀爲祠器，房注不誤。王信朱説，以「蜀」爲「器」之誤，及宋説之非，又可決定矣。蜀爲葵中蠶，爲何訓獨？歷來無説。朱駿聲謂「蜀」假爲「獨」。方言十二：「一，南楚謂之蜀。」爾雅釋山「獨者蜀」，又爲「燭」。仲尼弟子石作蜀，字子明。實則二義同一，「獨」即「燭」，朱不知也。説文：「燭，庭燎大燭也。」燕禮：「甸人執大燭於庭，閽人爲大燭於門外。」禮記少儀：「凡飲酒，爲獻主者執燭抱燋，客作而辭，然後以授人。」燕禮注：「燭，燋也。」公羊桓八年傳「春曰祠」，注：「祠，猶食也。」是「燭」爲祠器，可抱，已有證矣。弟子職「錯總之法」，注：「總，束也。」古者束薪以爲燭，故謂之總。其未然者，則横於坐之所也。説文：「熜，然麻蒸也。」廣雅：「熜，炬也。」説文：「總，束也。」合麻蒸而束之，因謂之「蜀」。「蜀」、「束」音近，合而爲一，故「蜀」訓一，音變而寫爲「獨」。君臣上「從順獨逆，從正獨辟，此猶夜有求而得火也」，張佩綸謂「獨」當作「燭」。此「獨」爲「燭」之證矣。爾雅釋天：「四時和謂之玉燭。」釋文引李巡云：「人君德美如玉而明若燭。」邢疏引尸子仁意篇述太平之事云「燭于玉燭」，「四氣和，正光照，此之謂玉燭」。然則「抱蜀」喻君之明，故不言而廟堂修也。諸説均誤，惟房注不誤也。

〔三〕戴望云：後解「鏘鏘」作「將將」，「唯」作「維」。「將將」古字，「鏘鏘」今字。張佩綸云：

廣雅：「鏘鏘，盛也。」王念孫以後解「將將，鴻鵠貌之美者也」，遂謂貌美乃釋「鏘鏘」，於廣雅疏證增一説曰：「美貌謂之將將。」此以興下之「濟濟多士」，當從廣雅作盛解爲是。　孫蜀丞云：「鏘鏘」當作「將將」。後解云：「將將，鴻鵠貌之美者也。」廣雅釋詁「將，美也」，重言之則曰「將將」。　翔鳳案：説文：「將，帥也。」「衛，將也。」「將」從寸，有法度之義。有人率領，行列整齊。故詩緜「應門將將」，傳「嚴正也」，引申爲美。其訓盛爲鏘鏘之聲，詩有女同車「佩玉將將」是也。

〔四〕黄鞏云：下有「紂之失也」句，蓋古注文。　許維遹云：詩文王篇「濟濟多士，文王以寧」，毛傳：「濟濟，多威儀也。」又按：「化」與上文「歌」爲韻。「紂之失也」當屬下爲義，尹注屬上爲義，非是。　翔鳳案：後解云：「天下畔之而願爲文王臣者，紂自取之也，故曰紂之失也。」二説均非。「化」讀貨，與「歌」叶。

〔五〕丁士涵云：宋本「問」作「間」，「間」乃「聞」字之誤。後解作「問」，古聞、問通。玩尹注「聲問之訓，所見本不作「間」矣。易益象傳「勿問之矣」，崔注：「問，猶言也。」觀後解云「蜚蓬之問，明主不聽也；無度之言，明主不許也」，語意自明。　章炳麟云：俞先生以「問」爲言，是也。「賓」字，尹注以爲「賓敬」，其義甚迂。按形勢解云「蜚蓬之問，明主不聽也」，則「賓」當與「聽」同義。考廣雅釋詁「聽，從也」，堯典「寅賓出日」，馬注：「賓，從也。」「賓」與「聽」皆爲從，則「賓」亦得爲「聽」，非「賓敬」之謂。　許維遹云：「飛蓬之問」及下「燕雀之集」、

「犧牷圭璧不足以饗鬼神」，皆指「紂之失」而言。「閒」與「諫」通，白虎通諫諍篇「諫者，閒也」，論衡譴告篇「諫之爲言閒也」，是其證。「飛蓬」言其輕微也。「賓」當從章說，訓爲聽。諫而不聽者謂之「飛蓬之諫」。後漢書明帝紀：「飛蓬隨風，微子所歎。」章懷注引形勢解，而曰：「此言微子，未詳。」考尚書微子篇：「微子若曰：『我用沈酗于酒，用亂敗厥德于下。』」孫星衍云：「經文言我，不斥言紂者，爲尊親諱。」是也。此即微子諫紂之事，而紂不聽其諫，故論語云：「微子去之。」後漢書即合用管子、尚書之意。「飛蓬隨風」，謂紂不重視微子之諫，故微子歎之。章懷未達斯義，云「微子未詳」，亦其慎也。「燕雀之集，道行不顧」，亦即尚書微子篇所云：「殷罔不小大，好草竊姦宄，卿士師師非度，凡有罪辜，乃罔恒獲。小民方興，相爲敵讎。」以「燕雀之集」喻萬民羣臣集體爲惡，「道行不顧」喻紂不能制裁。翔鳳案：「閒」，趙本改爲「問」，與「賓」爲韻。然上文「鴻鵠」四句爲古詩，故有韻。「飛蓬」十句非詩，無韻。「飛蓬之閒」與「燕雀之集」相類，若爲「問」則不類矣。詩伯兮：「自伯之東，首如飛蓬。豈無膏沐？誰適爲容。」莊子説劍「蓬頭突賓」，假「突」爲「禿」，假「賓」爲「鬢」。説文：「鬅，鬢禿也。」則知「閒」亦爲「鬅」之借矣。觀宙合之歎美微子，「飛蓬」可能與微子有關。麥秀之歌，衆所共知。箕子佯狂爲奴，微子封於宋，當亦中心苦悶，首如飛蓬，而慨歎也。許説有理。

〔六〕豬飼彥博云：「道行」，行路之人也，孟子曰：「行道之人弗受。」解恐非。聞一多云：

「道行」當作「行道」，謂行道之人也。後解曰「務在行道，不顧小物」，正作「行道」。下文引經言「道行不顧」，疑後人依誤本經言改轉。尹注亦作「行道」。翔鳳案：聞說以近代語法律古人，大謬。

〔七〕丁士涵云：當從後解作「犧牲珪璧」。侈靡篇曰「知神次者操犧牲與其珪璧以執其斝」，輕重己篇曰「犧牲以魚」，「犧牲以彘」，是作「牲」爲長。作「牷」者，後人改之。戴望云：宋本「饗」作「享」，是也。說文「享，獻也」，「饗，鄉人飲酒也」，段氏注：「凡獻於上曰享，凡食其獻曰饗。」吴汝綸云：據管子解無「神」字。此傳寫妄增，遂失韻。張佩綸云：「鬼神」當作「神鬼」，鬼、璧爲韻。許維遹云：尚書微子篇：「今殷民（殷民即商紂，對天而言，紂亦民也。）乃攘竊神祇之犧牷牲，用以容，將食無災。」又牧誓篇：「商王受，惟婦言是用，昏弃厥肆祀弗答。」據此商紂蔑棄祭祀，其心不誠，雖設犧牲圭璧，鬼神亦不來享，故云「不足以享鬼神」。

〔八〕張文虎云：「主功有素」，即考工記所謂「畫繢之事後素功」也。言采色必施以素功，饗神不徒以寶幣，借喻以申上意。許維遹云：此承上文而言。主，謂紂也。詩六月篇毛傳：「功，事也。」廣雅釋詁：「有，取也。」「寶幣」，即上文「犧牲圭璧」。言主之事取乎平素，紂平素蔑棄祭祀，而享神徒以寶幣，何所爲乎？尹注本後解專指諸侯固非，張說失之於深，唯云「以申上意」得之。翔鳳案：小匡：「美爲皮幣，以極聘覜於諸侯，以安四鄰。」合之後解

「出名器重寶，以事鄰敵」，房注不誤。張、許立異説，謬矣。

〔九〕丁士涵云：「召」讀爲招。廣雅釋言：「招，來也。」欲來民者先起其利，雖不召而民自至。

陶鴻慶云：案尹注云「遠使無爲，所以優遠方也」，此説大誤。「使」讀如論語「使乎使乎」之使，言召遠者無待於使也。「召遠者使無爲焉」，與下句「親近者言無事焉」文義相配。後解云「欲民來者，先起其利，雖不召而民自至，設其所惡，雖召之而民不來也」，是其證。董子精華篇云「故曰親近者不以言，召遠者不以使」，文即本此。

〔一〇〕王念孫云：「獨有也」，當從朱本作「獨有之也」。尹注云「故獨有之也」，後解云「唯夜行者獨有之也」，（今本「也」誤作「乎」。）皆其證。淮南覽冥篇作「惟夜行者爲能有之」，亦有「之」字。

徐時棟云：夜行者，古論道書名也。鶡冠子有夜行篇，蓋闡發是書之義，即以名篇，篇末曰：「故聖人貴夜行。」又其武靈王篇曰：「昔夏廣而湯狹，殷大而周小，越弱而吳强，此所謂不戰而勝，善之善者也。此陰經之法，夜行之道，天武之類也。」與淮南子説無爲無事絶相類，而同稱夜行。其稱夜行與陰經連類竝舉，是夜行之爲古論道書無疑也。陸佃注鶡冠云：「陰經，黄帝之書也。」夜行無注，亦不知夜行爲古書名耳。愚但讀鶡冠子，亦未敢定其爲書名，至讀淮南子始決。安井衡云：古本「有」下有「之」字。解作「有之乎」。聞一多云：淮南子覽冥篇引此三句，高誘注曰：「夜行，喻陰行也，陰行神化，故能有天下也。」

高釋「夜行」爲「陰行」，近是。此蓋法家尚術之義。翔鳳案：夜行者人不能見。後解云：「所謂夜行者，心行也。」行藏於心，不顯於外，即高誘所謂「陰行」。史記項羽本紀「富貴不歸故鄉，如衣繡夜行，誰知之者」，可知「夜行」之義。周本紀「西伯陰行善」，可知陰行之事例矣。

平原之隰，奚有於高〔一〕？言平隰之澤，雖有小封，不成於高。喻人有大失，小善不成其美。隰，下澤也。**大山之隈，奚有於深？**隈，山曲也。言山既大矣，雖有小隈，不成爲深。喻人有高行，雖有小過，非不肖也。**訾讆之人，勿與任大**〔二〕。訾，毁賢；讆，譽惡也。如此之人，任之則亂大邦也。**譕臣者可與遠舉**〔三〕，言行莫先，謂之譕臣。有大言行者，可與圖國之遠也。**顧憂者可與致道。**顧憂，謂忠①事勤臣道。有如此者，可致於道者也。**其計也速，而憂在近者，往而勿召也。**小人之計，得之雖速，禍敗尋至，則憂及之。此人親近，推之令去，不須召也。**舉長者，可遠見也**〔四〕。舉用長利②，衆皆見之，故曰遠見。**裁大者，衆之所比也**〔五〕。裁，斷也。能斷大事，衆必比之。**美人之懷，定服而勿厭也**〔六〕。欲令人貴美而懷歸者，須安定服行道德，勿有疲厭。**必得之事不足賴也，必諾之言不足信也。**言人於事，莫爲疑動，言必得應

① 「忠」字原作「忘」，據補注改。
② 「利」字原作「和」，據補注改。

諸，如此，虛誕者耳，不足賴信也。**小謹者不大立**〔七〕，**訾食者不肥體**〔八〕。言人無弘量，但有小謹，不能大立也。訾，惡也。惡食之人，憂嫌致瘠，故不能肥體。**有無棄之言者，必參於天地也**〔九〕。言無可棄，動爲法則，若天地之無不容載，故曰參之天地。

〔一〕王念孫云：此當作「平隰之封，奚有於高」。後解當作「所謂平隰者，下澤也，雖有小封，不得爲高，故曰平隰之封，奚有於高」。尹注云「言平隰之澤，雖有小封，不成於高」，是其明證也。下濕曰隰，故言「下澤」。積土曰封，故言「雖有小封，不得爲高」。後人既改此文「平隰之封」爲「平原之隰」，遂並後解而改之，弗思甚矣。　翔鳳案：說文：「隰，阪下溼也。」釋地：「陂者曰阪，下者曰隰。」「隰」爲極低之丘，與「溼」不同，不足爲高，故曰「奚有於高」。後解「下澤之封」極確，王未曾細爲分別也。

〔二〕丁士涵云：「訾」當作「呰」。說文：「呰，訶也。」（今作「苛」，此從一切經音義改。）鄭注喪四制云：「口毁曰呰。」說文無䜭字。心部：「䜭，𡪢言不慧也。」爾雅釋詁：「衛，嘉也。」後解云：「推譽不肖之謂䜭。」推譽與嘉誼相近。　許維遹云：尹注是也。「訾」與「呰」同，不必改字。　廣雅釋詁：「訾，諻也。」方言十：「呰，短也。」史記屈原傳：「短屈平於頃襄王。」短亦毁也。又「䜭」與「䜊」同。左哀二十四年傳「是䜊言也」，服注：「僞不信言也。」或省作「衛」。　吕氏春秋士容論「德行尊理，而羞用巧衛」，高注：「衛，榮衛。」榮衛與巧衛義相因。「榮衛」與後解云「推譽不肖之謂䜭」相近，丁釋衛爲嘉，非此義也。　翔鳳案：禮記喪服四制「訾之者，是不知禮之所由生也」，注：「口毁曰訾。」玄應引作「呰」。左昭二十年傳注「不訾小忿」，釋文：「本作『呰』。」許謂「訾」與「呰」同，是也。與「疵」同義，類似吹毛求疵。朱駿聲以「訾」爲「譪」之借，「譀也，誇誕之意」，是也。説文：「譪，高气多言也。」春秋傳曰『譪言』。」即左傳哀二十四年之「訾言」。衛、萬古聲同部，諸家未得其解。「任大」，依解爲「大事」，房云「大邦」，誤。

〔三〕王引之云：「譕」與「謨」同。集韻曰：「謨，古作譕。」爾雅曰：「謨，謀也。」「臣」當作「巨」，字形相似而誤。巨，大也。「譕巨」者，謀及天下之大，而非一家一國之謀也。形勢解曰：「明主之慮事也，爲天下計者謂之譕臣。」「臣」亦當作「巨」。曰「慮」，曰「計」，釋「譕」字也。曰「天下」，則釋「巨」字也。若作「譕臣」，則其義不可通矣。且「巨」與「舉」爲韻，「憂」與「道」爲韻。（二字古音同在幽部。）若作「臣」字，則又失其韻矣。尹注非。張佩綸云：王説「『臣』當作『巨』」，是也，淮南氾論訓「故小謹者無成功，訾行者不容於衆，體大者節疏，蹠距者舉遠」，高注：「蹠，足；距，大也。」是「距」乃「巨」之誤。説林訓「蹠巨者志遠，體大者節疏」，尤一確證。淮南即本此篇，而以喻爲正，以正爲喻耳。郭沫若云：張舉淮南「蹠距者舉遠」及「蹠巨者志遠」，證此「譕臣者可與遠舉」「臣」當作「巨」，至確。然「譕」字實亦「蹠」字之訛耳。草書「足」旁作「𠄌」，與言旁俗書極相似，「庶」與「無」亦極相似，故致訛。後解所據本已誤，可知作解者當係漢人，甚且後於淮南。翔鳳案：隋昌國惠公寇奉叔墓誌

「拒」作「拒」，「臣」爲「巨」之隸變。「譕」本作「無」，即「蹠」字，郭以爲訛，非也。刻本手抄，宋以前重視，不用草書。郭以草書證誤字，此法決不可用。其法始於王念孫。而因此證爲漢人作，且後於淮南，則又歧中有歧矣。説文：「無，豐也，从林、𡘾，或説『規模』字，从大。卌，數之積也。林者，木之多也。卌與庶同意。」「庶，屋下衆也。从广炗。炗，古之光字。」「卌」、「庶」同意，説文已不了了。「無」孳乳作「廡」，與「庶」同。弭仲簠有𣞤字，魯公鐘作𣞤，舊釋「武」，實爲「無」，古「舞」字。「大」象人形，手撫地，高舉其足而舞，上象兩足共舉一物，即「卌」。武梁石室有倒舞畫像。古人舞會，慶於神廟，夜間舉行，庭燎有光，其字爲「庶」。「廿」，甲文作「[illegible]」，金文同。北涼沮渠安周碑「庶」作「譕」，内似「無」，外作「言」旁，可證郭「足旁草書」之誤。侈靡「六畜遮育，五穀遮熟」，則「庶」即亦「蹠」矣。

〔四〕戴望云：元刻本「見」下有「者」字，後解同。張佩綸云：荀子勸學「登高而招，臂非加長也，而見者遠」，大戴禮勸學作「升高而招，非臂之長也，而見者遠」，意同。此言所舉之物長則遠見，則所舉之人長亦見遠。翔鳳案：臂舉長物，非臂長，張引荀子非是。後解：「舉一而爲天下長利者，謂之舉長。」此由喻語申正意也。

〔五〕豬飼彦博云：「比」當作「庇」，依賴也。孫星衍云：「裁」，古通作「材」字，故形勢解云：「天之裁大，故能兼覆萬物；地之裁大，故能兼載萬物；人主之裁大，故容物多而衆人能比焉。」尹注非。張佩綸云：「裁」或爲「材」，「比」或爲「芘」。此言材大者衆之所託芘，則才之大者亦爲衆之所親比。　翔鳳案：今人言「體裁」，又言「身材」，孫言是也。論語「義之與比」，皇疏：「親也。」周禮大胥「比樂官」，注：「鄭大夫讀『比』爲庀。」世婦「比其具」，注：「鄭司農『比』讀爲庀。」陸釋文作「庇」。說文：「庇，蔭也。」「芘，艸也。」莊子人間世「隱將芘其所賴」，假「芘」爲「庇」。張說不誤，然以借字爲本義，又混「親比」爲「庇蔭」，則大不可也。

〔六〕俞樾云：此句之義爲不可曉。據形勢解曰：「貴富尊顯民歸樂之，人主莫不欲也。故欲民之懷樂己者，必服道德而勿厭也，而民懷樂之。」然則管子原文本作「欲人之懷，必服而勿厭也」，故其解如此。若作「美人之懷定服而勿厭也」，則解何以不及「美」字、「定」字之義乎？尹注曰「欲令人貴美而懷歸者，須安定服行道德，勿有疲厭」，則其所據本已誤。夫「令人貴美而懷歸」，不得云「美人之懷」，即尹注之迂回難通，知管子原文必不如是，當據後解訂正。　譚戒甫云：「美」疑「羡」之挩誤字，說文：「羡，貪欲也。」後解以「欲」釋「羡」，以「必」釋「定」耳。　翔鳳案：公羊莊十二年傳「魯侯之美也」，注：「好也。」孟子：「充實之謂美。」公羊隱五年傳：「美，大之之辭也。」詩：「彼美人兮，西方之人兮。」美人指王公大人，非誤字。

〔七〕何如璋云：「謹」，說文：「慎也。」小謹則過拘，漢書酈食其傳：「舉大事不細謹。」「大立」謂樹立遠大。「小謹」者，其樹立固不大也。

〔八〕安井衡云：諸本「𩛂」作「訾」，今從古本。解亦作「𩛂」。洪頤煊云：「訾」當作「𩛂」。形勢解「𩛂食者多所惡也，人𩛂食則不肥」，字皆作「𩛂」。玉篇「𩛂，嫌食貌」，義本此。張佩綸云：疑當作「仳」。詩正月傳：「仳仳，小也。」晉語一：「商之衰也，其銘有之曰：嗛嗛之德不足就也，不可以矜而祇取憂也；嗛嗛之食不足狃也，不能爲膏而祇罹咎也。」韋注：「嗛嗛，猶小小也。膏，肥也。」正是此意。翔鳳案：説文：「訾，不思稱意也。」周書太子晉「四荒至莫有怨訾」，注：「歎恨也。」貪食無滿意之時，是謂訾食。「𩛂」爲後起字。

〔九〕安井衡云：諸本作「參於」，無「之」字，今從古本。解亦有「之」字。張佩綸云：言君無棄言，如天地無棄物。郭沫若云：「之言」者此言，即指「小謹者不大立，訾食者不肥體」而言。言有不棄此言而行之者，其極必與天地參也。下「之」字不應有。翔鳳案：郭訓「之言」爲此言，已覺生硬。後解云「言而語道德忠信孝弟者，此言無棄者」，不指「小謹者」二句，其誤顯然矣。

墜岸三仞，人之所大難也，而猿猱飲焉〔一〕。**故曰：伐矜好專，舉事之禍也**〔二〕。猿遇墜岸而能飲。喻智者逢禍而能息也。**不行其野，不違其馬**〔三〕。馬有識道之性，不違馬而自得塗。喻未經其事，問其所經。**能予而無取者，天地之配也。**天地施生，不求所報。與而不取，可以配天地也。**怠倦者不及，**倦怠之人，觸塗廢滯，故多不及。**無廣者疑神**〔四〕。**神者**

在内，不及者在門〔五〕。無得以己不及，疑神不神。神①雖無形，常在於内，故曰在内也。不及外見，故曰在門也。在内者將假，在門者將待〔六〕。將假，謂神將借己也。待，謂須自厲以待。曙戒勿怠，後穉逢殃〔七〕。每曙而戒，所以戒昔之事。以待曙戒，戒勿爲倦怠也。朝忘其事，夕失其功。邪氣襲内，正色乃衰〔八〕。君不君則臣不臣，父不父則子不子。上失其位則下踰其節，上下不和，令乃不行。衣冠不正則賓者不肅〔九〕，進退無儀則政令不行，且懷且威則君道備矣。

〔一〕孫蜀丞云：「猿猱」，後解作「蝚蝯」。聞一多云：喻事有人君力所不及，而庶民或優爲之者。翔鳳案：三句仍是喻語。後解云：「明主之官物也，任其所長，不任其所短。」「緣高出險，蝚蝯之所長，而人之所短也。」聞不顧後解而自立説，謬。説文：「蝚，蛭蝚，至掌也。」「蝯，善援，禺屬。」説文無「猨」字，亦無「猱」字。字作「夒」，玉篇「猱獿」同。詩：「毋教猱升木。」當以「猱蝯」爲正。其「蝚猨」二字，因偏而訛，「猿」字更爲後起。

〔二〕劉績云：經文不應有「故曰」，此二字疑衍。宋翔鳳云：周秦傳記多以「是故」發端，「故曰」猶「是故」。故，古也，謂古語也。劉説非。王念孫云：「伐矜好專」二句與上文義不

① 「神神」二字原作「祐」，據補注改、增。

相屬，則不當有「故曰」二字，此涉上注「故曰參之天地」而衍。　聞一多云：「故曰」二字非衍。「伐矜好專」正承上文「墜岸三仞」云云而言。　翔鳳案：「伐」，自誇異於人也。老子：「不自伐，故有功。」後解云：「矜奮自功，專用己而不聽正諫，故事敗而禍生。」凡「故曰」承前文，否則古語也。「故曰」，古曰也。爾雅釋詁：「古，故也。」孟子七篇用「故曰」最多。「故曰持其志，無暴其氣」；「故曰域民不以封疆之界」；「故曰或勞心，或勞力」。最多者爲離婁篇：「故曰徒善不足以爲政，徒法不能以自行。」「故曰爲高必因丘陵，爲下必因川澤。」「故曰責難於君謂之恭，陳善閉邪謂之敬，吾君不能謂之賊。」前文皆無所承，而離婁一篇有四「故曰」，莫有議之者。此「故曰」包四句，「違其馬」有典，其爲古語無可疑矣。　此後疑「故曰」爲衍文者不少，特發其凡於此。

〔三〕張文虎云：韓非子：「管仲、隰朋從於桓公而伐孤竹，春往冬返，迷惑失道。管仲曰：『老馬之智可用也。』乃放老馬而隨之，遂得道。」案此即「不行其野，不違其馬」之的注。上「不」字當依注作「未」無疑。　孫蜀丞云：「不違其馬者」，不去其馬也。詩殷其靁傳：「違，去也。」注與解不合。　聞一多云：賈誼新書春秋篇曰：「衛懿公好鶴，鶴有飾以文繡而乘軒者。賦斂繁多而不顧其民。貴優而輕大臣。羣臣或諫，則面叱之。及翟伐衛，寇挾城堞矣。衛君垂泣而拜其臣民，曰：『寇迫矣，士民其勉之。』士民曰：『君亦使君之貴優，將君之愛鶴，以爲君戰矣。我儕棄人也，安能守戰？』乃潰門而出走。翟寇遂入。衛君奔死，遂喪其國。故賢主者不以草木禽獸妨害人民，進忠正而遠邪僞，故民順附而臣下爲用。今釋人民而愛鳥獸，遠忠道而貴優笑，反甚矣。人主之爲人主也，舉錯而不僨者，杖賢也。今背其所主，而棄其所杖，其僨仆也，不亦宜乎？語曰：『禍出者禍反，惡人者人亦惡之。』管子曰：『不行其野，不違其馬。』此違其馬者也。」據此，則「不行其野，不違其馬」，謂雖不行其野，亦不違其馬也。許維遹云：詩節南山毛傳：「違，去也。」楚辭離騷篇：「來違棄而改求。」「違棄」連文，去、棄同義，尹注非。翔鳳案：此亦喻語。後解云：「雖不行於野，其養食馬也，未嘗解（懈）惰也。」「雖不守戰，其治養民也，未嘗解惰也。」説文：「違，離也。」「韋，相背也。」經典通以「違」爲「韋」，兼此二義，謂離棄之也。許説是。

〔四〕豬飼彥博云：「廣」疑當作「曠」，「無曠」謂惜寸陰也，與怠倦反。疑、凝同，解云「其成若神」，是也。安井衡云：「廣」讀爲曠。曠，空也。不曠其日者，事必速成，人疑其神。戴望云：張（文虎）云：「無，譕之假字，上文云『譕巨者可以遠舉』。」據後解云「故事廣于理者，其成若神」，則張説是。何如璋云：「廣」讀爲曠，漢書五行志「師出過時謂之廣」，字亦通「曠」。皋陶謨：「無曠庶官。」神者，陰陽不測之謂。無曠則事成而速，故疑神也。江瀚云：莊子達生篇「用志不分，乃疑於神」，「無廣」即「用志不分」也。翔鳳案：莊子達生：「用志不分，乃疑於神。」「不分」即「無廣」。「疑」即「凝」。易坤「陰始疑也」，荀、虞本作「凝」；中庸「至道不凝焉」，釋文「本作『疑』」，是其證。後解云：「以規矩爲方圜則成，以尺寸量短長則得，以法數治民則安。故事不廣於理者，其成若神。」「至道不凝」，鄭注亦訓爲「成」，俗言「務廣多荒」，義相近。

〔五〕豬飼彦博云：此承上句言，「神」上脱「疑」字。翔鳳案：心術上：「絜其宫，闕其門。宫者謂心也，心也者智之舍也。門者謂耳目也。」又曰：「虚其欲，神將入舍。」「神」即精神之神，氣之運也，或曰精氣。加「疑」字謬。

〔六〕戴望云：「假」當作「假」。説文：「假，至也。」方言：「假、佫，至也。邠、唐、冀、兖之間或曰假，或曰佫。」聞一多云：「假」讀爲暇，（詩長發「昭假遲遲」，箋：「假，暇。」列子力命篇「行假念死乎」，注：「當作『何暇』。」）「待」讀爲殆。莊子養生主篇「以有涯隨無涯，殆而已矣」，向注：「殆，疲困之謂。」「暇」與「殆」義相對。此承上「怠倦者不及，無廣者疑神」，言怠倦者反得疲困，無曠者反得閑暇也。翔鳳案：心術下：「思之不得，鬼神教之。非鬼神之力也，其精氣之極也。」即神將借己之謂。戴、聞二説均誤。

〔七〕俞樾云：既勿怠矣，又何逢殃之有？「勿」疑「夕」字之誤。「曙戒夕怠」，言朝戒之而夕怠之也。下文云「朝忘其事，夕失其功」，此以「夕」對「曙」言，猶彼以「夕」對「朝」言矣。陶鴻慶云：俞不釋「後稺」之義。今案「稺」當爲「徲」，説文：「徲，久也。」朱氏駿聲曰「欽徲希待之意當作此」，是也。「稺」爲希待，引伸有遲緩之義，故亦以遲爲之。戒備於前而遲緩於後，則殃必及之，故曰：「曙戒勿怠，後徲逢殃。」正文義自可通，似不必改「勿」爲「夕」。許維遹云：俞説未諦，「怠」與「殆」通。易震注「咸駭怠惰」，釋文「『怠』本又作殆」，是其例。爾雅釋詁：「殆，危也。」重令篇注：「稈，驕也。」（詩載馳「衆（終）稈且狂」，稈、狂相對，稈亦驕也。）「曙戒」對「後稈」，「勿怠」對「逢殃」，詞意正相貫。　聞一多云：「説文：『鼜，夜戒守鼓也。』引禮：『昏鼓四通爲大鼜，夜半三通爲戒晨，旦明五通爲發明。』「曙戒」者，疑天將曙戒鼓鳴時謂之「曙戒」。「勿」讀爲忽，忽亦怠也。「稈」讀爲遲，遲猶暮也。（離騷「恐美人之遲暮」，王注曰：「遲，晚也。」論衡明雩篇曰：「暮者，晚也。」遲、暮並訓晚，是遲亦暮也。廣雅釋言：「暮，稚也。」「暮」訓稚，則「稚」亦訓暮。稚、稺同。「稺」之言亦猶遲也，故與暮同義。）「曙戒」與「後遲」對舉，謂旦明與日暮時也。旦明勿怠其事，則日暮必逢禍殃。下文「朝忘其事，夕失其功」，正申此意。　翔鳳案：「曙戒」猶「戒旦」。晉書趙至傳：「雞鳴戒旦。」説文：「睹，旦明也。」七發注引作「曙」。孟子：「雞鳴而起，孳孳爲善。」呂氏春秋重己：「一曙失之，終身不復得。」古人以神明降於旦。汗簡引古文尚書「神」作「䄓」。禮記郊特牲「所以交於旦明之義也」，鄭注以「旦」爲「神」之脱爛。詩氓「信誓旦旦」，即誓於神而曙戒也。「稈」訓驕，許説是也。

〔八〕王念孫云：「入」當依宋本、朱本作「襲」，後解及文選長門賦注、七發注引此並作「襲」，襲即入也。無庸改「襲」爲「入」。　張佩綸云：「正色」疑當作「玉色」。　胡刻李善注文選本兩引均作「邪氣襲内，玉色乃衰」，汲古閣本長門賦注已改作「正」，而七發注猶作「玉」。　東方朔七諫怨思章「邪氣入而感内兮，施玉色而外淫」，是其確證。禮記：「盛氣顛實，揚休玉色。」翔鳳案：張謂「正」爲「玉」之誤，是也。「玉」之本字，與「王」相混。説文「琙，朽玉也，讀若畜牧之畜」，段注訂爲「玉」字：「廣韻一屋云『玉音肅，朽玉』，此説文本字。四十九宥云『琙音齅』，此從俗字。」後解云：「中無情實，則名聲惡矣。修行慢易，則汙辱生矣。」「惡」與「汙辱」，義與「朽玉」相近。後漢郭丹傳注：「經之言實，衰之言摧，實摧痛於中也。」作爲正色而訓「衰」爲「衰滅」，亦通。然衰滅不即爲汙辱，知其不合矣。

〔九〕俞樾云：「賓」讀爲擯，古字通用。尚書堯典「賓于四門」，鄭注以「賓」爲擯，是也。主君衣冠不正，則擯者亦不肅，若上文云：「上失其位，則下踰其節矣。」翔鳳案：孟子：「其冠不正，望望然去之。」論語：「正其衣冠，尊其瞻視。」「整冠」至漢、魏有之，古詩：「瓜田不納履，李下不整冠。」古本「正」作「整」，非是。

莫樂之則莫哀之，常能樂人，及其有難，人必哀之也。莫生之則莫死之。常能生人，及其有危，人必死之。往者不至，來者不極。此往情不至，則彼①來意不然也。道之所言者一也，而用之者異。道之所言，其理不二，但用之不同，其事遂異也。有聞道而好爲家者，一家之人也。雖聞道，但好理家，此但一家之人耳。言無廣遠。有聞道而好爲鄉者，一鄉之

① 「彼」字原作「復」，據補注改。

人也。有聞道而好爲國者，一國之人也〔一〕。有聞道而好爲天下者，天下之人也。此亦仁者見之謂之仁，智者見之謂之智也。有聞道而好定萬物者，天下之配也〔二〕。此則君子體斯道也。道往者其人莫往，道來者其人莫來〔三〕，道之所設，身之化也。道者，均彼我，忘是非，故無來往之體。然道之所設，身必與之化也。持滿者與天，安危者與人〔四〕。失天之度，雖滿必涸；上下不和，雖安必危。能持滿者，則與天合。能安危者，則與人合。不合於天，雖滿必涸。不合於人，雖安必危。欲王天下而失天之道，天下不可得而王也。得天之道，其事若自然；失天之道，雖立不安。其道既得〔五〕，莫知其爲之；其功既成，莫知其澤之〔六〕。藏之無形，天之道也。

〔一〕翔鳳案：依牧民篇家、鄉、邦、天下相聯之例，此「國」字亦當作「邦」。

〔二〕王念孫云：「天下」當爲「天地」，人君能定萬物，則可以配天地。上文云「能予而無取者，天地之配也」，即其證。今作「天下」者，涉上文「天下之人」而誤。黄氏日鈔亦云「地」誤作「下」。尹桐陽云：自「有聞道而好爲國者」至此，形勢解無解。「天地之配」猶上云「天地之匹」。翔鳳案：上文「天地之配」，指予而無取，爲天地之道。此句承家、鄉、國、天下言其定萬物，則爲「天下之配」。法法：「正也者，所以正定萬物之命也。」政以正天下，不能正天地。

〔三〕豬飼彥博云：「道往」，失道也；「道來」，得道也。　戴望云：宋蔡潛道本、趙本作「道往者其人莫來，道來者其人莫往」。　宋翔鳳云：「道往者其人莫往」，言人與道俱化，而不見其往也。「道來者其人莫來」，亦與道俱化，而不見其來也。故注云：「均彼我，忘是非，故無來往之體。」劉績據形勢解改作「道往莫來，道來莫往」，彼係訛字。　郭沫若云：當從後解。古本、劉本及朱東光本均作「道往者其人莫來，道來者其人莫往」。　豬飼解「道往」爲失道，「道來」爲得道，是也。此即「得道者多助，失道者寡助」之意。　翔鳳案：以解爲主，郭説是也。

〔四〕翔鳳案：後解云：「天之道，滿而不溢，盛而不衰，明主法象天道。」又云：「救禍安危者，必待萬民之爲用也。」越語云「持盈者與天，定傾者與人」，韋昭注：「與天，法天也；與人，取人之心也。」莊子大宗師「孰能相與於相與」，釋文：「猶親也。」「滿」當作「盈」，避漢惠帝諱而改。

〔五〕吴汝綸云：「其道既得」四字，當依管子解校删。　尹桐陽云：自「得天之道」至此，形勢解無解。　翔鳳案：解乃解其較難者，非逐句解之，韓非解老亦同。解無則删之，此謬説也。

〔六〕豬飼彥博云：「釋」，置也，解作「舍」。　王念孫云：宋本「釋」作「澤」，古字假借也。（説見戒篇「澤其四經」下。）今本作「釋」者，後人不識古字而改之。

疑今者察之古，不知來者視之往〔一〕。萬事之生也，異趣而同歸〔二〕，古今一也。生棟覆屋〔三〕，怨怒不及。弱子下瓦，慈母操箠。言人以生棟造舍，雖至覆屋，但自咎而已，不敢怨及他人。至弱子下瓦，所損不多，慈母便操箠而怒之。喻人主過由己作，雖大而吞聲；過發他人，雖小而振怒也。天道之極，遠者自親；天道平分，遠近無二①，故遠者自親也。人事之起，近親造怨。人事則愛惡相攻，故有近親造怨也。萬物之於人也，無私近也，無私遠也，動物則有識而無知，植物則有生而無識，故於人也，無私遠近。巧者有餘，而拙者不足。萬物既無私於人，故巧者用之有餘，拙者用之不足。其功順天者天助之，其功逆天者天圍之〔四〕。天之所助，雖小必大；天之所圍，雖成必敗〔五〕。順天者有其功，逆天者懷其凶，不可復振也〔六〕。

〔一〕孫蜀丞云：春秋繁露精華篇：「古之人有言曰：不知來，視諸往。」蓋本管子。之、諸聲近。

〔二〕陳奂云：「生」後解作「任」，「任」字不誤。「趣」後解作「起」，誤。翔鳳案：說文：「生，進也。」進則有所趣。後解「趣」作「起」。莊子外物「跈則衆害生」，注：「起也。」後解神農、禹、湯皆言其異趣同歸，而非言其保任，「任」乃誤字。

① 「二」字原作「三」，據補注改。

〔三〕豬飼彦博云：以新伐之木爲棟也。俞樾云：「生」當讀爲笙，方言曰：「笙，細也，自關而西，秦晉之閒，凡細貌謂之笙。」孫詒讓云：「生」謂材尚新，未乾臘也。韓非子外儲説左云：「虞卿爲屋，謂匠人曰，屋太尊。匠人對曰，此新屋也，塗濡而椽生。」吕氏春秋别類篇云：「高陽應將爲室，家匠對曰：未可也，木尚生，加塗其上，必將撓。」此「生棟」與韓、吕二書義同。俞讀「生」爲笙，未塙。翔鳳案：孫説是。「笙」爲秦、晉方言，非齊人之方言，不切。

〔四〕王念孫云：宋本「違」作「圍」，（下文「天之所違」及後解竝同。）古字假借也。違之通作圍，猶圍之通作違耳。（繫辭傳「範圍天地之化而不過」，釋文：「範圍」馬、王肅、張作「犯違」。）今本作「違」者，亦後人不識古字而改之。李哲明云：王説固通，竊疑「圍」本作「圉」，形近而訛。「圉」有禁止意，與上「助」字義反。且圉、助爲韻，故知當作「圉」也。宋本誤「圍」，今本因改「違」耳。翔鳳案：此處非韻，李説誤。

〔五〕尹桐陽云：「雖成必敗」，解作「雖大必削」。

〔六〕尹桐陽云：形勢解無解。懷，致也。振，救也。翔鳳案：「懷」無訓「致」者。説文：「懷，念思也。」人遇凶則悔恨交集，刻不能忘。此乃通訓。尹舍近求遠，非是。説文訓「振」爲「舉救」，「救也」係小爾雅之訓，以「舉救」爲佳。

烏鳥之狡，雖善不親〔一〕。狡，謂猜也。言烏鳥之性多猜，初雖相善，後終不親。**不重之**

結，雖固必解。道之用也，貴其重也。毋與不可，毋彊不能，毋告不知。與不可，彊不能，告不知，謂之勞而無功。見與之交，幾於不親；見，謂不忘而恃之也。與，親與也。見哀之役，幾於不結〔二〕；役而哀之，雖有惻然，見而不忘，故彼不結也。見施之德，幾於不報。雖有恩施之德，然見而不忘，故彼不報也。四方所歸，心行者也。心行能不見，則四方歸之。獨王之國，勞而多禍〔三〕。獨王，謂無四鄰之援也。獨國之君，卑而不威。自媒之女，醜而不信。未之見而親焉，可以往矣。未見而親，親必無終，故可往矣。久而不忘焉，可以來矣。日月不明，天不易也。山高而不見，地不易也。日月無不明，假令不明，是天有雲氣而不易也。山高無不見，假令不見，是地多嶮阻不平易也。言而不可復者，君不言也。行而不可再者〔四〕，君不行也。謂臣有忠言，不可復言者，則由君不言故也。臣有善行，不可再行者，則由君不行也。凡言而不可復，行而不可再者，有國者之大禁也。

〔一〕劉績云：「烏烏之狡」，當依解作「烏集之交」。王念孫云：「烏烏之狡」當作「烏集之佼」。「佼」與「交」同。江瀚云：「狡」與「交」，古字亦通。禮記樂記「血氣狡憤」，釋文「『狡』本作『交』。」不必改「狡」爲「佼」。任林圃云：漢書五行志「烏集醉飽吏民之家」，顔師古注云：「乍合乍離，如烏之集。」（此文同見漢書匡衡傳「烏集雜會飲醉吏民之家」，師古曰：「言聚散不恒，如烏烏之集。」）是「烏集」乃古人恒語。當依後解作「烏集」爲是。

翔鳳案：後解云：「與人交，多詐僞，無情實，偷取一切，謂之烏集之交。」「狡」字不誤。烏好群集，無「集」作「烏烏」亦通。

〔二〕王念孫云：「見與之交」，當從朱本作「見與之友」，後解亦作「友」。「見哀之役」，「哀」與「愛」古字通。「役」當爲「佼」，字之誤也。「佼」與「交」同。後解作「見愛之交」，是其證也。尹注非。安井衡云：諸本「友」作「交」，解「交」作「友」，「哀」作「愛」，「役」作「交」，皆是也。廣雅釋詁一：「役，使也。」哀而役使之，非真能哀憫者，不能固結也。翔鳳案：説文：「與，黨與也。」以利相結，非真能相親者。廣雅釋見，示也，謂表顯之。

〔三〕劉績云：當依解作「獨任之國」。豬飼彦博云：「獨王」又見權修，即獨任之意。王念孫云：「任」字古通「壬」，因譌而爲「王」。尹注非。安井衡云：「獨王」，自用而不任人也。「獨國」，無與國也。王與君相呼成章，解作「獨任之國」，誤。戴望云：「王」字義長，不必改字。「獨王」者，若桀紂爲天子，不若一匹夫也。劉師培云：後解作「獨任之國」，治要引後解「國」作「圖」。以後解「不用聖人之智力」證之，自以治要所引爲正。翔鳳案：後解「獨用其智而不任聖人之智，獨用其力而不任衆人之力」，爲「任」字無疑。律書：「壬之爲言任也。」

〔四〕張文虎云：「言而不可復」者，猶言雖悔莫追，與下「行而不可再」義同。尹注謬。戴望云：後解兩「而」字皆作「之」。張德鈞云：「言而不可復」，即大戴禮曾子立事篇「言之必思復之，思復之必思無悔言」。盧辯彼注引論語曰「信近於義，言可復也」，阮元又引左襄二十五年太叔文子曰「君子之行，思其終也，思其復也」，謂思復即思覆行之，絶無偏敝。管子此文，義亦猶是。　翔鳳案：「復」與「再」不同。小爾雅廣言：「復，白也。」孟子：「有復於王者曰。」口語謂之回信。「信近於義，言可復也」，即此義。訓「覆」則與「再」無别，非是。

權脩第三

經言三

權者，所以知輕重也。君人者，必知事之輕重，然後國可爲，故須脩權。

牟庭云：管子有權修篇，即輕重九府篇也。劉向言：「九府篇民間無有。」然據後文無權修解，而有輕重七篇以發明經言篇意，經言又無輕重篇，故知太史公所讀「輕重九府」即權修也。　翔鳳案：「九府」之名，見爾雅釋地：「東方之美者，有醫無閭之珣玗琪焉。東南之美者，有會稽之竹箭焉。南方之美者，有梁山之犀象焉。西南之美者，有華山之金石焉。西方之美者，有霍山之珠玉焉。西北之美者，有崑崙虚之璆琳琅玕焉。北方之美者，有幽都之筋角焉。東北之美者，有斥山之文皮焉。中有岱岳，與其五穀魚鹽生焉。」岱爲東岳，而九府以岱爲中。齊人言齊，是即管書之「九府」也。鹽鐵論輕重：「管仲設九府，徼山海。」山海之貨，集於九府。馬遷所云「輕重九府」，即輕重篇言「九府之藏」，近人以九府爲篇名，誤。牟以權修爲「輕重九府」，更誤。篇中所述，無一語有九府之藏也。

萬乘之國〔一〕，兵不可以無主。無所主，則無所統一也。土地博大，野不可以無吏。無吏，則不厲於墾闢。百姓殷衆，官不可以無長。無長，則無所稟令也。操民之命，朝不可以無政。地博而國貧者，野不辟也。民衆而兵弱者，民無取也〔二〕。兵無主，故無所取則。故末產不禁則野不辟，賞罰不信則民無取〔三〕。野不辟，民無取，外不可以應敵，內不可以固守。故曰：有萬乘之號，而無千乘之用，而求權之無輕，不可得也。國號萬乘，及其兵用，不滿於千，如此者，權必自輕也。

〔一〕豬飼彥博云：「戰國時大國稱萬乘，以其地可出兵車萬乘也。春秋時雖齊、楚、晉、秦未至如此之大，故未有萬乘之稱。以是觀之，經言亦恐不出乎仲。」翔鳳案：大匡：「同甲十萬，車五千乘。」五千乘不可以言「千乘」，以成數言之，則「萬乘」矣。輕重甲：「萬乘之國，千乘之國，不能無薪而炊。」「萬乘之國，必有萬金之賈。」輕重乙：「是有萬乘之號，而無千乘之用也。」則齊之自號「萬乘」有證。輕重九府之篇，民間無有，必非僞作，於經言之有「萬乘」，無可疑矣。此二句與輕重乙同意。

〔二〕洪頤煊云：「取」當作「恥」，謂民無愧厲，雖衆而弱。北堂書鈔二十七引下文「則民無取」，文選射雉賦注引下文「民無取」，「取」皆作「恥」。尹注非。何如璋云：「取」讀如督趣之趣，釋名：「取，趣也。」地官縣正：「趣其稼事而賞罰之。」漢書成帝紀：「督趣逐捕。」「民無取」者，謂兵無主以督趣之，乃衆而弱。下文「賞罰」云者，所以趣之也。洪云「『取』當作『恥』」，本字可通，固不宜改。

〔三〕洪頤煊云：兩「取」字均當作「恥」。（詳上。）何如璋云：不如督趣義長。「賞罰」云所以趣之也。

地辟而國貧者，舟輿飾，臺榭廣也〔一〕。賞罰信而兵弱者，輕用衆，使民勞也。舟車臺榭廣〔二〕，則賦斂厚矣。輕用衆，使民勞，則民力竭矣。賦斂厚則下怨上矣，民力竭則令不行矣。下怨上，令不行，而求敵之勿謀己，不可得也。

〔一〕宋翔鳳云：「榭」，劉本作「謝」，下同。說文無「榭」字，假「謝」爲之，是也。安井衡云：下覆此文作「舟車」，當據正。

〔二〕許維遹云：此復舉上文，「車」下當有「飾」字，趙本、淩本、花齋本均有「飾」字，今據補。翔鳳案：楊本可能奪字，古本以意增，非別有所據也。

欲爲天下者，必重用其國。欲爲其國者，必重用其民。欲爲其民者，必重盡其民力〔一〕。重爲矜惜之也。無以畜之，則往而不可止也。往，謂亡去也。無以牧之，則處而不可使也。人雖留處，無畜牧之道，故不可使也。遠人至而不去，則有以畜之也。民衆而可一，則有以牧之也。見其可也，喜之有徵；徵，驗也。必有恩錫以驗，見喜①無空然矣。見其不可也，惡之有刑〔二〕，賞罰信於其所見，雖其所不見，其敢爲之乎！所見之處，賞罰既信，則所不見，懼而從教，不敢爲非。見其可也，喜之無徵；見其不可也，惡之無刑，賞罰不信於其所見，而求其所不見之爲之化，不可得也。厚愛利足以親之，明智禮足以教之〔三〕。上身服以先之，服，行也。凡所欲教人，在上必身自行之，所以率先於下也。審度量以閑之，所以防閑其姦僞也。鄉置師以説道之〔四〕，然後申之以憲令，勸之以慶賞，振之以刑罰〔五〕，振，整也。故百姓皆説爲善，則暴亂之行無由至矣。

〔一〕翔鳳案：「重用」即不敢輕用之意，房注爲「矜惜之」，尚隔一層。

〔二〕安井衡云：韓非子「刑」作「形」，上云「有徵」，則作「形」是也。刑、形古文通用。形，象也，謂罰之。

〔三〕翔鳳案：「智禮」二字連用，晦而不明。説文：「智，識詞也。」「識，常也。」「識」即「幟」，又同「志」，即「誌」。故記所記之辭爲「智」。「智」與「知」混用已久，管子猶存本義。

〔四〕豬飼彦博云：「道」同「導」。

---

①「喜」字原作「善」，據補注改。

〔五〕安井衡云：振、震通，懼也。聞一多云：「振」讀爲震，威也。尹注非是。翔鳳案：說文：「振，舉救也。」本義自通，不必用借義。

地之生財有時，民之用力有倦，而人君之欲無窮。以有時與有倦，養無窮之君，而度量不生於其間，度量不生，則賦役無限也。則上下相疾也。上疾下之不供，下疾上之無窮。是以臣有殺其君，子有殺其父者矣〔一〕。故取於民有度，用之有止〔二〕，國雖小必安。取於民無度，用之不止〔三〕，國雖大必危〔四〕。地之不辟者，非吾地也。民之不牧者，非吾民也。凡牧民者，以其所積者食之，不可不審也。其積多者其食多，其積寡者其食寡，無積者不食。或有積而不食者〔五〕，則民離上；有積多而食寡者，則民不力；有積寡而食多者，則民多詐；有無積而徒食者，則民偷幸〔六〕。故離上、不力、多詐、偷幸，舉事不成，應敵不用。故曰：察能授官，班禄賜予，使民之機也。

〔一〕安井衡云：「弑」，古直作「殺」。「者」字當衍。翔鳳案：「者」爲別事之詞，口語爲「這種人」，不當衍。

〔二〕安井衡云：「止」，猶限也。治要引作「正」。正，常也，亦通。張德鈞云：葉適習學記言亦引作「用之有止」，與傳世諸本合。翔鳳案：治要作「正」，乃誤字也。

〔三〕張德鈞云：葉適習學記言亦引作「用之不止」。

〔四〕張佩綸云：自「地之生財有時」至此，牧民篇「上無量則民乃妄」解，爛脱在此。翔鳳案：管子有錯字，無錯簡。解有「故曰」，文無「故曰」則非解矣。張無證而肆其口説，誤矣。

〔五〕豬飼彦博云：「積」謂功勞。「或」，有也。此句與下「有無積而徒食者」對。黄鞏云：「積」與「績」同，總計其功也。計功受食，民乃勸事。翔鳳案：積多食多，積寡食寡，決不能訓績，黄説非是。

〔六〕張佩綸云：自「凡牧民者」至此，牧民篇「守在倉廩」、「積於不涸之倉」解，爛脱在此。翔鳳案：權脩言輕重之權，與輕重諸篇參看，則其積爲糧食，乃權脩篇正文，視「牧民」進一層。下文禮義廉恥，亦發揮「牧民」之義，張不細案全篇，可謂粗心。

野與市爭民，民務本業，則野與市爭民。家與府爭貨〔一〕，下務藏積，則家與府爭貨。金與粟爭貴〔二〕，所寶惟穀，故金與粟爭貴。鄉與朝爭治。官各務其職，故鄉與朝爭治。故野不積草，農事先也。府不積貨，藏於民也。市不成肆，家用足也。朝不合衆，鄉分治也。故野不積草，府不積貨，市不成肆，朝不合衆，治之至也。人情不二，故民情可得而御也〔三〕。審其所好惡，則其長短可知也；觀其交游，則其賢不肖可察也。二者不失，則民能可得而官也。二者，謂好惡、交游也。地之守在城，城之守在兵〔四〕，兵之守在人，人之守在粟，故地不辟則城不固。有身不治，奚待於人〔五〕？待，謂將治之。言身既不能自治，則無以治人也。有人不治，奚待於家？有家不治，奚待於鄉？有鄉不治，奚待於國？有國不治，奚待於天下？天下者，國之本也。國者，鄉之本也。鄉者，家之本也。家者，人之本也。人者，身之本也。身者，治之本也〔六〕。故上不好本事則末産不禁，末産不禁則民緩於時事而輕地利〔七〕，輕地利而求田野之辟，倉廩之實，不可得也。商賈在朝則貨財上流，若桓、靈之賣官也。婦言人事則賞罰不信〔八〕，婦者所以休其蠶織，此之不爲，輒言人事，婦人之性險詖，故賞罰不信矣。男女無别則民無廉耻。貨財上流，賞罰不信，民無廉耻，而求百姓之安難〔九〕，兵士之死節，不可得也。朝庭不肅，貴賤不明，長幼不分，度量不審，衣服無等，上下凌節〔一〇〕，而求百姓之尊主政令，不可得也。上好詐謀閒欺，閒，隔也。有所隔礙而欺誑也。臣下賦斂競得〔一一〕，使民偷壹〔一二〕，偷取一時之快。則百姓疾怨，而求下之親上，不可得也。有地不務本事，本事，謂農。君國不能壹民，而求宗廟社稷之無危，不可得也。

〔一〕孫星衍云：北堂書鈔二十七引「貨」作「貸」。

〔二〕陶鴻慶云：「金」、「粟」二字當互易。粟本賤於金，今以在上務本禁末，故粟與金爭貴也。與上文「野與市爭民，家與府爭貨」，下文「鄉與朝爭治」，文義一律。尹注云「所寳惟穀，故金與粟爭貴」，「金」、「粟」二字亦當互易。翔鳳案：老子「不貴難得之貨」，王注：「隆之稱也。」諸説以爲價高，均誤。鼂錯論貴粟，即用管子。

〔三〕陳奂云：「民情」之「情」，蒙上文「人情」而衍。許維遹云：陳説未安。此承上「人情不二」而言，則「情」非衍文明矣。下文云「民能可得而官也」，句法正與此同。小匡篇云「如是而民情可得，百姓可御也」，尤爲塙證。郭沫若云：二「情」字必有一誤，疑上「情」字當作「性」。翔鳳案：許説有確證，郭誤。下文「觀其交游」，則非「人性」明矣。

〔四〕翔鳳案：春秋時「兵」指械器，見閻若璩四書釋地。

〔五〕許維遹云：「待」猶至也。晉語韋注：「待，假也。」詩雲漢篇毛傳：「假，至也。」「假」訓至，則「待」亦可訓至。言身之尚不能治，何能至於治人。

〔六〕俞正燮云：此六句言天下以國爲本，國以鄉爲本，下仿此。與樞言篇「惡者美之充，卑者尊之充，賤者貴之充」語勢同。

〔七〕尹桐陽云：「時」，種也。廣雅作「蒔」。楊樹達云：「時事」謂春耕夏耘，秋收冬藏。或讀「時」爲蒔，偏而不備。翔鳳案：即牧民「務在四時」之「時」，楊説是也。

〔八〕洪頤煊云：當作「婦人言事」。君臣上篇「主德不立則婦人能食其意」，又云「婦人嬖寵假於男之知以援外權」，其證也。尹注非。孫蜀丞云：「婦言人事」誼不可解，「婦人言事」文亦未晰。「人事」疑當作「公事」，「公」字脱去下半，上半又誤爲「人」耳。詩瞻卬篇「婦無公事」，傳「婦人無與外政，雖王后猶以蠶織爲事」，箋「今婦人休其蠶桑織紝之職而與朝廷之事」，正此書所云「公事」之誼。君臣下篇：「婦言不及官中之事。」翔鳳案：「人事」指輕重之權言，若單言「事」則泛矣。

〔九〕孫星衍云：治要引無「難」字。安井衡云：治要以意删節原文，此有「難」字，是也。古本亦有「難」字。

〔一〇〕孫星衍云：羣書治要引作「下賤侵節」。

〔一一〕俞樾云：「閒」當讀爲姦。春秋昭公二十二年「大蒐于昌閒」，左、穀並同，而公羊作「昌姦」，是其例矣。聞一多云：説文「讕，詆讕也」，重文作「讕」。廣雅釋詁二「閒，誣加也」，玉篇「讕，誣言相加被也」，是閒即讕也。詆讕與欺義近，故此以「閒欺」連言。左傳定四年「惎閒王室」，「惎」與「欺」同，惎閒猶閒欺矣。俞説未諦。

〔一二〕姚永概云：「壹」猶壹切。漢書張敞傳注如淳説「壹切，權時也」。此亦謂偷用權時之法也。翔鳳案：漢書路温舒傳「媮爲一切」，牧民「偷取一世」，皆即此「偷壹」，姚説是也。

上恃龜筮，好用巫醫，則鬼神驟祟〔一〕。故功之不立，名之不章，爲之患者三：苟功不立，名不章，必爲三患，下獨王、貧賤、日不足，是也。有獨王者〔二〕，謂無黨也。有貧賤者，有日不足者。有日不足之費也。一年之計，莫如樹穀；十年之計，莫如樹木；終身之計，莫如樹人。樹人，謂濟而成立之。一樹一穫者，穀也。一樹十穫者，木也。果木過十年漸就枯悴，故曰十穫也。**一樹百穫者，人也。**人有百年之壽。雖使無①百年，子孫亦有嗣之而報德者，故曰百穫也。**我苟種之**〔三〕，**如神用之，**一種百穫，近識者莫能測其由，故曰如神用也。**舉事如神，唯王之門。**王者貴神，道設教也。

〔一〕丁士涵云：「崇」當作「祟」。説文：「祟，神禍也，從示，從出。」「祟」與上「筮」、「毉」韻。翔鳳案：祭統：「崇事宗廟社稷。」漢書郊祀志：「莽遂崈鬼神淫祀。」「崇」爲神禍，卜筮擇吉，非專問祟，作「崇」爲是。

〔二〕張文虎云：上形勢篇「獨王之國」，一本作「獨任」，後解亦作「任」。此「王」字蓋亦「任」之誤。何如璋云：「獨王」當作「獨主」，謂偏執獨見，無所信用者。翔鳳案：「王」與「貧賤」對，讀旺，孟子多用之。莊子養生主：「神雖王，不善也。」

〔三〕戴望云：「苟」當是「茍」字之誤。説文茍部：「茍，自急敕也。」「茍」與「亟」通，爾雅釋詁：「亟，疾也。」釋文云：「字又作『茍』。」翔鳳案：知樹人之利，而能種之者少，我苟能種，則收如神之用。若作「茍」，則是人緩我疾，爲人人皆能之事，於文意不合。

凡牧民者，使士無邪行，女無淫事〔一〕。**士無邪行，教也。女無淫事，訓也。教訓成俗而刑罰省，數也**〔二〕。所角反。**凡牧民者，欲民之正也。欲民之正，則微邪不可不**

① 「無」字原作「充」，據補注改。

禁也。微邪者，大邪之所生也。微邪不禁，而求大邪之無傷國，不可得也。凡牧民者，欲民之有禮也。欲民之有禮，則小禮不可不謹也。小禮不謹於國，而求百姓之行大禮，不可得也。凡牧民者，欲民之有義也。欲民之有義，則小義不可不行〔三〕。小義不行於國，而求百姓之行大義，不可得也。凡牧民者，欲民之有廉也。欲民之有廉，則小廉不可不脩也。小廉不脩於國，而求百姓之行大廉，不可得也。凡牧民者，欲民之有恥也。欲民之有恥，則小恥不可不飾也〔四〕。小恥不飾於國，而求百姓之行大恥，不可得也。凡牧民者，欲民之脩小禮，行小義，飾小廉，謹小恥，禁微邪，此厲民之道也。民之脩小禮，行小義，飾小廉，謹小恥，禁微邪，治之本也〔五〕。

〔一〕翔鳳案：「士」與「女」對。詩：「女也不爽，士貳其行。」「以穀我士女。」「士如歸妻。」荀子非相：「處女莫不願得以爲士。」易：「女承筐，士刲羊。」皆少年男女之稱。若認四民或卒伍之稱則泛矣。

〔二〕陶鴻慶云：尹注讀「數」爲所角反，然「省數」二字不得連文也。當以「省」字絶句。「數」讀如字，數，術也。教訓成俗而刑罰省，乃爲治之方術也。與上文「士無邪行，教也。女無淫事，訓也」，文法一律。翔鳳案：廣雅釋言：「數，術也。」陶説是也。

〔三〕許維遹云：據上下文例，「行」下奪「也」字。翔鳳案：一二虚字之增減，於文義無關，以後遇此類校勘，一概削去，不再說明。

〔四〕翔鳳案：「飾」通飭，見牧民篇俞說。説文：「飾，㕞也，讀若式。」段注：「『飾』、『拭』古今字。許有『飾』無『拭』。」爾雅釋詁：「拭，清也。」

〔五〕安井衡云：上文「小禮」言「謹」，「小廉」言「修」，「小恥」言「飾」，此覆上文，不容不同，蓋轉寫之誤耳。翔鳳案：除「行義」爲常用外，「修」、「飾」、「謹」三字可錯綜互用，不一定爲錯亂。「欲民之」云云者，直貫至「微邪」，皆牧民者之事。上爲「厲民之道」，下補足爲「治之本」，而無「欲民之」三字，一貫而下，亦非注文。

凡牧民者，欲民之可御也。欲民之可御，則法不可不審〔一〕。法者，將立朝庭者也。將立朝庭者，則爵服不可不貴也。爵服加于不義，則民賤其爵服；民賤其爵服，則人主不尊；人主不尊，則令不行矣。法者，將用民力者也。將用民力者，則禄賞不可不重也。禄賞加于無功，則民輕其禄賞；民輕其禄賞，則上無以勸民；上無以勸民，則令不行矣。法者，將用民能者也。將用民能者，則授官不可不審也。授官不審，則民閒其治〔二〕；民閒其治，則理不上通；理不上通，則下怨其上；下怨其上，則令不行矣。法者，將用民之死命者也。用民之死命者，則刑罰不可不審〔三〕。刑罰不審，則有辟就；有辟就，則殺不辜而赦有罪〔四〕；殺不辜而赦有罪，則國不免於賊臣矣。故夫爵服賤，祿賞輕，民閒其治，賊臣首難，此謂敗國之教也。

〔一〕孫星衍云：北堂書鈔四十三、太平御覽六百三十八引「審」作「重」。王念孫云：「審」本作「重」，此言人主重民而輕法，則民不畏，民不畏則不可御，故曰：「欲民之可御，則法不可不重。」法法篇曰「法重於民，不爲愛民枉法律」，義與此同也。今作「不可不審者」，涉下文兩「不可不審」而誤。翔鳳案：下文貴爵服，重祿賞，審授官，審刑罰，四者均爲法。重者、貴者各一，審者二，以作「審」爲是。

〔二〕翔鳳案：「閒」訓非，見方言及小爾雅廣言。左襄十五年傳「且不敢閒」，正義：「非也。」孟子離婁「政不足閒也」，趙注：「非也。」訓隙訓離，引申爲非。

〔三〕戴望云：元刻本「審」下有「也」字，是。

〔四〕豬飼彥博云：辟、避同。言有罪避刑，無辜就戮。翔鳳案：禮記儒行：「內舉不辟親。」孟子：「行辟人可也。」假爲「避」。

立政第四　經言四①

三本　四固　五事　首憲　首事　省官　服制　九敗　七觀

①「經言四」三字原作「經四言」，據補注乙。

安井衡云：治要引作「立君」。案：篇中所述，皆人君所以自立，作「立君」似是。聞一多云：「立」讀爲莅，「立政」猶臨政。治要作「立君」，非是。翔鳳案：史記蔡澤傳「明主立政」，索隱：「莅也。」聞說是。

國之所以治亂者三，殺戮刑罰不足用也。三，謂三本也，謂治、亂法各有三也。國之所以安危者四，城郭險阻不足守也。四，謂四固。國之所以富貧者五，輕稅租、薄賦斂不足恃也。五，謂五事。治國有三本，而安國有四固，而富國有五事。五事，五經也〔一〕。自「三本」已上總其目。君之所審者三：一曰德不當其位，二曰功不當其祿，三曰能不當其官〔二〕。此三本者，治亂之原也。故國有德義未明於朝者，則不可加于尊位；功力未見於國者，則不可授與重祿〔三〕；臨事不信於民者，則不可使任大官。故德厚而位卑者謂之過，德薄而位尊者謂之失。寧過於君子，而毋失於小人。過於君子，其爲怨淺；失於小人，其爲禍深〔四〕。是故國有德義未明於朝而處尊位者，則良臣不進；有功力未見於國而有重祿者，則勞臣不勸；有臨事不信於民而任大官者，則材臣不用〔五〕。三本者審，則下不敢求。三本者不審，則邪臣上通，而便辟制威〔六〕；如此則明塞於上而治壅於下，正道捐棄而邪事日長。三本者審，則便辟無威於國，道塗無行禽〔七〕，無禽獸之行。疏遠無蔽獄，孤寡無隱治〔八〕。故曰：刑省治寡，朝不合衆〔九〕。

右三本

〔一〕翔鳳案：管子以富國爲本，五事所論，散見各篇中，而「三本」、「四固」則否，故以「五事」爲「五經」。

〔二〕黄鞏云：「必」譌「不」，下同。翔鳳案：因爲「不當」則審其當否，若「必當」則不審矣。下文兩層，皆就「不當」言之，黄改「不」爲「必」，謬矣。

〔三〕孫星衍云：宋本「以」作「與」，羣書治要引「以」亦作「與」，無「授」字。翔鳳案：「授與」同「授予」。「加于」、「授與」、「使任」句法相同，則非「授以」可知也。趙本作「授以」，誤。

〔四〕安井衡云：治要引「淺」、「深」下並有「矣」字。凡引書之例，有節無增，則唐初之本，蓋有「矣」字。翔鳳案：治要以意改，其證甚多，楊本有漢隸，遠在唐前，治要不足據也。

〔五〕安井衡云：諸本「材」作「財」，今從古本。尹桐陽云：文選讓開府表「德未爲衆所服而受高爵，則才臣不進；功未爲衆所歸而荷厚禄，則勞臣不勸」，其注引此。

〔六〕翔鳳案：「便辟」有二義。説文：「嬖，便嬖，愛也。」孟子「便嬖不足使令於前與」，注：「愛幸小人也。」荀子儒效「事其便辟」，注：「左右親信。」此一義也。論語「友便辟」，朱駿聲謂：「『便』爲『般』之借，猶足恭也。」列子力命「便辟」，釋文：「恭敬大過也。」此又一義也。二義有異。管書用前義，而「便」字無説。説文：「便，安也。人有不便，更之。」荀子儒效：「周公屏成王而及武王。」「屏」借爲「便」。屏匽爲厠所，匽者匿也。或單稱曰屏。曲禮「則左右屏而待」，注：「隱也。」「便」借爲「屏」，「辟」借爲「僻」，同「匽」。然則便辟爲持便桶至僻所之人，親近小人，其義在是矣。

〔七〕黄震云：「道塗無行禽」指人言之，謂其爲能行之禽爾。乃釋云「無禽獸之行」，是以「行」爲去聲，亦覺不倫。俞樾云：尹注曰「無禽獸之行」，此曲説也。禽獸之行謂之禽行，已於文義未安，况倒其文曰「行禽」乎？此承上文「便辟無威於國」而言。「禽」猶囚也，襄二十四年左傳「收禽挾囚」，是「禽」與「囚」同。蓋以拘囚而言，則謂之囚；以禽獲而言，則謂之禽也。便辟左右之人，擅作威福，則赭衣滿路矣。今也不然，是以「道塗無行禽」也。下文「疏遠無蔽獄，孤寡無隱治」，皆以獄訟言，可證此文「禽」字之義。翔鳳案：白虎通云：「禽者何？鳥獸之總名，明爲人所禽也。」今作「擒」。以漢、明宦官之事證之，俞言是也。

〔八〕俞樾云：「無隱治」與「無蔽獄」同義。周官小宰職曰「聽其治訟」，司市職曰「聽其大治大訟小治小訟」，胥師職曰「聽其小治小訟而斷之」，皆治、訟並言，治亦訟也。公羊僖二十八年傳「叔武爲踐土之會，治反衛侯」，何休解詁曰：「叔武訟治於晉文公，令白王者反衛侯，使還國也。」是古人以「治」爲「訟」之證，然則「隱治」與「蔽獄」一也。

〔九〕安井衡云：「曰」字疑衍。無事可議，故不會合衆官於朝。翔鳳案：有「故曰」者爲古語，見前，「曰」字不當衍。説文：「合，合口也。」爾雅釋詁：「合，對也。」左襄十年傳「與伯輿合要」，疏：「使其各爲要約言語，兩相辯答。」既無蔽獄，則不須合口而對。權脩：「朝不合衆，鄉分治也。」疑獄於鄉解決，故不合衆於朝，安井未達此義。

君之所慎者四：一曰大德不至仁〔一〕，不可以授國柄。德雖大而仁不至，或苞藏禍心，故不可授國柄。二曰見賢不能讓，不可與尊位。三曰罰避親貴，不可使主兵。四曰不好本事，不務地利而輕賦斂〔二〕，不可與都邑。此四務者〔三〕，安危之本也。故曰：卿相不得衆，國之危也。大臣不和同，國之危也。兵主不足畏，國之危也。民不懷其産，國之危也。故大德至仁，則操國得衆；見賢能讓，則大臣和同；罰不避親貴，則威行於鄰敵；好本事，務地利，重賦斂，則民懷其産。

右四固①

〔一〕孫星衍云：羣書治要引「德」作「位」。長短經一引亦作「大位不仁」。王念孫云：「至仁」即「大德」，未有「大德」而不仁者。羣書治要引此「德」作「位」，是也。今作「德」者，涉上

① 「右」字原無，據補注增。

章諸「德」字而誤。大位而不至仁則必失衆心，故下文曰「卿相不得衆，國之危也」，卿相即「大位」也。尹注非。俞樾云：尹注曰：「德雖大而仁不至，或包藏禍心，故不可授國柄。」此注於義未安。大德之人，何至包藏禍心乎？羣書治要引此作「大位」，疑亦後人以意改之，未足據也。「大德不至仁」，「仁」乃「人」之假字，謂雖有大德而獨善其身，不能及人也。下文曰「卿相不得衆，國之危也」，即承此文而言，惟不至人，故不得衆，人即衆也。張佩綸云：案孫、王説非也。下文「不可與尊位」，治要、長短經涉此而誤，故治要下「大德至仁」仍作「德」，若作「位」，則與下「尊位」複，且不仁之人不可授國柄，豈可以在「大位」乎？殆不可通。「大德不至仁」當作「不大德至仁」，「德」、「仁」對文。翔鳳案：春秋時「君子」、「小人」爲德與不德之分，實爲階級之分。樊遲學稼，孔子以爲小人，指爲下層社會之事，非謂其無德也。故儒有君子、小人之分。中庸「故大德者，必得其位，必得其名」，指上層階級。居上品而不仁，是謂「大德不至仁」，與九品中正之「上品無寒門，下品無士族」同意。

〔二〕豬飼彦博云：謂輕易取之也。下「重賦斂」正與此反。張佩綸云：「輕賦斂」當與下「重賦斂」互易。翔鳳案：權脩「必重用其國，必重用其民」，「重」爲重視，「重賦斂」與之同意。吕氏春秋知接「桓公非輕難而惡管子也」，注：「輕，易也。」與此「輕」字同意。豬飼説是，張誤。

〔三〕張佩綸云：「務」當作「固」，聲之誤也。翔鳳案：説文「務，趣也」，謂敏於事。四者當力行，是爲「四務」，因其爲安危之本。若作「四固」，則已定而無危，非是。

君之所務者五：一曰山澤不救於火〔一〕，草木不得成〔二〕，國之貧也。二曰溝瀆不遂於隘〔三〕，鄣水不安其藏，國之貧也。三曰桑麻不殖於野〔四〕，五穀不宜其地，國之貧也。四曰六畜不育於家，瓜瓠葷菜百果不備具，國之貧也。五曰工事競於刻鏤，女事繁於文章，國之貧也。故曰：山澤救於火，草木殖成，國之富也。溝瀆遂於隘，障水安其藏，國之富也。桑麻殖於野，五穀宜其地，國之富也。六畜育於家，瓜瓠葷菜百果備具，國之富也。工事無刻鏤，女事無文章，國之富也。

右五事

〔一〕孫星衍云：「救」當作「敬」，下文「脩火憲，敬山澤」，其證也。「敬」與「儆」通，言山澤無焚萊之禁，則草木不植成。許維遹云：說文：「救，止也。」周禮司救注：「『救』猶禁也。」

〔二〕翔鳳案：「成」從戊從丁，丁亦聲。戊，茂盛也。丁，丁壯也。茂盛而丁壯，「成」之義也。此孔廣居説文疑疑之説，可從。公羊莊八年傳：「成者何？盛也。」成、盛古字通。山澤失火，則草木不得茂盛，「得」字不誤。若山澤救於火，則草木繁植茂盛。

〔三〕許維遹云：淮南精神篇高注：「遂，通也。」周禮匠人「爲溝洫」，注云：「主通利田間之水道。」尚書大傳：「溝瀆壅遏，水爲民害，則責之司空。」「不遂」即壅遏也。

〔四〕翔鳳案：「殖」假爲「植」，有種植之意，比「得成」更進一步。

分國以爲五鄉，鄉爲之師〔一〕。分鄉以爲五州，州爲之長。分州以爲十里，里爲之尉。分里以爲十游，游爲之宗〔二〕。十家爲什，五家爲伍，什伍皆有長焉。築障塞匿〔三〕，匿，隱。一道路，博出入〔四〕，審閭閈，慎筦鍵。筦藏于里尉，置閭有司，以時開閉。閭有司觀出入者，以復于里尉。復，白。凡出入不時，衣服不中，圈屬羊豕之類也。羣徒衆作役也。不順於常者〔五〕，閭有司見之，復無時。若在長家子弟、臣妾、屬役、賓客，則里尉以譙于游宗，游宗以譙于什伍，什伍以譙于長家。譙敬而勿復〔六〕，既譙，能敬而從命，無事可白，則是教令行。一再則宥，三則不赦。凡孝悌、忠信、賢良、儁材，若在長家子弟、臣妾、屬役、賓客，則什伍以復于游宗，游宗以復于里尉，里尉以復于州長，州長以計于鄉師，鄉師以著于士師。凡過黨，其在家屬，及于長家；其在長家，及于什伍之長；其在什伍之長，及于游宗；其在游宗，及于里尉；其在里尉，及于州長；其在州長，及于鄉師；其在鄉師，及于士師。三月一復，六月一計，十二月一著〔七〕。凡上賢不過等〔八〕，謂上賢雖才用絶倫，無得過其勞級。使能不兼官，罰有罪不獨及，罪必有首從及黨與也。賞有功不專與。孟春之朝，君自聽朝，論爵賞校官〔九〕，終五日。季冬之夕〔一〇〕，君自聽朝，論罰罪刑殺，亦終五日。正月之朔，百吏在朝，君乃出令布憲于國。五鄉之師〔一一〕，五屬大夫，皆受憲于太史。大朝之日，五鄉之師，五屬大夫，皆身習憲于君前〔一二〕。太史既布憲，入籍于太府，入籍者，入取籍於太府也。憲籍分于君前。五鄉之師出朝，遂于鄉官，致于鄉屬，及于游宗，皆受憲〔一三〕。憲所以察時令，籍所以視功過。憲既布，乃反致令焉，致令於君。然後敢就舍。憲未布，令未致，不敢就舍，就舍謂之留令，死罪不赦。五屬大夫，皆以行車朝，出朝不敢就舍，遂行。至都之日，五屬之都。遂於廟，致屬吏，皆受憲〔一四〕。憲既布，乃發使者，致令以布憲之日，蚤晏之時。憲既布，使者以發〔一五〕，然後敢就舍。憲未布，使者未發，不敢就舍，就舍謂之留令，罪死不赦。憲既布，有不行憲者，謂之不從令，罪死不赦。考憲而有不合于太府之籍者〔一六〕，曰侈專制〔一七〕，不足曰虧令，罪死不赦。首憲歲朝之憲。既布，然後可以布憲〔一八〕。憲，謂月朝之憲。

右首憲

〔一〕安井衡云：「師」疑當爲「帥」。唐人書「帥」字作「師」，故譌爲「師」耳。小匡云「五鄉一帥」，齊語同。下「鄉師」倣此。翔鳳案：周禮族師注「師之言帥也」，「師」假爲「帥」。然此處當爲「師」。桓公與高、國爲鄉師，此就軍事言之。政事不能親理，當有文官爲之師。廣雅釋詁四：「師，官也。」

〔二〕翔鳳案：説文：「游，旌旗之流也。」晏子春秋「景公畋如署梁，望游而馳」，是齊之鄉有游矣。

〔三〕孫星衍云：「匿」字衍，尹注非。何如璋云：「築障」，築土爲障，以蔽隔也。「匿」者旁出之空，史記五帝紀：「舜穿井爲匿空旁出。」「塞」，填塞其空也。翔鳳案：「障」爲障水安流，「匿」爲隱蔽之小穴，則爲易知之常識。蛇蟮穿岸漏水，農民年年塞之，旁出之空少見。

〔四〕豬飼彦博云：「博」當爲「摶」，同「專」，一也。王念孫云：「博」字義不可通，「博」當爲「摶」，字之誤也。（俗書「摶」字作「搏」，因譌而爲「博」。）商子農戰篇「民不營則國力摶」，衛策「願王摶事秦，無有佗計」，韓詩外傳「好一則摶」，今本「摶」字並譌作「博」。）「摶」與「專」同。「一道路，專出入」，「專」與「一」正同義。「審閭閈，慎筦鍵」，亦所以專出入也。下文曰「置閭有司，以時開閉，閭有司觀出入者，以復于里尉」，即專出入之謂也。古書多以「摶」爲「專」。霸言篇曰：「夫令不高不行，不摶不聽。」（「摶」與「專」同，尹讀「摶」爲摶聚之摶，非是，劉已辯之。）內業篇曰：「能摶乎？能一乎？」（今本「摶」譌作「搏」，劉已辯之，心術篇作「專」。）繫辭傳「其靜也專」，陸績本「專」作「摶」。昭二十五年左傳「若琴瑟之專一」，董遇本作「摶」。史記秦始皇紀「摶心揖志」，索隱曰：「摶，古『專』字。」引左傳「如琴瑟之摶一」，從董本也。商子農戰篇曰：「摶民力以待外事。」（凡商子「專」字皆作「摶」。）呂氏春秋適音篇曰「耳不收則不摶」，高注曰：「不摶，入不專一也。」史記田完世家「韓馮因摶三國之兵」，徐廣曰：「『摶』音專。」漢書天文志「卒氣摶」，如淳曰：「摶，專也。」此皆借「摶」爲「專」之證。又八觀篇「先王之禁山澤之作者，博民於生穀也」，「博」亦當作「摶」，即商子所云「摶民力」也。又見幼官篇「博一純固」下。 洪頤煊云：「博」當作「摶」，謂摶擊出入之不時者。

顔昌嶢云：洪説非是。説文：「博，大通也。」此言一道路，通出入也。下文出入不時及異服羣遊者，譙之至再至三始有不赦之刑，知無出入即施摶擊之事。 王念孫云：「『博』當爲『摶』之誤，『摶』與『專』同。」按專與一同義，上句既言「一道路」矣，此當以通出入爲義。 王説亦非。 翔鳳案：「博」字義不易定，下文「凡出入不時，閭有司見之，復無時」，爲稽查行人則無疑。 考工記車人「其博三寸」，注：「故書『博』或爲『摶』。」周禮環人「摶諜賊」，釋文：「『摶』音博。」釋名釋姿容：「摶，博也，四指廣博，亦以擊之也。」「博」同「摶」，非假爲「摶」。説文「摶，索持也」，有稽查搜索之意。 諸説均誤。 凡義之不易通者，博考群集以通之，萬不可通，然後定爲誤字。 王氏於常義不易通者，不博考而任意改字，乍視之可通，而不知其不合於古。 昧者不知其非而信之。 王氏本傳謂其「一字之徵，旁及萬卷」，此英雄欺人語也。王氏校管，其最大之失在此，於此爲發其凡焉。

〔五〕洪頤煊云：「圈」讀如圈聚之圈。「屬」，附也。「羣徒」謂朋輩，言環結交遊之人。 故下文云：「不順於常者，閭有司見之，復無時。」幼官篇「强國爲圈，弱國爲屬」，即其證也。 尹注非。王紹蘭云：幼官篇「强國爲圈，弱國爲屬」，「圈屬」蓋齊之方言。此當謂大里爲圈，小里爲屬，故云「圈屬羣徒」，猶言大小里之衆民耳。若羊豕之屬，安得有不順於常者。牟庭云：「圈屬」，房注云：「羊豕之類也。」非矣。幼官篇亦曰「强國爲圈，弱國爲屬」，史記樊噲傳曰「吕須媭屬」，「圈」、「媭」皆古之「眷」字也。周悦讓云：「圈」即「媭」字，「圈屬」即「媭屬」，（史記、漢書樊噲傳：「誅諸吕媭屬。」）即下「子弟臣妾」。「羣徒」，即下文「屬役賓客」也。幼官篇解同。翔鳳案：周説是。

〔六〕戴望云：「敬」與「儆」同，戒也。一云：「『敬』乃『亟』之誤。」陶鴻慶云：尹注云：「既譙，能敬而從命，無事可白，則是教令行。」此説非也。「敬」當爲「儆」，言自里尉以下，但譙儆之，而不白之於州長鄉師及士師，即下所謂「一再則宥，三則不赦」也。下文云：「凡孝弟忠信賢良儁材，若在長家子弟臣妾屬役賓客，則什伍以復于游宗，游宗以復于里尉，里尉以復于州長，州長以計于鄉師，鄉師以著于士師。」然則有善則復之於朝，有過則譙儆而勿復，皆所以優巨室而勸改過也。郭嵩燾云：自上讓下曰譙，自下報上曰復。「譙敬勿復」，謂訶譙之使自謝過而已，不以上聞也。

〔七〕孫蜀丞云：君臣上篇云：「是故歲一言者君也，時省者相也，月稽者官也。」周官宰夫：「歲終則令羣吏正歲會，月終則令正月要，旬終則令正日成，而以考其治。治不以時舉者，以告而誅之。」（太宰、小宰受六官歲會。）周官無一時半歲之計，管書無旬計，皆文不具也。

〔八〕聞一多云：「上」讀爲尚，舉也。「尚賢」與「使能」對文。尹説非是。

〔九〕譚戒甫云：春朝論賞，冬夕行刑，説出陰陽家。「爵賞校官」，「罰罪刑殺」，八字比平列。齊語「合羣叟比校民之有道者」，詩棫樸小序「文王能官人也」，此「校官」二字皆即其義。

〔一〇〕張佩綸云：説文：「夕，莫也。」荀子禮論「月夕卜宅」，楊倞注：「月夕，月末也。」案「季冬之夕」即季冬之暮。　翔鳳案：洪範五行傳注：「晡時至黄昏爲日之夕，下旬爲月之夕，自九月至十二月爲歲之夕。」張説是。

〔一一〕孫星衍云：藝文類聚五十四引「之師」作「五師」。　聞一多云：上文「分國以爲五鄉，鄉爲之師」，故曰「五鄉之師」。下文又曰：「五鄉之師出朝。」類聚引作「五鄉五師」，誤。

〔一二〕豬飼彦博云：「憲」者，所布於庶官之典令也。「籍」即其副也，藏之於太府，以待考校。周官大史職云：「凡邦國都鄙及萬民之有約劑者，藏焉，以貳六官。」鄭云：「『貳』猶副也。」是已。

陶鴻慶云：尹注云：「入籍者，入取籍于太府也。」「憲所以察時令，籍所以視功過。」以「憲」與「籍」爲二物，此説殊誤。兩「籍」字皆指憲令言之，憲令著之于籍，而一入於太府，一分於君前，如後世官府文書之有正本副本矣。周官太史：「掌建邦之六典，正歲年以序事，頒告朔於邦國。」而漢武帝置太史公，位在丞相上，天下計書先上太史，副上丞相。是頒布憲令，主藏圖籍，正太史之職也。下文云：「考憲而有不合於太府之籍者，侈曰專制，不足曰虧令，罪死不赦。」然則太史所入之籍，所以備考憲時據以勘合者也。分於君前之籍，乃頒諸五鄉之師，致於鄉屬游宗者也。若如尹注，則當云取籍，不當但云入籍，可知注説之非。翔鳳案：爾雅釋詁：「憲，法也。」此常義。而「布憲」則義稍異。周禮小司寇「憲刑禁」，注：「憲，表也，謂縣之也。」小司徒胥師「憲刑禁焉」，注：「憲，表縣之。」此「憲」有表懸之義。説文：「籍，簿書也。」入籍爲歸檔。公布之憲，則分於君前。豬飼説小誤。

〔一三〕豬飼彦博云：謂至於鄉之官府。王引之云：「致」下不當有「于」字，此涉上下兩「于」字而衍。「鄉官」，謂鄉師治事處也。言五鄉之師出朝，遂于治事之處，致其鄉屬，下及于游宗，皆來受憲也。下文云「五屬大夫至都之日，遂於廟致屬吏，皆受憲」，是其證。俞樾云：王氏引之曰：「致于鄉屬」，「于」字衍文。然此文實非止衍一「于」字也。「遂于鄉官」句，衍「鄉」字。「及于游宗」句，亦衍「于」字。管子原文當云：「遂於官，致鄉屬，及游宗，皆受憲。」「官」，古「館」字。周易隨初九「官有渝」，釋文曰：「官，蜀才本作『館』。」蓋官、館古今字也。「官」字從宀從自。宀，交覆深屋也。自，猶衆也。以屋覆衆，是官之本義爲館舍字也。官司者，其引申之義，本義爲引申義所奪，乃别製從食之館字。説文自部有「官」，食部有「館」，歧而二之，殆非矣。故古書每以「官」爲「館」。禮記曲禮篇「在官言官」，鄭注曰：「官謂版圖文書之處。」玉藻篇「在官不俟屨」，注曰：「官謂朝廷治事處。」皆即「館」字也。此文「官」字亦然，「遂于官，致鄉屬，及游宗，皆受憲」，言五鄉之師出朝，遂于館舍之中，致鄉屬及游宗，而受憲焉。下文曰：「憲既布，乃反致令焉。」尹注曰：「致令于君。」夫受憲之後，即致令于君，則未反其鄉可知。所謂「官」者，即在國中，不得有「鄉」字，明矣。後人不達「官」字之義，疑「遂于官」三字未足，妄增「鄉」字。又疑「鄉官」、「鄉屬」爲對文，「鄉官」上有「于」字，「鄉屬」上亦不得無「于」字，兩句既皆有「于」字，則「及游宗」三字文不成義，亦不得無「于」字，展轉相加，遂成此誤矣。又按戒篇曰：「進二子於里官。」尹注曰：「里官，謂里尉也。齊國之法，舉賢必自里尉始，故令里官進二子，將旌別而用之。」夫管仲、隰朋皆國之大臣，乃令里官進之，不亦褻乎？且果如此，當云「令里官進二子」，不當云「進二子於里官」，尹注非也。「官」亦即「館」字，「里」字亦後人不得其義而妄加也。此所謂「官」，正鄭君注玉藻所謂「朝廷治事處」者。桓公進二子於官，再拜頓首，誠重之也。後人不達古訓，率意增益，或爲「鄉官」，或爲「里官」，大可笑矣。郭大癡云：受憲出即行，故曰「遂于鄉官」，明不留滯國都也。「致于鄉屬」者，州長里尉奉而推行之也。「及于游宗」者，偏播衍諸什伍也。既出布憲，還致命于君畢，然後敢休舍于國都。如俞說，似「就舍」字無着。聞一多云：「致鄉屬」及下「致屬吏」之「致」均訓會。左傳哀四年注曰：「致之者，會其衆也。」翔鳳案：穀梁襄十年傳：「遂，直遂也。」說文：「致，送詣也。」「致」與「遂」相接，聞說非是。說文：「館，客舍也。」「舍，市居曰舍。」周官有掌舍，爲國家招待所。鄉官、鄉屬、游宗皆地方官，若如俞釋爲「館」，則「就舍」無義，郭說是也。然郭謂「休舍於國都」，以「舍」爲動詞，亦非。「于」字非衍文，王、俞均誤。

〔一四〕張佩綸云：左氏莊二十八年傳：「凡邑有先君之主曰都，無曰邑。」説文：「有先君之舊宗廟曰都。」據此則州皆有廟。

〔一五〕戴望云：元刻「以」作「已」，以、已古通。翔鳳案：反「已」爲「以」，金文以「已」爲「子」，一正一反。金文「以」作「ƍ」，而仲盤作「δ」，亦反正爲一字也。

〔一六〕陳奐云：「考憲」乃「布憲」之誤。張佩綸云：「考」，成也。大司寇「以邦成弊之」是也。陳奐改「考」爲「布」，非也。顔昌嶢云：「考憲」，歲終考成也。「而有不合」，猶云如有不合也。而、如同紐字。翔鳳案：考察所懸之表，是否合於所藏之籍。諸説誤。

〔一七〕顔昌嶢云：「曰侈」，趙本作「侈曰」，此殆傳寫倒誤耳。侈謂過之，不足謂不及。

〔一八〕丁士涵云：尹注上「憲」爲「歲朝之憲」，下「憲」爲「月朝之憲」，非也。「布憲」當爲「行憲」。上文云「憲既布，有不行憲者，謂之不從令」，故此謂「首憲既布，然後可以行憲」。下文云「首事既布，然後可以舉事」，舉亦行也，亦不謂「可以布事」矣。翔鳳案：布憲於國都之後，然後次第布於地方。「首憲」爲首布之憲，地方先布，則侈而爲專制矣。「行事」、「舉事」不同，觀下文自明。

凡將舉事，令必先出。曰事將爲〔一〕，其賞罰之數必先明之，立事者謹守令以行賞罰〔二〕。計事致令，復賞罰之所加。有不合於令之所謂者，雖有功利，則謂之專制，罪死不赦。首事既布，然後可以舉事。

右首事

〔一〕陶鴻慶云：「曰事」當作「曰首事」。下文云「首事既布，然後可以舉事」，即其證。蓋令發於舉事之先，故亦謂之「首事」。此謂事生於臨時，非常憲所有，故別布之。翔鳳案：「首事」與「首憲」同意，先行之事也。「事將爲」則包括首事與非首事在內。「首事既布」，事也；「然後可以舉事」，亦事也。「舉」從與，爲群力合作。陶混同之，非是。

〔二〕于省吾云：「立事」，金文習見。經傳假「莅」、「涖」爲之。

脩火憲，敬山澤林藪積草。夫財之所出〔一〕，以時禁發焉。使民於宮室之用，薪蒸之所積〔二〕，虞師之事也。決水潦，通溝瀆，修障防，安水藏〔三〕，使時水雖過度，無害于五穀，歲雖凶旱，有所粉扶門反。穫〔四〕，司空之事也。相高下，視肥墝，觀地宜，明詔期前後，農夫以時均脩焉〔五〕，使五穀桑麻皆安其處，由田之事也〔六〕。行鄉里〔七〕，視宮室，觀樹蓺，簡六畜，以時鈞脩焉，勸勉百姓，使力作毋偷，懷樂家室，重去鄉里，鄉師之事也。論百工，審時事，辯功苦〔八〕，上完利〔九〕，監壹五鄉〔一〇〕，以時鈞脩焉，使刻鏤文采毋敢造於鄉，工師之事也。

右省官

〔一〕丁士涵云：「敬」與「儆」同。「敬山澤」以下七字，當作一句讀。荀子王制篇「修火憲，養山林藪澤草木魚鼈百索，以時禁發」，句例相同。「夫財」當作「天財」。國蓄篇云：「天財之所殖。」地數篇云：「請問天財所出，地利所在。」山國軌篇云：「桓公曰：『何謂天財？』管子對曰：『泰春，民之功繇；泰夏，民令之所止，令之所發；泰秋，民令之所止，令之所發；泰冬，民令之所止，令之所發：此皆民所以時守也。』」尹注：「謂山澤之所禁發。」皆其證矣。劉師培云：荀子王制篇與此文同，「敬」作「養」。此文「敬」字無誼，疑當作「敹」，即古「養」字。翔鳳案：防山澤焚燒，作「儆」爲是。「夫財」，彼財也。論語「夫人不言，言必有中」，謂彼人也。改爲「天財」，非是。王制有「魚鼈」，非可焚燒者，故言「養」。言各有當，不可泥也。

〔二〕俞樾云：當作「使足於宫室之用，薪蒸之積」，「足」字與「民」字相似而誤，「所」字衍文。戴望云：「民」下當脱「足」字。「所」字疑衍。聞一多云：荀子王制篇作「使國家足用而財物不屈」，「足用」即足於宫室之用。戴説是也。翔鳳案：使民積之，無誤字。古今語法不同，不可强求一致。

〔三〕聞一多云：「安」讀爲堰。翔鳳案：聞讀於音理可通，而於古籍無據，且「修障防堰」或

「堰水藏」均不詞，説誤。

〔四〕豬飼彥博云：「使」字貫到「有所粉穫」。王紹蘭云：説文無「粉」字，「粉」蓋「扮」之譌。手部：「扮，握也；從手分聲，讀若粉。」「扮穫」謂握禾而刈之。聘禮「四秉曰筥」，鄭注：「此『秉』謂刈禾盈手之秉也。筥，穧名也。若今萊、易之間，刈稻聚把有名爲筥者。」皆其比矣。

〔五〕陳奐云：「前後」猶先後也。毛詩傳曰：「相道前後曰先後。」「均修」，荀子皆作「順修」。戴望云：當讀「前後農夫」句。張佩綸云：「明詔期」謂徵召之期。聞一多云：張説是也。「詔」之言召也，招也。呂氏春秋君守篇注曰：「召，致也。」荀子議兵篇注曰：「招，謂引致之。」周禮大司徒職曰：「大軍旅，大田役，以旗致萬民，而治其徒庶之政令。」鄭注曰：「徵衆刻日樹旗，期於其下。」小司徒職曰：「凡國之大事致民。」先鄭注曰：「國有大事，當徵召會聚百姓，則小司徒召聚之。」「申田」即司徒，其職主招聚衆庶，治其政令，故曰「明詔期」也。

〔六〕孫星衍云：「由田」當作「司田」。下文有「大司田」，此脱「司」字；「由」即涉「田」字而衍。王念孫云：「由」即「田」字之誤。今作「由田」者，一本作「田」，一本作「由」，而後人誤合之也。「田」謂農官也，月令「命田舍東郊」，鄭注曰：「『田』謂田畯，主農之官也。」法法篇曰：「皋陶爲李，后稷爲田。」小匡篇曰：「弦子旗爲理，甯戚爲田。」張文虎云：「由」疑「司」字之誤，小匡篇云：「請立寧戚爲大司田。」劉師培云：「由」當作「申」，即司田也。司田稱申田，與司徒亦稱申徒同例。小匡篇「請立爲大司田」，是其證。

〔七〕聞一多云：樂記「使之行商容而復其位」，注：「行猶視也。」吕氏春秋季夏篇「入山行木」，注：「行，察也。」行鄉里，即視察鄉里，與下「視宫室，觀樹蓺，簡六畜」，義俱相近。

〔八〕豬飼彦博云：「功」，堅牢也。「苦」，鹽窳也。許維遹云：「辯」與「辨」同。荀子王制篇作「辨功苦」，楊注：「『功』謂器之精好者，『苦』謂濫惡者。」吕氏春秋誣徒篇「從師苦，而欲學之功也」，高注：「苦，不精至者，讀如鹽會之鹽。」漢書食貨志「器苦惡」，如淳注：「『苦』或作『鹽』。」詩四牡「王事靡鹽」，毛傳：「鹽，不堅固也。」

〔九〕許維遹云：「上」與「尚」同，荀子作「尚」。

〔一〇〕翔鳳案：禮記玉藻「壹食之人一人徹」，注：「猶聚也。」「監壹五鄉」，監聚五鄉之人修之也。

度爵而制服，量禄而用財。飲食有量，衣服有制，宫室有度，六畜人徒有數，舟車陳器有禁〔一〕。脩生則有軒冕、服位、穀禄、田宅之分〔二〕，死則有棺椁、絞衾、壙壟之度〔三〕。雖有賢身貴體〔四〕，毋其爵不敢服其服；雖有富家多資，毋其禄不敢用其財。天子服文有章〔五〕，而夫人不敢以燕以饗廟。將軍大夫以朝，官吏以命，士止于帶緣〔六〕。散民不敢服雜采，百工商賈不得服長鬈求圓反。貂〔七〕，刑餘戮民不敢服絻，一本作絲。不敢畜連乘車〔八〕。

右服制

〔一〕孫星衍云：春秋繁露服制篇「六畜」作「畜産」，「陳」作「甲」。張佩綸云：「陳器」如顧命「陳寶」。許維遹云：定公四年穀梁傳「徙陳器」，范注引鄭嗣曰：「陳器，樂縣也。」繁露作「甲器」，「甲」爲「申」之壞字。「申」與「陳」通，商頌烈祖「申錫無疆」，漢書韋玄成傳作「陳錫無疆」，是其例。吕氏春秋離謂篇高注：「禁，法也。」翔鳳案：廣雅釋詁一：「徒，使也。」「人徒」謂使用之人。

〔二〕孫星衍云：服制篇「生」上無「脩」字，「冕」下有「之」字，「穀」作「貴」。王念孫云：「生」上不當有「脩」字，此涉上文「鈞脩」而衍。春秋繁露服制篇文與此同，無「脩」字。安井衡云：「分」讀如「禮達而分定」之「分」。翔鳳案：修，飾也。雖等級不同，而飾身則一，非誤字。

〔三〕許維遹云：禮記檀弓篇「制絞衾」，鄭注：「絞衾，尸之飾。」喪大記「小斂布絞」，鄭注：「絞，既斂所以束堅之者也。」

〔四〕孫星衍云：服制篇「身」作「才」，「貴」作「美」。

〔五〕洪頤煊云：當依服制篇作「服有文章」。張佩綸云：「服文有章」，繁露作「服有文章」，非是。説文：「文，錯畫也。」「服文」，晉語所謂「文錯其服」，韋昭注：「文，文織。」孟子「文繡」，注：「文繡，繡衣服也。」此「服文」正繡衣之謂。「有章」，如詩「出言有章」、「維其有章矣」、左「子産都鄙有章」之謂。　翔鳳案：張説是。

〔六〕洪頤煊云：此有脱譌，以服制篇證之，「饗」字下當有「公以廟將軍大夫不得以燕卿以」十三字。　宋翔鳳云：「將軍大夫」，是大夫爲將軍，乃上大夫也。墨子亦有將軍大夫之名。　張佩綸云：漢書賈誼傳：「今民賣僮者，爲之繡衣絲履偏諸緣，内之閑中。是古天子后服，所以廟而不宴者也，而庶人得以衣婢妾。」賈生疏正用管子，是賈見本已如此。「將軍」謂卿。「官吏以命」，言官吏之服文各眡其命，所謂命服也。「士止于帶緣」，此「士」謂不命之士也。　劉師培云：此文當作「夫人不敢以燕，以饗廟。將軍大夫不敢以廟，官吏不敢以朝，命士止於帶緣」。　戴望云：「命」上「以」字涉上文而衍。　翔鳳案：文無脱譌，張説是。「燕服」謂燕居之服。

〔七〕劉績云：「鬈」音權。記云「燕則鬈首」，注：「分髮爲鬌紒。」　洪頤煊云：「長鬈貂」，服制篇作「狐貉」，貂、貉形相近。　俞正燮云：「貉」與「貂」異文。水經注引竹書紀年云：「魏襄王十七年，邯鄲命將軍大夫適子戍吏皆貂服。」呂祖謙大事記引作「代吏皆貂服」。代，地名，今本水經誤也。貂服當武靈王八年，胡服當十九年，相距十一年。吴師道校戰國策謂「貂服即胡服」，或以疑管子「長鬈貂」之文，尤非也。　周悦讓云：服制皆通男女言之。　黄鞏不得長鬈，古賤者婦女惟椎髻耳。「長鬈」，小雅所云「卷髮如蠆，彼君子女」者矣。

云：古以犬、羊、鼠、貛等皮爲賤服，而黑羊之鬈者爲羔，則貴爲大夫服。貂貴於羣鼠，羔不黑而毛深者，士農可服，工商不得服。聞一多云：晉書輿服志引胡廣曰：「昔趙武靈王爲胡服，以金貂飾首。」管子書戰國時人作，故有服貂之語。翔鳳案：説文：「貂，鼠屬，大而黄黑，出胡丁零國。」貂來自丁零，其皮貴。漢官儀：「侍中金蟬左貂。」左傳有寺人貂，「寺」即「侍」，以其服貂而名之，庶人不能服。聞以此爲戰國時作，非也。

〔八〕洪頤煊云：舊校云「一本作『絲』」，服制篇作「不敢服絲玄纁」，别本「絲」字是。王念孫云：「刑餘戮民」，不得與四民同服，非但「不敢服絻」而已。一本「絻」作「絲」，是也。春秋繁露作「刑餘戮民不敢服絲玄纁」，是其證。古者爵弁服玄衣纁裳，皆以絲爲之。戴望云：王氏廣雅疏證於「綐紬也」引管子「不敢服絻」，謂「絻」即「綐」之誤。釋名：「紬，抽也，抽引絲端出細緒也。」紬用絲，故一本作「絲」。其説更長。安井衡云：「連」，古「輦」字。周易蹇卦「往蹇來連」，虞翻本作「來輦」。周禮地官鄉師職「正治其徒役，與其輂輦」，注：「故書『輦』作『連』」，鄭司農讀爲輦。」孟子曰「從流上而忘反謂之連」，亦輦義也。戴望云：「連」當讀爲輦。説文：「連，負連，从辵，从車。」易蹇「往蹇來連」，虞注：「『連』讀爲輦。」周官鄉師「正治其徒役，與其輂輦」，注：「故書『輦』爲『連』」。」許維遹云：「不敢」二字涉上文而衍。此文本作「刑餘戮民不敢服絻、畜連、乘車」，「不敢」直貫三事。繁露襲此文，作「刑餘戮民不敢服絲玄纁乘馬」，是其證。漢書高帝紀：「賈人毋得衣錦繡綺縠絺紵罰，操兵，乘騎馬。」韓詩外傳六云：「古者必有命民，民有能敬長憐孤，取捨好讓，居事力者，命於其君，然後得乘飾車駢馬。未得命者，不得乘飾車駢馬乘者，皆有罰。」然則刑餘戮民自不得服絻、畜連乘車。翔鳳案：「絻」爲「冕」之重文。冕爲大夫以上冠，庶人自不敢服，並不敢畜連乘車，用意有別，許説未析。「不敢」二字非衍文。

寢兵之説勝，則險阻不守。言事者競陳寢兵，其説見用而得勝，則武術必偃，雖有險阻，不能守矣。兼愛之説勝，則士卒不戰。兼愛之説勝，則①徐偃弱而行仁，宋襄惑而慕古也。全生之説勝，則廉恥不立。全生之説勝，則王孫自奉千金，何侯日食一萬。私議自貴之説勝，則上令不行。羣徒比周之説勝，則賢不肖不分。金玉貨財之説勝，則爵服下流。觀樂玩好之説勝，則姦民在上位。觀樂玩好之説勝，則費仲以奉奇異而居顯位，董賢以柔曼而處朝謁也。請謁任舉之説勝〔一〕，則繩墨不正。諂諛飾過之説勝，則巧佞者用。

右九敗〔二〕

〔一〕許維遹云：任，猶保也。任法篇「世無請謁任舉之人」，尹注：「任，保也。」

① 「則」字上原衍一「則」字，據補注删。

〔三〕豬飼彦博云：此段所言「寢兵」、「兼愛」、「全生」、「私議」、「任舉」之屬，皆是戰國之事也，亦可見其非仲之所筆矣。劉咸炘云：所詆「寢兵」、「兼愛」、「全生」、「私議自貴」，乃宋鈃、墨翟、楊朱、魏牟及戰國處士之説，意同商、韓，管仲時無有也。翔鳳案：群雄角力之時，必有以「兼愛」、「寢兵」爲號召者。大匡：「桓公歸而脩於政，不脩於兵革，弭師。」向戌亦曾倡弭兵，非始於戰國。二説謬。

期而致，使而往，百姓舍己，以上爲心者，教之所期也。始於不足見，終於不可及〔一〕，一人服之，萬人從之，訓之所期也。謂君將行令，始獨發於心，故不足見。終則功成事遂，故不可及也。未之令而爲，未之使而往，上不加勉而民自盡竭〔二〕，俗之所期也〔三〕。君既盡心於俗，所以能期於此也。好惡形於心，百姓化于下，罰未行而民畏恐，賞未加而民勸勉，誠信之所期也。君之好惡纔形於心，百姓已化於天下。爲而無害，成而不議〔四〕，得而莫之能爭，天道之所期也。君能奉順天道，所以能期於此。爲之而成，求之而得，上之所欲，小大必舉，事之所期也〔五〕。令則行，禁則止，憲之所及，俗之所被，被，合也。謂俗與憲合。如百體之從心，政之所期也。

右七觀〔六〕

〔一〕戴望云：元刻本「可」作「足」。

〔二〕戴望云：鶡冠子天則篇同此文，作「未令而知其爲，未使而知其往，上不加務而民自盡，此化之期也」。　李哲明云：竭，即盡也，「盡竭」連文無義，據鶡冠子，「竭」字不當有。　翔鳳案：說文：「竭，負舉也。」「盡竭」爲盡負舉。「竭」訓「盡」，爲「渴」之假借。不查說文本訓，而輕作校勘，妄矣。

〔三〕翔鳳案：學記：「化民成俗。」化在教訓之後，未之令、未之使而爲之，則已化矣，非「法」而爲「俗」矣。　郭沫若云「俗」當作「法」，誤矣。

〔四〕戴望云：鶡冠子天則篇作「成而不敗」。

〔五〕豬飼彥博云：「天」字疑衍。　翔鳳案：老子：「上善若水，水善利萬物而不爭，故幾於道。」又云：「夫唯不爭，故天下莫能與之爭。」此天道也。「天」字不誤。

〔六〕丁士涵云：「觀」當作「期」，前子目亦譌「觀」，當改正。　劉師培云：「觀」疑「勸」訛。　翔鳳案：八觀篇與此完全不同，其非七觀明矣。七法「立少而觀多」，房注：「『觀』當爲『勸』。」禮記緇衣「周田觀文王之德」，「觀」亦「勸」之誤。是知原文爲「勸」，義同「期」，由「勸」誤爲「觀」矣。丁、劉二說有理，爲補證之。

乘馬第五

立國　大數　陰陽　爵位　務市事　士農工商　聖人　失時　地里

經言五

吳汝綸云：篇名乘馬者，以篇中有「天下乘馬服牛而任之」之語，而取以名篇耳，非取「乘馬」爲義也。篇首立國、大數，篇末地里，皆於本篇文義不屬，淺人所附益也。　何如璋云：此是管子經言，詳述建邦制地之法。「馬」者，算數之籌，如今所謂法馬。禮投壺「爲勝者立馬，一馬從二馬，三馬既立，請慶多馬」，注：「立馬者，取算以爲馬，表其勝之數也。」「乘」者，計也。周禮天官宰夫「乘其財用之出入」，即今算法乘除之謂。凡治國之法制，皆出於數，有所建置，必立馬乘之，乃知其輕重長短多寡之數，而措注各得其宜。篇中言地、言用、言朝、言車，而詳發均地分民，是標名乘馬本旨。史記高祖紀「運籌帷幄之中，決勝千里之外」，「運籌」猶乘馬也。　翔鳳案：管子經濟政策，以輕重爲衡，而輕重之數，則乘馬也。春秋用籌算，乘馬須運籌，其義誠如何氏所云。現代運籌學，猶是管子「乘馬」。「馬」爲籌馬，非法馬，何氏小誤。然如篇中「方六里爲一乘之地也，一乘者四馬也」，此「馬」又確爲家畜。詩鄭風「叔于田，乘乘馬」，三字全同，何氏無説以貫通之，難以令人信服矣。左襄公二十二年傳：「皆無禄而多馬。」「多馬」通於制禄，與輕重有關者。投壺鄭注云：「馬，勝籌也。謂之馬者，若云技藝如此，任爲將乘馬也。」佩文韻府引注末有「『乘』又去聲」四字。「乘」讀去聲爲計算，鄭意謂「任爲將師計算」，非謂堪爲將師而騎馬也。孔疏已不甚明其義。原「乘馬」之義，起於賽馬，投壺亦爲競賽，借用其名。史記孫子吳起列傳：「田忌數與齊諸公子馳逐共射，孫子見其馬足不甚相遠。馬有上中下三輩，於是孫子謂田忌曰：『取君之下駟，與彼上駟。取君上駟，與彼中駟。取君中駟，與彼下駟。』既駟三輩畢，而田忌一不勝而再勝，卒得王千金。」此齊人賽馬故事。駟即乘馬，爲家畜。當競賽時，用籌計多少，乘爲計，計其馬亦爲乘馬。兼此二義，故篇中言治國之法制，而又有方六里爲乘之説，而多馬爲可愛也。説文：「立，住也。」籌爲長方形，算時豎立。立馬爲計算之表格，古天文家稱表格爲「立成」，以此。計馬之數字爲「馬」，今作「碼」，春秋時已有之。左襄公三十年傳：「晉悼夫人食輿人之城杞者，絳縣人或年長矣，無子而往，與於食。有與疑年，使之年。曰：『臣，小人也，不知紀年。臣生之歲，正月甲子朔，四百有四十五甲子矣，其季於今，三之一也。』史趙曰：『「亥」有二首六身，下二如身，是其日數也。』士文伯曰：『然則二萬六千六百有六旬也。』」杜注：「三分六甲之一，得甲子甲戌，盡癸未。」「二畫在上，併三六爲身，如算之六。」疏：「因亥畫似算位，故假之以爲言。」「如算之六」，指算碼「丄」，與「亥」畫之「丄」相似。「亥」爲一「二」三「丄」，爲二萬六千六百六。春秋時有算碼，此爲確證。然則「乘馬」即乘碼。是故巨乘馬：「桓公問乘馬。管子對曰：『國無儲在令。』」郭沫若謂「答問不銜接」，可恍然矣。吳説謬。

凡立國都，非於大山之下〔一〕，必於廣川之上，高毋近旱而水用足，下毋近水而溝防省。因天材，就地利，故城郭不必中規矩，道路不必中準繩。

右立國

〔一〕翔鳳案：「大」本讀太，安徽宿松最顯著。方音轉變，於下加點，或於去聲加圈，非本有「太」

字也。「泰山」本爲「大山」，由公名變爲專名，改寫爲「泰」以别之。

無爲者帝，爲而無以爲者王，爲而不貴者霸。不自以爲所貴，則君道也。貴而不過度，則臣道也。

右大數

地者，政之本也。政從地生。朝者，義之理也。義因①朝起。市者，貨之準也。市所以準貨之輕重。黄金者，用之量也。諸侯之地，千乘之國者，器之制也。五者，其理可知也，爲之有道〔一〕。

地者，政之本也，是故地可以正政也。地平可以正政。地不平均和調〔二〕，則政不可正也。不均平和調，則地利或幾於息，故不可正政②也。政不正，則事不可理也。

春秋冬夏，陰陽之推移也。夏秋推陽以生陰，冬春推陰以生陽。時之短長，陰陽之利用也。必長短相摩，然後成陰陽之用也。日夜之易，陰陽之化也。晝熱夜寒，交易其氣，

①「因」字原作「國」，據補注改。

②「正政」二字原作「不正」，據補注改。

此陰陽之化也。**然則陰陽正矣，雖不正，有餘不可損，不足不可益也。**假令時有盈縮不正，則百六之運數當然也，雖有堯、湯之聖，不能免之，故不可損益也。**天地莫之能損益也**〔三〕。天地亦準陰陽，不可損益也。**然則可以正政者，地也，故不可不正也。正地者，其實必正，長亦正，短亦正，小亦正，大亦正，長短小大盡正。正不正則官不理**〔四〕，謂天地之正不正，官不可得理。**官不理則事不治，事不治則貨不多。是故何以知貨之多也？曰事治。何以知事之治也？曰貨多。貨多事治，則所求於天下者寡矣**〔五〕。**爲之有道。**

右陰陽〔六〕

〔一〕陶鴻慶云：「爲」讀爲謂，言若此者「謂之有道」也。下文論政之本，義之理，貨之準，三節之末皆云「爲之有道」；而論用之量云「不知量，不知節，不可謂之有道」；論器之制云「不知任，不知器，不可謂之有道」，爲與謂文異而義同。翔鳳案：「爲之有道」，即爲此事有方法。「不知量，不知節」，不可稱爲有方法者。「不知任，不知器」，不可稱爲有方法者。「爲」、「謂」不同，陶説誤。

〔二〕戴望云：御覽三十六地部引作「均平」。

〔三〕張文虎云：此明政者以地爲本，若陰陽之化，有餘不足，皆天之事，莫能損益。故下云「然則可以正政者地也」。此句當作「天莫之能損益也」，「地」字衍。陶鴻慶云：「地」字蓋涉上下文而誤衍也。原文當云：「天（句），莫之能損益也。」此節釋「地者政之本也」句義，而自春秋冬夏以下但言天道，不及地利。上文云「然則陰陽正矣，雖不正，有餘不可損，不足不可益也」，故此云「天，莫之能損益也」。以天之不可正，明地之不可不正，故下文云「然則可以正政者地也，故不可不正也」，與此句一氣相承，衍「地」則上下文不可通矣。翔鳳案：天陽地陰，陰陽之化，兼天地言之，去「地」字則孤陽矣。春秋繁露：「陰，地氣也。」「地」字可去乎？誤矣。

〔四〕豬飼彦博云：上「正」字當作「地」。王念孫云：「正不正」當作「地不正」，此承上文「正地」而言。「地不正則官不理」，即上文所云「地不平均和調，則政不可正也」。今本「地」作「正」者，涉上下文「正」字而誤。尹注非。俞樾云：「正不正」句，上「正」字乃衍文也，蓋涉上句「長短小大盡正」而誤疊「正」字耳。張佩綸云：按當作「政不正」，上節「政不正」可證。翔鳳案：「正」與「政」通，然此節則分用。「正不正」謂當正者不正，諸説俱非。

〔五〕陶鴻慶云：「所求於天」承上「陰陽不正」而言，如寒暑忍咨水旱祈禳之事，是也。地力盡而天災自弭，故所求於天者寡。孫卿天論篇「彊本而節用，則天不能貧；養備而動時，則天不能病」云云，義與此合。後人不達此義，臆改爲「天下」，則文不成義矣。翔鳳案：貨多事治，不求鄰國之助，故云「求於天下者寡」。國不能孤立，謂求之不多，非一概不需與國協助也。齊國九府之藏，來自國外者不少，有乘馬之計算可先爲籌畫。删「下」字不合。

〔六〕張文虎云：題謬甚。此等皆後人妄增。翔鳳案：地爲政之本，指地之生産言。貨之多少，於四時陰陽之變化關係極大，故以陰陽標目，非五行家陰陽生剋也。不明此義，而以篇目爲謬甚，妄人也。

朝者，義之理也。是故爵位正而民不怨，民不怨則不亂，然後義可理。理不正則不可以治，而不可不理也〔一〕。故一國之人不可以皆貴，皆貴則事不成而國不利也。皆貴則無爲事者，故事不成也。爲事之不成，國之不利也，使無貴者則民不能自理也，是故辨於爵列之尊卑，則知先後之序，貴賤之義矣。爲之有道。

右爵位

〔一〕丁士涵云：「不正」謂爵位不正也，對上「爵位正」言之。「理」字涉上句「義可理」而衍。「而不可不理也」當作「而不可理也」，對上「義可理」言之。戴望云：「以」字及「而不可不理也」六字皆衍文。翔鳳案：「不可以治」有「治」字，則「理」字非避諱所改。「義之理」、「理不正」二「理」字爲名詞，「可理」、「不可理」爲動詞。名詞爲文理，動詞爲治理。而治與理又有别。吕氏春秋振亂「欲民之治也」，注：「整也。」貴當「治物者不於物，於人」，注：「飭也。」「治」爲整飭。理不正則不可以整飭，而又不可不分理也。蓋理以侯王之利益爲主，有時與民矛盾，明知其矛盾，而不可不分理之，使服從王侯利益。無誤字。下文「不可以皆貴」，即其例也。

市者，貨之準也。是故百貨賤則百利不得，謂不得過常之利也。百利不得則百事治〔一〕，百事治則百用節矣。是故事者生於慮，謀慮則事生也。成於務，專務則事成也。失於傲。輕傲則失事也。不慮則不生，不務則不成，不傲則不失。故曰：市者可以知治亂〔二〕，可以知多寡，而不能爲多寡。爲之有道。

右務市事

〔一〕孫星衍云：百貨賤，然後百利得，百利得，然後百事治，未有百利不得而百事治也。尹注非。太平御覽八百二十七引無兩「不」字。何如璋云：準者，輕重之準，百貨聚於市，故市爲百貨之準。穀者，本事也。貨者，末用也。幣者，國之制所以權國貨之輕重而平其準者也。貨賤則趨末者百利不得，趨末者百利不得則力農殖穀者百事皆治矣。力農者百事皆治則養生者百用皆節矣，無他，穀則貴而貨則賤也。

〔二〕戴望云：此下當有「而不能爲治亂」句，與下文「可以知多寡而不能爲多寡」一例。

黃金者，用之量也。辨於黃金之理則知侈儉，知侈儉則百用節矣。故儉則傷事，侈則傷貨。儉則金賤，金賤則事不成，故傷事。侈則金貴，金貴則貨賤，故傷貨。貨盡而後知不足，是不知量也。事已而後知貨之有餘，是不知節也。不知量，不知節，不可謂之有道。

天下乘馬服牛，而任之輕重有制。有壹宿之行，一宿有定準，則百宿可知也。道之遠近有數矣〔一〕。是知諸侯之地，千乘之國者，所以知地之小大也，所以知任之輕重也〔二〕。重而後損之，是不知任也；輕而後益之，是不知器也。不知任，不知器，不可謂之有道。

地之不可食者，山之無木者，百而當一。涸澤，百而當一。地之無草木者，百而當一。樊棘雜處〔三〕，民不得入焉，百而當一。藪，鎌纆得入焉，九而當一〔四〕。蔓山，其木可以爲材，可以爲軸，斤斧得入焉，九而當一。汎山〔五〕，其木可以爲棺，可以爲車，斤斧得入焉，十而當一。流水，網罟得入焉，五而①當一〔六〕。林，其木可以爲棺，

①「而」字原無，據補注增。

可以爲車，斤斧得入焉，五而當一。澤，網罟得入焉，五而當一。命之曰地均，以實數〔七〕。方六里命之曰暴〔八〕，五暴命之曰部，五部命之曰聚。聚者有市，無市則民乏〔九〕。五聚命之曰某鄉，四鄉命之曰方，官制也。官成而立邑。五家而伍，十家而連，五連而暴，五暴而長〔一〇〕，命之曰某鄉，四鄉命之曰都，邑制也。邑成而制事。四聚爲一離，五離爲一制，五制爲一田，二田爲一夫，三夫爲一家，事制也。事成而制器。方六里爲一乘之地也〔一一〕。一乘者，四馬也。一馬，其甲七，其蔽五。蔽所以捍車馬。四乘，其甲二十有八，其蔽二十〔一二〕，白徒三十人奉車兩〔一三〕，器制也。

方六里，一乘之地也〔一四〕。方一里，九夫之田也〔一五〕。黄金一鎰，百乘一宿之盡也〔一六〕。無金則用其絹，季絹三十三，三等，其下者曰季。制當一鎰〔一七〕。無絹則用其布，經暴布百兩當一鎰〔一八〕。一鎰之金，食百乘之一宿〔一九〕，則所市之地六步一㪷〔二〇〕，一本作一升。命之曰中歲，有市、無市則民不乏矣〔二一〕。方六里名之曰社，有邑焉，名之曰央，亦關市之賦〔二二〕。命出關市之賦。黄金百鎰爲一篋，其①貨一穀籠爲十篋。其商苟在市者三十人〔二三〕，其正月、十二月黄金一鎰，命之曰正分。春曰書比，

① 「其」字上原衍一「其」字，據補注刪。

立夏曰月程，秋曰大稽〔二四〕，與民數得亡〔二五〕。三歲脩封，五歲脩界，十歲更制，經正也〔二六〕。

十仞見水不大潦，大潦，一本作「大續」，繼也，預貯水也。五尺見水不大旱〔二七〕。十一仞見水，輕征，征，税也。十分去二三，謂去十仞之二三。二則去三四，謂去十仞之三。四則去四，謂去十仞之四。五則去半，比之於山〔二八〕。五尺見水，言平地五仞見水，同於山五尺見水。十分去一，四則去三，八尺曰仞。分九仞，則屈每分有二仞二尺。去其三，則餘有一丈八尺。三則去二，二則去一〔二九〕。三尺而見水，比之於澤〔三〇〕。

距國門以外，窮四竟之内〔三一〕，丈夫二犂，童五尺一犂〔三二〕，以爲三日之功。正月令農始作，服于公田，農耕。及雪釋，耕始焉，芸卒焉。士聞見博學意察〔三三〕，而不爲君臣者，與功而不與分焉〔三四〕。此人學①以爲君之臣也，然以高尚其事而不爲。若此者，預食農收之功，而不受力作之分也。賈知賈之貴賤，日至於市，而不爲官賈者，與功而不與分焉。工治容貌功能，日至於市，而不爲官工者，與功而不與分焉。不可使而爲工〔三五〕，則視貸離之實而出夫粟。是故智者知之，愚者不知，不可以教民。教民必以有

① 「學」字原作「而」，據補注改。

智者。巧者能之，拙者不能，不可以教民。教人爲工，必以巧者，欲令愚智之人盡曉知之，然後可以教人也。非一令而民服之也，不可以爲大善。非夫人能之也〔三六〕，不可以爲大功。是故非誠賈不得食于賈，非誠工不得食于工，非誠農不得食于農，非信士不得立于朝。是故官虚而其敢爲之請〔三七〕，君有珍車珍甲而莫之敢有。君舉事，臣不敢誣其所不能。君知臣，臣亦知君知己也，故臣莫敢不竭力，俱操其誠以來。

道曰：均地分力，使民知時也。民乃知時日之蚤晏，日月之不足，飢寒之至于身也。是故夜寢蚤起，父子兄弟不忘其功，爲而不倦，民不憚勞苦。故不均之爲惡也，地利不可竭，民力不可殫。不告之以時而民不知，不道之以事而民不爲。與之分貨則民知得正矣，審其分則民盡力矣，是故不使而父子兄弟不忘其功。

右士農工商〔三八〕

〔一〕吴汝綸云：「有一宿之行」，言近也。下有脱文，蓋言遠者。故總以「遠近有數」。翔鳳案：「一宿之行」，謂一宿所行之遠近也。故下言「道之遠近有數」。語意已足，並無脱文。

〔二〕王念孫云：「地之小大」當作「器之小大」。上文云「諸侯之地，千乘之國者，器之制也」，故此文云「是知諸侯之地，千乘之國者，所以知器之小大也。所以知任之輕重也」。下文「不知任」，不知器」，正承此二句言之。今本「器」作「地」者，涉上文「諸侯之地」而誤。翔鳳案：「是知諸侯之地」截句，屬上文。小大屬遠近，輕重屬器，小大易知，所難者任與器而已。

〔三〕王引之云：草木無名「樊」者，「樊」當爲「楚」，字形相似而誤。楚，荆也，「楚棘雜處」，謂荆棘叢生也。地員篇：「其草宜楚棘。」張文虎云：小雅青蠅「止于樊」，毛傳：「樊，藩也。」樊從爻、林，取交積材之義，雖非草木，而亦近草木。下二章「止于棘」，「止于榛」，比類而及，安知非草木名？翔鳳案：侈靡：「樊山神而祭之。」樊傍之棘爲「樊棘」，不誤。

〔四〕劉績云：「鎌」，刈割器。「纏」，捆縛索。王念孫云：「纏」當從宋本作「纆」。説文作「縲」，云：「索也。」坎上六「係用徽纆」，馬融曰：「徽纆，索也。」劉表曰：「三股曰徽，兩股曰纆。」案：鎌者所以刈薪，纆者所以束之。列子説符篇曰「擔纆采薪」是也。（今本「纆」譌作「纏」，據殷敬順釋文改。「采薪」譌作「薪菜」，據淮南道應篇改。）鎌與纆皆入藪采薪者之所用，故曰：「藪，鎌纆得入焉。」若纏爲纏繞之義，非繩索之名，不得與鎌並舉矣。世人多見纏，少見纆，故諸書「纆」字多譌作「纏」。辯見淮南道應篇。丁士涵云：此與下「蔓山九而當一」，兩「九」字皆當爲「十」，下文云「汎山十而當一」，是其例。上言「百而當一」者四，下言「五而當一」者三，或百分之一，或十分之一，或五分之一，三等之地由下而中而上，皆整齊成數。若如今本則分爲四等，且先「九而當一」，而後「十而當一」，尤失序次。即「藪」及「蔓山」之地與「汎山」亦無區別。翔鳳案：數字根據事實，無據不能以意改之。下同。

〔五〕于省吾云：「汎」同「洀」，古「盤」字。從凡從舟，古文形同。小問篇「意者君乘駮馬而洀桓，迎日而馳乎」，注：「洀，古盤字。」「汎」亦省作「凡」。墨子辭過篇「凡回於天地之閒」，節葬下篇「龍雖凡山陵」，「凡」均讀爲盤。盤山謂山之盤迴者，蔓山謂山之蔓延者，相對爲文。

〔六〕尹桐陽云：左襄二十五年傳：「度山林，鳩藪澤，辨京陵，表湻鹵，數疆潦，規偃豬，町原防，牧隰皋，井沃衍。」賈曰：「山林之地，九夫爲度，九度而當一井也。藪澤之地，九夫爲鳩，八鳩而當一井也。京陵之地，九夫爲辨，七辨而當一井也。湻，鹹也。湻鹵之地，九夫爲表，六表而當一井也。疆，疆槩墝埆之地。疆潦之地，九夫爲數，五數而當一井也。偃豬之地，九夫爲規，四規而當一井也。原防之地，九夫爲町，三町而當一井也。隰皋之地，九夫爲牧，二牧而當一井也。下平曰衍，有溉曰沃。衍沃之地，畝百爲夫，九夫爲井。」小司徒鄭注亦云：「隰皋之地，九夫爲牧，二牧而當一井。」其云「九度當一井」，以至「二牧當一井」，即此所謂「百而當一」、「五而當一」者也。

〔七〕丁士涵云：管子書多以「命」爲名。「地均」，土均也，即管子「地員」。

〔八〕張佩綸云：「暴」當作「箄」，字之誤也。史記楚世家「蓽露」，徐廣云「『蓽』一作『暴』」，是其證。說文：「箄，藩落也。」周禮司險「樹之林以爲阻固」，注云：「樹之林，作藩落也。」六里作一藩落，故曰箄，猶今之邨落。五箄作一部，五部成一聚。說文：「邑落曰聚。」是「聚」亦有落義。下文「五連而暴」，「暴」亦當作「箄」，五十家作一藩落。翔鳳案：「箄」爲籬落，非村落。「暴」同「堡」。集韻：「駛或省作『暴』，墳起也。」「堡」古作「保」。左襄八年傳「焚我郊保」是也。

〔九〕許維遹云：「之」當爲「乏」，字之壞也。下文云「歲有市，無市則民乏矣」，可證。趙本、纂詁本作「乏」，當據改正。翔鳳案：聚市爲臨時市場，下文「歲有市」，其「市」爲買賣，含義不同。説文：「之，出也。」無市則民出。或「之」訓往，亦通。

〔一〇〕劉師培云：「五暴而長」與上文之「部」相當。上云「五部而聚，五聚而鄉」，則此文「而長」以下當有「五長而鄉」四字。翔鳳案：此爲邑制，與官制不必完全相同。

〔一一〕尹桐陽云：六六三十六里而爲三十六井也。前漢書刑法志：「一同百里，提封萬井。除山川沈斥城池邑居園囿術路三千六百井，定出賦六千四百井，戎馬四百匹，兵車百乘。此卿大夫采邑之大者也。是謂百乘之家。」方六里而爲一乘者，實計山川沈斥等地而出車數耳。如是則國無隙地而利因增多矣。三千六百井而爲百乘，三百六十井而爲十乘，三十六井則爲一乘也。

〔一二〕豬飼彦博云：「四乘」之「乘」當作「馬」。王念孫云：一馬之所用，不得有七甲五蔽。「二馬」當爲「一乘」。四乘有二十八甲，二十蔽，則一乘當有七甲五蔽也。今本「乘」作「馬」者，涉上文「四馬」而誤。丁士涵云：一乘甲士十人，若七甲則太少。王改「一馬」爲「一乘」，非也。下文「四乘」乃是「一乘」之譌，上文「一乘四馬」句，正引起甲蔽之分數合數。古人文法往往如是。若既知一乘甲蔽之數，又以四計之，則亦可以三計之以五計之矣。甲士十人而有二十八甲者，多爲之備也。

翔鳳案：「一馬」即「一碼」，爲計算單位。金廷桂云：「一馬」當作「四馬」，覆承上句而言。「四乘」，以四乘之，無誤字。諸人誤認爲獸而疑之改之，非是。

〔一三〕洪頤煊云：「奉」當作「輂」。周禮鄉師：「治其徒役，與其輂輦。」史記淮南列傳：「輂車四十乘。」説文云：「輂，大車駕馬也。」謂載物之車。王念孫云：「奉車兩」當爲「奉車一兩」。山至數篇「方六里而一乘，二十七人而奉一乘」，是也。張佩綸云：七法篇：「以教卒練士擊毆衆白徒。」吕氏春秋决勝篇「厮輿白徒」，高注：「厮役輿衆白衣之徒。」漢書鄒陽傳「驅白徒之衆」，注：「言素非軍旅者，猶曰白丁也。」黄鞏云：「白徒」，步卒也。三十人奉車兩，故詩云：「公車千乘，公徒三萬。」此周家舊制。至孫子以百人奉一車，則變車戰爲徒兵之漸矣。許維遹云：「兩」者，車一乘之謂。周禮小司徒職「乃會萬民之卒伍而用之，五人爲伍，五伍爲兩」，鄭注：「兩，二十五人。」然司馬法有二説，一爲每乘七十五人，一爲每乘三十人。江慎修云：「以七十五人爲邱甸之本法，三十人爲調發之通制。」江説是也。此云「白徒三十人奉車兩」，與司馬法一説合。

〔一四〕丁士涵云：「六」蓋「八」字之誤。下文云「方一里九夫之田也」，又云「正月令農始作服於公田」，此古井田遺制。侈靡篇云「乘馬甸之衆制之」，此周官丘甸之法。甸方八里，出長轂一乘，與司馬法合。

〔一五〕劉師培云：九夫之田方一里，與司馬法「六尺爲步，步百爲畝，畝百爲夫，夫三爲屋（上文「二田爲一夫，三夫爲一家」，「夫」與「家」並與此靡涉），屋三爲井」制合。一乘之地方六里，與司馬法「井十爲通，通十爲成，成出革車」不同。蓋管子之制，暴與社均方六里，爲方一里者三十六，故亦依此制出車。上文云「方六里爲一乘之地也。一乘者，四馬也。一馬其甲七，其蔽五。四乘（當作馬）其甲二十有八，其蔽二十，白徒三十人奉車兩」，此蒙彼言。山至數篇云「方六里而一乘」，與此正合。丁云「『六』當作『八』」，非是。

〔一六〕豬飼彦博云：「盡」、「贐」同，行費也。孟子曰「行者必以贐」，是也。趙岐以送賄行者爲贐，後儒皆從之，誤矣。丁士涵云：「盡」讀爲賮。張載注魏都賦引倉頡篇曰：「賮，財貨也。」賮、盡古字通。孟子公孫丑篇作「贐」，史記高帝紀作「進」。安井衡云：「盡」讀爲贐，高祖本紀作「進」。會費曰贐。翔鳳案：説文：「賮，會禮也。从貝，㶳聲。」趙注不誤。豬飼釋爲「行費」，誤説也。説文：「盡，器中空也。」甲文作「[illegible]」，象滌器食盡形。黄金一鎰，百乘一宿而用盡，語氣相合。三説一致，而皆誤矣。

〔一七〕豬飼彦博云：一丈八尺曰制。丁士涵云：趙本「制」屬下讀，非。「季絹」以「制」計，猶「暴布」以「兩」計也。周官内宰「出其度量純制」，注：「杜子春云：制謂匹長，玄謂純制，天子巡狩禮所云：制，幣丈八尺。純，四只與？」禮既夕「贈用制幣」，注：「丈八尺曰制。」韓子外儲說右上篇「終歲，布帛取二制焉，餘以衣士。」　金廷桂云：周禮地官山虞「凡服耜斬季材」，疏：「服與耜宜用稚材，尚柔忍也。」「季絹」蓋細輭上等之絹也，注誤。　聞一多云：「季」讀爲繐，柳下惠，莊子盜跖篇、吕氏春秋審己篇、齊策四並作柳下季，是其比。說文：「繐，細疏布也。」釋名釋采帛：「繐，惠也，齊人謂涼爲惠，言服之輕細而涼惠也。」路史後紀三注引皇圖要覽：「伏羲化蠶桑爲繐布。」「季絹」即繐絹，絹之輕細疏薄者也。　翔鳳案：聞說是。

〔一八〕陳奐云：「暴布」與考工記「暴絲」同事，與上文「季絹」對文。劉云「季絹，細絹；暴布，白布」，是也。「經」則公用之字耳。　戴望云：「暴」字疑衍。說文：「經，織也。」經布，織布也。　張佩綸云：「經」當作「絟」，字之誤也。此本音釋「絟，七全切」，是舊本作「絟」，後始訛爲「經」耳。說文：「絟，細布也。」又紵下：「細者爲絟布。」　聞一多云：張說是也。漢書江都易王非傳「亦遺建荃葛」，臣瓚曰：「荃，細葛也。」絟、荃同。「暴」之言暴樂也。爾雅釋詁：「毗劉，暴樂也。」舍人本作「爆爍」，注云：「木枝葉稀疏不均爲爆爍。」是「暴」有稀疏之義。聲轉爲薄。匡謬正俗七引山海經圖讚曰「『暴』有薄音」。漢書宣帝紀注曰：「『薄』亦暴也。」本書音釋「暴，彼各切」，正與「薄」音同。薄與稀疏義相因。「絟暴布」謂以荃葛織成之薄布。「季（繐）絹」與「絟暴布」質皆疏薄，惟絹以絲，布以葛，絹貴而布賤，故無絹則用布也。　翔鳳案：楊忱本篇末「絟（七全切）暴（彼各切）」二字相連，其爲「絟」字明矣。

張、聞説是也。

〔一九〕張佩綸云：此十字乃注文誤入正文。韻府十七霰「季絹」下引注言：「一鎰之金，供百乘之一宿，則無餘也。絹三等，其下者曰季絹。」足見内府尚有善本，惜不可得見。

〔二〇〕丁士涵云：「㪷」當爲「斗」。玉篇云：「㪷，俗斗字。」漢平帝紀、後漢仲長統傳皆有㪷字。一本「㪷」作「升」。何如璋云：「㪷」，俗「斗」字。以百步爲畝計之，六步一斗，畝收一斛有七，故曰「中歲」。

〔二一〕豬飼彦博云：上云「聚者有市，無市則民乏」，疑是重出，又誤衍「不」字。安井衡云：「曰中歲」下不宜言「有市」，此二句當在「曰央」下，而又衍「不」字。陶鴻慶云：「有市」爲句。「無市則民不乏矣」，「不」字衍文。上文云「聚者有市，無市則民乏」，是其證。翔鳳案：中歲民食足，有市不乏，即無市亦不乏也。

〔二二〕張佩綸云：「亦」當作「𥄎」，字之誤也。説文示部：「𥄎，明視以筭之，從二示。逸周書曰：士分民之𥄎，均分以𥄎之也，讀若筭。」翔鳳案：説文：「亦，人之臂亦也。」今作「腋」。釋名釋形體：「腋，繹也。言可張翕尋繹也。」與「抽」同義，猶今言「抽税」也。

〔二三〕丁士涵云：「苟」字於義難通，疑即「商」字之誤而衍者。張佩綸云：「苟」當作「耇」。左傳「三老凍餒」，服虔注：「三老，商老、農老、工老也。」（昭公五年）地官賈師「二十肆則一人」，鄭注：「賈師定物價。」賈師職：「賈師各掌其次之貨賄之治，辨其物而均平之，展其成而莫其賈，然後令市。凡國之賣價，各帥其屬而嗣掌其月。」商耇，即賈師也。周禮但言肆數，此但言人數三十人，當亦「嗣掌其月」，循環相代。 翔鳳案：「苟」訓「耇」，於古無徵。「苟」非誤字。國語魯語：「季康子欲以田賦。仲尼私於冉有曰：『先王賦里以入，而量其有無。有軍旅之出則徵之，無則已。其歲收，田一井，出稯禾、秉芻、缶米，不是過也。先王以爲足。若季孫欲其法，則有周公之籍矣。若欲犯法，則苟而賦，又何訪焉？』」韋注：「里，廛也，謂商賈所居之區域也。苟，苟且也。」是當時有商苟而賦之也。「商苟三十人」與「白徒三十人」同，則「商苟」與「白徒」同意，非正式之商賈也。「苟」從句聲（九過切），與「賈」同音。其行爲苟且，故不名曰「商賈」而曰「商苟」，非誤字。

〔二四〕丁士涵云：趙本「正」字絶句。案疑當「分」字絶句，「春曰書比」與「秋曰大稽」一例。或曰「分春」與「立夏」皆言時序之中，然則秋亦當曰「分秋」矣。 孫詒讓云：此春秋二時皆不箸中節，不宜夏文獨異，「夏」上「立」字疑衍。 張佩綸云：舊以「分」字屬下，案「正分」當是「正布」之誤，「廛人掌斂布、總布、質布、罰布、廛布而入於泉府」，「泉府掌市之征布」。又云：「歲終則會其出入而納其餘。」 翔鳳案：正月、十二月調整金價而定之，是爲「正分」。「比」者，比次物價也。月有品量，秋收後稽核之。

〔二五〕豬飼彦博云：「與」，記載也。淮南子曰：「與之弟子之籍。」言記民數之死生出入。 俞樾云：「與」讀爲舉。「舉民數得亡」，謂記録民數之得失也。襄二十七年左傳「仲尼使舉是禮也」，釋文引沈注曰：「舉，謂記録之也。」是其義。翔鳳案：易象上傳「物與无妄」，虞注：「『與』謂舉也。」説文：「與，黨與也。」段注：「會意，共舉而與之也。」俞説是。

〔二六〕于省吾云：「正」當讀爲政，「經政」猶今人言常例。

〔二七〕俞樾云：「十仞」當爲「一仞」。一仞見水，其地較高，故不大潦；五尺見水，其地較卑，故不大旱。若作「十仞」，則太縣絶矣。翔鳳案：説文：「潦，雨水也。」今作「澇」。澇以升高言，旱以掘深言，不可相混。地高則難澇，地低則難旱。「十仞」非誤字，若作「一仞」，則無濟於事矣。

〔二八〕劉績云：言地高則難澇，故曰「十仞見水，不大澇」。地低則難旱，故曰「五尺見水，不大旱」。當澇之時，若高亢地十一仞見水，則常徵十分中免二三分。十二仞見水，則免三四分。十四仞見水，則免四分。十五仞見水，則免五分。以其極高難灌溉，可以比於山也。豬飼彦博云：疑當作「十分去一，二則去二，三則去三」。王引之云：以「五則去半」推之，則當爲「一仞見水輕征，十分去一，二則去二，三則去三，四則去四，五則去半」。謂一仞見水，則去常征十分之一，二仞則去十分之二，三仞則去十分之三，四仞則去十分之四，五仞則去十分之五也。今本譌脱，而又有衍文，幾不可讀。翔鳳案：劉説是。

〔二九〕劉績云：此言當旱之時，若汙下地五尺見水，則常征十分免四分；四尺見水，則免三分；三尺見水，則免二分；二尺見水，則免一分。以其極低，易灌溉，可以比於澤也。「十分去一」

當作「十分去四」，乃字之誤也。安井衡云：此謬誤不可讀，當作「四則去二，三則去三，二則去四」，轉寫之誤耳。俞樾云：劉氏所説，亦未得也。「十一仞見水」數句，王氏引之已訂正矣。至此文亦有錯誤，當作「五尺見水，十分去一，四則去二，三則去三，二則去四，一尺而見水，比之於澤」，此王氏所未及訂正也。請合上文而具論之。上文曰「一仞見水不大潦」，然則一仞見水之地，所患非潦也。其輕征之故，以旱不以潦。故一仞見水，十分去一。至二仞見水，地更高矣，故十分去二。至三仞見水，地更高矣，故十分去三。推而至於五仞見水，則比之於山，地愈高，旱愈甚也。上文曰「五尺見水不大旱」，然則五尺見水之地，所患非旱也。其輕征之故，以潦不以旱。故五尺見水，十分去一。至四尺見水，地更卑矣，故十分去二。三尺見水，地更卑矣，故十分去三。推而至於一尺見水，則比之於澤，地愈卑，潦愈甚也。一尺見水之地，當去十分之五。此不言者，以上文「五則去半」推之可見，蓋比於山與比於澤同也。古書遇數目字往往錯誤。春秋繁露爵國篇所説諸數無一不誤，辯見本書。然則此文之誤，亦無怪矣。劉氏以旱爲潦，以潦爲旱，兩義顛倒，故不得其解。且此文惟五尺見水，十分去一兩句不誤，劉氏反以爲誤，信古書之難讀也。翔鳳案：五尺見水，以平地之掘深言，其地不大旱。若一尺而見水，則比於澤矣。俞説是也。

〔三〇〕王引之云：上文由五尺而四尺，四尺而三尺，三尺而二尺，則此當爲「一尺」矣。若三尺而見水，則地猶高燥，不得比之於澤，蓋寫者誤耳。翔鳳案：比之於澤，則隨時有淹沒之患，當全免。其上「一三」二字，何以連錯？不近情。當於乘馬之「碼」求之。四則去三，三尺較低，當在十分之四以上，二尺更低，在十分之六以上，一尺即十分之八。尺而見水，則全免之矣。如此則無誤字矣。

〔三一〕翔鳳案：説文無「境」字。樂曲盡爲「竟」，引申之，邊地爲「竟」，「土」旁乃後加也。

〔三二〕劉師培云：御覽八百二十三引「童」作「童子」。

〔三三〕孫詒讓云：「聞」當作「閒」，即「嫻」之假借字。「閒見」即荀子修身篇所謂「多見曰閑」。「閒見」與「博學」文相對，亦猶後任法篇云「閒識博學」也。

〔三四〕孫詒讓云：「功」即周禮内府之「九功」，亦即大宰九職之「功」也。「分」即太宰九式之「匪頒」，注鄭司農云「匪，分也」，鄭康成云「王所分賜羣臣也」。「與功而不與分」者，謂不爲君臣，則與民同受九職之功，而不得受分頒之賜給也。尹注竝誤。

〔三五〕丁士涵云：「工」與「功」同。「不可使而爲工」者，不可使而爲三日之功也。下文云「不使而父子兄弟不忘其功」。

〔三六〕許維遹云：「夫人」與上「一令」相對，「夫人」猶衆人也。襄八年左傳「夫人愁痛」，杜注：「『夫人』猶人人也。」淮南本經篇「夫人相樂」，高注：「夫人，衆人也。」

〔三七〕許維遹云：「其」當作「莫」。下文云「君有珍車珍甲而莫之敢有」，文同一例。趙本「其」作「莫」，當據改正。

〔三八〕劉績云：此篇言均地立制定賦之法，率民盡地力，終之以人君出令之事。末又言「均地分力，使民知時」，爲下三節之綱，謂之「士農工商」，不知何説也。翔鳳案：齊之經濟政策，以四民爲基礎。首言「黄金者，用之量」，於穀價市價有關，爲農商政策。次言「制器」，爲工之政策。三言土地比率，爲農之政策。下倣此。

聖人之所以爲聖人者，善分民也〔一〕。善令人知分，故名爲聖人。聖人不能分民，則猶百姓也，於己不足，安得名聖！不能令人知分，則己尚不足，何名爲聖人。是故有事則用，用謂人也。無事則歸之於民，謂令人退歸而居也。唯聖人爲善託業於民。謂託人以成功業也。民之生也，辟則愚，縱其淫辟則昏愚也。閉則類〔二〕。類，善也。閉其淫辟則自善。上爲一，下爲二。下之效上，必倍之也。

右聖人

〔一〕豬飼彦博云：謂分利於民，上云「與之分貨」，即是。黄鞏云：「分民」者，分之爲士、爲農、爲工、爲賈，使各盡其實。有事則效能於朝廷，合爲聖人之成功文章；無事則安其本業，士致道，農力田，工居肆，賈藏市，雖愚夫愚婦，一技一能，無非聖人之經濟。故曰「聖人善託業」也。翔鳳案：聖人爲權力絶對之通稱。由政治絶對權力，轉爲知識之絶對權威。

後漢班彪傳注：「聖躬，天子也。」

〔三〕王念孫云：「生」讀爲性。（見周官大司徒注。）「閉」當爲「閑」，字之誤也。廣雅曰：「閑，正也。」爾雅曰：「類，善也。」言民之性入乎邪辟則愚，由乎中正則善也。尹注非。翔鳳案：荀子宥坐「行辟而堅」，「辟」同「僻」。「閉」，吕氏春秋君守：「外欲不入謂之閉。」「類」，周語：「類也者，不忝前哲之謂也」。引申爲「善」。無誤字。

時之處事精矣，不可藏而舍也。時至則爲之，不可藏而捨息也。故曰：「今日不爲，明日亡貨〔一〕。」言不爲則失時。昔之日已往而不來矣。言日既往，不還來也。

右失時

〔一〕戴望云：「亡」當訓爲無。「貨」疑「資」字之誤，淮南精神訓「隨其天資」，高注曰：「資，時也。」此處尹注云「言不爲則失時」，蓋唐本尹所見者猶是「資」字。丁以「貨」爲「貸」之誤，云與下文「來」韻，亦通。張佩綸云：「亡貨」當作「亡時」，尹注可證。翔鳳案：此工界之古諺也。凡諺語皆有韻，「爲」讀譌，與「貨」韻。祇此二句。「昔之日」句爲管子所加，不必有韻。以末句爲有韻者，大誤。「亡」同「無」。此篇以經濟爲主，故言「貨」。

上地方八十里，萬室之國一，千室之都四〔一〕。中地方百里，萬室之國一，千室之都四。下地方百二十里，萬室之國一，千室之都四。以上地方八十里，與下地方百二十里，通於中地方百里。

右地里

〔一〕翔鳳案：周禮大司徒「以其室數制之」，注：「城郭之宅曰室。」呂氏春秋貴因「舜一徙成邑，再徙成都，三徙成國」，注：「周禮：『四井爲邑，邑方二里也。四縣爲都，都方二十里也。』」此「國」類似現代小專區。「國」義同「域」。

管子校注卷第二

七法第六　經言六

謂則、象、法、化、決塞、心術、計數。　四傷　百匿　爲兵之數　選陳

何如璋云：此是管子經言，本名兵法，因脱去「兵」字，傳鈔者乃以後標子目七法名之。而外言中兵法解，乃删去「解」字，攙入管子正文矣。翔鳳案：藝文志言「張良、韓信序次兵法」，有管子，列於兵家之權謀，不止七法、兵法二篇。鼂錯引兵法爲參患，此其證矣。七法爲原則，兵法用以教士，非解也。凡解釋較難之義，有「故曰」，兵法不類。何説非是。

言是而不能立，言非而不能廢，謂之是，不能立其人而用之。謂之非，不能廢其人而退之。有功而不能賞，有罪而不能誅，若是而能治民者，未之有也。是必立，非必廢，有功必賞，有罪必誅，若是安治矣，未也〔一〕。能此四者，可以安治矣，而猶未者，則以未具下事故。是何也？曰：形勢器械未具，猶之不治也。形勢器械具，四者備，治矣。四者備，謂立是、廢非、賞功、誅罪。不能治其民，而能彊其兵者，未之有也。能治民，然後能

彊兵。能治其民矣，而不明于爲兵之數，猶之不可。雖能治民，而欲彊兵，必明於爲兵之數然後可。不能彊其兵，而能必勝敵國者，未之有也。能彊其兵，而不明于勝敵國之理，猶之不勝也。雖能彊兵，其欲勝敵國，必須明審其理。理之不明，猶是不勝也。兵不必勝敵國，而能正天下者，未之有也。兵必勝敵國矣，而不明正天下之分，猶之不可。故曰：「治民有器，爲兵有數，勝敵國有理，正天下有分。」器、數、理、分，即下之七法也。則、象、法、化、決塞、心術、計數，此七法之目也。根天地之氣，寒暑之和，水土之性，人民、鳥獸、草木之生物，雖不甚多，皆均有焉，而未嘗變也，謂之則〔二〕。根，元也。生萬物者，天地之元氣也。義也，名也，時也，似也，類也，比也，狀也，謂之象〔三〕。義者，所以合宜也。名者，所以命事也。時者，名有所當也。似、類、比、狀，謂立法者必有所倣傚，不徒①然也。尺寸也，繩墨也，規矩也，衡石也，斗斛也，角量也〔四〕，謂之法。角亦器量之名。凡此十二事，皆立政者所以爲法也。漸也，順也，靡也，久也〔五〕，服也，習也，謂之化。漸，謂革物當以漸也。順也，靡也，謂物順教而風靡也。久也，服也，習也，謂人服習教命之久。予奪也，險易也，利害也，難易也，開閉也，殺生也，謂之決塞〔六〕。凡此十二事，皆爲政者所以

① 「徒」字原作「徙」，據補注改。

決斷而室塞也。實也，誠也，厚也，施也，度也，恕也，謂之心術。凡此六者，皆自心術生也。剛柔也，輕重也，大小也，實虚也，遠近也，多少也，謂之計數。凡此十二事，必計之以知其數也。不明於則，而欲出號令〔七〕，明則然後可以出號令。猶立朝夕於運均之上〔八〕，擔①竿而欲定其末〔九〕。均，陶者之輪也。立朝夕，所以正東西也。今均既運，則東西不可準也。擔，舉也。夫欲定末者，必先静其本。今既舉竿之本，其末不定也。不明於象，而欲論材審用，猶絶長以爲短，續短以爲長。鶴脛非所斷，鳧脛非所續也。不明於法，而欲治民一衆，猶左書而右息之。息，止也。左手爲書，右手從而止之，則無時成書矣。不明於化，而欲變俗易教，猶朝揉輪而夕欲乘車〔一〇〕。不明於決塞，而欲敺衆移民〔一一〕，猶使水逆流。不明於心術，而欲行令於人，猶倍招而必拘之〔一二〕。物有倍叛，而招之者必有以慰悦之，令其感服。令反拘留之，則彼逾叛矣。不明於計數，而欲舉大事，猶無舟檝而欲經於水險也。故曰：錯儀畫制，不知則，不可。論材審用，不知象，不可。和民一衆，不知法，不可〔一三〕。變俗易教，不知化，不可。敺衆移民，不知決塞，不可。布令必行，不知心術，不可。舉事必成，不知計數，不可。

① 「擔」字原作「檐」，據補注改。注文「擔」字同。

右四傷〔一四〕

〔一〕孫星衍云：羣書治要引「安治」作「治安」。許維遹云：下文皆但言「治」，是「安」猶則也。地員篇「其陰則生之楂梨，其陽安樹之五麻」，「安」與「則」相對爲文，安亦則也。詳見經傳釋詞。

〔二〕翔鳳案：有生之物，比無生之物少，故云「不甚多」。衆皆有之，故云「均有」。

〔三〕何如璋云：「義」，説文「己之威儀也」，字讀作儀。詩楚茨「禮儀卒度」，韓詩作「禮義卒度」。大司徒「五曰以儀辨等」，注：「故書『儀』作『義』。杜子春讀爲儀，謂九儀。」春官典命「掌諸侯之五儀」，注：「故書『儀』爲『義』。鄭司農讀爲儀。」周語「無射所以宣布哲人之令德，示民軌儀」，儀禮大射儀注作「示民軌義」。儀者，蓋左氏傳「有儀可象」之謂也。張佩綸云：左桓六年傳：「公問名于申繻。對曰：『名有五：有信，有義，有象，有假，有類。以名生爲信，以德命爲義，以類命爲象，取於物爲假，取於父爲類。』」案申繻之説足與此相證。信即名也，假即似也，象即狀也。尹桐陽云：「義」同「儀」，度也。

〔四〕豬飼彦博云：漢書律曆志曰：「量者，躍於龠，合於合，登於升，聚於斗，角於斛也。」「角」蓋古「斛」字，疑古本「斗斛」作「斗角」，讀者因注此三字，後誤入正文歟？丁士涵云：「角」與「斠」同。説文：「斠，平斗斛量也。」平量之器謂之斠，因之平亦謂斠。月令「角斗甬」，注：「角謂平之也。」孫子虛實篇「角之而知有餘不足之處」，曹注：「角，量也。」「角」即「斛」之假借。　翔鳳案：丁說是。

〔五〕豬飼彥博云：「漸」謂漸進以化，「順」謂隨順不逆。「靡」，切靡也。「久」當作「灸」，薰灸也。

翔鳳案：物以久而化。

〔六〕翔鳳案：六項皆反對。君臣下：「決之則行，塞之則止。」房注「所以決斷而窒塞也」，非是。

〔七〕丁士涵云：案下文云「錯儀畫制，不知則不可」，即承此文言之。當作「不明於則，而欲錯儀畫制」。觀「運均」、「擔竿」之喻，皆是言儀法制度之無得而定，由於則之不明。若作「出號令」，則與「立朝夕」、「定其末」之意不相比附。且與下文「不明於心術而欲行令於人」句相復矣。　翔鳳案：周禮大司馬「辨號名之用」，注謂：「徽識，所以相別也。」大傳「殊徽號」，注：「旌旗之名也。」說文：「令，發號也。」形勢解：「儀者，萬物之程式也。」獨斷：「制書者，制度之命也。」是則儀制爲號令之用，丁說似是而非矣。

〔八〕丁士涵云：「運均」，墨子非命中篇作「員鈞」，音相近。廣雅：「運，轉也。」運鈞轉移無定，故尹注以爲陶者之輪。集韻「鈞，一曰陶旊輪」，是也。今注「輪」字誤「輪」，致不可通。　尹桐陽云：墨子非命：「言而毋儀，譬猶運鈞之上而立朝夕者也。」「鈞」即均也。

〔九〕王引之云：「擔」當爲「摿」。「摿」，古「搖」字。考工記「矢人夾而搖之」，釋文：「搖，本又作『摿』。」漢書天文志：「附耳摿動。」言鈞運則不能定朝夕，竿搖則不能定其末也。故心術篇曰：「摇者不定，趮者不静。」「搖」與「擔」字相似。世人多見擔，少見搖，故「搖」誤爲「擔」。（史記建元以來王子侯者年表「千鍾侯劉摇」，漢表作「劉擔」。文選上林賦「消摇乎襄羊」，汪文盛本漢書司馬相如傳作「消擔」，皆是「搖」字之誤。）尹注訓「擔」爲舉，非是。翔鳳案：說文：「儋，何也。」「儋」今作「擔」。「何」今作「荷」。荷竿於肩，兩端動摇不定。「末」指兩端。改字謬。

〔一〇〕翔鳳案：荀子勸學：「木直中繩，輮以爲輪，其曲中規。」說文：「輮，車網也。」「輮」今作「扭」。古無鋼鑿，扭木條以爲輪，形如網，其材以橿、杻、檍、赤楝爲之，名之爲杻，謂其可扭也。安徽秋浦讀「柔」如扭。

〔一一〕翔鳳案：「歐」，「毆」之借。漢書食貨志：「今毆民而歸之。」

〔一二〕王引之云：「倍」與「背」同。「招」，射之的也。（呂氏春秋本生篇曰：「萬人操弓，共射一招。」高注：「招，埻的也。」別類篇曰：「射招者，欲其中小也。」）「拘」當爲「射」，字之誤也。（草書射、拘相似。）射招者，必向招而射，若背招，則招不可得而射矣。上文云：「實也，誠也，厚也，施也，度也，恕也，謂之心術。」若無此六者，則令必不行於民，故曰：「不明於心術，而欲行令於人，猶背招而必射之也。」尹注非。金廷桂云：孟子「既入其苙，又從而招之」，注：「招，罥也。」「倍」，廣韻正韻云：「棄也。」言欲拘之而棄其羈絆，不能也。原注謬，王氏改「拘」爲「射」，亦未是。翔鳳案：張登雲云：「『招』所以羈鹿豕之足者。『倍』猶棄也。言舍棄其招而欲從鹿豕，必不能也。」金説不誤。本生又云：「出則以車，入則以輦，務以自佚，命曰招蹷之機。」爲招所羈則足厥瘻。王去此取彼，用草書，謬。

〔一三〕戴望云：上文作「治民一衆」，此作「和」字，誤。下文選陳章亦是「治」字。

〔一四〕戴望云：宋紹興本及別本皆作「右四傷」，王念孫云「今本是」。許維遹云：趙本、凌本、花齋本、纂詁本皆作「右七法」，今據正。王云「今本」，即指趙本而言。翔鳳案：廣雅釋詁二：「傷，箴也。」西山經「浮山多盼木，枳葉而無傷」，注：「傷，枳刺鍼也。」「傷」訓創，引申爲箴言之箴。「四」指器、數、理、分。此爲兵法，用軍事術語，標題不誤。

百匿傷上威〔一〕，百，百官也。言百官皆匿情爲私，則上威傷。姦吏傷官法，姦民傷俗教，賊盜傷國衆。盜賊之人常欲損敗於物也。衆傷則重在下，君威傷則臣反得尊重。法傷則貨上流，教傷則從令者不輯，衆傷則百姓不安其居。重在下則令不行，貨上流則官徒毀〔二〕，官者既不以德進，但以貨成，故官徒毀。徒，事也。從令者不輯則百事無功，百姓不安其居則輕民處而重民散。輕民，謂爲盜者。用盜致富，故處。重民，謂務農者。爲盜破產，故散。輕民處、重民散則地不辟，地不辟則六畜不育，六畜不育則國貧而用不足，國貧而用不足則兵弱而士不厲，兵弱而士不厲厲，奮也。則戰不勝而守不固，戰不勝而守不固則國不安矣。故曰：常令不審則百匿勝，官爵不審則姦吏勝，符籍不審則姦民勝，刑法不審則盜賊勝。國之四經敗，人君泄，見危〔三〕。謂常令、官爵、符籍、刑法四者爲政之經。四者既敗，則是君泄其事。君泄其事，則其位危矣。人君泄則言實之士不進，言實之士不進則國之情僞不竭于上。下皆隱實言虛，則是國情不竭於上。世主所貴者寶也〔四〕，所親者戚也〔五〕，所愛者民也，所重者爵禄也。亡君則不然〔六〕，致所貴非寶也〔七〕，致所親非戚也，致所愛非民也，致所重非爵禄也。故不爲重寶虧其命〔八〕，故曰「令貴於寶」。重寶而全命，則當弃，是令貴於寶。不爲愛親危其社稷〔九〕，故曰「社稷戚於親」〔一〇〕。社稷者，身之存亡，故弃親而存社稷。不爲愛人枉其法，故曰法愛於人。法者，崇替所由，故弃所愛而存其法。不爲重禄爵分其威，故曰威重於爵禄。威者，人君以服海内，必不得已，寧散爵禄，不可分威也。不通此四者，則反於無有。不達於四者，用非其國，故曰反於無有。故曰：治人如治水潦，治水潦者，必峻其隄防也。養人如養六畜，養六畜者，必致其閑皂，堅其羈絆。用人如用草木。用草木者，時入山林，輪轅不失其宜，樵蘇各得其所。居身論道行理〔一一〕，則群臣服教，百吏嚴斷，莫敢開私焉〔一二〕。君之於民，其猶居身，治之、養之、用之三者各各得其①宜，論道而行理，則無私不服也。論功計勞未嘗失法律也，便辟、

①「其」字原無，據補注增。

左右、大族、尊貴大臣不得增其功焉，疏遠、卑賤、隱不知之人不忘其勞。故有罪者不怨上，罪得其人，故不怨。愛賞者無貪心〔一三〕，賞不踰等，故息其貪也。則列陳之士皆輕其死而安難，以要上事，賞罰不濫，則立功要功之士知其不誣，故競而爲之。本兵之極也〔一四〕。爲兵之本，其極要者，在於明賞罰也。

右百匿〔一五〕

〔一〕王念孫云：尹説甚迂。「匿」與「慝」同。「百匿」，衆慝也。言姦慝衆多，共持國柄，則上失其威矣。逸周書大戒篇「克禁淫謀，衆匿乃雍」，韓子主道篇「處其主之側爲姦匿」，「匿」並與「慝」同。漢書五行志「朔而月見東方，謂之仄慝」，書大傳作「側匿」。漢書酷吏傳「上下相爲慝」，史記「慝」作「匿」。後漢書班固傳典引「慝亡迴而不泯」，文選「慝」作「匿」。是「匿」與「慝」古字通。又明法篇「比周以相爲匿，是忘主死交，以進其譽」，尹讀「比周以相爲匿是」爲句，注云：「比周者，凡有公是之事，皆匿而不行也。」其説甚謬。此當讀「比周以相爲匿」爲句，「匿」亦與「慝」同。「比周以相爲慝」，猶言朋比爲姦也。「是」下當有「故」字，後明法解作「比周以相爲慝，是故忘主死佼以進其譽」，是其明證也。又案：「忘主死交」，韓子有度篇「死」作「外」，是也。故明法解云：「羣臣皆忘主而趨私佼。」「外」、「死」字相近，故「外」譌作

「死」。尹注云「爲交友致死」，非也。劉以「死」爲「私」之誤，亦非也。安井衡云：「匿」、「慝」通。「百慝」，衆惡也。何如璋云：「百」乃「下」之譌。「下」謂卿大夫，與「上」字應。舊注沿「百」字解爲「百官」，似於文義不順。

〔二〕豬飼彦博云：「貨上流」謂貨賂公行。翔鳳案：「匿」爲親匿，同「暱」。近幸之人多，故云「百匿」。王訓「姦匿」，與「姦吏」複。「徒」訓「事」，朱駿聲以爲「度」之借。上文「法傷則貨上流」，周禮大司徒「以度教節」，是其證。

〔三〕王念孫云：「見」當爲「則」。故尹注曰：「君泄其事，則其位危。」翔鳳案：「見危」，謂被人所危害，非誤字。方言十：「泄，歇也。」孟子：「泄泄猶沓沓也。」知其非而遲疑不改，是爲泄沓。

〔四〕戴望云：元本「實」作「寶」。豬飼彦博云：「實」當作「寶」，下「非實也」同。王念孫云：「實」當從朱本作「寶」，下文「令貴於寶」是其證。又侈靡篇「萬世之國必有萬世之實，必因天地之道」，「實」亦當從朱本作「寶」，下文「棄其國寶」，是其證。「寶」與「道」爲韻。下文「聖稱其寶」，亦與「道」爲韻。翔鳳案：晉語「非德不及世」，注：「嗣也。」「世主」，爲嗣世之主。「實」承上「言實之士」。後漢順帝紀注：「實，謂驗實之也。」現代稱爲實際情況。作「寶」，謬。此非韻文，王説非是。

〔五〕劉師培云：下云「不爲愛親危其社稷，故曰社稷戚於親」，與此相應。以他節例之，此文「所親者戚」當作「所戚者親」。下文「所親非戚」亦當作「所戚非親」。翔鳳案：廣雅釋詁三：「戚，近也。」爲親故之大臣，非自親其血統。所貴、所親、所愛、所重凡四項，劉昧於此義也。

〔六〕安井衡云：昭公四年左傳「無或如齊慶封弒其君，弱其孤，以盟其大夫」，呂覽載此事作「亡其大夫」。「盟」、「亡」古皆讀若芒，故呂覽誤「亡」。「盟」以明爲聲，則「明」古音亦同芒。「亡」當爲「明」，聲之誤也。俞樾云：「亡」疑當作「良」，「良」字古作「[illegible]」，闕其上半，則爲「亡」矣。襄十四年左傳：「良君將賞善而刑淫。」此稱「良主」，猶彼稱「良君」。何如璋云：「亡君」當作「明君」，文義始順。外言法法篇引此正作「明君」。翔鳳案：不能繼世而亡其國，是爲「亡君」。亡君所行，亦爲四項。「故不爲重寶」以下，另釋古語，與「亡君」無涉。諸人誤會，而改「亡君」爲「明君」，不自知其誤也。

〔七〕戴望云：元本、朱本「實」皆作「寶」，「實」字誤。翔鳳案：作「寶」者誤，見前。

〔八〕張文虎云：「故」字當衍，「命」當作「令」，觀下文自明。翔鳳案：「命」字承上「令」字，「寶」字承上「貨」字，於「亡君」無涉。五「故曰」皆古語，且釋且引，校者未曾注意。

〔九〕丁士涵云：當作「不爲親戚危其社稷」。法法篇兩見，皆作「親戚」。翔鳳案：「愛親」自明，不必相同。

〔一〇〕陳奐云：「戚」疑當作「愛」，與上文誤易。「愛於親」猶言重於親也。尹注云「棄親而存社稷」，不誤。翔鳳案：「戚」訓「近」，謂利害尤切近也。陳説非是。

〔一一〕丁士涵云：「居」乃「君」之誤字。爾雅曰：「身，親也。」「君」對下羣臣百吏言之。聞一多云：「行」疑當爲「循」，字之誤也。考工記總目「或坐而論道」，注曰：「論道，謂謀慮治國之政令也。」離騷：「湯、禹嚴而祇敬兮，周論道而莫差。」「論道循理」猶「論道莫差」，皆指政令言。翔鳳案：孝經「立身行道」，「居身」猶「立身」。「理」爲治理，無誤字。

〔一二〕戴望云：元本作「莫敢閑焉」。

〔一三〕陳奂云：「愛」當作「受」。尹注「賞不踰等」，是「受」之義。翔鳳案：離騷「衆皆競進而貪婪兮」，注：「愛財曰貪。」貪由於愛，此常義而改爲「受」，可見諸人之好妄改矣。

〔一四〕孫蜀丞云：本者，主也。大戴禮曾子疾病篇云「言有主，行有本」，是「本」與「主」義同。繫辭傳「樞機之發，榮辱之主也」，説苑説叢篇「主」作「本」。史記袁盎傳「是時絳侯爲太尉主兵柄」，漢書「主」作「本」。竝其證。尹注非。翔鳳案：本篇爲兵法，下文「兵主之事也」。孫説是。

〔一五〕王念孫云：朱本無「百匿」二字，是也。四傷是篇目，「百匿」乃「四傷」之一，不得與「四傷」並列。張德鈞云：黄震云「四傷之篇，誤名百匿」，足見宋代坊間有本作「百匿」，亦別有善本作「四傷」。後人以兩本相校，未知孰正，遂並存之，合而爲一，故又作「四傷百匿」也。翔鳳案：「四傷」義見前。諸人不知其義，而傅會爲「四經敗」，移其目於此，誤矣。「百匿」

爲綱，姦吏、姦民、盜賊皆屬之，非「百匿」之外别有此三種也。黄震謂「四傷誤名百匿」，抒其所見，非謂有别本不同也。趙本改四傷爲七法而移於後，標題曰「四傷百匿」，謬。王念孫又以「百匿爲四傷之一」，而文有「衆傷」、「法傷」、「教傷」，而無「威傷」，誤亦甚矣。

爲兵之數，存乎聚財而財無敵，存，謂專立意存之。君無財，士不來，故存意於聚財，則彼國之財不能敵也。存乎論工而工無敵，工者，所以造軍之器用者也。存乎制器而器無敵，器，謂兵器。存乎選士而士無敵，存乎政教而政教無敵，政教，軍中號令。存乎服習而服習無敵，服，便也，謂便習武藝。存乎偏知天下而偏知天下無敵，偏知天下，謂偏知其地形險易，主將工拙，士卒勇怯。存乎明於機數而明於機數無敵。機者，發内而動外，爲近而成遠，不疾而速，不行而至，見其爲之，不知其所以爲。有數存焉於其閒，故曰機數也。故兵未出境，而無敵者八。是以欲正天下〔二〕，財不蓋天下，不能正天下。財，謂貨財。不能蓋天下，則無以正天下也。財蓋天下，而工不蓋天下，不能正天下。工蓋天下，而器不蓋天下，不能正天下。財雖蓋天下，而工與器不能蓋，則無以正天下。餘皆放此。器蓋天下，而士不蓋天下，不能正天下。士蓋天下，而教不蓋天下，不能正天下。教蓋天下，而習不蓋天下，不能正天下。習蓋天下，而不偏知天下，不能正天下。偏知天下，而不明於機數，不能正天下。故明於機數者，用兵之勢也。大者，時也。小者，計也。王者①征伐，能立大功者，在於合天時也。至小者捷勝，亦在人計謀也。王道非廢也，而天下莫敢窺者，王者之正也。大寶之位，神器也，故今所共傳，非有蹔廢。而天下莫敢窺窬者，以王者當樂推之運，應天人之正。衡庫者，天子之禮也〔二〕。衡者所以平輕重，庫者所以藏寶物，不令外知者也。言王者用心，常當準平天下，既知輕重審用於心，無令長耳目者所得，此則天子之禮然也。是故器成卒選，則士知勝矣。選，謂簡其精練。偏知天下，審御機數，則獨行而無敵矣。所愛之國而獨利之，所惡之國而獨害之，則令行禁止，是以聖王貴之，貴，謂貴兵。勝一而服百，則天下畏之矣。立少而觀多，則天下懷之矣〔三〕。立少，謂興亡國雖少，天下共觀之，故曰觀多。桓公救邢遷衛，用此術也。或曰「觀」當爲「勸」。罰有罪，賞有功，則天下從之矣。故聚天下之精財〔四〕，論百工之鋭器，春秋角試，以練精鋭爲右。右，上也。成器不課不用，不試不臧。兵器雖成，未經課試，則不用不臧。收天下之豪傑，有天下之駿雄，故舉之如飛鳥，動之如雷電，發之如風雨，莫當其前，莫害其後〔五〕，獨出獨入，莫敢禁圉。成功立事，必順於理義，故不理不勝天下〔六〕，不義不勝人。故賢知

① 「者」字原作「之」，據補注改。

之君必立於勝地，故正天下而莫之敢御也〔七〕。

右為兵之數

〔一〕孫星衍云：通典百四十八、太平御覽二百七十一引作「此八者皆强，故兵未出境而無敵。八者悉備，然後能正天下」，文義方明晰。今本脱誤。任林圃云：今通典一百四十八引此文作「此八者皆須無敵，故兵未出境而無敵者八悉備，然後能正天下」，與孫氏所引不同。孫氏乃據御覽引文爲説耳。然御覽亦有脱誤，似當據通典引文爲正。

〔二〕戴望云：此數句與上下文義不貫，疑是錯簡。或云「衡庫」二字乃「行軍」之譌。章炳麟云：按尹注云：「衡者所以平輕重，庫者所以藏寶物，不令外知者也。言王者用心常當準平天下，既知輕重，審用於心，無令長耳目者所得，此則天子之禮然也。」其説是矣。但未明措詞之由，則「衡庫」屬文，語不相會，尋天文志云：「南宮朱鳥權衡，衡大微三光之廷；軫南衆星曰天庫，庫有五車。」衡、庫皆南宮之星，而又皆隸於五帝，故假天象以明帝制耳。聞一多云：「禮」疑當爲「理」。下文「必順於理義，故不理不勝天下」，二「理」字亦並誤爲「禮」。

翔鳳案：説文：「庫，兵車藏也。」義證：「荆州星占五車一名庫。」文曜鉤：「咸池曰天潢，五帝車舍也。」「衡」即「横」即「潢」。春秋元命苞「天潢車主河渠」，注：「潢，天津也。」「潢」爲「⿰氵横」之借。説文：「⿰氵横，小津也。」「衡庫」指軍器而言。下文「是故器成卒選」，上文「器蓋天下」。禮惟天子乃得有之。文義貫串，並無錯簡，當以章説通之，餘説均非。

〔三〕俞樾云：尹注曰：「或曰『觀』當爲『勸』。」然大戴記四代篇曰「臣願君之立知而以觀聞也」，亦以「立」與「觀」對，則「觀」字不誤。立知觀聞者，知聞，即見聞也，謂立乎近以觀乎遠也。説詳大戴記。此云「立少觀多」，義正與彼相近。

〔四〕王念孫云：「財」當爲「材」。幼官篇「求天下之精材，論百工之鋭器」，尹注云：「精材，可以爲軍之器用者。」是也。今本「材」作「財」者，涉上文「聚財」而誤。

〔五〕丁士涵云：「害」當作「圉」。下文「禁圉」即承此二句言之。「圉」古「禦」字。幼官篇「莫之能圉」，趙本亦譌作「害」。　于省吾云：丁説非是。害、遏古字通。書湯誓佚文「時日曷喪」，孟子梁惠王作「時日害喪」。詩長發「則莫我敢曷」，漢書刑法志作「則莫我敢遏」，是其證。　翔鳳案：于説是也。

〔六〕豬飼彦博云：「下」字疑衍。　翔鳳案：篇中屢言「正天下」，「下」字不當衍。

〔七〕戴望云：「御」，古「禦」字。説文：「禦，祀也。」段氏注云：「今假爲禁禦字，古只用『御』字。」　翔鳳案：説文：「御，使馬也。」引申爲駕御、制御。史記范蔡傳「幣御於諸侯」，索隱：「御者，制也。」周禮大宰「以八柄詔王馭群臣」，注：「凡言御者，所以敺之。」二義皆通。上文「莫敢禁圉」，則爲「禦」之借。莊子「列御寇」，國策作「列圉寇」。「圉」、「禦」可同假「御」，然本字不假，故段云「古只用『御』字」。

若夫曲制時舉〔一〕，不失天時，制雖委曲，順天而舉，不失天時也。毋壙地利〔二〕，其數多少，其要必出於計數〔三〕。壙，空也。天之所覆空。地，謂山河陂澤，所以營作而興利者也。必計數其多少①之要，然後度材而用之。故凡攻伐之爲道也，計必先定于內，然後兵出乎境。計未定於內，而兵出乎境，是則戰之自勝，攻之自毀也〔四〕。自勝，謂自勝於己，其敗可知也。是故張軍而不能戰，圍邑而不能攻，得地而不能實〔五〕，三者見一焉，則可破毀也。故不明于敵人之政，不能加也。不明敵政②，未可加兵。不明于敵人之情，不可約也〔六〕。不明敵情，未可約士約誓。不明于敵人之將，不先軍也。不明于敵人之士，不先陣也。是故以衆擊寡，以治擊亂，以富擊貧，以能擊不能，以教卒練士擊敺衆白徒，白徒，謂不練之卒無武藝。故十戰十勝，百戰百勝〔七〕。故事無備，兵無主，則不蚤知〔八〕；既無備無主，故敵來攻，不能先知之。野不辟，地無吏，則無蓄積；官無常〔九〕，下怨上，而器械不功〔一〇〕；功，謂堅利。朝無政，則賞罰不明；賞罰不明，則民幸生。僥倖以偷生也。故蚤知敵人如獨行〔一一〕，蚤知敵人，則有以備之。敵人望風自退，故曰獨行也。有蓄

① 「少」字原作「步」，據補注改。
② 「政」字原作「故」，據補注改。

積則久而不匱，器械功則伐而不費，賞罰明則人不幸，人不幸則勇士勸之〔一二〕。故兵也者，審於地啚〔一三〕，謀十官〔一四〕，地啚，謂敵國險易之形，軍之部置。十官，必伍什則有長，故曰十官，又須謀得其人也。日量蓄積，齊勇士，徧知天下，審御機數，兵主之事也。故有風雨之行，故能不遠道里矣。行疾如風雨，故不以道里爲遠。有飛鳥之舉，故能不險山河矣。輕捷如飛鳥，故不以山河爲險。有雷電之戰，故能獨行而無敵矣。雷電，天之威怒，故莫敢爲敵。有水旱之功〔一五〕，故能攻國救邑〔一六〕。謂其功可以爲彼水旱。有金城之守，故能定宗廟，育男女矣。有一體之治，故能出號令，明憲法矣。謂上下同心，其猶一體。風雨之行者，速也。飛鳥之舉者，輕也。雷電之戰者，士不齊也。懼雷電之威，故彼士不齊。水旱之功者，野不收，耕不穫也〔一七〕。能令彼有水旱，故不得使收穫也。金城之守者，用貨財，設耳目也〔一八〕。貨財所以養敢死之士，耳目所以聽鄰國之動静，令必知之。一體之治者，去奇説，禁雕俗也〔一九〕。奇説，謂譎誑之言。雕俗，謂浮僞之俗。不遠道里，故能威絶域之民。不險山河，故能服恃固之國。獨行無敵，故令行而禁止。故攻國救邑，不恃權與之國〔二〇〕。故所指必聽，雖有權與之國，不顧而恃之。權與，謂權爲親與也。定宗廟，育男女，天下莫之能傷，然後可以有國。制儀法，出號令，莫不嚮應，然後可以治民一衆矣。

右選陳

〔一〕丁士涵云：「曲制」見孫子。孫子言兵本管子。何如璋云：曲，部曲也。曲制，部曲之制也。漢書李廣傳注：「將軍領軍皆有部曲。大將軍營五部，部校尉一人。部下有曲，曲有軍侯一人。」即曲制也。

〔二〕何如璋云：「壙」與「曠」通。「地利」謂地形便利，但有益師行則爲利。險阻固利，即平易亦未嘗非利。因利乘便，則無曠矣。江瀚云：荀子議兵篇曰「敬謀無壙」，楊倞注曰：「『壙』與『曠』同。」

〔三〕丁士涵云：此言數之多少必出於計，「計」下不當有「數」字。下文云「計必先定于内」，「計未定于内」，皆承此「計」字言之。參患篇云「用日維夢，其要必出於計」，亦無「數」字。翔鳳案：「計數」爲七法之一，不能省稱爲「計」。上文「小者計也」，房注訓謀。「計必先定于内」，謂謀先定也。韓非子存韓：「計者，所以定事也。」不能混同。多少爲計數之一，尚有剛柔等五種，不詳考而説之，非是。「數」字非衍文，「故」屬下爲句。

〔四〕丁士涵云：參患篇作「則戰之自敗」。此「勝」字誤，當作「敗」。「是」字衍文。

〔五〕翔鳳案：詩小星「實命不同」，釋文引韓詩：「實，有也。」

〔六〕翔鳳案：房注：「不明敵情，未可約士約誓。」以「約誓」爲是。

〔七〕尹桐陽云：孫子軍形篇「勝兵先勝而後求戰」，杜牧注引自「天時地利」至「百戰百勝」云云，其文略與此異。

〔八〕丁士涵云：「知」下當脱「敵」字。下文「故蚤知敵」句，即承此文言之。兵法篇「兵無主則不蚤知敵」，亦有「敵」字。

〔九〕丁士涵云：「常」讀爲長。幼官篇「立常備能」，即立長也。權修篇云：「百姓殷衆，官不可以無長」。翔鳳案：「下怨上而器械不功」爲「官無常」，謂其變動不定，無固定負責之人。「官」即「長」，丁説非是。

〔一〇〕孫星衍云：「功」讀爲工。工，巧也。周禮肆師鄭注：「古『工』與『功』同字。」豬飼彦博云：「而」當作「則」。戴望云：朱本「而」作「則」，同上下文。翔鳳案：官無常而器械不功，故下怨上。若作「則」，乃一定趨勢，且器械不功，由於下怨上矣，其謬可知。

〔一一〕丁士涵云：案當作「蚤知敵則獨行」，與下文一例。今本涉注文而衍「人」字，又誤「則」作「如」。兵法篇「故曰蚤知敵則獨行」，是其證。張文虎云：「獨行」即上所謂「獨出獨入」。翔鳳案：「如獨行」猶言如入無人之境，「如」非誤字。

〔一二〕豬飼彦博云：「不幸」下脱「生」字。安井衡云：「不幸」，不幸生也，不言「生」者，蒙上省文。翔鳳案：安井説是。否則，近在眼前，連脱二「生」字，有是理乎？晉語「其下幸以偷」，即不省亦通。

〔一三〕戴望云：宋本「圖」作「啚」，説文以「啚」爲鄙嗇字。翔鳳案：卷十有地圖篇，以作「圖」爲是，然非誤字。説文「啚，嗇也」，徐灝曰：「啚，古『鄙』字。左氏莊二十六年傳『群公子皆鄙』，杜注：『鄙，邊邑也。』此即『啚』之本義。今簿書『都鄙』字用『啚』，蓋相沿用其簡文，而謬誤爲『圖』之省，乃竟書作『圖』，大謬也。」徐説得失參半。邵瑛群經正字：「俗以『啚』爲圖書之『圖』。廣韻云『圖，俗作啚』，佩觿云『啚吝之啚爲圖』，其順非有如此者。」邵説亦不全。韓勑後碑「改畫聖像如古啚□」，隸釋云：「『啚』即『圖』字。」魏程哲碑作「畣」，魏寇憑墓誌作「畣」。知以「啚」爲「圖」，始於漢隸。楊本保存漢、魏真蹟，他本無是也。校勘誤字，隸書極爲重要，王念孫偶用之，而以與篆、楷、草並列，則不知類也。

〔一四〕翔鳳案：金文「十」作「十」，「七」作「十」，漢隸則「十」作「十」，「七」作「十」，以横畫之長短别之，汾陰鼎其一也。管書存漢隸，則「十官」本爲「七官」。劉師培云「『十』當作『七』」，是也。

〔一五〕姚永概云：功，事也。「有水旱之功」猶言有水旱之事，故以「野不收，耕不穫」解之。注非。翔鳳案：吕氏春秋貴因：「人爲人之所欲，己爲人之所惡，先陳何益？適令武王不耕而穫。」左隱三年傳：「四月，鄭祭足帥師取温之麥。秋，又取成周之禾。」戰爭奪人收穫，使人如受水旱之災，故曰「有水旱之功」。姚説誤。

〔一六〕豬飼彦博云：「救」當作「拔」，下同。翔鳳案：或攻或救，作用不同，而戰略則同，「救」字不誤。

〔一七〕豬飼彦博云：我兵掠野使彼不得收穫，如遇水旱之災也。

〔一八〕豬飼彦博云：謂散貨財以設間者，制分曰「散金財，用聰明，故無溝壘而有耳目」，是也。

〔一九〕丁士涵云：「雕」今通假爲彫、凋字。物之彫飾者必傷，俗之雕飾者必敝，義本相通。史記酷吏傳「斲雕而爲朴」，索隱引晉灼云：「凋，弊也。」禮書「救其雕敝」，索隱：「彫謂彫飾也。」

〔二〇〕王念孫云：「故攻國救邑」，「故」字涉上下文而衍。「不遠道里」、「不險山河」、「獨行無敵」、「攻國救邑」皆承上文言之，則皆不當有「故」字。「不恃權與之國」，「恃」當爲「待」。幼官、事語二篇並云「不待權與」，是其證。今本「待」作「恃」者，涉上文「恃固」而誤。尹注同。丁士涵云：王改非也。幼官、事語二篇均係譌字。樞言篇曰：「恃與國。」八觀篇曰：「然則與國不恃其親。」淮南要略「恃連與國」，高注云：「恃怙連與之國。」「連與」即「權與」，亦作「恃」。是其明證。何如璋云：「攻國救邑」上「故」字衍。「不恃權與之國」，「之國」二字涉上而衍。「權」者權衡，「與」者與國。兵力既足，故不恃權與也。章炳麟云：幼官云「慎號審章，則其攻不待權與」，事語云「獨出獨入，莫之能禁止，不待權與」，輕重甲云「數欺諸侯者無權與」，四「權與」一也。幼官下文云「明必勝則慈者勇」，尹注以「權與明必勝」爲句，云「權謀明略，必能勝敵」，此繆，雜志已駁之。尹于此七法注云「『權與』謂權爲親與也」，其說亦非。雜志但謂「權與」爲「與國」，未說「權」字之義。竊謂權、圈聲義相同。猶「鬈拳」後漢書孔融傳作「權」，詩盧令箋云「『鬈』讀爲權」也。幼官云「强國爲圈，弱國爲屬」，立政云

「圈屬羣徒不順於常者」，「圈屬」與「羣徒」同意。尹氏泥於圈檻之義，以圈屬爲羊豕之類，繆矣。「圈」又通作「麇」，如春秋經文十一年「楚子伐麇」，公羊「麇」作「圈」也。故昭五年左傳「求諸侯而麇至」，杜解「麇，羣也」，麇即圈矣，是圈、權、麇皆訓羣。説文：「與，黨與也。」羣、與義相同。（釋典言「眷屬」，即此「圈屬」之變。）翔鳳案：「權」、「與」二字，如何氏所釋。

版法第七

經言七

選擇政要，載之於版，以爲常法。

凡將立事，立經國之事。**正彼天植**〔一〕，謂順天道以種植，必令得其正。**風雨無違**〔二〕，君道不虧，則風雨無違也。**遠近高下各得其嗣**〔三〕。高下，猶多少也。謂君之賦税，因其遠近之别，以多少之差，輕重合宜，故可嗣之以常行。嗣，續也。**三經既飭**〔四〕，**君乃有國**。三經，謂上天植、風雨、高下也。是三者既以飭整，故君可以有國也。**喜無以賞，怒無以殺。喜以賞，怒以殺，怨乃起，令乃廢。驟令不行**〔五〕，**民心乃外**。有外叛之心也。**外之有徒，禍乃始牙**〔六〕。徒，謂黨與也。外叛者有黨與，禍由是生，故曰始牙。**衆之所忿，置不能圖**〔七〕。衆忿難犯，故必置之，誰能圖之。

〔一〕俞樾云：按尹注曰「謂順天道以種植」，此義非也。「植」乃「悳」字之誤，古「德」字也。「悳」

字壞作「直」，因誤作「植」矣。管子原文本作「凡將立事，正彼天悳」。故版法解曰：「天悳者，天心也。」周官師氏職鄭注曰：「在心爲德。」觀「天心」之解，知其字必作「悳」。若作「天植」，於義難通矣。　吴汝綸云：管子解：「天植者，天心也。」楚辭：「弱顔固植。」　翔鳳案：「立」假爲「涖」，詳上篇。「植」假爲「識」。易「君子以多識前言往行」，釋文：「識，劉作『志』。」漢書高帝紀「旗幟皆同」，師古注：「幟，史家或作『識』，或作『志』，皆同。」故「天植」即「天志」。

〔二〕豬飼彦博云：「風」喻號令，「雨」喻恩澤。　張佩綸云：事、植、嗣、飭、國爲韻，「風雨無違」句下疑有闕文。觀後解第一節曰「四時之行有寒有暑，聖人法之，故有文有武」，當是「寒暑以治」四字。　翔鳳案：後解「風雨無違，遠近高下各得其嗣」，無奪文可知。「遠近」八字爲句，張説誤。

〔三〕俞樾云：「嗣」讀爲司。尚書高宗肜日篇「王司敬民」，史記殷本紀作「王嗣敬民」，是古字通也。「各得其嗣」即「各得其司」。　尹注曰「嗣，續也」，失之。　于省吾云：注及俞説並非。金文嗣、𤔲通用，師酉𣪘「𤔲乃祖啻官」，「𤔲」即「嗣」之借字。𤔲，古「治」字。此言「遠近高下各得其治」也。　翔鳳案：後解「無隱治，無遺利」，于説是也。

〔四〕豬飼彦博云：「三經」謂天植與風、雨。　張佩綸云：「三經」，解以爲天、風、雨，謬甚。舊注「『三經』謂上天植、風雨、高下也。是三者既以飭整，故君可以有國也」，亦非。案「三經」

即小匡之「六秉」，合之則爲「三經」。下文錯綜參互，意至詳明。解注望文生義，均不可從。翔鳳案：解釋「三經」，「萬物尊天而貴風雨」，豬飼説是。此喻語，與形勢「不行其野，不違其馬」相似，不可以後世文法論之。

〔五〕豬飼彦博云：「驟」，數也。翔鳳案：上文「令乃廢」，令將廢則不驟，「驟」訓「疾」。

〔六〕聞一多云：疑「牙」字是，「牙」與徒、圖韻。「牙」讀爲芽，萌芽也。「禍乃始芽」與下文「禍乃始昌」同義。廣雅釋詁一「芽、昌」並訓始，檀弓注曰：「始，猶生也。」翔鳳案：「牙」讀虞，故與「圖」韻。詩之「騶虞」，山海經作「騶吾」，漢書東方朔傳作「騶牙」，可證。

〔七〕劉績云：當依後解作「寡不能圖」，注非。翔鳳案：後解「虚氣平心，乃去怒喜」，則作「置」爲是。解作「寡」，乃因「衆」而誤。

舉所美必觀其所終，廢所惡必計其所窮〔一〕。蜂蠆有毒，故必計其所窮。知困獸猶鬭，其所終將何爲也？凡人之情，靡不有初，鮮克有終，故須觀之。**慶勉敦敬以顯之**〔二〕，人有敦敬，則慶勉以顯之也。**富禄有功以勸之**〔三〕，人之有功，則富貴以勸之。**爵貴有名以休之**〔四〕。賢者有名，則爵貴以休之。**兼愛無遺，謂君**〔五〕。**必先順教，萬民鄉風**〔六〕。上之敦敬，有功名之士，必爵禄順而與之，所以教之急也。如此，則民向風而從化。**旦暮利之，衆乃勝任**。有功名之士，既旦暮得利，衆自厲而勝任。**取人以己，成事以質**〔七〕。將欲取人，必先審己才略能用彼不。質，謂準的。將欲成事，必先立其準的。事不違質，然後爲善。審用財，慎施報，察稱量〔八〕。故用財不可以嗇，用力不可以苦。用財嗇則費〔九〕，嗇於用財，不以賞賜，則立功之士懈怠，敵人來侵，其費更多。嗇，悋。用力苦則勞〔一〇〕。民不足，令乃辱〔一一〕；民不足則令不行，故辱也。民苦殃，令不行。施報不得，禍乃始昌〔一二〕；禍昌不寤，民乃自圖〔一三〕。謀爲叛己。正法直度，罪殺不赦。夫正直之法度，罪殺有過，終不免赦。殺僇必信，民畏而懼。武威既明，令不再行。頓卒怠倦以辱之〔一四〕，頓卒，猶困苦。其有怠倦不勤，則困苦以辱。罰罪宥過以懲之〔一五〕，殺僇犯禁以振之〔一六〕。植固不動〔一七〕，倚邪乃恐〔一八〕。言執法者必當深植而固守，則不可動移。若乃頓倚而邪，則法亂而身危，故可恐也。倚革邪化，令往民移。既能正倚化邪，歸於正直。如此化出，令纔往則民移。法天合德，天之資始，無有私德。象地無親，地之資生，無所私親。參於日月，日月無私耀也。佐於四時〔一九〕。賞以春夏，刑以秋冬。悦在施有，將悦於下，在於施無令有。衆在廢私〔二〇〕，將欲齊衆，在於廢私。召遠在修近，修近則遠者至。閉禍在除怨〔二一〕，除怨則禍端塞。修長在乎任賢，任賢則國祚長。安高在乎同利〔二二〕。與下同利則高位安。

〔一〕張佩綸云：緇衣：「故言必慮其所終，而行必稽其所敝。」

〔二〕豬飼彥博云：「慶」，賞也。「勉」，勞也。聞一多云：「勉」讀爲俛。説文「俛」爲「頫」之重文。周禮大行人「殷頫以除邦國之慝，……慶賀以贊諸侯之喜」，穀梁傳隱九年范注以爲皆天子施於諸侯之事。案此以「慶勉」連文，猶周官以「殷頫」、「賀慶」遞舉也。

〔三〕丁士涵云：「富禄」當作「禄富」，與「爵貴」對文。謂以禄富有功，以爵貴有名也。尹注侵下「貴」字固誤，後解亦誤。翔鳳案：論語：「迅雷風烈必變。」九歌：「吉日兮辰良。」古文錯綜成文，丁以駢文律之，陋矣。

〔四〕豬飼彦博云：「休」，美也。翔鳳案：郭沫若認爲，下文「頓卒怠倦以辱之」句應移補於「爵貴有名以休之」下，則休、辱正可爲韻。蓋古之校書者任意以刑賞各爲類而臆移之也。其説有理。然詩三百篇間隔叶韻者不少。樂有間歌，非必校者所移。移韻文而失韻，非人情也。

〔五〕翔鳳案：趙本作「是謂君心」。「君」字亦與「風」韻。居君之位，當兼愛，非必「君心」。

〔六〕陶鴻慶云：「順」當讀爲訓。後解云「是故明君兼愛以親之，明教順以道之」，「明教順」即明教訓也。翔鳳案：「風」古音讀分，存於南京口語中。凡古音皆存現代口語中，此通則也。孝經「先王有至德要道，以順天下」，「順」即「訓」，作「順教」爲是。

〔七〕豬飼彦博云：「質」，質實。翔鳳案：説文「質，以物相贅」，桂氏曰：「謂其物與所正相當直也。」解云「成事以質者，用稱量也」即此。豬飼説誤。

〔八〕丁士涵云：此三句不平列，「財」下脱一「力」字。下文「用財」、「用力」對舉，此不當專言「財」。「慎施報」是言「用財」，「察稱量」是言「用力」。上文「取人以己，成事以質」，亦分指財、力言。後解云：「成事以質者，用稱量也；取人以己者，度恕而行也。度恕者，度之於己也。己之所不安，勿施於人。」翔鳳案：「稱量」即力，左傳「不度德，不量力」，論語「驥不稱其力，稱其德也」可證。不當補「力」字。

〔九〕丁士涵云：「費」讀爲悖。悖，逆也。後解云：「人心逆則人不用，人不用則怨。」又云：「用財嗇則不當人心，不當人心則怨起。」用財而生怨，故曰悖。劉師培云：案後解所云，則「費」爲逆違之誼。「費」當讀拂。禮記中庸「費而隱」，釋文云「一本作拂」。墨子兼愛下篇「此言行拂也」，上文「拂」作「費」，是其例。

〔一〇〕翔鳳案：説文：「勞，劇也。從力，熒省。」「從力」當爲「力亦聲」。古文作「𢙆」，從悉聲，可證。黄梅謂「勞」爲「累」，與「劇」音近。北音讀「勞」同「樂」。從樂聲之字，有「櫟」有「礫」，可知「勞」讀「累」矣。與「費」之讀必爲韻。

〔一一〕聞一多云：「辱」讀爲縟，繁也。翔鳳案：説文：「辱，恥也。從寸在辰下。失耕時，於封畺上戮之也。」民不足，田畯趣耕，必辱之。聞説非是。

〔一二〕聞一多云：廣雅釋詁：「昌，始也。」檀弓注曰：「始，猶生也。」吕氏春秋任地篇「菖者，百草之先生者也」，「菖」與「昌」同。翔鳳案：後解云「衆勞而不得息，則必有崩阤堵壞之心」，即釋「昌」字。昌，猖也。説文無「猖」字。文選趙充國頌「先零猖狂」，漢書趙充國傳作「昌狂」。楚辭「何桀、紂之猖披兮」，文選作「昌披」。是其證。聞於故訓非所長，説誤。

〔一三〕翔鳳案：「啚」即「圖」，爲漢隸别體，詳上。

〔一四〕豬飼彦博云：「頓」，挫也。「卒」當作「啐」，戒也，呵也。　翔鳳案：漢書成帝紀「興卒暴之作」，假爲「猝」，即上文督耕之義。

〔一五〕豬飼彦博云：「宥」當從解作「有」。　王念孫云：「宥過」當從朱本作「有過」。此謂「怠倦」者「頓卒」之，「有過」者「罰罪」之，「犯禁」者「殺僇」之也。後解正作「有過」。　翔鳳案：有罪則罰，小過則宥，所以懲戒其後。詩小毖：「予其懲，而毖後患。」作「有」者誤，信之者亦誤。

〔一六〕聞一多云：「振」讀爲震，威也，懼也。　翔鳳案：説文：「振，舉救也。」聞説不合。重在用民力。

〔一七〕豬飼彦博云：「植」即天植。

〔一八〕豬飼彦博云：「倚」、「奇」同。　王念孫云：「倚邪」即周官之「奇衺」。言法立而不動，則奇衺之人皆恐也。

〔一九〕王念孫云：「佐」當從朱本作「伍」，字之誤也。「參於日月」與日月而三也，「伍於四時」與四時而五也。後解正作「伍於四時」。

〔二〇〕黄震云：版法篇末云：「四悦在施愛，有衆在廢私。」今因缺文而云「悦在施有衆在廢私」，不成文矣。　劉績云：按當作「悦衆在愛施」，解作「説在愛施」，脱一「衆」字。注以「有」字屬上句，非。蓋言能廢私然後有衆也。安井衡云：諸本脱「愛」字，今從古本。臧庸云：後解作「説在愛施，有衆在廢私」，而宋本作「四説在愛施」。其上文云「愛施俱行，則説君臣，説朋友，説兄弟，説父子」，此四説之明證也。然則此文實五字爲句，本篇脱「四」字「愛」字，後解有「愛」字而脱「四」字，合之宋本，而四説之旨乃明。翔鳳案：説文：「衆，多也。」人多之衆作「乑」。「多在廢私」，非誤字。諸人不識「衆」之本義而改古書，以致凌亂。

〔二二〕劉師培云：御覽四百八十三引後解「閉」作「閑」。此文「閉」字舊亦作「閑」。後解云「禍亂不生」，與「閑」義合。翔鳳案：漢隸「閉」作「閇」，因誤爲「閑」。楊本用漢隸，非「閑」字。

〔二三〕王念孫云：「脩長」當從後解作「備長」，言備長久之道，在乎任賢也。「高安」當從後解作「安高」，言安上之道在乎與民同利也。今本「備長」作「脩長」，則義不可通。（俗書「備」字作「俻」，與「脩」相似而誤。）「安高」作「高安」，則與上句不對矣。又八觀篇「宫垣關閉，不可以不脩」，「脩」亦當爲「備」。下文曰「宫垣不備，雖有良貨，不能守也」，是其證。張佩綸云：「同利」當作「利民」，因解與天下同利，而唐寫本又避「民」字，展轉致誤。解「能以所不利利人，能以所不有予人」，正申明利民之意。賢、民爲韻。翔鳳案：論語「修廢官」，皇疏訓治，視「備」義爲長，王説誤。「怨」從夗聲。説文：「怨，恚也。」班馬字類、韻會皆引史記封禪書「百姓怨其法」，從死聲，與「恚」爲疊韻。心術上「利」與「死」叶，是「時」、「有」、「私」、「怨」、「利」相叶矣。張説亦非。

管子校注卷第三

幼官第八

經言八

幼，始也。陳從始輔官齊政之法。

陳澧云：管子幼官篇、四時篇、輕重己篇，皆有與月令相似者。四時篇「春行冬政則雕」云云，尤與月令無異，故通典云：「月令出於管子。」其書雖不韋之客所作，其說則出於管子也。漢儒以月令爲周公所作，鄭君不從其說，以月令之文明見於吕氏春秋，不能舍此實據，而以空言歸之周公也。明堂大道録必以爲周公作，且云：「康成之徒猶復蔽冒，爲首鼠兩端之說，不能無罪。」其詆鄭君至此，鄭君果有罪乎？　何如璋云：舊注：「幼者，始也。」「始」字無義，疑「幼」本作「玄」，故注訓爲始，宋刻乃誤爲「幼」字耳。「官」宜作「宫」，以形近而誤。本文有玄帝之命，又「玄官」凡兩見，戒篇「進二子於里宫」，亦譌作「官」。莊子「顓頊得之以處玄宫」，藝文類聚引隨巢子「昔三苗大亂，天命夏禹於玄宫」，足證「幼官」爲「玄宫」也。禮月令「天子居玄堂大廟」，吕覽孟春「天子居青陽左个」，高注：「青陽者，明堂也，中方外圜，通達四出，各有左右房，謂之个，東出謂之青陽，南出謂之明堂，西出謂之總章，北出謂之玄堂。玄堂，即玄宫也。北方屬水，其帝顓頊，其神玄冥。」又地官保章氏「以星土辨九州之地」，注：「玄枵，齊也，青州分野。」董子繁露：「三代改制，春秋作新王之事，變周之制，當正黑統。」淮南泰族：「昔者五帝三王之蒞政施教，必用參伍，仰取象於天，俯取度於地，中取法於人，乃立明堂之朝，行明堂之令，以調陰陽之氣，以和四時之節，俯視地理，以制度量，中攷乎人德，以制禮樂，行仁義之道，以制人倫，而除暴亂之禍，此治之綱紀也。」其義本此，蓋玄宮時政猶明堂之月令也。　張佩綸云：「幼官」當作「幽宮」。周禮媒氏疏引聖證論管子篇時令云「春以合男女」，「合男女」正見此篇，是此篇亦名「時令」。「幽宮時令」猶之月令，亦名明堂月令。幼官圖即明堂圖之類也。蓋明堂天子之制，而黝宮則天子諸侯均得稱之，此一説也。明堂則正建孟春，是夏曆；黝宮則重日至，是周厤。故謂之幼，此一説也。幽宮亦曰玄宮，篇中一見「玄帝」，兩稱「玄宮」，是其證。左昭十年傳「鄭裨竈言於子産曰，今兹歲在顓頊之虛，姜氏、任氏實守其地」，杜注：「顓頊之虛謂玄枵，姜，齊姓；任，薛姓；齊薛二國守玄枵之地。」故曰玄宮，此三説也。　翔鳳案：篇名簡單而重要，刊者、抄者、校者較易集中其注意力，謂篇名兩字均誤，此爲情理之所必無。輕重甲：「管子對曰：『君請籍於鬼神。厭宜乘勢，事之利得也。計議因權，事之囿大也。王者乘勢，聖人乘幼，與物皆宜。』」「幼」通「幽」，籍於祖宗而乘幼，「幼」字不誤。易隨卦「初九，官有渝」，蜀才本作「館」。爾雅釋詁「寀、寮，官也」，郭注：「官地爲寀，同官爲寮。」禮記王制疏：「官者，管也。」曲禮「在官言官」，鄭注：「官，謂版圖文書處。」玉藻「官不俟屨」，鄭注：「官，謂朝廷治事處。」皆「館」字也。「幼官」即「幼館」，「官」字不誤。立政：「遂於鄉官。」戒篇：「進二子於里官。」本書以「官」爲「館」，非一處矣。齊爲太公之後，用殷制。藝文類聚三十八引尸子「殷曰陽館，周曰明堂」，「陽館」即「幼官」。齊爲顓頊之墟，故重北室。五后原爲女性，戰國以後轉爲男性，配以管子規、矩、權、衡、繩及周八卦混合之。淮南天文訓：「東方木也，其帝太皞，執規治春。南方火也，其帝炎帝，執矩治夏。中天土也，其帝黄帝，執繩治四方。西方金也，其帝少昊，執衡治秋。北方水也，其帝顓頊，執權治冬。」顓頊所處之玄宮，即在幼官北宮，聖人乘幼，故曰「幼官」，别於周之「明堂」。此殷制也，張佩綸第三説得之。水地以水爲神，而楚水最好，以顓頊水神，乃楚祖也。

若因夜虚守靜，人物人物則皇〔一〕。言欲候氣聽聲，以知凶吉，必因夜虚之時，守其安靜，以聽候人物。此時人物則皇暇，故吉凶之驗不妄。**五和時節**，土生數五。土氣和，則君順時節而布政。**君服黄色，味甘味**〔二〕，**聽宫聲**，此土王之時，故服黄、味甘、聽宫也。然土雖均王四季，而正位在六月也。**治和氣**，土主和，故治和氣。**用五數**①，**飲於黄后之井**，中央井也。**以倮獸之火爨**〔三〕。倮獸，謂淺毛之獸，虎豹之屬。**藏温儒**〔四〕，藏，謂包之。在心君之所藏者，温和儒緩，所以助土氣。**行敺養**〔五〕，謂禽獸之屬能爲苗害者，時敺逐之，所以養嘉穀也。**坦氣修通**〔六〕。

① 「用五數」三字原無，據補注增。

坦，平也。平土政，則其氣修通。

〔一〕黄震云：「若因夜虚，人物則皇」，其後方之圖本可覆也，衍「人物」二字。宋翔鳳云：「夜」是「致」字之譌，即老子「致虚極，守静篤」也。幼官圖作「處虚守静」，脱「致」字，「處」字涉下「虚」字而誤。丁士涵云：「若因」二字當在「人物」上。若，順也，順因人物虚静之道也。心術篇「静因之道也」，又曰「無爲之道，因也」，又曰「因也者，舍己而以物爲法者也」，此十字下當接下文「常至命」云云。（「凡物開静，形生理」七字，四時同。）「常」字上又脱一字，「則皇」與「則帝」、「則王」、「則霸」、「則衆」、「則强」、「則富」、「則治」、「則安」，文法一例。兵法篇亦皇、帝、王、霸四者平列。今本脱譌不可讀。張文虎云：下云「尊賢授德則帝」云云，疑本以「皇」、「帝」、「王」、「霸」爲次，與下諸句相連。「若因」二字不知何字之誤。「夜」字後圖作「處」，蓋「處」字古作「処」，因譌爲「夜」。兩「人物」字疑皆衍文。「處虚守静則皇」，所謂無爲而人自化，正與「尊賢授德則帝」句相對。既多誤衍，又轉寫錯亂，孤縣在首，與下文不相屬，遂令讀者茫然。張佩綸云：「皇」、「帝」、「王」、「霸」連讀，丁説是也。「人物人物」作「人人物物」，亦通。翔鳳案：「若因」二字冠於篇首，無論編者、抄者都不會錯，因爲人所注意也。「夜虚」，圖作「處虚」，用意不同，亦非誤字。幼官爲政事堂，有五后五獸，爲尊嚴之宗廟。全文精神，從宗廟理解，此必須注意者。堯典至西周，文章有一奇怪格式。後期有「王曰嗟」、「王曰嗚呼」、「王曰格」、「王曰猷」，如伊訓、大甲、大誥等篇。初期有「曰若」，如堯典、舜典、大禹謨、皋陶謨。後變爲「王若曰」，如盤庚上等篇。即臣之言不例外，如微子「若曰」，酒誥、康誥同。或者四字相連，如盤庚「王若曰格」、大誥「王若曰猷」，後來未見。羅振玉謂：「卜辭諸『若』字象人舉手而跽足，象諸時巽順之狀，古『諾』與『若』爲一字。」晉語：「夫晉國之亂，吾誰使先，若夫二公子而立之。」諸「若」字皆謂諾於神。馮夢龍古今譚概雅浪部：「裴休廉察宣城，值曲江池荷花盛開，步至紫雲樓，見教坊人坐於水濱，裴與朝士憩其傍。中有黄衣笑語輕脱，裴意稍不平，揖而問曰：『賢所任何官？』率爾對曰：『喏，即不敢，新授宣州廣德令。』反問裴曰：『押衙所任何職？』裴效之曰：『喏，即不敢，新授宣州觀察使。』於是狼狽奔散。」「喏」同「諾」，此種口氣，唐尚有之，非必諾於神也。篇首「若」字一句，爲諸於神者。說文：「因，就也。」「虚，大丘也。」今作「墟」。「夜墟」者，古代王者居高丘，神廟與政事堂爲一，祭神聽廟均以夜，神廟肅穆，必要守静。「若」字爲一莊嚴之表示，特冠於首。第一節無一誤字，諸人不解耳。圖作「處虚」，就所圖之處而言，言各有當，非誤字，不能校改。「人物人物」當作「人人物物」，詩碩鼠「適彼樂土，樂土樂土」，韓詩作「適彼樂土，適彼樂土」，是其證矣。爾雅釋詁：「則，法也。」法先皇。皇，始爲王者。霸形「薦之先君」是也。

〔二〕翔鳳案：四時春木、夏火、秋金、冬水，土旺於四時，分配在季夏。詳四時篇。木數三，火數二，金數四，水數一，土數五。洪範「五行：一曰水，二曰火，三曰木，四曰金，五曰土」，管子用其義。土旺於四時，四方之數加五，是爲「五和時節」。如東方木，爲春，加五爲八也。土色黄，服黄色。洪範「土爰稼穡，稼穡作甘」，故「味甘味」也。

〔三〕翔鳳案：五色之后無名，爲氏族之圖騰，不可以有名也。其后爲女權時代之酋長，故「后」從人仰卧而有口，明是女性。説文訓「后」爲「繼體君」，繼承者也是女性。許氏於字形不得其説，以爲「象人之形，施令以告四方，故厂之，从一、口。發號者，君后也」。除「故厂之從一口」六字外，全文都對。許不知古有女酋長而强説之。君臣下：「古者，未有君臣上下之别，未有夫婦妃匹之合，獸處群居，以力相征。」雜交狀況，管子已明言之。聞一多早年不知此義，後來知之。幼官以「黑后」爲主，然不言高陽或顓頊。桓公令諸侯但稱玄帝，玄帝爲殷之圖騰。説文訓「顓」、「頊」爲「謹皃」，義不明析。白虎通五行：「顓頊者，寒縮也。」此決不可以爲名，而爲北方畏寒之氏族。高陽爲氏族之名。左傳所謂「顓頊之虚」，指爲男性帝王，在春秋以後。詩：「天命玄鳥，降而生商。」「玄鳥」爲北溟大鵬，即鳳也。「鳳」爲古「朋」字。月令疏引鄭志：「娀簡狄吞鳳子之後，後王以爲媒官嘉祥，祀之以配帝，謂之高禖。」其餘四后均爲女性，圖騰相混，不能確定也。「井」爲古「穽」字。中匡「掘新井而柴焉」，有柴燎祭天之意。「倮獸」爲黄龍，無毛曰倮。淮南：「其蟲蠃，爨柘燧。」獸骨不可燒，雜木燒之。吕覽「管夷吾見桓公，祓以爟火」，除不祥也。

〔四〕王念孫云：「儒」、「濡」皆「偄」字之誤。凡隸書从耎之字多誤从需，若「碝」之爲「礝」，「[illegible]」之爲「麢」,「蝡」之爲「蠕」,皆是也。　劉績云:「濡」,古「軟」字。

〔五〕劉績云:「行」對「藏」而言,謂行之於身也。下放此。　丁士涵云:「毆」讀爲嘔。廣雅:「區區,樂也。」「嘔嘔,喜也。」呂覽務大篇:「區區焉相樂也。」文選聖主得賢臣頌注引應劭曰:「嘔喻,和説貌。」皆與此「毆」義相近。　廣雅云:「養,樂也。」韓詩外傳云:「聞其徵聲,使人樂養而好施。」下文「臧不忍,行毆養」,義亦同。　俞樾云:「毆」之與「養」二義不倫。尹注曰「謂禽獸之屬能爲苗害者,時毆逐之,所以養嘉穀也」,斯亦曲説矣。「毆」當讀爲嘔。莊子人間世篇「以下傴拊人之民」,釋文引崔注曰:「傴拊猶嘔呴,謂養也。」字亦作「嫗」。禮記樂記篇:「煦嫗覆育萬物。」此云「嘔養」,彼云「煦嫗覆育」,其義正同。「嘔」即「嫗」也,「養」即「育」也。　翔鳳案:下文郭沫若謂「五節言行藏,皆謂人君之修養」,是也。丁士涵訓「毆」讀爲嘔,俞樾謂「即嘔養」,皆是也。五方各圖所言之政,皆包括行藏言之。

〔六〕聞一多云:「修」疑當爲「循」,下同。本書「循」多誤「修」,詳形勢篇王念孫説。　翔鳳案:廣雅釋訓:「坦坦,平也。」房注謂「坦,平也」,是也。「坦氣」即孟子「平旦之氣」。「坦」從土,旦聲。易「履道坦坦,幽人貞吉」,「幽」與「幼」同義,見前。坦氣以修而通,非自能循通也。「修」字不誤,承上文「毆」字來。

凡物開靜,形生理〔一〕,**常至命**〔二〕。凡土正之時所生之物,但開通安靜,則其形自生。既循理之常,則無殘盡於所賦之命也。**尊賢授德則帝**,帝者之臣,其實師也,故尊賢授德,則可爲帝也。身仁行義、服忠用信則王〔三〕，服，行。審謀章禮、選士利械則霸，章，明。定生處死、謹賢修伍則衆〔四〕，生者安定之。死者處置之，斂葬其柩。信賞審罰、爵材禄能則强，有材者爵之，有能者禄之。計凡付終、務本飭末則富〔五〕，凡，謂都數也。付終，謂財。日月既終，付之後人。明法審數、立常備能則治〔六〕，常，謂五常也。備能，謂才能之士備有之。同異分官則安〔七〕。同異之職，分官而治。通之以道，畜之以惠，親之以仁，養之以義，報之以德，結之以信，接之以禮，和之以樂，期之以事，攻之以官，攻，治。發之以力，威之以誠〔八〕。一舉而上下得終〔九〕，謂初會諸侯，上下得終其禮。自此至九舉，説九合諸侯之所致。再舉而民無不從，三舉而地辟散成〔一〇〕，成，謂諸侯自盟要，不事於齊。至三會，則諸侯散其成而朝齊。四舉而農佚粟十〔一一〕，四會之後，傜役減省，故農人佚樂，而粟得十全。五舉而務輕金九〔一二〕，五會之後，兵戰既息，事務轉輕，而金得九分①一以供官也。六舉而絜知事變，絜，圍度也。胡結反。七舉而外内爲用，外，謂諸侯。八舉而勝行威立，九舉而帝事成形〔一三〕。九會之後，威行海内，雖居侯伯，帝王之事既以成形。九本摶大〔一四〕，人主之守也。自「九本」已下，管氏但舉其目，或有數在於他篇。但此書多從散逸，無得而知。然九本所以摶擊强

① 「分」字原作「全」，據補注改。

大，故人主守之。八分有職〔二五〕，卿相之守也。十官飾勝備威〔二六〕，將軍之守也。六紀審密，賢人之守也。五紀不解，庶人之守也。

〔一〕張德鈞云：尹知章以「形生」爲句，「理」字屬下讀。黃震日鈔云「幼官五圖以『形生理』爲句，而中央之注獨以『形生』屬上文」，已明其牴牾矣！ 翔鳳案：承上「物物」言之。易繫辭「開物成務」，王肅作「闓樂也」。凡物闓樂而安靜，由形以生文理。各節均有此七字，當於此斷句。呂氏春秋重己「死殃殘亡，非自至也，感召之也。壽長至常亦然」，「壽長」即「命」也。

〔二〕丁士涵云：「常」上脱一字，説詳上。 張佩綸云：按「常至命」上當是「率」字。原注「既循理之常，原無殘盡於所賦之命也」，以「循」訓率。率，循也，爾雅釋詁文。左哀六年傳：「孔子曰：夏書曰：『惟彼陶唐，帥彼天常，有此冀方。今失其行，亂其紀綱，乃滅而亡。』又曰：『允出茲在茲。』由己率常，可矣。」杜注亦云：「逸書言堯循天之常道。」殆此原注所本，而各本挩去「率」字耳。 翔鳳案：無脱文，觀上文自知。丁以「皇」、「帝」、「王」、「霸」四者並列，非是。皇爲所祀之后，非生人也。兵法「明一者王」同義。牧民者，本篇但有「帝」、「王」、「霸」而已。

〔三〕張佩綸云：爾雅釋言：「身，親也。」禮記祭義：「身者，父母之遺體也。」廣雅釋親：「體，身也。」「身仁」猶論語「親仁」，易「體仁」。説文：「身，躳也。」漢書匡衡傳：「太王躬仁。」

〔四〕安井衡云：處，安也，謂葬之。

〔五〕豬飼彦博云：「付」當作「符」，合也。 張佩綸云：說文：「凡，最括也。」周禮宰夫「二曰師，掌官成以治凡」，鄭注：「治凡，若月計也。」又庖人注：「凡，計數之。」「付」當作「符」，聲之誤也。周禮小宰「聽稱責以傅別」，注：「故書作『傅辨』」，鄭大夫讀爲符別，杜子春讀爲傅別。」淮南脩務訓注：「符，驗。」釋名：「符，付也。」周禮大府：「凡邦之賦用取具焉，歲終，則以貨賄之入出會之。」外府：「凡邦之小用皆受焉，歲終則會，唯王及后之服不會。」司會：「凡在書契版圖者之貳，以逆羣吏之治。而聽其會計，以參互攷日成，以月要攷月成，以歲會攷歲成。」皆付終也。 翔鳳案：書高宗肜日「天既孚命正厥德」，石經作「付」。「付」謂孚合，諸說是也。

〔六〕豬飼彦博云：「立常」，立典常也。 戴望云：「常」讀爲長，說見七法篇。 翔鳳案：豬飼說是也。

〔七〕豬飼彦博云：「同異分官」上疑脱一句。 丁士涵云：「同異分官」句有脱誤，不可解。以上文句例求之，脱去四字。 張佩綸云：「分官」謂五官也。下文云「官四分」，則言春官、夏官、秋官、冬官也。 翔鳳案：張謂「分官」爲五官是也。大匡「管仲趨立於相位，乃令五官行事」，是其證。五官職掌，異中有同，「同異分官」四字已足，非有脱文也。

〔八〕劉績云：當依後作「攷之以言」。 豬飼彦博云：「攻」疑當作「攷」，「官」作「言」爲是。「誠」疑當作「武」。 王念孫云：後「中方本圖」「攻之以官」作「攻之以言」。一本作「考之以言」，一本是也。堯典曰「詢事考言」，故曰「期之以事，考之以言」。尹注非也。「威之以誠」，「威」當爲「感」。「考」、「攻」，「言」、「官」，「感」、「威」，皆字之誤。安井衡云：古本「中方本圖」作「攷之以言」，是也。「誠」當爲「誡」，誡，敕也。荀子曰：「發誡布令而敵退，是主威也。」戴望云：當從後圖作「攷之以言」。堯典曰「詢事考言」。尹注誤。翔鳳案：後圖作「攻之以言」，「言」乃誤字。「官」字不誤也。

〔九〕何如璋云：「舉」猶行也，謂行政也。中庸「其人存則其政舉」，義同。「一舉」謂一歲首舉。天官大宰「正月之吉始和，乃施典於邦國」，是一歲一舉也。又「歲終，則令百官府各正其治，受其會，聽其致事」，是「上下之事得終」也。翔鳳案：「一舉」至「九舉」，「一會」至「九會」，皆以數計，係應河圖之數，兼方位言之，不能附會年月。

〔一〇〕何如璋云：「三舉」謂三歲復行此政。「散」乃「政」之譌。行之三歲，則土地闢，政教著矣。論語「三年有成」，又「比及三年可使足民」，即此義也。張佩綸云：當作「穀成」。篆書「𣪊」脱禾字，與「散」形近。洪範：「百穀用成。」翔鳳案：牧民：「地辟舉則民留處。」七法：「輕民處，重民散，則地不辟。」説文：「成，就也。」詩小旻「是用不集」，韓詩作「不就」。「散成」爲散者集，非誤字。一至九舉與下文一至九會，皆河圖之數與位，不可拘泥。

〔一一〕李哲明云：疑「十」當作「充」。古「充」字寫作「克」，缺下半，僅存上，校者摹作「十」耳。充字與上下韻相協。翔鳳案：説文：「十，數之具也。」同「什」。漢書食貨志「稅謂公田什一」，注：「十取其一也。」華嚴經音義上引三蒼：「什，聚也，雜也。吴、楚間謂資生雜具爲什物也。」「十」與「什」、「聚」與「具」一聲之轉，「十」字不誤。

〔一二〕安井衡云：「務」當爲「茂」，聲之誤也。茂、懋同。僞古文尚書「懋易有無」，真古文作「貿易」。此亦當讀爲貿，言貿易輕便，天下之金，得其九分也。張佩綸云：「務」即「物」之誤。「金九」當作「金重」，「重」壞其下，惟成篆文之首似九。地數篇：「令疾則黄金重，令徐則黄金輕。」山至數：「出實財，散仁義，萬物輕，數也。」又曰：「彼幣重而萬物輕，幣輕而萬物重。彼穀重而穀輕。人君操穀幣金衡，而天下可定也。」輕重甲：「守之以物則物重，不守以物則物輕。」皆其證。翔鳳案：莊子天下「九雜天下之川」，假爲「勼」，集也。「鳩」從九聲。爾雅釋詁：「鳩，聚也。」左隱八年傳「以鳩其民」，定四年傳「若鳩楚境」，皆訓聚，「九」字不誤。

〔一三〕丁士涵云：「帝」讀爲定。（見周禮瞽矇及小史注。）「定」與「成」同義。「定事」與「成形」對文。翔鳳案：説文：「帝，諦也。」兵法「察道者帝」，即審諦之義。

〔一四〕豬飼彦博云：「搏」當作「博」，言宏博寬大，人主之所守。何如璋云：「九本」即雜篇九守。

〔一五〕何如璋云：「八分」即君臣上「八揆」。君臣篇「主畫之，相守之。相畫之，官守之。則又有符節印璽典法筴籍以相揆也」，即此。張佩綸云：即五輔篇「八經」。翔鳳案：「分」

與「揆」比「經」合理，指職分言之。

〔一六〕王念孫云：此在「八分」之下，「六紀」之上，則「十官」當爲「七官」。何如璋云：「七官飾勝備威」，「官飾」二字乃本圖標目，鈔者誤攙入正文。「七勝備威」句法與上下文一例。「七勝」見樞言篇。張佩綸云：「十官」尚見七法篇。「七官」不可通。「十」作「七」是也，作「七官」非也。「官飭」二字錯置在此。當作「七勝備威」。「七勝」見樞言篇。翔鳳案：「九舉」以下，於次序無關，不能拘泥。非誤字。「官飾」二字不能衍。古今語法不同，不可强求一律。

動而無不從，靜而無不同〔一〕。强動弱必從，强靜弱必同。**治亂之本三，卑尊之交四，富貧之終五，盛衰之紀六，安危之機七，强弱之應八，存亡之數九**〔二〕。**練之以散群傰署，**傰，猶曹也。凡上之諸數既已精練，然後散之於衆，使傰曹署著其名以司之。**凡數財署**〔三〕，數，謂國用之數。使財者署。**殺僇以聚財**〔四〕，或因亡國，或因滅家，莫不籍没其財，故曰殺戮以聚財也。**勸勉以遷衆**〔五〕，**使二分具本。**使上之傰署、財署分知其事，各具其名籍之本，則財署知聚財，傰署知遷衆。**發善必審於密，執威必明於中。**發善，謂行賞。執威，謂行刑。**此居圖方中**〔六〕。此立時之政，管氏别五其圖，謂之方圖，而土位居中。

〔一〕豬飼彦博云：二句又見「東方方外」，此誤重出。翔鳳案：動靜皆從中制，故於「中圖」

言之。説文：「東，動也。」白虎通五行：「東方者，動方也，萬物始動生也。」故又於「東方方外」言之，非重出也。

〔二〕張佩綸云：立政篇：「國之所以治亂者三，國之所以安危者四，國之所以富貧者五。」此「治亂之本三，富貧之終五」，與立政合。疑「安危之機七」與「卑尊」互譌，亦當作「安危之機四」，「卑尊之交七」。「盛衰之紀六」，六秉是也。「卑尊之交七」，「交」當作「效」，七法是也。「强弱之應八」，八觀是也。「存亡之數九」，九敗是也。翔鳳案：從「治亂之本三」到「存亡之數九」，都是依次遞增，不少一件。理論條欵，是客觀決定，不能如此巧合。與二分相加，恰爲九數，與洛書之數合，不必指實。

〔三〕何如璋云：「之以」二字乃「士卒」之譌。「傰」，劉(績)云即「朋」字。謂練習卒伍以解散朋黨也。莊子田子方「列士壞植散羣，則尚同也」，本此。「署凡數」者，謂部署財用之大凡要數也。墨子雜守「先畢縣官室屋官府不急者，材之大小長短及凡數」，即「署凡數」之義。「財」字涉下「財」字而衍，「署」字涉上「署」字而衍。張佩綸云：莊子田子方篇：「迎臧丈人而授之政。典法無更，偏令無出。三年，文王觀於國，則列士壞植散羣，長官者不成德，斔斛不敢入于四竟。列士壞植散羣，則尚同也；長官者不成德，則同務也；斔斛不敢入於四竟，則諸侯無二心也。」案：臧丈人即寓言太公，「散羣傰」固周公太公之法也。「財署」二字衍文。劉師培云：「散羣」、「凡數」對文，猶春秋繁露深察名號篇以「凡號」、「散名」對文文。

也。「傰」、「財」二字亦似對文。「傰」與「朋」同（周禮士師「七曰爲邦朋」，注云「故書作傰」），「財」與「裁」同。廣雅釋詁二云：「裁，裂也。」後漢書李固杜喬傳注云：「朋，猶同也。」此文大旨，蓋謂類之散者合著之，類之總者分著之。舊注非。聞一多云：張知管之「散羣」即莊之「散羣」，不知管之「傰署」即莊之「壞植」也。祭法：「大夫以下成羣立社曰置社。」植、置古通，「植」即「置社」。大夫以下成羣立社曰置社，故莊子曰「列士壞植散羣」。（司馬注曰：「植，行列也。散羣，言不養徒衆也。一云：植者，疆界頭造屋以待諫者也。」成疏曰：「植，行列也，亦言境界列舍以受諫書也，亦言是諫士文館也。」案諸說皆非，然曰造屋，曰列舍，曰館，皆以爲建築物，則與社制略近。）置社一曰書社。（華嚴經音義引廣雅：「置，著也。」說文：「書，著也。」置、書聲轉義通。）左傳哀十五年「書社五百」，呂氏春秋慎大篇：「諸大夫賞以書社。」史記孔子世家：「楚昭王將以書社地七百里封孔子。」署、書亦通用字，「署」即「書社」。「傰」之言猶崩也，「崩」亦壞也。（曲禮注：「自上顛壞曰崩。」呂氏春秋慎大篇：「崩，壞散。」）「傰署」謂傰其書社，「壞植」謂壞其置社，其義一而已矣。又疑「以」下脱一字，此當讀「練之以□」句，「散羣傰署」句。翔鳳案：「散羣傰署」如何、張、聞說。易泰「財成天地之道」，荀本作「裁」。心術：「聖人因而財之。」「財署」者，裁度而書之也。

〔四〕翔鳳案：周禮稾人「詔王殺邦用」，注：「猶減也。」「僇」假爲「戮」。史記殷本紀：「予則帑僇汝。」晉語「戮力同心」，注：「並也。」說文：「戮，並力也。」一面縮減，一面並力，所以聚財。

〔五〕丁士涵云：宋本、朱本「選」作「遷」，後圖亦作「遷」。作「遷」是也。度地篇云：「遷有司之吏而第之。」戴望云：「選」之言具也，不必從「遷」。

〔六〕豬飼彦博云：此圖中央及四方，各有本副，其數總十，應如後世所傳河圖之方位也。張文虎云：此篇以政治條目分系中央四方，蓋放洪範九疇而圖之左右，以便觀覽。及削簡著書，不能爲圖，則於篇中記其方位。後人循之，復作幼官圖。傳者兩存其文，遂前後複出。郭沫若云：此等文字爲録書者所注識，非原文所有。下倣此。翔鳳案：圖畫計難也，圖象其引申義。有文字、有圖象之不同。鄭康成謂河圖九篇，指説明圖之文字言之。本篇亦有圖，藏之於館，下篇則書畫於壁，皆原文也。

春行冬政肅，肅，寒也。冬氣乘之故也。**行秋政雷**，春陽秋陰，陰乘陽，故雷。**行夏政閹**〔一〕。春既陽，夏又陽，陽氣猥併，故掩閉也。**十二地氣發，戒春事**〔二〕。自此已下，陰陽之數，日辰之名，于時國異政，家殊俗。此但齊獨行，不及天下。且經秦焚書，或爲煨燼，無得而詳焉，闕之以待能者。**十二小卯，出耕。十二天氣下，賜與。十二義氣至**〔三〕，**修門閭。十二清明，發禁。十二始卯**①，**合男女。十二中卯，十二下卯，三卯同事**〔四〕。謂三卯所用事同。他皆倣此。

---

① 「卯」字原作「丣」，據補注改。

〔一〕丁士涵云：「雷」乃「霜」字誤。四時篇作「春行冬政則雕，行秋政則霜，行夏政則欲」。翔鳳案：「行政」，吕氏春秋、淮南子皆作「行令」。如春天忽變嚴寒，謂之春行冬令。此「令」爲「節令」，管子稱爲「行政」。四時篇「春三月，以甲乙之日發五政。一政曰論幼孤，舍有罪；二政曰賦爵列，授禄位」云云，四時之政不同。齊曆以十二日爲節，一年三百六十日，差五日四分之一，歷久則四時失序，春變爲冬。四時「春行冬政則雕」，本文作「肅」，顯然以氣候言之，非人事也。

〔二〕翔鳳案：幼官以十二爲節，而非十五。國語周語：「紀之以三，平之以四，成於十二，天之道也。」則齊以十二爲節，乃自然之數。春八節，夏七節，秋八節，冬七節，共三百六十日。輕重己：「以冬日至始，數九十二日，謂之春至。以春日至始，數九十二日，謂之夏至。以夏日至始，數九十二日，謂之秋至。以秋日至始，數九十二日，謂之冬至。」凡三百六十八日，無春分、秋分之稱，以計算粗略，春至、秋至，不能晝夜相等也。節氣與四時差八日。一年三百六十五日四分之一，四年增一節氣，尚少一日，凡四十八年增十一節氣，終始分齊。周曆氣朔分齊，凡十九年，幾過一倍矣。管子承殷文化，然卜辭節氣無可考。試就正人方之材料推斷：「隹十祀才九月甲午，余步从侯喜征人方，告於大邑商。」（卜辭通纂）「才九月癸亥，正人方才雇。」（書契前編）「隹十祀才十月甲午，正人方才从東。」（續）同在十祀，有兩九月，必有一月爲閏九月。自甲午至癸亥六十日，兩九月各三十日。若以十五日爲節氣，則按之閏月無中氣爲不可能。知殷之閏法異於周，非一月必有一節氣、一中氣也。若以十二日計算，則兩九月共五節氣，於是管子行殷曆爲有據。

〔三〕丁士涵云：「義氣」不可解，「義」當爲「和」，聲之誤也。素問五常政大論「其候温和」，注：「和春之氣也。」修門閭以宣通春氣，月令所謂「乃修闔扉」也。翔鳳案：説文：「閭，里門也。」周禮：『五家爲比，五比爲閭。』閭，侶也，二十五家相群侶也。」公羊解詁：「田作之時，春，父老及里正旦闔門坐塾上，晏出後時者不得出，莫不持樵者不得入。」是則修門閭所以限出入。七法：「義者所以合宜也。」「義」即「儀」，同「俄」，聲同「和」。此節在清明前，約當春分，晝夜均等。晝爲陽，夜爲陰，陰陽調和，是爲「義氣」。「義氣」即「和氣」，俗語猶然，非誤字。

〔四〕惠棟云：説文曰：「卯，冒也。二月萬物冒地而出，象開門之形，故二月爲天門。」「古文『酉』(丣)從卯。卯爲春門，萬物已出，酉爲秋門，萬物已入。一，閉門象也。」故春言三卯，秋言三卯。柳、卯同字。(尚書古義)臧庸云：春、秋竝有此文。今謂卯、酉二字，説文所載古文形相近。「丣，冒也。二月萬物冒地而出，象開門之形。」「酉，就也。丣，古文『酉』，从卯。卯爲春門，萬物已出，酉爲秋門，萬物已入。一，閉門象。」氣節之名，春當言卯，秋當言酉。如四時篇春月以甲乙之日發政，夏月以丙丁之日發政，秋月以庚辛之日發政，冬月以壬癸之日發政，干支配合可證。秋當言十二小酉，十二始酉，十二中酉，十二下酉。此篇的係先秦舊書，故古文「酉」誤爲「卯」。（與孫淵如論校管子書） 戴望云：宋本「始卯」作「始毋」。陳奐云：「毋」當作「毌」，音貫，古毌、卯聲同。「卯」亦作「卝」。詩齊風「總角卝兮」，毛傳曰：「卝，幼穉也。」禮記「濡魚卵醬」，鄭注曰：「『卵』讀爲鯤，鯤魚子，或作『𩸞』也。」卵之讀爲鯤，猶卯之讀爲毌矣。此篇名義若夏之小郢中郢，冬之小榆中榆，皆不用干支，則春與秋不當獨取干支可知；蓋其字或作「毌」，或作「卵」，又誤「卵」作「卯」。侈靡篇曰：「彫卵然後瀹之。」五行篇曰：「羽卵者不段。」禁藏篇曰：「如鳥之覆卵。」又曰：「毋殺畜生，毋拊卵。」俗本「卵」作「卯」，「卵」之爲卯，與「卯」之爲「卵」，其誤正同。今從宋本作「毌」字。尋文推義，此篇及後圖古本「卯」皆當作「卵」，或用同聲叚借字作「毌」。學者承其誤久矣。林昌彝云：荀卿子（大略篇）云：「霜降逆女，冰泮殺内。」管子幼官篇春三丣：「十二始丣，合男女。」秋三丣：「十二始丣，合男女。」管子所謂秋始丣在白露之後，即荀子之「霜降逆女」也。春始丣在清明之後，即荀子之「冰泮殺内」也。通典引董仲舒書曰：「聖人以男女當天地之陰陽，天地之道，向秋冬而陰氣來，向春夏而陰氣去。」故古之人霜降而迎女，冰泮而殺止。與陰俱近，與陽俱遠也。太玄亦云：「納婦始秋分。」管、荀皆周、秦古書，董、楊又漢代通儒，說皆後先脗合，其義不可易矣。翔鳳案：節氣以便民用，「三卯」可爲「三卯」之誤。然春秋均有之，不便孰甚？古人不是如之拙也。桂馥說文解字義證：「汗簡引『酉』作『丣』，說文『𠨒，古文卯』，相差只上一橫。」古文尚書「酉」作「丣」。顧藹吉云：「漢李氏饒銘：『白虎辟丣，主除道。』白虎，西方之獸，屬秋，丣爲秋分，『辟丣』猶辟門也。」參同契：「二月榆落，魁臨於卯。八月麥生，天罡據卯。」桂氏謂「據卯」當爲「據丣」。（由參同契之二「卯」字，證明不是「卯」字之誤，陳奐説謬。）魯襄公二十一年「歲在己酉」，何休謂「在己卯」。昭二十二年「十有二月癸酉朔」，杜注：「以長曆推校前後，當爲『癸卯』。」「卯」、「酉」音不相混，必「丣」、「戼」形近而誤。「畱」、「劉」、「珋」、「䰘」、「桺」等凡十九字，均從丣聲。説文：「桺，從木，丣聲。丣，古文『酉』。」作「丣」不作「戼」，確有「丣」字。（漢書王莽傳：「夫『劉』之爲字，卯、金、刀也。」此江湖測字之説，不可爲典要。）吳志虞翻傳注：「翻別傳：『翻奏鄭玄解尚書違失事目：「古文大篆『卯』字讀當爲柳，古柳、卯同字，而以爲昧，甚違不知蓋闕之義。」』臣松之案：翻云『古大篆卯當讀爲柳，古柳、卯同字』，竊謂翻言爲然。故劉、留、聊、柳同用此字，以從聲故也，與日辰『卯』字字同音異。然漢書王莽傳論『卯、金、刀』，故以爲日辰之『卯』，今未能詳正。然世多亂之，故翻所説云。」是漢代「卯」有二音，確有「丣」、「戼」二字相亂。卜辭、金文「卯」作「戼」，而「酉」爲酒器。散氏盤「柳」作「桺」，留鐘「留」作「畱」，其「戼」乃「酉」字，卜辭「卯」亦作「丣」（商編第三十九葉）。天門，秋門，由此導出哲學理論。詳心術、白心諸篇。

八舉時節〔一〕，木成數八。木氣舉，君則順時節布政。**君服青色，味酸味**〔二〕，**聽角聲**〔三〕，此木王之時，故服青，味酸，聽角①。**治燥氣，**春多風而旱，故治燥氣。**用八數，**八亦木成數也。**飲於青后之井，**東方井。**以羽獸之火爨**〔四〕。羽獸②，南方朱鳥。用南方之火，故曰羽獸之火。**藏不忍，行敺養，坦氣修通。**

〔一〕翔鳳案：木第三，加中央土五，故其生數三，成數八。

〔二〕翔鳳案：洪範「木曰曲直」，「曲直作酸」。

〔三〕翔鳳案：管子五音自成系統，詳水地篇。

〔四〕翔鳳案：東方蒼龍七宿，龍爲鱗蟲之長。南方七宿爲朱鳥，羽蟲之長。西方七宿爲白虎，毛蟲之長。北方七宿爲玄武，介蟲之長。故呂氏春秋、淮南子皆爲春鱗、夏羽、秋毛、冬介，以四季配四方。管子獨爲春羽、夏毛、秋介、冬鱗，相差一象限。舊籍無説，此冬季天象，幼官主北方，冬季也。左襄九年傳：「心爲大火，陶唐氏之火正閼伯居商丘，祀大火而火紀時焉。相土因之，故商主大火。」「大火」爲心宿，蒼龍七宿之一，商之所主祀也。顓頊爲北方之帝，幼官所主。商爲子姓，子在北，於是鱗蟲在北，羽蟲在東，毛蟲在南，介蟲在西，依次相差一象限矣。祀大火之「心」變爲「惢」，詳輕重己。

① 「角」字原作「自」，據校正改。
② 「獸」字原無，據校正增。

凡物開靜，形生理。合内空周外〔一〕，春主仁，故所藏者不忍之，理合聚於内，出空於外。强國爲圈，弱國爲屬〔二〕。强國所以禁禦弱國，弱國圈然也。動而無不從，靜而無不同。强動弱必從，强靜弱必同。舉發以禮，時禮必得〔三〕。强國舉發，必當以禮。時也禮也，必得其宜。和好不基，貴賤無司，事變日至〔四〕。鄰國和好不基，貴賤之位無司存，如此，則事變日至，無寧居。基，漸。此居於圖東方方外。

〔一〕戴望云：「空」即「内」字之誤而衍者。後圖亦誤。翔鳳案：「空」假爲「穹」。詩白駒「在彼空谷」，韓詩作「穹」。爾雅釋詁：「穹，大也。」文選左思詠史詩「寥寥空宇内」，注：「擴也。」周髀算經「其周七十一萬四千里」，注：「匝也。」合宇内之廣大區域與四周之外國，是爲「合内空周外」，無誤字。

〔二〕豬飼彦博云：「圈」亦當作「眷」，言强弱皆服從也。

〔三〕許維遹云：時，猶處也。莊子逍遥遊篇「猶時女也」，司馬彪注曰：「時女，猶處女也。」詩緜篇「曰止曰時」，猶云爰居爰處。是「時」與「處」同義。尹注分「時」、「禮」爲二，非其恉矣。

〔四〕陳奂云：「基」與「期」同。尹桐陽云：「基」同「惎」，憎惡也。「不基」者，即月令所謂「不可以稱兵」是。「司」同「伺」，皐也。「無司」者即月令所謂「止獄訟」是。「至」同「窒」，塞也。

翔鳳案：爾雅釋詁：「基，謀也。」禮記孔子閒居「夙夜基命宥密」，注：「謀也。」左傳：「協以謀我。」「和好不基」，謂不謀害也。荀子王霸「日欲司間」，注：「伺其間隙。」富國「有掎絜伺詐」，注：「伺候其罪也。」尹説是。

夏行春政風，春箕宿，多風也。行冬政落，寒氣肅殺，故凋落也。重則雨雹，其災重則雨雹，水寒所致。行秋政水〔一〕。秋畢宿，多霖雨。十二小郢，至德〔二〕。十二絶氣下，下爵賞〔三〕。十二中郢，賜與。十二中絶，收聚。十二大暑至，盡善〔四〕。十二中暑，十二大暑終〔五〕，三暑同事。七舉時節〔六〕，火成數七，火氣舉，君則順時節而布政。君服赤色，味苦味〔七〕，此火王之時，故服赤，味苦也。聽羽聲，羽，北方聲也。火王之時，不聽徵而聽羽者，所以抑盛陽。用七數，七亦火之成數。飲於赤后之井，南方井也。以毛獸之火爨。毛獸，西方白虎。用西方之火，故曰毛獸之火。藏薄純〔八〕，盛陽之性，失在奢縱，故所藏者省簿純素也。行篤厚，陽性寬和，故行篤厚。坦氣修通。凡物開靜，形生理，物形既生，自然修理而長育也。定府官，明名分，而審責於羣臣有司，則下不乘上，賤不乘貴。法立數得，而無比周之民，則上尊而下卑，遠近不乖。此居於圖南方方外。

〔一〕戴望云：四時篇作「夏行春政則風，行秋政則水，行冬政則落」。尹桐陽云：「落」同「零」，雨靁也。淮南時則：「夏行春令風，行秋令蕪，行冬令格。」格、落、零，聲轉。其災重則雨雹。禮記月令：「仲夏行冬令，則雹凍傷穀。」

〔二〕何如璋云：「郢」當作「盈」，以「郢」有盈音而誤。「盈」亦通「嬴」。史記齊太公世家「晉大夫欒遈奔齊」，左傳作「欒盈」，晉世家亦作「欒遈」。左宣四年傳「伯嬴」，呂覽知分注作「伯盈」。是古字音同通假之證。爾雅釋天：「夏爲長嬴。」盈，滿也。嬴，亦滿也。今曆立夏後爲小滿，即本此。「至德」謂招致有德之人也。翔鳳案：卯月爲春分，酉月爲秋分，晝夜相等，故取陰陽之開合言。冬夏則長短之變化大，故言其盈縮。

〔三〕丁士涵云：惠周惕云：『「下下」當作『上下』，古文作『二二』。」案：此當衍一「下」字，應讀「絶氣下」句，「爵賞」句，與上文「十二天氣下，賜予」，下文「十二白露下，收聚」，句法一例。翔鳳案：爾雅釋詁：「下，落也。」天氣之長，至夏至而斷止，是爲「絶氣下」。禮記射義「下而飲」，注：「降也。」「下爵賞」，降爵賞也。兩「下」字各有其義，非誤非衍。

〔四〕翔鳳案：易略例「故有善邇而遠至」，注：「修治也。」假爲「繕」。夏季雨多水大，當修治也。

〔五〕吴志忠云：大暑小暑，以下文「十二大寒終」例之，則「大」、「小」二字當互易。翔鳳案：「大暑至」，「大暑終」，前後相承。趙本作「小暑終」，吴説「小暑至」，均非。

〔六〕翔鳳案：水數二，加五爲七。

〔七〕翔鳳案：洪範「火曰炎上」，「炎上作苦」。「用七數」上，趙本有「治陽氣」三字，因「治燥氣」、「治濕氣」而以意增，非是。劉績云：「諸本無此句，非。」其言誤也。燥濕爲致病之因，故治之。陽氣爲生命所係，可治之乎？

〔八〕丁士涵云：「薄」當爲「樸」，聲之誤。淮南要略篇「不剖判純樸」，注：「純樸，大素也。」漢孔耽碑曰：「蹈仁義兮履樸純。」翔鳳案：冬政亦有「行薄純」句，則非誤字，乃假借矣。

秋行夏政葉，盛陽氣乘之，故卉木生葉。行春政華，少陽氣乘之，故卉木更生華。行冬政耗〔一〕。盛陰肅殺，故虛耗也。十二期風至〔二〕，戒秋事。十二小卯，薄百爵〔三〕。十二白露下，收聚。十二復理，賜與。十二始節，賦事。十二始卯，合男女。十二中卯，十二下卯，三卯同事〔四〕。九和時節〔五〕，金成數九。金氣和，君則順時節而布政。君服白色，味辛味〔六〕，聽商聲，此金王之時，故服白，味辛，聽商。治濕氣，秋多霖雨水，故治濕。用九數，九亦金之成數。飲於白后之井，西方井。以介蟲之火爨〔七〕。介蟲，北方玄武也。用北方之火，故曰介蟲之火。藏恭敬，金性廉絜，故所藏者恭敬也。行搏鋭〔八〕，兑金性勁鋭，時方肅殺，故曰以勁鋭搏擊，所以順殺氣也。坦氣修通。凡物開靜，形生理，閒男女之畜〔九〕，男女之畜，有內外之異，故須閒之也。修鄉閭之什伍，殺氣方至，可以出師征伐，故修什伍。量委積之多寡，定府官之計數，養老弱而勿通〔一〇〕，老少異糧，故其養勿通。信利周而無私〔一一〕。申布秋利，既令周徧，無得有私。此居於圖西方方外。

〔一〕丁士涵云：「葉」當爲「水」，月令紀時變無及葉者。四時篇作「春行秋政則榮，行夏政則水，行冬政則耗」。俞樾云：「葉」字無義。淮南子時則篇作「秋行夏令華，行春令榮」，疑此「葉」字是「榮」字之誤。蓋榮、華二字，義本相近；故管子言「秋行夏政榮，行春政華」，而淮南子言「秋行夏令華，行春令榮」，文雖互易，義實不殊也。孫蜀丞云：「葉」疑「喬」字之誤。春秋繁露五行五事篇云：「秋行春政則華，行夏政則喬，行冬政則落。」説文：「喬，高而曲也。」爾雅釋木：「句如羽喬，下句曰朻，上句曰喬，小枝上繚爲喬。」郭沫若云：「葉」字不誤，即所謂「苗而不秀」者，徒盛其葉也。

〔二〕丁士涵云：「期」乃「朗」字誤。朗風，涼風也。後圖亦誤。翔鳳案：説文：「年，穀熟也。」「秋，禾穀熟也。」穀熟爲秋收之期，是爲「期風」。預備收割爲「戒秋事」，非誤字。

〔三〕王紹蘭云：「卯」當爲「丣」，形之誤也。説文：「卯，冒也。二月萬物冒地而出，象開門之形，故二月爲天門。」「丣，古文酉，从一丣。（各本脱「一」字，今據類篇引補。）丣爲春門，萬物已出。丣爲秋門，萬物已入。一，閉門象也。」上文春言「卯」，則秋當言「丣」。（下文「十二始卯」、「十二中卯」、「十二下卯」、「三卯同事」均同。後「西方本圖」亦同。）安井衡云：「卯」當作「酉」，古文「酉」作「丣」，「卯」作「丣」，字形相涉，隸變譌「卯」耳。下並同。酉位在西，主秋，故以名節。「薄」，勉也；「百爵」，百官也。張佩綸云：「薄」當爲「搏」，字之誤也。「爵」、「雀」通，孟子：「爲叢敺爵。」月令：「鷹乃祭鳥，始用行戮，是月也，務搏執。」翔鳳案：「薄」假爲「迫」，易説卦傳：「風雷相薄。」「迫」者，迫近而驅之。小雀不必搏擊。白露以後，於月令爲秋分。秋分與春分皆爲晝夜相等之季節，循環不已，乃有條理者。循環即往復，故曰「復理」。自此晝短夜長，是爲「始節」。

〔四〕宋翔鳳云：上四「卯」字、莊葆琛先生以爲皆「酉」字之譌。古「酉」爲「丣」，與「戼」相近，且涉上文諸「卯」字而誤。

〔五〕翔鳳案：金數四，加五則爲九。

〔六〕翔鳳案：洪範：「金曰從革，……從革作辛。」

〔七〕豬飼彦博云：倮、羽、毛、鱗皆曰獸，此不合特異，「蟲」當作「獸」，北方玄武其類爲介蟲，故變北方曰「介獸」。　王引之云：上文言「倮獸」、「羽獸」、「毛獸」，下文言「鱗獸」，則此亦當言「介獸」。後人多聞「介蟲」，寡聞「介獸」，故改「獸」爲「蟲」也，不知羽、毛、鱗、介、倮皆可謂之蟲，亦皆可謂之獸。故此言「羽獸」、「介獸」、「鱗獸」。曲禮曰「前朱鳥而後玄武，左青龍而右白虎」，注曰：「以此四獸爲軍陳。」正義曰：「玄武，龜也。」龜爲四獸之一，即此所謂「介獸」也。淮南天文篇亦曰：「北方，其獸玄武。」

〔八〕孫蜀丞云：禮記月令「孟秋務搏執」，注：「順秋氣，政尚嚴。」則此文「鋭」當與「挩」同。説文：「解，挩也。」穀梁宣十八年傳：「挩，殺也。」范注：「捶打殘賊而殺。」又或與「敓」同，説文：「敓，彊取也。」　翔鳳案：五行：「秋者司馬也。」「白露下，天子出令，命左右司馬衍組甲厲兵。」四時：「秋三月，以庚辛之日發五政。二政曰毋見五兵之刃。」厲兵則鋭矣，「鋭」字不誤。此謂用兵，孫、許之説小誤。

〔九〕丁士涵云：「閒」與「簡」通。廣雅：「簡，閲也。」周禮大司馬云：「簡稽鄉民。」　張佩綸云：夏小正「五月頒馬」，沈本傳：「分夫婦之駒也。」夫婦、男女皆言牝牡也。尹注非。翔鳳案：男女之好，國家無從簡閱。以張説爲是。黄梅有男貓、女貓之稱，非必人也。莊子天運「食於苟簡之田」，司馬本作「間」。丁説有證。

〔一〇〕吳志忠云：「通」疑「遺」字之誤。「遺」與「私」爲韻。翔鳳案：周書大聚「與田疇皆通」，注：「連比也。」老少分養。

〔一一〕趙用賢云：「周」，當依後圖作「害」。王念孫云：隸書「害」字或作「[illegible]」，與「周」相似而誤。尹注非。

冬行秋政霧，秋多陰霧。行夏政雷，盛陽乘盛陰，故雷也。行春政烝泄〔一〕。少陽乘陰，故烝泄也。十二始寒，盡刑〔二〕。十二小榆，賜予。十二中寒，收聚。十二中榆，大收。十二寒至，靜〔三〕。十二大寒之陰，十二大寒終，三寒同事。六行時節〔四〕，水成數六。水氣行，君則順時節而布政也。君服黑色，味鹹味〔五〕，此水王之時，故服黑，味鹹。聽徵聲，不聽羽而聽徵者，亦所以抑盛陰也。治陰氣，不治則盛陰太過，太過則治陰氣也。用六數，六亦水之成數。飲於黑后之井，北方井也。以鱗獸之火爨。鱗獸，東方青龍也。用東方之火，故曰鱗獸之火。**藏慈厚**，君①人者，好生惡殺，故於刑殺之時，藏於慈厚，所以示其不忍也。**行薄純**，冬物朴素，故行省薄純儉。**坦氣修通。凡物開靜，形生理。器成於僇**〔六〕，冬行刑之時，故成僇器也。**教行於鈔**〔七〕，鈔，末也。冬爲四時之末，歲之將終也。**動靜不記，行止無量。**記動靜則行止可量。**戒審四時以別息**〔八〕，息，生也。四時生物，各有不同，故須別之。**異出入以兩易**〔九〕，出入既異，又並令無差，故曰兩易也。**明養生以解固**〔一〇〕，固，謂護恡也。生既須養，則物不可恡，故曰解固。**審取予以總之**〔一一〕。又恐所養過時，故審取與之多少以總統之。**一會諸侯，令曰：「非玄帝之命，毋有一日之師役。」**玄帝，北方②之帝。齊桓初會，命諸侯不使非時出師，故令曰：若非玄帝有命之時，毋得有一日之師役。一日尚不可，況多乎！**再會諸侯，令曰：「養孤老，食常疾，收孤寡**〔一二〕。**」三會諸侯，令曰：「田租百取五，**百分取五分。**市賦百取二，關賦百取一，毋乏耕織之器。」四會諸侯，令曰：「修道路，偕度量，一稱數，**偕，同也。稱，斤兩也。數，多少也。**藪澤以時禁發之**〔一三〕。」草木零落，然後入山林。獺祭魚，然後修澤梁也。**五會諸侯，令曰：「修春秋冬夏之常祭食，**常所祭，常所食，各

①「君」字原作「若」，據校正改。
②「方」字原作「帝」，據補注改。

有時物也。天壤山川之故祀必以時〔一四〕。」六會諸侯，令曰：「以爾壤生物共玄官〔一五〕，玄官，主禮天之官也。請四輔，四輔，即三公四輔也，所以助祭行禮。將以禮上帝。」七會諸侯，令曰：「官處四體而無禮者〔一六〕，流之焉莠命〔一七〕。」官處，謂處官也。處官位而四體無禮者，謂之莠命而流放焉。莠命者，謂穢亂教命，若莠之穢苗也。八會諸侯，令曰：「立四義而毋議者〔一八〕，尚之于玄官〔一九〕，聽于三公。」四義者，謂無障谷，無貯粟，無易樹子，無以妾爲妻，諸侯能順命而無異議者，則尚之于天子玄官，聽三公之錫命。尚，上也。九會諸侯，令曰：「以爾封內之財物，國之所有爲幣〔二〇〕。」爲幣禮。九會，大命焉出，常至〔二一〕。謂上九會既出大令，故天下諸侯常至。非此之外，則朝聘之數遠近各有差也。千里之外，二千里之內，諸侯三年而朝，習命；因朝而習教命。二年，三卿使四輔〔二二〕；諸侯三卿使天子四輔，以受節制也。一年，正月朔日，令大夫來修，受命三公〔二三〕。習所受命於三公。二千里之外，三千里之內，諸侯五年而會，至，習命；因會而至，以習命也。三年，名卿請事；二年，大夫通吉凶；十年，重適入正禮義；重適，謂承重也。適，諸侯之世子也。五年，大夫請受變〔二四〕。請所變更之教令也。三千里之外，諸侯世一至，道路既遠，故世一至。置大夫以爲廷安，其遠國大夫，則爲置廷館。每來，於此以安之也。入共受命焉〔二五〕。入共國所有，因以受命。此居於圖北方方外。

〔一〕豬飼彦博云：春秋繁露曰：「冬行春政則蒸。」「泄」字恐衍。　翔鳳案：周語：「陽氣俱蒸。」冬至一陽復始，故「烝泄」，不誤。

〔二〕翔鳳案：小爾雅廣言：「盡，止也。」天寒，止刑戮也。「榆」通「逾」，越也。百蟲蟄服越冬也。

〔三〕丁士涵云：當作「十二大寒至靜」，以上言「始寒」、「中寒」故也。　翔鳳案：「靜」假爲「竫」，亭安也。大匡「施舍靜衆」，義同。

〔四〕翔鳳案：水數一，加五爲六。

〔五〕翔鳳案：洪範「水曰潤下」，「潤下作鹹」。

〔六〕丁士涵云：「僇」當爲「穆」。穆，靜也。月令曰：「仲冬之月，事欲靜，以待陰陽之所定。」

俞樾云：尹注曰「冬行刑之時，故成僇器」，此妄説也。「僇」者「㣎」之假字，説文彡部：「㣎，細文也。」「器成於僇」，與下句「教行於鈔」同義；「鈔」猶眇也，皆謂始於微眇也。㣎聲與翏聲相近，故「穆」字從㣎得聲，而「昭穆」或爲「昭繆」，穆公或爲繆公；然則以「僇」爲「㣎」，猶以「繆」爲「穆」矣。

何如璋云：「僇」，説文：「一曰且也。」詩泉水箋：「聊，且略之辭。」且者，器成之始粗略也。製器必由粗致精，故曰「器成於僇」。　張佩綸云：説文：「僇，一曰且也。」經典借「聊」爲之。詩「聊與子同歸」，箋云：「聊，猶且也。」又「聊與子謀」，箋：「聊，且略之辭。」「器成於僇」，言器成於粗略也。尹注大誤。　翔鳳案：「僇」假爲「勠」，見前。

〔七〕宋翔鳳云：「鈔」疑作「眇」。　陳奐云：「鈔」讀爲杪。方言云：「杪，少也。」　戴望云：「鈔」當爲「眇」之借字，眇，本訓目小，引伸之爲微眇之義。易王肅本「眇萬物而爲言」，今字作「妙」。下文「聽於鈔」亦當讀爲眇。尹注訓爲「深遠」，得其義。　翔鳳案：下文：「聽於鈔，故能聞未極。」戴説是也。荀子王制「仁眇天下，義眇天下，威眇天下」，所以教也。

〔八〕丁士涵云：「審」字涉下文「審取予」而衍。戒，慎也。

〔九〕翔鳳案：周禮「以九兩繫邦國之民」，注：「兩猶耦也。」

〔一〇〕張佩綸云：「固」或作「故」，大宗伯注：「故謂凶烖。」

〔一一〕戴望云：上文「以別息」、「以兩易」、「以解固」，句末一字皆非語詞，此云「以總之」，文義不倫矣。「之」疑「乏」字之誤，言審取予以總會其匱乏也。　翔鳳案：「之」字自通，古今語法不同，强求一律，非是。

〔一二〕戴望云：「孤寡」當爲「鰥寡」，上文言「養孤老」，此不得更言「孤」矣。　張佩綸云：「孤寡」當作「矜寡」。「孤」涉上，又與「矜」形近而譌，詳入國篇。　翔鳳案：「孤老」指無子孫，「孤寡」指無父。義不同，非誤字。

〔一三〕孫星衍云：據下文幼官圖篇，「藪澤」上脱「毋征」二字。

〔一四〕安井衡云：從「祭」字絶句。「食」，饗也，謂祭之。　俞樾云：「食」者「飭」之壞字。「修」與「飭」義相近。「修春秋冬夏之常祭，飭天壤山川之故祀」，二句相對成文。　尹注以「常祭食」三字連讀，解爲「常所祭，常所食」，失其義矣。翔鳳案：「祭食」猶「血食」或「祭享」，不當從「祭」字絶句。

〔一五〕張佩綸云：「玄官」當作「玄宫」。翔鳳案：「官」即「館」，不誤。「玄官」即幼官之北宫，以北宫爲主，故叙述「九會」之命於此。五宫所叙，北宫獨詳。玄帝即黑后，餘四后皆無命，不奉其命可知矣。主客顯然。

〔一六〕俞樾云：「處四體而無禮者」，與下文「立四義而毋議者」相對爲文。尹注以「官處」二字連讀，解曰「官處，謂處官也」，失之。李哲明云：「官處四體」，即上文所云「四輔」，謂處股肱心膂之任，故曰「四體」耳。翔鳳案：「官處」謂處館中。古人席地而坐，蹲踞爲無禮。此爲聖地，不準手足不合禮。諸説俱誤。

〔一七〕孫星衍云：吕氏春秋季春紀「天子焉始乘舟」，高誘注：「焉，猶於也。」公羊隱二年傳「託始焉爾」，何休解詁云：「焉爾，猶於是也。」焉、於古字通用。謂官處四體而無禮者，以莠命流之，與下文「尚之於玄官」句文義相對。尹注非。翔鳳案：詩正月「莠言自口」，注：「醜也。」爾雅釋詁：「命，告也。」以其醜告於諸侯。孫説不合。

〔一八〕俞樾云：「議」讀爲俄。説文人部：「俄，行頃也。」廣雅釋詁：「俄，衺也。」是「俄」有傾邪之意。管子書或以「義」爲之。明法解曰：「雖有大義，主無從知之。」「大義」即大姦也，是以「義」爲俄也。此文又以「議」爲之，「立四義而毋議」，即立「四義」而毋「俄」，謂不傾邪也。尹注以「無異議」説之，未達假借之旨。翔鳳案：「義」爲古「儀」字。「議」不能訓「俄」。説文：「議，語也。」論難曰語，謂非難也。

〔一九〕翔鳳案：廣雅釋詁：「尚，舉也。」

〔二〇〕張佩綸云：儀禮覲禮：「四享皆束帛加璧，庭實，唯國所有。」周禮職方氏：「制其貢，各以其所有。」

〔二一〕豬飼彦博云：「九會大命焉出」句，「焉」猶言於此也。言九會諸侯，天下命令於是出自我。諸侯率服，朝聘不絶。下文所云即是也。丁士涵云：「常至」句，下屬爲義。謂常歲所至，即下文「五年而朝」云云，王國定制習爲常也。

〔二二〕孫詒讓云：此文「四輔」上疑亦當有「受命」二字。「受命四輔」與下文「受命三公」文例正同。劉師培云：「使」爲「事」假，上脱「受」字。「受事」與「受命」對文，下文「名卿受事」是其證。翔鳳案：「使」與「受命」相當，二説俱非。

〔二三〕丁士涵云：「令大夫」即「命大夫」也。管子它處兩見，位在「列大夫」之上。「來修」謂諸侯使命大夫來修好也。安井衡云：「修」字句，來修諸侯所習之命，受命三公，不達於天子也。

〔二四〕丁士涵云：「至」字疑衍，與上文「諸侯三年而朝習命」句例同。上文言「常至」，即指會朝言。周禮「時見曰會」，是諸侯至王所見天子，非諸侯相會别來見天子也。「變」讀爲辯。説文曰：「辯，治言也。」諸侯大夫請命於天子，受教於象胥瞽史，若言語書名之屬，皆當身習之，周官大行人注可證。　俞樾云：「三年」、「二年」之下，又云「十年」、「五年」，於義難曉。諸侯既「五年而會至習命」矣，安得又使「大夫請受變」？　再及五年即爲十年，亦是「五年而會」之期，安得又使「重適入」？　至幼官圖「十年」作「七年」，亦不可通。合十年計之，則爲七年，就五年計之，則即二年耳。　今以上下文求之，此皆傳寫誤也。　蓋三千里內之諸侯，二年而使大夫通吉凶，三年而使名卿請事，至五年則自來會矣。　計五年之中，止空閒二年，適當未會之前一年，及既會之後一年。　立法周密，不容更有五年、十年之事。　此二句當在下文「三千里之外，諸侯世一至」之下。　蓋世一至則太疏闊，故五年必使大夫請受變，十年必使重適入正禮義也。　傳寫之誤，所宜訂正。　張佩綸云：「名卿」即「命卿」。　章炳麟云：「名卿」非如今語所稱與名臣名士同義者也。　緐露深察名號云「鳴而命施謂之名」，名之爲言，鳴與命也。　説文：「名，自命也。」廣雅釋詁：「命，名也。」是名、命聲義皆同。「名卿」即「命卿」，謂命于天子之卿也。　翔鳳案：「至」字一字爲句。　三千里之外，三十年一至，則三千里之內，於常例之外，又有十年、五年之規定，非誤字也。「適」同「嫡」，嫡子也。　詩「天位殷適」，指紂爲嫡子。

〔二五〕王念孫云：此當以「置大夫以爲廷」爲句，「安入」爲句，「共受命焉」爲句。「廷」，官名，言以大夫爲此官也。「安」，語詞，猶乃也，言諸侯乃入而共受命也。（尹讀「置大夫以爲廷安」絕句，甚爲不詞，其注亦甚謬，不足辯。）張佩綸云：古官無名「廷」者，王説殊意斷。惠棟左氏補注引此以證「使宰獻而請安」，謂齊君飲昭公酒，故使宰獻，乃用廷安之禮，非卑公也，以正杜失。惠説是也。「安」、「宴」通。儀禮覲禮「天子使大夫戒，某日伯父帥乃初事」，其末曰「饗禮乃歸」，即此「廷宴」也。翔鳳案：釋名釋言語：「安，宴也。晏晏然和喜，無動懼也。」春秋哀公六年「安孺子」，史記作「晏」。説文：「晏，安也。」易中孚「有它不燕」，干寶云：「安也。」「廷安」即廷燕，張説是也。

必得文威武，官習勝善勝敵者，必得文德之威，武藝之官，與之練習士卒，則可以勝之。**務**〔一〕，**時因勝之**時，是也。務是因脩，不逆於理，可以得勝也。**終，無方勝之**從始至終，計出無方者勝。**幾，行義勝之**庶幾行義者可以勝。**理，名實勝之**整理名實不謬妄，可以得勝。**急，時分勝之**敗敵所得之物，應受分者急分與之，可以得勝。**事**〔二〕，**察伐勝之**伐功行賞之事，必察有功，不令無功者妄受，可①以得勝。**行**〔三〕，**備具勝之**行師用兵，必備其攻戰之具，可以得勝。**定計財原，無象勝之**奇計若神，無象可原者勝。**本。定獨威勝，**用師之本定，能獨威者勝。**定計財勝，**計謀財用，先審定者勝。**定聞知勝**〔四〕，聞知敵謀，能審定者勝。**定選士勝，**精選士卒，能審

①「可」字原爲墨丁，據補注補。

定者勝。定制禄勝，制禄亦與有功，能審定者勝也。定方用勝〔五〕，異方所用，各有不同，能審定者勝也。定綸理勝，經綸之理，能審定者勝也。定死生勝，定成敗勝，定依奇勝〔六〕，所依奇策，能審定者勝。定實虚勝，定盛衰勝。舉機誠要則敵不量，發舉兵機，誠得其要，則敵不能量也。用利至誠則敵不校〔七〕，用兵便利，又能至誠，則敵不敢校也。明名章實則士死節，明忠義之名，章功勞之實，士則死節，不求苟生。奇舉發不意則士歡用〔八〕，奇謀之舉，發彼不意，則士樂爲用。交物因方則械器備〔九〕，交質之物，因方之有，則器械備具也。因能利備則求必得，因彼所能所利而以備之，則所求必得。執務明本則士不偷。執所營之務，明所爲之本，則士不苟且。備具無常，無方應也〔一〇〕。其所備具無有常者，所以應敵無方。聽於鈔故能聞未極〔一一〕，鈔，深遠也。所聽在於深遠，故能聞於極理。視於新故能見未形〔一二〕，未形者，新事將起，所視者在新，故見未形也。思於濬故能知未始，未始者，事之深浚者，所思在深，故知未始。發於驚故能至無量〔一三〕，發舉可驚，故敵不能量。動於昌故能得其實〔一四〕，舉動昌盛，故敵懼而輸實也。立於謀故能實不可故也〔一五〕。其所建立，皆用深謀，故常堅實，不復衰故。器成教守則不遠道里，器用完成，教令堅守，故欲往則至，不憚道里之遠也。號審教施則不險山河，號令審悉，教命施行，則赴湯火而不顧，豈險難於山河也？博一純固則獨行而無敵〔一六〕，德博而一，行純而固，則仰我如時雨，歡我如椒蘭，誰能敵之？慎號審章則其攻不

待慎號令，審旗章，則攻者争先登，豈顧後而相待乎？ 權與〔一七〕，**明必勝則慈者勇，**權謀明略，必能勝敵，則慈仁者猶致勇奮，況惡少哉！ **器無方則愚者智，**器用無方，應卒必備，則愚者習而成智，況不愚乎！ **攻不守則拙者巧，**我攻既妙，彼不能守，則拙者習而成巧，況不拙乎！ **數也**〔一八〕。**動慎十號，**兵既數動，必慎十①號九章等。 此有因，其數在他篇。 **明審九章**〔一九〕，**飾習十器**〔二〇〕，**善習五官**〔二一〕，**謹修三官**〔二二〕，**必設常主**〔二三〕，**計必先定。** 軍之主將，既必有常，軍之計謀，亦須先定。 **求天下之精材，**精材可以爲軍之器用者。 **論百工之鋭器，器成角試否臧。 收天下之豪傑，有天下之稱材**〔二四〕，稱材，謂材稱其所用也。 **説行若風雨，發如雷電**〔二五〕。**此居於圖方中。** 此中圖之副也。

〔一〕王念孫云：「習勝」者，習勝敵之術也。「勝」下不當有「之」字，此涉下文「勝之」而衍。宋本、朱本皆無「之」字。 戴望云：後圖有「之」字，據尹注亦似有「之」字。 安井衡以此下九「勝之」句皆連下「務」、「終」、「幾」、「理」、「急」、「事」、「行」、「原」、「本」九字爲句，又以「得」爲「德」借字。 何如璋云：「得」當爲「德」。 任法篇：「主之所處者四：一曰文，二曰武，三曰威，四曰德。」「務」字斷句，下一例。 舊注讀「之」爲句，大非。 王云「之」字衍，亦非。

① 「十」字原作「一」，據補注改。

翔鳳案：荀子成相：「尚得推賢不失序。」漢書天文志：「行得盡勝之。」「得」假爲「德」。左昭六年傳「教之以務」，注：「時所急。」晏子春秋：「景公起大臺，役者皆凍。晏子執朴，鞭其不務者。」

〔二〕陳奐云：「幾」讀爲期，言期於行義則勝之也。詩楚茨毛傳曰：「幾，期也。」是「幾」與「期」通之證。俞樾云：說文人部：「僟，精謹也。」「幾」即「僟」之假字，謂精謹行義也。「行」、「義」二字平列，賈子俗激篇：「此其無行義之尤至者已。」尹注謂「庶幾行義者」，非是。張佩綸云：此以「勝之務」、「勝之終」、「勝之幾」等爲句。尹以「之」字絶句，非是。吳汝綸云：「時因」當作「因時」。「終」，「紀」之誤。小匡「以爲民紀」，齊語作「陵爲之終」，是其證。「紀」、「幾」、「理」、「急」、「事」爲韻。「時分」當作「等分」。等，等威；分，名分。翔鳳案：「幾」與「終」對。幾微，事之先見者也。易曰：「知幾其神乎。」「無方」，即無偏向。多方考慮，勝之始也。

〔三〕翔鳳案：史記高祖功臣年表：「明其等曰伐。」

〔四〕戴望云：後圖作「知聞」。

〔五〕姚永概云：下「交物因方則械器備」句正承此文。謂交易各國之良弓勁矢，堅甲利兵也。「方用」猶言方物矣。翔鳳案：「方」爲併船，有比併之義。莊子：「方舟而濟於河。」論語：「子貢方人。」

〔六〕王念孫云：「綸理」即「倫理」。（「倫」與「綸」古字通，故漢書律曆志「泠倫」作「泠綸」。）「依奇」即「依倚」也。（説卦傳「參天兩地而倚數」，釋文：「倚，蜀本作『奇』。」周官大祝「奇𢷎」，注：杜子春云：「或云『奇』讀曰倚。」漢書外戚傳「欲倚兩女」，史記「倚」作「奇」。）「綸理」、「死生」、「成敗」、「依奇」、「實虚」、「盛衰」，皆兩字平列，尹注非。　何如璋云：「依奇」之「依」當作「正」。孫子勢篇：「三軍之衆可使必受敵而無敗者，奇正是也。」又：「凡戰者以正合，以奇勝。」本此。　翔鳳案：説文「依」、「倚」互訓，王説是也。學記「不學博依」，注：「廣譬喻也。」論語：「能近取譬。」此古人一種思想方法也。

〔七〕翔鳳案：依上下句，「利」爲名詞，不能釋爲「制」字。老子「絶巧棄利」，注：「巧利，用之善者。」

〔八〕王念孫云：「舉發不意」，即下文所云「發不意」也。「舉發」上不當有「奇」字，此涉上文「依奇」而衍。自「舉機誠要」至「執務明本」，皆四字爲句，尹注非。　翔鳳案：「不意」則「奇」。古人不尚排偶，諸句不必一致。

〔九〕俞樾云：「交」讀爲校，謂考校其物，必因其方也。尹注謂「交質之物，因方之有」，非是。
翔鳳案：小爾雅廣言：「交、校，報也。」左僖二十三年傳：「有人而校。」俞説是也。

〔一〇〕翔鳳案：此倒句也。書中倒句頗多，古今語法不同。

〔一一〕戴望云：後圖作「無極」。　何如璋云：「鈔」當作「眇」，細微也。聽而得之，則遠而無極者能聞矣。　陶鴻慶云：「鈔」當爲「玅」，故尹注訓爲「深遠」。極，至也。「聞未極」與「見未形」相對，注云「所聽在於深遠，故能聞於極理」，非是。

〔一二〕陳奐云：「新」當爲「親」，字之誤也。親，近也。聽於至小，故能聞未極。視於至近，故能見未形。鈔、親二義相同。　安井衡云：「新」，初也，視於事初，故能見未成形之時。

〔一三〕戴望云：「驚」疑「警」字之誤。釋名曰：「敬，警也。行事肅警也。」「發於警」，正得臨事而懼之意。古字警、驚往往致誤。詩小雅「徒御不警」，今亦誤爲「驚」矣。　翔鳳案：參患：「三驚當一至。」戴說謬。

〔一四〕戴望云：「昌」當爲「冒」，「寶」當爲「實」，皆字之誤也。說文曰：「冒，蒙而前也。」段氏注：「蒙者，覆也，引申之，有所干犯而不顧亦曰冒。」此「冒」字當同此意。「實」者，軍實也。左氏隱五年傳「以數軍實」，杜注曰：「數車徒器械。」宣十二年傳「楚國無日不討軍實而申儆之」，襄二十四年傳「齊社蒐軍實」，杜注竝云：「軍實，軍器。」此蓋言動於冒，故能得敵人之軍器，所謂「先人有奪人之心」是也。尹注大非。　翔鳳案：「昌」訓「始」，爲「倡」之借。齊人謂「俘」爲「寶」，包括人與財物。左莊六年「齊人來歸衛俘」，公羊作「寶」。

〔一五〕戴望云：「故」當爲「攻」字之誤。「立於謀」，故能兵甲堅實，使敵不可攻也。或云：「故，『敵』字之誤。」　張佩綸云：「故能實不可故也」無義。「實」當作「守」，涉上「寶」而誤。「故」當作「攻」，涉上「故」而誤。故能攻不守，「守」與「謀」爲韻，下「攻不守則拙者巧」正承此文。「可」當爲「行」，自「聽於鈔」至「立於謀」，凡六端，即兵法之六行也。翔鳳案：賈子大政：「能言之、能行之者，謂之實。」荀子王霸：「而好詐故」，注：「謂事變也。」一字不誤。本篇非韻文，凡言韻者皆誤。

〔一六〕王念孫云：「博」字與「一純固」三字義不相屬。尹云「德博而一」，則曲爲之説也。「博」當爲「摶」，字之誤也。「摶」即專字也。「專一」與「獨行」，義正相承。唯其「專一純固」，故能「獨行而無敵」。兵法篇曰「一氣專定，則傍通而不疑」，是其證也。古書多以「摶」爲「專」。（説見前「博出入」下。）翔鳳案：房注：「德博而一，行純而固。」「博」假爲「溥」。王説非。

〔一七〕王念孫云：案尹注甚謬。此當讀「則其攻不待權與」爲句。「權與」謂與國也。言能慎號審章，則攻人之國，不待與國之相助也。（即上文「獨行無敵」之意）。七法篇曰：「攻國救邑，不待權與之國。」事語篇曰：「獨出獨入，莫之能禁止，不待權與。」（今本「與」字皆作「輿」，此後人不曉文義，而妄改之也。唯宋本作「與」。）輕重甲篇曰「數欺諸侯者無權與」，是其證也。下文「明必勝則慈者勇，器無方則愚者智，攻不守則拙者巧」，六句文同一例，則「明必勝」三字不與「權與」連文，益明矣。

〔一八〕孫星衍云：「數」讀如計數之數，總承上文爲句。「動慎十號」爲句，與下文「明審九章，飭習十器，善習五官，謹修三官」句法爲一例。尹注非。王念孫云：孫説是也。「數也」云者，猶言道固然也，乃總結上文之詞。荀子仲尼篇曰：「桓公兼此數節者而盡有之，其霸也宜哉，非幸也，數也。」呂氏春秋壅塞篇：「寡不勝衆，數也。」高注曰：「數，道數也。」本書權脩篇曰：「教訓成俗而刑罰省，數也。」法法篇曰：「上無固植，下有疑心，國無常經，民力必竭，數也。」皆其證。

〔一九〕何如璋云：「九章」即旗章也，見兵法篇。

〔二〇〕何如璋云：「十器」謂兵械也。夏官司馬：「掌五兵五盾，各辨其物與其等，以待軍事。」翔鳳案：「十器」即「什器」。「十」通「什」，見前。

〔二一〕洪頤煊云：兵法篇云：「三官不謬，五教不亂，九章著明。」此「五官」當作「五教」。翔鳳案：「官」訓「管」，見前。有管即有教，不必改字。

〔二二〕何如璋云：「三官」，兵法篇：「一曰鼓。二曰金。三曰旗。」

〔二三〕丁士涵云：當作「主必常設」，與下「計必先定」，兩「必」字相對成文。「設」、「定」皆立也。權脩篇曰「萬乘之國，兵不可以無主」，是其證。何如璋云：「常主」謂將軍之帥，建大常以爲主者。兵必立主，乃有專司。非此，則不能偏知天下，審御機數也。秋官大行人：「以九儀辨諸侯之命。上公建常，九斿。侯伯建常，七斿。子男建常，五斿。」是「常」亦諸侯所建。王之大常，所異者十二斿耳。翔鳳案：何説句改而意不改，謬矣。

〔二四〕王念孫云：「稱材」當作「精材」，即上文所云「求天下之精材」也。七法篇云：「聚天下之精材，論百工之鋭器。」小問篇云：「選天下之豪傑，有天下之精材。」意並同也。隸書「稱」字或作「稱」，與「精」相似而誤。尹注非。　章炳麟云：釋言：「稱，好也。」考工「輪人欲其肉稱也」，注：「肉稱，弘殺好也。」皆訓「稱」爲好。好材，猶言美材也。上文云「精材」，小問亦以「精材」、「豪傑」竝言，字與此異，而意則大同。尹注「謂材稱其所用」，失之。雜志以「稱」爲「精」之誤，亦不必然。　翔鳳案：「稱」之訓「好」，即謂其相稱。俗語作「稱力」，讀去聲。

〔二五〕豬飼彦博云：「説」字衍。　丁士涵云：「説」讀爲鋭。文選五等論注：「鋭猶疾也。」廣雅曰：「鋭，利也。」　安井衡云：「説」，舍也，次舍行軍，若風雨之不可抑止也。　翔鳳案：書有説命，與教令相當，貫二句，不當衍。

旗物尚青，木用事，故尚青。兵尚矛〔一〕，象春物之芒鋭。刑則交寒害釱〔二〕。其行刑戮，則於初旦夜盡之交。其時尚寒主春，人不得已而行刑，故離害而釱禁①。釱或爲鈸。器成不守，器用既成，則敵不能圍守也。經不知；經，法也。用兵之法，敵不能知也。教習不著，我之教習，敵不能著。著，猶明著。發不意〔三〕。其所舉發，出敵不意。經不知，故莫之能圉；發不意，故莫之能應。莫之能應，故全勝而無害；莫之能害，故必勝而無敵〔四〕。四機不明〔五〕，不過九日而游兵驚軍；四機，即上不守、不知、不著、不意也。障塞不審，不過八日

① 「離害而釱禁」原作「難言而欽敬」，據補注改。

而外賊得閒；障塞者，所以防守要路也。由守不慎〔六〕，不過七日而内有讒謀；由守，所由而防守者。詭禁不脩，不過六日而竊盜者起；詭禁，所以禁詭常也。死亡不食〔七〕，不過四日而軍財在敵〔八〕。死亡者不享食，鬼神必怨怒，故軍財在敵。此居於圖東方方外。此東圖之副也。

〔一〕林昌彝云：管子幼官篇：「東方旗物尚青，兵尚矛；南方旗物尚赤，兵尚戟；西方旗物尚白，兵尚劍；北方旗物尚黑，兵尚脅盾。」此各方旗物配其兵，本禮記各以其方色與其兵。鄭注謂「未聞其兵」，此可補鄭注所未備。尹桐陽云：穀梁莊二十五年傳「陳五兵」，范注：「五兵：矛、戟、鉞、楯、弓矢。」楊勛疏引徐邈曰：「矛在東，戟在南，鉞在西，楯在北，弓矢在中央。」說蓋出此。翔鳳案：旗物配五行，墨子亦有之。蓋承洪範五行而發展，禮記在其後。林倒果爲因，誤。

〔二〕戴望云：「寒」當爲「蹇」字之誤。說文曰：「蹇，𡯌也。」「尣，烏光切，𡯌也，曲脛人也。」「交，交脛也。」謂以兩繩系交其膝下，若曲脛然也。」「害」當從劉說讀爲轄，說文曰：「轄，鍵也。」「轄」與「舝」同字，「舝」下曰：「車軸耑鍵也。」段注曰：「以鐵豎貫軸頭而制轂，如鍵閉然。」依段說，則轄以鐵爲之。轄爲繫車軸之物，引申之，因謂以鐵索拘罪人者亦謂之轄，其狀蓋如鋃鐺矣。說文又曰：「釱，鐵鉗也。」段注曰：「平準書：釱左趾。三蒼：釱，踏脚鉗也。張斐漢晉律序說：狀如跟衣，箸足下，重六斤，以代刖。」蓋「轄」與械音近，「釱」與桎音近。

周禮掌囚注：「在手曰梏，在足曰桎。」梏亦械類。以是推之，則此亦當云「在手曰轄，在足曰釱」矣。　章炳麟云：劉績曰：「釱，鉗械人足也，恐當作轄釱。」其説是也。漢書揚雄傳「肆玉釱而下馳」，以「釱」爲「軑」；而説文「軑」訓「車轄也」。（廣韻引。）「轄，一曰鍵也。」則軑本是鍵閉之物，與「軑」聲義相通，「軑」可言轄，故「釱」亦可言轄。至「交寒」，則「骹骭」之借。説文：「骹，骭也。」「骭，脛也。」此以「骹骭」竝言，連文足句也。御覽引説文：「釱，脛鉗也。」是釱固施于骹骭矣。本當言轄軑骹骭，此倒句耳。　于省吾云：戴以「寒」爲「蹇」字之誤，是也。惟「蹇」字應讀作鍵，周禮司門「掌授管鍵」，鄭司農云：「『鍵』讀爲蹇。」　翔鳳案：「寒」誤爲「蹇」無據。文選七啟「寒茅苓之巢龜」，注：「『寒』與『韓』同。」曹子建名都篇「寒鼈炙熊蹯」，注：「『寒』與『韓』古今字。」左襄八年傳「寒促」，古今人表作「韓促」。説文：「韓，井垣也。」同「幹」。文選西都賦「攀井幹而未半」，李注：「『幹』音寒。」「韓」爲井幹，與校相似，即枷也。「害釱」以章説爲是。

〔三〕王念孫云：「經」，過也，謂兵過敵境而敵不知也。「經不知」、「發不意」相對爲文。「經」之言徑也。兵法篇云「徑乎不知，發乎不意」，是其證。尹注非。　陶鴻慶云：尹注云「器用既成，則敵不能圍守」，殊不成義。「守」當讀如墨守之守，言成器之法，不拘故常也。上文云「器無方則愚者智」，即此義。　張佩綸云：「守」、「著」皆當作「若」，字之誤也。器成、教習，兵之正法，鼂錯所謂「士服習，器械利」也。然「器成不若經不知，教習不若發不意」，此兵之奇也。孫子計篇「攻其無備，出其不意」，孟氏注及通典注均引太公「動莫神于不意，謀莫大于不識」。翔鳳案：王、陶説是。張無據改字，不可爲訓。

〔四〕安井衡云：「圉」諸本誤「害」，今從古本。戴望云：元本作「莫之能圉」，後圖亦作「圉」，此涉上文「無害」而誤。

〔五〕何如璋云：「四機」即兵法篇「敵政」、「敵情」、「敵將」、「敵士」，四者乃兵機之要也。

〔六〕俞樾云：「由」疑「申」字之誤，哀二十六年左傳「申開守陴」。

〔七〕王引之云：「死亡不食」義不可通，尹曲爲之説，非也。「亡」蓋「士」之譌，死士，敢死之士也。（見定十四年左傳杜注。）「食」猶饗也。饗死士，若田單之盡散飲食饗士，李牧之日擊數牛饗士，是也。秦策曰：「廢文任武，厚養死士，綴甲厲兵，效勝於戰場。」是死士所以克敵效勝。今吝惜資財，不肯饗之，則死士不爲之用，將無以勝敵，而爲敵所勝，故「軍財在敵」也。後幼官圖篇同。俞樾云：「食」乃「飭」之壞字。上文「飭天壤山川之故祀」，今亦誤作「食」，是其證也。「死亡不食」當作「死亡不飭」。禮記月令篇曰「飭死事」，即此「飭」字之義。翔鳳案：侈靡篇：「國殤葬於叢社。」「食」即上文「修春秋冬夏之常祭食」。房注「死亡者不享食」，不誤。不厚待國殤，無以勵士氣。

〔八〕張佩綸云：「四日」當作「五日」。翔鳳案：依「中方本圖」，當爲「五日」。然祭祀以三爲神數（詳拙著周易探原），過三日即四日矣。幼官圖亦爲「四日」，「四」字不誤。

旗物尚赤，火用事，故尚赤。兵尚戟，象夏物之森聳。刑則燒交疆郊〔一〕。其用刑，則於疆郊焚燒而交也。必明其一，一，謂號令不二。必明其將，必明其政，必明其士。四者備〔二〕，則以治擊亂，以成擊敗。數戰則士疲，數勝則君驕。驕君使疲民，則國危〔三〕。至善不戰，用兵之善者，其唯不戰乎！其次一之。其次善者，雖戰而號令一。大勝者積衆積衆然後可以大勝。勝，無非義者，焉可以爲大勝〔四〕。所以勝皆大義，故成大勝也。大勝，無不勝也。此居於圖南方方外。此南圖之副也。

〔一〕章炳麟云：「交」借爲「烄」、爲「⿱交火」。説文「烄，交木然也」，「⿱交火，交灼木也」，與「燒」義相承。「疆郊」者，「郊」即「墽」之借。左傳「數疆潦」，賈注：「疆礫墽埆之地。」月令「美土疆」，注：「强墽之地。」是也。强墽之地，古人每以他物變化之。月令季夏之月云「燒薙行水，利以殺草，如以熱湯，可以糞田疇，可以美土疆」，是即「燒烄疆墽」之謂。但夏日烈暑而從事炎火熱湯之中，農夫亦以爲苦，故以罰作有罪者，于刑爲胥靡城旦之類。文在南方圖中，亦與月令季夏之政合。

〔二〕何如璋云：「一」當作「情」，涉下「一」字而誤，兵法篇可證。「四者」即上「四機」之謂。「備」謂知其皆不如己。翔鳳案：細讀兵法，「一」字不誤。

〔三〕尹桐陽云：呂覽適威：「李克對魏武侯曰：『驟戰則民罷，驟勝則主驕。以驕主使罷民，然而國不亡者，天下少矣。』」淮南道應「驟」作「數」，「驕」作「憍」也。

〔四〕安井衡云：古本「衆勝」下有「而」字，似長。戴望云：「大勝者」三字衍文，當讀「積衆勝無非義者」爲句。「焉」猶乃也。「焉」字屬下爲句。尹注非。翔鳳案：「積衆勝」而爲「大勝」。「焉」字屬下爲句。

旗物尚白，金用事，故尚白。兵尚劒，象金性之利也。刑則詔昧斷絶〔一〕。其用刑，則繼晝之昧，斷絶而戮之也。始乎無端，卒乎無窮。始乎無端，道也。卒乎無窮，德也。道不可量，德不可數。不可量則衆强不能圖，不可數則爲詐不敢鄉〔二〕。兩者備施，兩者，謂道德也。動靜有功。畜之以道，養之以德。畜之以道則民和，養之以德則民合，故能習，習故能偕，偕，謂同爲其事。偕習以悉〔三〕，悉，盡也。莫能傷也。此居於圖西方方外。此西圖之副也。

〔一〕丁士涵云：説文：「紹，緊糾也。」「昧」與「末」通，内業篇「氣不通于四末」，注：「四末，四支。」左昭元年傳：「末，四支也。」「紹末斷絶」，謂以繩纆係其支體，斷絶之也。孫詒讓云：「詔」，明刻本竝作「紹」。「詔昧」疑當作「抳昧」，韓非子備内篇云：「此鴆毒扼昧之所以用也。」章炳麟云：「紹昧」亦與「斷絶」同義，古人言不避複也。「紹」得刀聲，「刀」之俗字作「刟」，廣雅釋詁：「刟，斷也。」「紹」借爲「刟」。「昧」者，公羊襄二十七年傳「昧雉彼視」，

注：「昧，割也。」(釋文云「昧雉舊音刎」，此猶「昧」與「曶」之通。)斷割，猶斷絶也，皆謂斬斷之刑。又以義之相反相成言之，斷字從㡭，㡭，古文絶也。反㡭爲𢇇，即今繼字。説文「紹，繼也」，反則爲斷絶之義。「昧」之言未也，方言：「未，續也。」繼、續同義，(説文「繼」亦訓續。)故反亦爲斷絶之義。　翔鳳案：「昧」訓「割」，爲「𠢐」之借。「𠢐」或作「劙」，荀子彊國：「劙盤盂。」堯典「昧谷」，史記作「柳谷」。「柳」借爲「劉」，義亦通。

〔二〕劉績云：「鄉」、「嚮」同。　孫星衍云：「爲」讀作僞，兵法篇：「則僞詐不敢嚮。」禮記月令「毋或作爲」，注：「今月令『作爲』爲『詐僞』。」左氏定九年傳「子爲不知」，釋文：「『爲』本作『僞』，古字通用。」　張佩綸云：「爲」古「僞」字，「數」、「量」當互易，「數」與圖韻，「量」與鄉韻。　翔鳳案：「僞詐」即「譌詐」，通作「訛詐」。詩采苓「人之爲言」，正月「民之訛言」。

〔三〕劉績云：兵法篇作「和合故能諧，諧故能輯，諧輯以悉，莫之能傷」，則「習」乃「輯」聲之誤。後放此。　丁士涵云：「習」爲「輯」之假借，輯，合也。諧，和也。尹注非。

旗物尚黑，水用事，故尚黑。兵尚脅盾，象時物之閉。盾或署之於脅，故曰脅盾。刑則游仰灌流〔一〕。其用刑，則游縱之所使仰藥死，而既乃投之於灌流。察數而知治，審器而識勝，明謀而適勝〔二〕，通德而天下定。定宗廟，育男女，宗廟存，則男女育也。官四分，則可以立威行德，制法儀，出號令〔三〕。擇才授官，四面分設。至善之爲兵也，非地是求也，罰人是君〔四〕。至善之兵，不求其地，所以君可罰人，若紂、桀之人，比屋可誅也。立義而加之以勝，至威而實之以德〔五〕，守之而後脩，勝心焚海内〔六〕。既獲敵人之國，順而守之，然後修其法制。如此，則强勝之心可以焚灼於海内。民之所利，立之；所害，除之，則民人從。立利、除害，則人從也。立爲六千里之侯，則大人從。既九會之後，天子加命，立爲侯伯，面各三千里，四方相距六千里。大人，謂天子三公四輔也。使國君得其治，則人君從。會國君，謂天下同盟諸侯①。請命於天〔七〕，地知氣和〔八〕，則生物從。謂郊祀天地神祇，使之合德，則四氣和可知，故生物從之。計緩急之事，則危危而無難〔九〕。緩急之事，皆已計定，則二者之危無所難。緩急之事，皆有可危之理，故曰危危。明於器械之利，則涉難而不變。察於先後之理，則兵出而不困。通於出入之度，則深入而不危。審於動静之務，則功得而無害也。著於取與之分，則得地而不執〔一〇〕。謂不悋執。慎於號令之官，則舉事而有功。此居於圖北方方外〔一一〕。此北圖之副也。

〔一〕翔鳳案：「仰」爲以水灌鼻之刑。左僖二十一年傳「夏大旱，公欲焚巫尫」，注：「女巫也。或謂疾病之人其鼻向上，俗謂天哀其病，恐雨入其鼻，故旱。」灌水於鼻，近代有用之者。

〔二〕王念孫云：「適勝」當爲「勝適」，「適」即敵字也。兵法篇云「察數而知治，審器而識勝，明理

①「侯」下原衍「矣」字，據補注删。

而勝敵」，是其證。今作「適勝」者，涉上句「識勝」而誤。

〔三〕翔鳳案：幼官以北爲主，「官四分」，分春夏秋冬之官也。

〔四〕豬飼彦博云：末句當作「人是罰也」。張佩綸云：「罰」當作「非」，言非求其地，君其民。翔鳳案：廣雅釋詁四：「罰，伐也。」史記律書：「北至於罰，罰者言萬物氣奪可伐也。」「是」從「日」、「正」。易未濟「有孚失是」，虞注：「正也。」伐其民而正其君也。「人」當作「民」，避唐諱改。無誤字。

〔五〕丁士涵云：「至」當爲「立」字之誤，「立威」與上「立義」對文。劉師培云：「至」即「致」省。

〔六〕豬飼彦博云：「心焚」當作「必樊」，言能守仁義威德而後舉兵勝敵，則必服海内，如在樊籬之中也。戴望云：「焚」字義不可通，尹注訓爲「焚灼」，甚非也。「焚」當爲「樊」，字形相近而誤。詩齊風毛傳曰：「樊，藩也。」字本作「棥」，假借作「樊」。「勝心樊海内」者，言勝心足以牢籠海内，若藩籬之也。孟子「益烈山澤而焚之」，莊氏葆琛謂：「『烈』當作『列』，『焚』作『樊』，言衺列山澤而藩籬之也。」左傳「象以齒以焚其身」，宋本北堂書鈔引「焚」作「樊」，可證今本之誤。翔鳳案：説文：「焚，燒田也。从火、棥，棥亦聲。」「棥，藩也。」是「焚」有「藩」義矣。

〔七〕王念孫云：「則人君從」絶句，與上下之「民人從」、「大人從」、「生物從」文同一例。「會」字下屬爲句。會，合也，合請命於天地也。尹以「人君從會」爲句，非是。尹桐陽云：「會請命於天」句。「會」同「禬」，除疾殃祭也。（「地」字屬下，以「地知氣和」爲句。）翔鳳案：「會」即九會諸侯之「會」，尹説非是。

〔八〕丁士涵云：「知」當爲「志」，聲之誤。尹桐陽云：「地知氣和」句。「知」同「湼」，土得水沮也。集韻云：「水土和。」翔鳳案：莊子庚桑楚：「知者，接也。」墨子經上：「知，接也。」斷句從尹，解釋俱誤。

〔九〕劉績云：別本注云：「緩急之事，已有定計，雖危，其可危終無所難也。」洪頤煊云：上「危」字當爲「居」字之譌，尹注非。戴望云：兵法篇曰：「三官不繆，五教不亂，九章著明，則危危而無害，窮窮而無難。」亦以「危危」連文，洪改似非。

〔一〇〕王念孫云：「執」字義不可通，尹曲爲之説，非也。「執」當爲「報」。報，復也，反也。（周官宰夫注：「復之言報也，反也。」）言明乎取與之分，則得敵之地，而敵不能復取吾地也。越語曰「戰勝而不報，取地而不反」，是其證。隸書「執」字或作「𠂇」（見漢淳于長夏承碑），形與「報」相似，故「報」譌爲「執」矣。（漢書王子侯表「騶邱原侯報德」，史表「報」作「執」。）俞樾云：「執」讀爲慹，漢書陳萬年傳「豪疆執服」，注曰：「『執』讀曰慹。」是其例也。説文心部：「慹，悑也。」「悑」即今怖字。「著於取與之分」，則得地而無患，故「不慹」，與上文「審於動靜之務，則功得而無害」，義正相同。尹注謂「不慴執」，失之。翔鳳案：俞説是也。

〔二二〕翔鳳案：幼官會諸侯，明政刑，大刑用甲兵，兵亦刑也。其義與五行配合。東方之刑，「交寒害鈇」皆木也。南方之刑，「燒交疆郊」皆火也。西方之刑，「紹昧斷絶」皆金也。北方之刑，「游仰灌流」皆水也。水火不可爲兵器，則取其形象。房注謂「矛象春物之芒鋭，戟象夏物之森聳，劍象金性之利，盾象時物之閉」，其言是也。然此僅就其粗淺者言之耳。幼官爲全書之腦神經系，一切言論皆從此出。阮元謂：「明堂爲天子所居之初名，祀上帝於是，祭先祖於是，朝諸侯於是，養老、尊賢、教國子於是，饗射、獻俘馘於是，治天文、告朔於是。」幼官爲諸侯之宫，其爲用一也。篇中所言多天文，顯而易見。卯爲春門，酉爲秋門，予已辯正之矣。心術上「絜其宫，開其門」，乃由此導出。老子「天門開闔，能爲雌乎」，即從此發展。幼官以北宫爲主，顓頊主之，所謂「顓頊得之，以處玄宫」，即此。老子「道可道，非常道，名可名，非常名」，「玄之又玄，衆妙之門」，其「門」即春門、秋門，亦即天門也。思想出於腦，古人已知。說文「思」從囟聲，囟即囟門，又呼天靈蓋。道家之嬰兒、姹女，由此引申。所謂「一丸萊菔火吾宫」，「宫」即心也。顓頊爲水帝，故水地篇以水爲神。顓頊爲楚之祖，楚水獨合於標準。篇中屢言「凡物開静，形生理，常至命」。心術上：「心之在體，君之位也。九竅之有職，官之分也。心處其道，九竅循理。」「物固有形，形固有名。」「静因之道也。」「人主者，立於陰，陰者静。」心術下：「正形飾德，萬物畢得。」白心：「建當立有，以靖爲宗，以時爲寶，以政爲儀。」亦由此導出。而白心之「祥於鬼者義於人」，「義於人者祥其神矣」，所謂「鬼神以祥使」，與幼官之關係尤爲顯著。由是以水地爲楚霸時作，心術、白心爲宋鈃、尹文作，其誤立見矣。五行、四時二篇，申述其義。宙合：「左操五音，右執五味，懷繩與准鉤，多備規軸。」「五音」、「五味」見於幼官。天左旋，積氣而有五音。地右轉，生物而有五味。規矩與繩，爲五帝所執，非幼官不得其解。而如侈靡之複雜，舊説幾於心迷目眩，不知所云，知「聖人乘幼」，則立迎刃而解矣。非獨此也，五方之數字，非此不解。地員篇辨土宜，「五粟」、「五沃」、「五位」、「五隱」、「五壤」等，皆以五分，以土數爲五。「管仲之匡天下也，其施七尺」，由一施、二施、三施至二十施。施以竹爲之，木類，木之生數三，成數七。中匡「五官行事」，四時「春以甲乙之日發五政」，夏秋冬亦爲五政，以幼官爲五宮。五行篇黄帝六相，則合天地四方言之也。若夫七法「育男女」，小匡「牛馬育」，兵法「器械不巧則朝無定」，其詞皆見於幼官。七法、兵法尤多。故幼官爲理論之中心。

幼官圖第九

西方本圖　西方副圖　南方本圖　中方本圖　北方本圖　南方副圖　中方副圖　北方副圖　東方本圖　東①方副圖

經言九

①「東」字原作「中」，據補注改。

安井衡云：此篇名圖，則當陳列幼官所不及以爲十圖。今不惟無圖，其言又與前篇無異；蓋原圖既佚，後人因再鈔幼官以充篇數耳，非管子之舊也。戴望云：宋本此篇，先西方本圖，次西方副圖，次南方本圖，次中方本圖，次北方本圖，次南方副圖，次中方副圖，次北方副圖，次東方本圖，次東方副圖，與今本大異，恐宋本爲是。此必有意義存乎其中，今本特以其不同前篇，而移其先後耳。翔鳳案：幼官圖與幼官篇文字相同，重復不合理，古人決不如是之愚蠢。以屈原祖廟及長沙軑侯墓畫絹例之，幼官圖是圖，是照幼官篇文字繪圖於壁上，即用幼官篇文字説明之。幼官圖即是此意。郭沫若誤會文義，用文分列爲圖而不言五帝、五獸之形象，非是。且篇中數字之意義即用洪範，其圖爲洛書。各書有洛書圖，而不知即在管子幼官篇中。可知圖不僅是畫像，即黑白點亦爲圖。本圖、副圖亦有分别者。楊忱本先西方，次南方，次中方，次北方，次中副，次北副，次東方，由左而上中下，合乎繪畫之順序，郭不知也。

秋行夏政葉，行春政華，行冬政耗。十二期風至，戒秋事。十二小卯，薄百爵。十二白露下，收聚。十二復理，賜予。十二始前節，弟賦事〔一〕。十二始卯，合男女。十二中卯，十二下卯，三卯同事。九和時節，君服白色，味辛味，聽商聲，治濕氣，用九數，飲於白后之井，以介蟲之火爨。藏恭敬，行搏鋭，坦氣脩通。凡物開靜，形生理，閒男女之畜，修鄉里之什伍，量委積之多寡，定府官之計數，養老弱而勿通，信利害而無私。此居於圖西方方外。

右西方本圖

〔一〕劉績云：前作「十二始節賦事」，無「前」、「弟」二字。戴望云：「前」、「弟」二字，疑皆「節」字之誤而衍者，上篇亦無此二字。翔鳳案：「前」同「剪」，齊也。義可通，不誤。

旗物尚白，兵尚劍，刑則紹昧斷絶。始乎無端，卒乎無窮。始乎無端，道也。卒乎無窮，德也。道不可量，德不可數。不可量則衆强不能圖，不可數則爲詐不敢鄉。兩者備施，動静有功。畜之以道，養之以德。畜之以道則民和，養之以德則民合，和合故能習，習故能偕，偕習以悉，莫之能傷也。此居於圖西方方外。

右西方副圖

夏行春政風，行冬政落，重則雨雹，行秋政水。十二小郢，至德。十二絶氣下，下爵賞。十二中郢，賜與。十二中絶，收聚。十二大暑至，盡善。十二中暑，十二小暑終，三暑同事。七①舉時節，君服赤色，味苦味，聽羽聲，治陽氣，用七數，飲於赤后之井，以毛獸之火爨。藏薄純，行篤厚，坦氣修通。凡物開靜，形生理，定府官，明名分，而審責於群臣有司，則下不乘上，賤不乘貴。法立數得，而無比周之民，則上尊而下卑，遠近不乖。此居於圖南方方外。

右南方本圖

若因處虛守靜，人物則皇。五和時節，君服黄色，味甘味，聽宫聲，治和氣，用五數，飲於黄后之井，以倮獸之火爨。藏温儒，行歐養，坦氣修通。凡物開靜，形生理，常至命。尊賢授德則帝，身仁行義、服忠用信則王，審謀章禮、選士利械則霸，定生處死、謹賢修伍則衆，信賞審罰、爵材禄能則强，計凡付終、務本飾末則富，明法審數、立常備能則治，同異分官則安。通之以道，畜之以惠，親之以仁，養之以義，報之以德，結之以信，接之以禮，和之以樂，期之以事，攻之以言〔二〕，發之以力，威之以誠。一舉而上下得終，再舉而民無不從，三舉而地辟散成，四舉而農佚粟十，五舉而務輕

① 「七」字原作「十」，據補注改。

金九，六舉而絜知事變，七舉而内外爲用，八舉而勝行威立，九舉而帝事成形。九本搏大，人主之守也。八分有職，卿相之守也。十官飾勝備威，將軍之守也。六紀審密，賢人之守也。五紀不解，庶人之守也。動而無不從，静而無不同。治亂之本三，卑尊之交四，富貧之終五，盛衰之紀六，安危之機七，强弱之應八，存亡之數九。練之以散群傰署，凡數財署，殺僇以聚財，勸勉以遷衆，使二分具本。發善必審於密，執威必明於中。此居圖方中。

右中方本圖

〔一〕安井衡云：古本「攻」作「攷」。戴望云：「攻」當從一本作「攷」，「攻」字誤。翔鳳案：前篇亦作「攻」。

冬行秋政霧，行夏政雷，行春政烝泄。十二始寒，盡刑。十二小榆，賜予。十二中寒，收聚。十二中榆，大收。十二寒至，静。十二大寒之陰，十二大寒終，三寒同事。六行時節，君服黑色，味鹹味，聽徵聲，治陰氣，用六數，飲於黑后之井，以鱗獸之火爨。藏慈厚，行薄純，坦氣修通。凡物開静，形生理。器成於僇，教行於鈔，動静不記，行止無量。戒審四時以别息，異出入以兩易，明養生以解固，審取與以總之。一會諸侯，令曰：「非玄帝之命，毋有一日之師役。」再會諸侯，令曰：「養孤老，食常疾，收孤寡。」三會諸侯，令曰：「田租百取五，市賦百取二，關賦百取一，毋乏耕織之器。」四會諸侯，令曰：「修道路，偕度量，一稱數，毋征藪澤，以時禁發之。」五會諸侯，令曰：「修春秋冬夏之常祭食，天壤山川之故祀必以時。」六會諸侯，令曰：「以爾壤生物共玄官，請四輔，將以祀上帝〔一〕。」七會諸侯，令曰：「官處四體而無禮者，流之焉莠命。」八會諸侯，令曰：「立四義而無議者，尚之于玄官，聽於三公。」九會諸侯，令曰：「以爾封内之財物、國之所有爲幣。」九會，大令焉出，常至。千里之外，二千里之内，諸侯三年而朝，習命；二①年，三卿使四輔；一年，正月朔日，令大夫來修，受命三公。二千里之外，三千里之内，諸侯五年而會，至，習命；三年，名卿請事；二年，大夫通吉凶；七年，重適入正禮義〔二〕；五年，大夫請變〔三〕。三千里之外，諸侯世一至，置大夫以爲廷安，入共受命焉。此居於圖北方方外。

① 「二」字原作「三」，據補注改。

右北方本圖

〔一〕安井衡云：諸本「禮」誤「祀」。今從古本作「禮」。翔鳳案：上文「祀必以時」，則作「祀」者是也。

〔二〕戴望云：當從前篇作「十年」，此「七」字誤。

〔三〕戴望云：元本作「請受變」，案前篇本有「受」字。

旗物尚赤，兵尚戟，刑則燒交疆郊。必明其一，必明其將，必明其政，必明其士。四者備，則以治擊亂，以成擊敗。數戰則士疲，數勝則君驕。驕君使疲民，則危國。至善不戰，其次一之。大勝者，積衆勝而無非義者，焉可以爲大勝？大勝，無不勝也。此居於圖南方方外。

右南方副圖

必得文威武，官習勝之務，時因勝之終，無方勝之幾，行義勝之理，名實勝之急，時分勝之事，察伐勝之行，備具勝之原，無象勝之本。定獨威勝，定計財勝，定聞知①勝，定選士勝，定制禄勝，定方用勝，定綸理勝，定死生勝，定成敗勝，定依奇勝，定實虚勝，定盛衰勝。舉機誠要則敵不量，用利至誠則敵不校，明名章實則士死節，奇舉發不意則士歡用，交物因方則械器備，因能利備則求必得，執務明本則士不偷。備具無常，無方應也。聽於鈔故能聞無極，視於新故能見未形，思於濬故能知未始，發於驚故能至無量，動於昌故能得其寳，立於謀故能實不可故也。器成教守則不遠道里，號審教施則不險山河，博一純固則獨行而無敵，慎號審章則其攻不待權與，明必勝則慈者勇，器無方則愚者智，攻不守則拙者巧，數也。動慎十號，明審九章，飾習十器，善習五官，謹修三官，必設常主，計必先定。求天下之精材，論百工之鋭器，器成角試否臧。收天下之豪傑，有天下之稱材，説行若風雨，發如雷電。此居於圖方中。

①「聞知」二字原作「知聞」，據補注乙。

右中方副圖

旗物尚黑，兵尚脅盾，刑則游仰灌流。察數而知治，審器而識勝，明謀而適勝，通德而天下定。定宗廟，育男女，官四分，則可以立威行德，制法儀，出號令。至善之爲兵也，非地是求也，罰人是君也。立義而加之以勝，至威而實之以德，守之而後修，勝心焚海内。民之所利，立之；所害，除之，則民人從。立爲六千里之侯，則大人從。使國君得其治，則人君從。會請命於天地，知氣和，則生物從。計緩急之事，則危危而無難。明於器械之利，則涉難而不變。察於先後之理，則兵出而不困。通於出入之度，則深入而不危。審於動靜之務，則功得而無害也。著於取與之分，則得地而不執。慎於號令之官，則舉事而有功。此居於圖北方方外。

右北方副圖

春行冬政肅，行秋政雷，行夏政則闍。十二地氣發，戒春事。十二小卯，出耕。十二天氣下，賜與。十二義氣至，修門閭。十二清明，發禁。十二始卯，合男女。十二中卯，十二下卯，三卯同事。八舉時節，君服青色，味酸味，聽角聲，治燥氣，用八數，飲於青后之井，以羽獸之火爨。藏不忍，行敺養，坦氣修通。凡物開靜，形生理。合内空周外，强國爲圈，弱國爲屬。動而無不從，靜而無不同。舉發以禮，時禮必得。和好不基，貴賤無司，事變日至。此居於圖東方方外。

右東方本圖

旗物尚青，兵尚矛，刑則交寒害釱。器成不守，經不知；教習不著，發不意。經不知，故莫之能圉；發不意，故莫之能應。莫之能應，故全勝而無害；莫之能圉，故必勝而無敵。四機不明，不過九日而游兵驚軍；障塞不審，不過八日而外賊得聞；由守不慎，不過七日而内有讒謀；詭禁不修，不過六日而竊盜者起；死亡不食，不過四日而軍財在敵。此居於圖東方方外。

右東方副圖〔一〕

〔一〕翔鳳案：齊與楚同爲殷文化，楚廟壁畫無文，齊廟亦不能有。中外古代壁畫，亦無一有文字者。幼官形象可以概見，祇是排列形式不同耳。細玩全文，西方本圖云「此居於圖西方方外」，西方副圖云「此居於圖西方方外」，則是西方内有圖，而文字在圖之外。東南北相同，惟中方本圖云「此居圖方中」，中方副圖云「此居於圖方中」，不在方外，然仍有圖也。篇中五后、五獸、五數，皆當有圖。太炎有言：「營制之始，則昉乎神治。有神治然後有王治，故曰『五世之廟，可以觀怪』。禹之鑄鼎而爲魑魅，屈原觀楚寢廟而作天問，古之中國，嘗有是矣。澳大利亞與南亞美利加之野人，嘗堊涅其地以爲圖畫，而其圖則生人戰鬭與上古之異事，以敬鬼神。埃及、小亞細亞之法，自祠廟宫寢而外，不得畫壁，其名器愈陖。當是時，行政之堂與祠爲一，故以圖爲夬之政，以揚於王庭。其朝覲儀式繪諸此；其戰勝奏凱繪諸此；其民馴服，壺漿以迎繪諸此；其頑梗方命，終爲俘馘繪諸此。其圖也，史視之，且六典視之，而民乃震動恭恪，乃不專於神而流貤於圖，見圖則奭然師保隸其前矣。君人者，借此以相臨制使馴擾，於事益便。」幼官圖之義，合阮元及章氏之説乃明。北堂書鈔一百四十四引金匱：「武王伐紂，都洛邑未成。海神相謂曰：『今周王聖人，得民心乎，當防之。』隨四時而風雨陰寒，雨雪十餘日，深丈餘。甲子平旦，有五丈夫謁武王。太師尚父持一器粥，開門而進曰：『天寒進粥，未知長幼從何起？』兩騎曰：『先進南海君，次東海君，次西海君，次北海君。』尚父謂武王曰：『南海之神曰祝融，東海之神曰句芒，西海之神曰蓐收，北海之神曰玄冥。』各以其名召之，五神皆驚。」五神即五帝之佐，亦見淮南。知幼官之神，遠承太公也。故幼官圖有五后、五獸、五數。當有五佐，特未明言。五數「一與六共守，二與七爲朋，三與八成交，四與九同道」，而五居中。揚雄竊之爲太玄玄圖，即幼官圖也。五帝所執及五獸見前。黄后所執之繩即墨線，木匠所用之墨斗也。幼官五后之象，今不可知。五獸象見天文書中，即二十八宿。篇中述五方之刑，當亦有圖。東嶽泰山有蒿里，主召人魂（詳侈靡）。封禪書八神有天齊，齊有天齊淵，後代東嶽廟。天齊廟有地獄變相，刀山劍樹，五刑與此相似。「嶽」同「岳」，兼從「獄」得義。其旗物兵刑，圖繁不補。牧民：「順民之經，在明鬼神，祇山川，敬宗廟，恭祖舊。」此春秋時政治精神，非此不明幼官，不明管子。

五輔第十

謂六興、七體、八經、五務、三度。此五者，可以輔弼國政也。　外言一

安井衡云：古本分經言爲三卷，此篇以下爲第四卷。經言管子自著，不當與外言同卷，古本似長。　翔鳳案：楊本五輔在第三卷，而古本在第四卷，係按其性質而分，以其爲外言一也。漢時十八卷本，房玄齡析爲二十四卷，尹知章析爲三十卷，詳敘録。古本改字多誤，是否有一部份沿尹注之誤，今不可考矣。莊子内篇爲旨趣所在，外篇爲輔。管子則外言在先，内言在後。外言用以輔經，内言敘雜事，藏於宮内，不公之於外，所謂「内言不出於閫」也。

古之聖王所以取明名廣譽〔一〕，**厚功大業，顯於天下，不忘於後世，非得人者未之嘗聞。**不得於人，而能使名譽顯當時，功業流後世者，則未嘗聞。**暴王之所以失國家，危社**

稷，覆宗廟，滅於天下，非失人者未之嘗聞。不失於人，而能使失國覆宗者，亦未嘗聞。今有土之君，皆處欲安，動欲威，戰欲勝，守欲固。大者欲王天下，小者欲霸諸侯，言諸侯欲大利則王天下，欲小利則霸諸侯也。而不務得人。是以小者兵挫而地削，大者身死而國亡。既不務得人，故必致禍，小則地削，大則國亡。故曰：人不可不務也，當務得之於人。此天下之極也。曰：然則得人之道，莫如利之〔二〕。利之之道，莫如教之以政〔三〕。故善爲政者，田疇墾而國邑實，朝廷閒而官府治，公法行而私曲止，倉廩實而囹圄空，賢人進而姦民退。其君子上中正而下諂諛，其士民貴武勇而賤得利〔四〕，賤苟得之利也。其庶人好耕農而惡飲食，惡費用之飲食。於是財用足好耕農，故財用足。而飲食薪菜饒。省費用，則薪菜饒。是故上必寬裕而有解舍〔五〕，解，放也。舍，免也。下必聽從而不疾怨，上下和同而有禮義。故處安而動威，戰勝而守固，是以一戰而正諸侯。不能爲政者，田疇荒而國邑虛，朝廷兇小人競進①，故兇。而官府亂〔六〕，小人用法，故亂。公法廢而私曲行，倉廩虛而囹圄實，賢人退而姦民進。其君子上諂諛而下中正，其士民貴得利而賤武勇，其庶人好飲食而惡耕農，於是財用匱而食飲薪菜乏。上彌殘

①「進」字原作「邈」，據補注改。

苛居上位者小人，故殘賊苛且也。而無解舍，下愈覆鷙而不聽從〔七〕，覆，察也。鷙，疑也。上既賊苛而不舍，故下伺察而懷疑。鷙，勑吏反。**上下交引而不和同**〔八〕。上引下以供御，下引上以恩覆，二俱不得，故不和同也。**故處不安而動不威，戰不勝而守不固，是以小者兵挫而地削，大者身死而國亡。故以此觀之，則政不可不慎也。**

〔一〕孫蜀丞云：「明」非顯明之明，韓非子說疑篇「是以譽廣而名威」，下文又云「主有明名廣譽於國」，是「明名」即威名也。淮南子說林篇「長而愈明」，注：「明，猶盛也。」翔鳳案：孫引說疑篇文氣隔離，中云「自顯名也，而天下稱明焉，則威足以臨天下」，「明名」非威名明矣。孫誤。

〔二〕翔鳳案：古書疑義舉例「有非自問自答之辭，又中間又加『曰』字以別更端之語者」，此文即其例。

〔三〕孫星衍云：治要引無「以政」二字。翔鳳案：論語：「不教民戰，是謂棄之。」政教無別。

〔四〕孫蜀丞云：後漢書明德馬后紀「而復戒之在得」，注：「貪嗇也。」

〔五〕孫蜀丞云：「解舍」即周官之「弛舍」，小宰「治其施舍」，注：「施舍，不給役者。」鄉師注：「施舍，謂應復免不給繇役。」釋文引周官小宰「施舍」作「弛舍」。阮元云：「凡經云『施舍』字，注皆讀『施』爲弛，此注不言讀爲，蓋經本作『弛』字。」翔鳳案：漢書五行志「歸獄不解」，注：「舍也，止也。」

〔六〕張文虎云：説文：「兇，擾恐也。」與上「朝廷閒而官府治」相反。

〔七〕劉績云：當作「殘苛」，乃字之誤也。　王念孫云：尹注甚謬。劉以「苟」爲「苛」之誤，是也。凡隸書从可从句之字，往往譌溷。（説文「柯」字，解引酒誥「盡執拘」。考工記「妢胡之笴」，注：「故書『笴』爲『笱』。」杜子春云：「『笱』當爲『笴』。」漢巴郡太守張納碑「犴無拘紲之人」，「拘」字作「抲」。冀州從事郭君碑「凋柯霜榮」，「柯」字作「枸」，其右畔極相似。又見下。）故「苛」誤作「苟」。下文「薄税斂，毋苛於民」，「苛」字亦誤作「苟」。（尹注「謂無苟取於民」，非是。）莊子天下篇「君子不爲苛察」，釋文：「苛，一本作『苟』。」楚策「以苛廉聞於世」，史記甘茂傳作「以苟賤不廉聞於世」。説文叙曰：「廷尉説律，至以字斷法，苛人受錢，苛之字止句也。」（隸書「苛」字或作「苟」，上从艸，下與句相似。而此云「苛之字止句者」，蓋隸書从止之字或作上，與从艸者相亂故也。）皆其證矣。「覆」讀爲愎，愎、鷙皆很也。言上殘苛而不已，則下很戾而不從也。廣雅曰：「愎，鷙，很也。」宣十二年左傳「剛愎不仁」，杜預曰：「愎，很也。」漢書匈奴傳「天性忿鷙」，顔師古曰：「鷙，很也。」「愎」字從心复聲，故與「覆」通。字又作「復」，趙策云「知伯之爲人，好利而鷙復」，是也。（韓子十過篇「復」作「愎」。）又作「蝮」，史記酷吏傳贊云「京兆無忌、馮翊殷周蝮鷙」，是也。　翔鳳案：王説是也。然此爲隸書別體，非誤字。

〔八〕豬飼彦博云：「引」疑當作「惡」。　丁士涵云：「文」，「狡」之借字，「引」當爲「弗」，古文

「弗」與「引」相似而誤。「狡弗」猶撟拂也。翔鳳案：詩行葦「以引以翼」，箋：「前行曰引。」「引」有牽制之義，非誤字。説文「弗」無古文，玉篇「弗」古文作「弜」，爲「㢶」字，亦與「引」不相似，丁誤。

德有六興，義有七體，禮有八經，法有五務，權有三度。所謂六興者何？曰：辟田疇，利壇宅〔一〕，壇，堂基。修樹藝〔二〕，勸士民，勉稼穡，修牆屋，此謂厚其生。上六者，可以厚養其生也。發伏利〔三〕，利人之事積久隱伏者，發而用之。輸墆積〔四〕，墆，貯積也。修道途，便關市，謂所置關市，皆令要便也。慎將宿〔五〕，將送貨財，必慎止宿。此謂輸之以財。上五者，皆生財之術，故曰輸財，所以納財於民。導水潦，利陂溝，決潘渚〔六〕，潘，溢也。決潘溢者，疏決之令通。潘音翻。潰泥滯，泥塗爲滯者，亦潰決之令通也。通鬱閉，鬱閉，亦謂川潰有過塞者。慎津梁〔七〕，此謂遺之以利。上之六者，所以遺利於民。薄徵斂，輕征賦，弛刑罰，赦罪戾，宥小過，此謂寬其政。上之五者，所以寬裕其政。養長老，慈幼孤，恤鰥寡，問疾病，弔禍喪，此謂匡其急。上之五者，所以救民之急。衣凍寒，食飢渴，匡貧窶，賑罷露〔八〕，疾憊裸露者，有以振救之。資乏絶，此謂賑其窮。上之五者，所以振民之窮乏。凡此六者，德之興也。六者既布，則民之所欲無不得矣。夫民必得其所欲，然後聽上，聽上然後政可善爲也。故曰：德不可不興也。

〔一〕王念孫云：「利」當爲「制」，字之誤也。（隸書「制」字或作「利」，形與「利」相似。）「壇」讀爲廛，謂制爲廛宅也。荀子王制篇曰：「順州里，定廛宅。」鹽鐵論相刺篇曰：「經井田，制廛里。」皆是也。（魏風伐檀傳曰：「一夫之居曰廛。」周官載師注曰：「廛，民居之區域也。」遂人注曰：「廛，城邑之居。」）「廛」與「壇」古同聲而通用。周官廛人，故書「廛」作「壇」，杜子春讀「壇」爲廛。又載師「以廛里任國中之地」，故書「廛」或作「壇」，鄭司農云：「『壇』讀爲廛。」是其證。翔鳳案：孟子：「利其田疇。」淮南説林訓「腐鼠在壇」，注：「楚人謂中庭爲壇。」説文：「壇，祭場也。」古人重祭。易萃六二「孚乃利用禴」，鄭注：「夏祭名。」「利」字不誤，王説非。

〔二〕孫蜀丞云：立政篇作「觀樹藝」，此「修」字或「循」字之誤。漢書東方朔傳注：「循，行視也。」翔鳳案：「修」訓治。立政：「行鄉里，視宫室，觀樹蓺，簡六畜，以時鈞修焉。」觀其所修，「修」字不誤。

〔三〕趙用賢云：「伏利」，謂人所未發之利也。

〔四〕丁士涵云：「墆」即「滯」字，周官泉府作「滯」，史記作「蹛」。

〔五〕豬飼彦博云：「將宿」，謂憩息止宿之舍。俞樾云：尹注曰「傳送貨財，必慎止宿」，其義甚爲迂曲。且上文「修道途，便關市」，皆二字平列，則「將宿」二字亦當平列。廣雅釋詁：「將，行也。」「宿，止也。」然則「將宿」猶言行止耳。金廷桂云：爾雅釋言：「將，送也。」

詩「百兩將之」，傳：「將，送也。」儀禮士冠禮「乃宿賓」，注：「宿，進也。」宿又通「速」，召請也。然則「將宿」者，送迎也，與上文「修道途，便關市」文義一貫。注未是。　翔鳳案：此輸財項目之一，金説是也，俞説誤。

〔六〕丁士涵云：列子黄帝篇曰「鯢旋之潘爲淵，止水之潘爲淵，流水之潘爲淵，濫水之潘爲淵，沃水之潘爲淵，氿水之潘爲淵，雍水之潘爲淵，汧水之潘爲淵，肥水之潘爲淵，是爲九淵」，釋文：「潘，洄流也。」莊子「潘」皆作「審」，崔本莊子作「潘」，云：「回流所鍾之域也。」　翔鳳案：爾雅釋水：「小州曰渚。」堵水使回旋，當決之。

〔七〕洪頤煊云：「慎」讀爲順。　翔鳳案：「津」爲水渡，古文作「𦨈」，從舟，以舟爲渡。詩：「造舟爲梁。」孟子：「子産以其乘輿濟人於溱洧。」檀弓上「其慎也」，釋文：「『慎』本作『引』。」則以繩引舟而渡人。爾雅釋詁：「引，陳也。」

〔八〕王念孫云：上文云：「養長老，慈幼孤，恤鰥寡，問疾病，弔禍喪，此謂匡其急。」此云：「衣凍寒，食飢渴，匡貧窶，振罷露，資乏絶，此謂振其窮。」是上言「問疾病」，乃匡急之事，非振窮之事。此言「振罷露」，乃振窮之事，非匡急之事。尹以「罷」爲「疾憊」，非也。至以「露」爲「裸露」，則尤未解「露」字之義。今案：「罷露」謂室家疲敝也（「罷」與「疲」同）。「匡貧窶，振罷露，資乏絶」三者義相近。「露」之言羸也。方言曰：「露，敗也。」昭元年左傳「勿使有所壅閉湫底，以露其體」，杜注曰：「露，羸也。」（案廣雅：「疲羸極也。」「疲羸」猶「罷露」，故云：

「露，羸也。」正義曰「羸義與倮相近：倮，露形也；羸，露骨也」，誤與尹注同。）列子湯問篇「氣甚猛，形甚露」，張湛曰：「有膽氣而體羸虛。」逸周書皇門篇曰「自露厥家」，莊子漁父篇曰「田荒室露」，荀子富國篇曰「田疇穢，都邑露」，（楊倞注：「『露』謂無城郭牆垣。」此亦未解「露」字之義。）義竝同也。字或作「路」，又作「潞」。孟子滕文公篇「是率天下而路也」，趙注曰：「是率導天下之人以羸路也。」（今本「羸路」作「羸困之路」，此後人不曉「路」字之義而妄改之也。案音義曰：「丁張竝云：『路與露同』。」又所列注文内無「困之」二字，今據刪。）秦策「士民潞病於内」，高注曰：「潞，羸也。」韓子初見秦篇「潞病」作「疲病」，是「罷」與「露」同義，故齊策曰：「其百姓罷而城郭露。」合言之則曰「罷露」矣。韓子亡徵篇曰：「好罷露百姓。」（外儲説左篇「罷露」作「罷苦」。）秦策曰：「諸侯見齊之罷露。」吕氏春秋不屈篇曰「士民罷潞」，高注曰：「潞，羸也。」皆其證矣。又四時篇：「不知五穀之故，國家乃路。」「路」亦與「露」同。露，敗也。尹注云「『路』謂失其常居」，亦失之。又七臣七主篇：「故設用無度，國家路。舉事不時，必受其菑。」「度」、「路」爲韻，「時」、「菑」爲韻。今本「路」作「踣」，乃後人不知古義而妄改之耳。（下文「亡國路家」，今本「路」作「踣」，亦是後人所改。）

曰：民知德矣，而未知義，然後明行以導之義。行即七義。義有七體。七體者何？曰：孝悌慈惠以養親戚[一]，恭敬忠信以事君上，中正比宜以行禮節，比，合也。行既中正，而又合宜也。整齊撙詘以辟刑僇，撙，節也。言自節而卑屈也。纖嗇省用以備飢饉，纖，細也。嗇，悋也。既細又悋，故財用省也。敦懞純固以備禍亂〔二〕，懞，厚也，音莫江反。和協輯睦以備冠戎。凡此七者，義之體也。夫民必知義然後中正，中正然後和調，和調乃能處安，處安然後動威，動威乃可以戰勝而守固。故曰：義不可不行也。

曰：民知義矣，而未知禮，然後飾八經以導之禮。所謂八經者何？曰：上下有義，貴賤有分，長幼有等，貧富有度。凡此八者，禮之經也。故上下無義則亂，貴賤無分則争，長幼無等則倍，倍，乖戾也。貧富無度則失〔三〕。失其節制。上下亂，貴賤争，長幼倍，貧富失，而國不亂者，未之嘗聞也。是故聖王飭此八禮，以導其民。八者各得其義，則爲人君者中正而無私，爲人臣者忠信而不黨，爲人父者慈惠以教，爲人子者孝悌以肅，爲人兄者寬裕以誨，爲人弟者比順以敬，比，和。爲人夫者敦懞以固，爲人妻者勸勉以貞。夫然，則下不倍上，臣不殺君〔四〕，賤不踰貴，少不陵長，遠不間親，新不間舊，小不加大，淫不破義。凡此八者，禮之經也。夫人必知禮然後恭敬，恭敬然後尊讓，尊讓然後少長貴賤不相踰越，少長貴賤不相踰越，故亂不生而患不作。故曰：禮不可不謹也。

曰：民知禮矣，而未知務〔五〕，然後布法以任力。任力有五務。五務者何？曰：君擇臣而任官，大夫任官辯事〔六〕，辯，明也。能明所任之事也。官長任事守職，士修身功材〔七〕，材，謂藝能。士既脩身，必於藝能有功也。庶人耕農樹蓺。君擇臣而任官，則事不煩亂；大夫任官辯事，則舉措時；官長任事守職，則動作和；士修身功材，則賢良發〔八〕；庶人耕農樹蓺，則財用足。故曰：凡此五者，力之務也〔九〕。夫民必知務然後心一，心一然後意專，心一而意專，然後功足觀也〔一〇〕。故曰：力不可不務也〔一一〕。

曰：民知務矣〔一二〕，而未知權，然後考三度以動之。所謂三度者何？曰：上度之天祥，下度之地宜，中度之人順，此所謂三度。故曰：天時不祥，則有水旱；地道不宜，則有飢饉；人道不順，則有禍亂。此三者之來也，政召之。曰：審時以舉事，時則天祥、地宜、人順之時也。得其時則事可成。以事動民，事成則民可動。以民動國，民昌則國可動。以國動天下，國强則天下可動也。天下動然後功名可成也。故民必知權然後舉錯得，權，謂能知三度。舉錯得則民和輯，民和輯則功名立矣。故曰：權不可不度也。

〔一〕翔鳳案：「六親」詳牧民。吕氏春秋圜道：「何謂六戚？父、母、兄、弟、妻、子。」「親戚」混用。「悌」指兄弟，「慈」對子。

〔二〕惠棟云：「蒙」與「厖」通。荀子「爲下國俊蒙」，今詩作「厖」。

〔三〕王念孫云：「失」讀爲佚，謂放佚也。（古字多以「失」爲「佚」，見九經古義。）尹注非。俞樾云：「失」當讀爲軼，廣雅釋詁：「軼，過也。」言貧富無度，則相過軼也。尹注曰「失其節制」，非是。

〔四〕翔鳳案：正其名曰「弒」，書其實曰「殺」，見說文段注。

〔五〕丁士涵云：「務」當爲「法」，此涉下文「五務」而誤。

〔六〕王念孫云：「辯」，治也。昭元年左傳曰「主齊盟者，誰能辯焉」，是也。

〔七〕王念孫云：「功」，成也，謂修身成材也。爾雅曰：「功，成也。」大戴禮盛德篇曰：「能成德法者爲有功。」周官槀人「乃入功于司弓矢及繕人」，鄭注曰：「功，成也。」莊子天道篇曰「帝王無爲而天下功」，言無爲而天下成也。荀子富國篇曰「百姓之力，待之而後功」，言待之而後成也。「修身功材」與「任官辯事」、「任事守職」，皆相對爲文，是「功」爲成也。尹說皆失之。俞樾云：「功」讀爲攻，謂攻治其材藝也。尹注謂「士既修身，必於藝能有功」，非是。翔鳳案：王說較長。

〔八〕安井衡云：「發」，興也。

〔九〕張佩綸云：「力之務也」當作「法之務也」。翔鳳案：上文「力有五務」，「力」字不誤。

〔一〇〕翔鳳案：任力故功足觀。許維遹於「功」下加「名」字，謬矣。

〔一一〕丁士涵云：「力」當作「法」，此涉上文「力之務」句而誤。

〔二〕丁士涵云：「民知務」之「務」，亦當爲「法」，庶與上下文一例。翔鳳案：說文：「務，趣也。從力，敄聲。」「務」爲極力以赴。「力」與「功」皆在「務」中，丁說俱謬。

故曰：五經既布〔一〕，然後逐姦民，詰詐僞，屏讒慝，而毋聽淫辭〔二〕，毋作淫巧。若民有淫行邪性，樹爲淫辭，作爲淫巧，以上諂君上〔三〕，而下惑百姓，移國動衆，以害民務者，其刑死流。大罪死，小罪流。故曰：凡人君之所以內失百姓，外失諸侯，兵挫而地削，名卑而國虧，社稷滅覆，身體危殆，非生於諂淫者，未之嘗聞也。何以知其然也？曰：淫聲諂耳，淫觀諂目，耳目之所好諂心，心之所好傷民，民傷而身不危者，未之嘗聞也。

曰：實壙虛〔四〕，墾田疇，修牆屋，則國家富。節飲食，撙衣服，則財用足。舉賢良，務功勞，布德惠，則賢人進。逐姦人，詰詐僞，去讒慝，則姦人止。修飢饉〔五〕，救災害，賑罷露，則國家定。明王之務，在於强本事，去無用，然後民可使富。本事，謂農桑也。無用，謂末作也。論賢人〔六〕，用有能，而民可使治。薄稅斂，毋苟於民〔七〕，謂無苟取於民。待以忠愛，而民可使親。三者，霸王之事也。事有本，而仁義其要也。今工以巧矣〔八〕，而民不足於備用者，其悅在玩好。君悅玩好，則民務末作，故備用不足。農以勞矣，而天下飢者，其悅在珍怪，方丈陳於前〔九〕。方丈陳前，則役用廣，故農勞而不免於飢。**女以巧矣，而天下寒者，其悅在文繡。**君悅文繡，則女工傷而①天下寒。**是故博帶梨，**梨博帶以就狹也。梨，割也。**大袂列**〔一〇〕，列大袂以從小。**文繡染，**染文繡爲純色。**刻鏤削，**削刻鏤爲純素。**雕琢采**〔一一〕，采雕琢爲純慢。**關幾而不征，**幾，察也。但使察非常，而不征賦也。**市鄽而不稅**〔一二〕。鄽，市中置物處。但籍知其數，不稅斂。**古之良工，不勞其知巧以爲玩好。是故無用之物，守法者不失**〔一三〕。或爲無用物，守法者必得而誅之，無所漏失也。

〔一〕孫星衍云：「故曰」二字，因上文而衍。翔鳳案：「故曰」爲古語，非衍文。

〔二〕翔鳳案：説文：「淫，浸淫隨理也。」書無逸「則其無淫于觀、于逸、于游、于田」，鄭注：「淫者，浸淫不止。」

〔三〕宋翔鳳云：「謟」音滔，過也。戴望云：爾雅曰：「謟，疑也。」晏子春秋内篇諫上曰「隱情奄惡，蔽謟其上」，與此義同。張佩綸云：「謟」乃「諂」之誤。隱四年公羊傳何休注：「諂，猶佞也。」此承上文「其君子上諂諛」。涉下文「謟淫」而誤。

〔四〕翔鳳案：説文：「壙，塹穴也。一曰大也。」孟子：「獸之走壙也。」

〔五〕俞樾云：「飢饉」不當言「修」，「修」乃「備」字之誤。「備」俗作「俻」，「俻」誤「脩」，又誤作「修」耳。版法篇「修長在乎任賢」，據後解則作「備長」，此本書二字相亂之證也。

---

① 「而」字原作「成」，據補注改。

〔六〕翔鳳案：國語齊語「論比協材」，注：「擇也。」

〔七〕王念孫云：「苟」字當作「茍」，尹注非。

〔八〕翔鳳案：「以」作「目」，「已」之反書。古文反正一字，見前。

〔九〕丁士涵云：此五字衍文。尹注「方丈陳前」四字，似解上文「珍怪」二字，校者遂以之誤入正文耳。　翔鳳案：孟子「食前方丈」，謂其陳列之廣。故房注：「方丈陳前則役用廣。」「珍怪」可以「方丈」解之乎？丁説謬。

〔一〇〕豬飼彦博云：「梨」、「剺」同。　丁士涵云：「棃」即「剺」字之假借，「列」古「裂」字。説文：「列，分解也。」　安井衡云：「梨」、「剺」通；剺，劃也。「列」讀爲裂。　翔鳳案：房注：「梨博帶以就狹也。梨，割也。」「列大袂以從小。」其言是也。「博帶」與「大袂」相連。漢書雋不疑傳「褏衣博帶」，淮南氾論訓「褏衣博帶」，「褏」今通作「袍」。説文：「帶，紳也。男子鞶革，婦人鞶絲。」「鞶，大帶也。」詩小雅「垂帶而厲」，箋云：「『而』亦如也。而厲，如鞶厲也。」「厲」假爲「裂」，垂帶本裂開而下垂。丁訓「列」爲「裂」，其誤可知。豬飼、安井皆以爲「剺」之借。説文：「剺，剥也，劃也。」漢書揚雄傳「分棃單于」，顔注：「『棃』與『剺』同。」後漢耿秉傳「或至棃面流血」，注云：「『棃』即剺字，古通用也。剺，割也。」房説有據矣。「袂」爲褏衣之袖，説文：「袂，袖也。」經典釋文論語鄉黨注：「褏，亦作『袖』。」檀弓注：「褏，本又作『袖』。」義通。釋名：「袂，掣也，掣開也，開張之以受臂屈伸也。」房謂「列大袂以從小」，與裂開異，當注意。

〔一一〕孫星衍云：「釆」讀如「采椽不斲」之「采」。王引之云：「釆」字義不可通，「釆」疑當爲「𠀤」，説文曰：「𠀤，古文『平』。」形與「釆」相似，故誤爲「釆」也。「雕琢平」者，金曰雕，玉曰琢，皆篆刻爲文章，今則摩之使平也，與上文「刻鏤削」正同義。尹注非。翔鳳案：浮雕可平，琢之爲器則成形，非可平也。王謂「𠀤」爲「平」之古文，不如直認爲「釆」。説文：「釆，辨别也，象獸指爪分别也。讀若辨。」與從爪、木之「采」，幾無以别。「釆」之古文作「𠂢」，更與「平」相似。堯典「平章百姓」，尚書大傳作「辨章」。詩采菽「平平左右」，傳：「平平，辯治也。」説文：「辯，治也。」「辨」從刀，或從力作「辦」。廣韻三十一襇：「辨，具也。」「釆」、「辨」、「辯」、「辦」聲義同。立政：「使刻鏤文采，毋敢造於鄉，工師之事也。」「毋敢造」者，使民不敢造，造則辨治之。孫説亦可通。説文：「采，捋取也。」晉語：「趙文子爲室，斲其椽而礱之。」「采椽不斲」爲采取，取之歸公也。然訓「辨」義長。

〔一二〕翔鳳案：字本作「廛」，「鄽」爲孳乳字，「⿰厘阝」又其别體也。

〔一三〕王念孫云：「失」當爲「先」，字之誤也。吕氏春秋先己篇注云：「先，猶尚也。」言守法之人，不尚此「無用之物」也。尹注非。何如璋云：詩毛傳：「矢，陳也。」「失」當作「矢」，「不矢」即不陳也。翔鳳案：説文：「失，縱也。」依法治之，不縱失也。如上文所述，「使刻鏤文采，毋敢造於鄉」，即其例也。

管子校注卷第四

宙合第十一　外言二

古往今來曰宙也。所陳之道，既通往古，又合來今，無不苞羅也。

何如璋云：「宙」者，天宇所受也。莊子庚桑楚：「有長而無本剽者，宙也。」淮南齊俗：「往古來今謂之宙。」太玄玄攡：「闢宇謂之宙。」「合」者，六合也。莊子齊物論：「六合之外，聖人存而不論。」素問生氣通天論「六合之内」，注：「六合，謂四方上下也。」淮南原道「舒之幎於六合」，注：「孟春與孟秋爲合，仲春與仲秋爲合，季春與季秋爲合，孟夏與孟冬爲合，仲夏與仲冬爲合，季夏與季冬爲合，故曰六合。一曰四方上下爲六合。」此名「宙合」者，謂其道上極於天，下察於地，稽之往古，驗之來今，推之四方，運之四時，皆一道所範圍，而萬物莫能外也。

翔鳳案：說文：「宙，舟輿所極覆也。」包括太空而不包含時間。莊子、淮南則以「宙」表時，此乃宇宙分言，爲引申義，非本義也。「宙」從由，玉篇或作「伷」，凡从人旁之字，皆以右旁爲初文，本字作「由」。說文無「由」字，敦煌漢簡急就章「由廣國」，「由」作「甴」。唐寫本玉篇用部：「甴，今爲『由』字。」王國維、丁福保以爲即說文「東楚名缶曰甾」之「甴」。段玉裁謂

「缶」，「由」二字，書法少異。説文：「缶，瓦器。」天地形如缶，故曰「宙合有櫜天地」，「合絡天地以爲一裹」。何依房注以古今兼釋之，誤矣。

左操五音，右執五味〔一〕。第一舉目。懷繩與准鉤〔二〕，多備規軸，減溜大成〔三〕，是唯時德之節。第二舉目。春采生，秋采蓏〔四〕，夏處陰，冬處陽，第三舉目。大賢之德長〔五〕。明乃哲，哲乃明，奮乃苓，明哲乃大行〔六〕。第四舉目。毒而無怒，怨而無言，欲而無謀。第五舉目。大揆度儀，若覺卧，若晦明〔七〕，若敖之在堯也。第六舉目。毋訪于佞，毋蓄于諂，毋育于凶，毋監于讒〔八〕，不正廣其荒〔九〕。第七舉目。不用其區區，鳥飛准繩〔一〇〕，第八舉目。讂史縣反。充末衡〔一一〕，易政利民。第九舉目。毋犯其凶，毋邇其求，而遠其憂。高爲其居，危顛莫之救。第十舉目。可淺可深，可浮可沈，可曲可直，可言可默〔一二〕。第十一舉目。天不一時，地不一利，人不一事，可正而視，定而履，深而迹〔一三〕。第十二舉目。夫天地一險一易，若鼓之有楟，宅耕反。擿丁歷反。擋丁用反。則擊〔一四〕。天地萬物之櫜，宙合有櫜天地〔一五〕。第十三舉目。

〔一〕吳汝綸云：「右執五味」之下，當有「名之曰不德」五字。「德」與「節」韻。今本脱之，當據後解補。翔鳳案：本篇理論從幼官來，合以四時、五行，方能解釋之，從來無人察覺。「五音」、「五味」見幼官。天左旋，地右轉，成四時，生萬物，於是五音五味出焉。「音」與「味」叶。

「闇」、「瘖」從音聲，與「音」同爲於今切。今讀暗，暗亦從音得聲者。論語「高宗諒陰」，喪服四制作「諒闇」，此其證矣。「鉤」、「軸」叶，「成」、「節」同在段韻表十二部相叶。吴説謬。

〔二〕戴望云：「准」，俗「準」字。説文曰：「準，平也，从水，隼聲。」段先生注云：「準，五經文字云：字林作『准』。」案：古書多用「准」，蓋魏晉時恐與「淮」字亂而別之耳。翔鳳案：太皞執規治春，少昊執矩治秋，黄帝執繩制四方，皆在幼官之中。荀子勸學：「直者中繩，曲者中鉤。」以矩畫直，以規畫曲。軸以持輪轉轂，如天地之運鈞。「鉤」、「軸」叶。

〔三〕何如璋云：「減」者損而虚，「溜」者益而盈。「減溜」云者，即損益盈虚之義也。張佩綸云：「減溜」即君奭之「咸劉」，成十三年左氏傳之「虔劉」。「咸」借字，「減」正字。文十七年左傳作「克減侯宣多」，是也。説文：「減，省也。」「鎦，殺也。」周書世俘「咸劉商王紂」，注：「劉，克也。」爾雅釋詁：「劉，殺也，克也。」釋名：「成，盛也。」「減溜」與「大成」對文，猶言損益也。吕氏春秋圜道篇：「精行四時，一上一下，各與遇，圜道也。物動則萌，萌而生，生而長，長而大，大而成，成乃衰，衰乃殺，殺乃藏，圜道也。」衰殺即「減溜」，吕正本此爲説。

翔鳳案：「成」、「節」同在段表十二部，平、入相叶。四時云「刑德者四時之合也」，與宙合同意。春爲星德，夏爲日德，中央爲歲德，秋爲辰德，冬爲月德，是爲「時德」。「節」則以十二月計算。張引圜道是也，而不知其源於幼官。「減溜」之義詳下，二説均非。

〔四〕張佩綸云：「蓏」當作「藏」，字之誤也。解亦誤。其曰「言含愁而藏之也」，正解此句，乃「蓏」

當爲「藏」之證。翔鳳案：「蓏」、「陽」不叶，「藏」則叶，張言是也。然「蓏」與「藏」形聲均遠，何以致誤？非直接，乃間接也。説文：「苽，雕苽，一名蔣。」「蔣，苽蔣也。」漢書司馬相如傳「蔣芧青薠」，張楫曰：「蔣，菰也。」由「藏」誤爲「蔣」，由「蔣」轉爲「菰」，再誤爲「蓏」，其綫索歷歷可尋。是否爲隸書别體，未有證也。

〔五〕陶鴻慶云：注云「第三舉目」當在此句之下，今誤倒在上。翔鳳案：四時「春嬴育，夏養長，秋聚收，冬閉藏」，在歲德之中。總論四時之德，則云：「道生天地，德出賢人。」以此言之，則「第三舉目」，至「冬處陽」止，「大賢之德長」屬下矣。陶説非是，彼蓋以意定之也。

〔六〕戴望云：「苓」，「零」之借字。翔鳳案：漢書叙傳「失時者苓落」，假「苓」爲「零」，全同此文。「長」、「明」、「行」叶。

〔七〕翔鳳案：「度」爲忖度，「大度」則立儀。「度」、「儀」叶。「儀」讀俄。「覺」、「卧」叶，「晦」、「明」叶，「敖」、「堯」叶。「晦」從每聲。「我們」，元曲作「我每」。從每聲之字有「敏」，穀梁「晦冥也」，「晦」音同昬。

〔八〕翔鳳案：「監」訓臨下，通「闞」。春秋傳「闞止」，史記田世家作「監止」。「闞」訓下視，則「毋監于讒」爲毋聽下屬之讒言也。

〔九〕張佩綸云：「不正廣其荒」當作「不正其荒廣」。莊子天下篇「以謬悠之説，荒唐之言」，釋文：「荒唐，謂廣大無域畔也。」翔鳳案：下文：「爲臣者不忠而邪，以趨爵禄，懷樂雖廣，其威可須也。」「不正」即「邪」。「廣」訓衡，詳侈靡。邪則失平。

〔一〇〕陳奐云：疑衍一「區」字。「不用其區，鳥飛準繩」，下解之云：「不用其區，區者虛也。人而無良焉，故曰虛也。」當以「不用其區」爲句，下乃正釋「區」字之義。學者誤以「區區」連讀，而又于舉目下增一「區」字矣。安井衡云：解曰：「不用其區，區者虛也。人而無良焉，故曰虛也。」是以「虛」解「區」。「不用其區」句，「區者虛也」句，未始連讀「區區」二字。此當作「不用其區」，諸本作「區區」者，與解相涉而衍耳。翔鳳案：太玄玄攡「回行九區」，注：「九州之宇也。」飛鳥還山集谷，不是一區到一區曲行，而是在虛空直飛。「區區」二字連用不誤，二說俱謬。

〔一一〕章炳麟云：下文自解云：「讂充，言心也，心欲忠。末衡，言耳目也，耳目欲端。中正者，治之本也。」此可以得本文之義矣。「末衡」當作「衡末」。「讂」借爲「觼」，詩小戎「鋈以觼軜」，箋云：「軜之觼，以白金爲飾也，鋈繫於軾前。」「充」借爲「統」，荀子樂論「鐘統實」，是借「統」爲「充」，則亦可借「充」爲「統」。易「乾乃統天」，鄭注：「統，本也。」禮記「祭統目録」：「『統』猶本也。」本篇云「葆統而好終」，「終」猶末也。「統」訓爲本而與末對也。觼者，驂馬內轡所結。衡者，驂馬脅驅所繫。皆所以止驂馬之入，使之中正而不偏邪者也。（中即忠也。正即端也。）本與末對。本指心，（與「治之本也」之「本」異。）以觼喻之。末指耳目，以衡喻之。觼在內，故以喻本。衡在外，故以喻末也。翔鳳案：呂氏春秋盡數：「故凡養生莫若知本。……精氣之集也，必有入也。集於羽鳥，與爲飛揚。集於走獸，與爲流行。集於珠玉，與爲精朗。集於樹木，與爲茂長。集於賢人，與爲夐明。」高注：「集皆成也。夐，大也，遠也。夐，讀如詩『于嗟夐兮』。」畢沅曰：「此韓詩。」廣雅釋詁三：「譓，求也。」王念孫疏證：「説文：『譓，流言也。』廣韻云：『流言有所求也。』説文：『夐，營求也。』『夐』與『譓』同義。」孟子：「夫志，氣之帥也。氣，體之充也。」樞言：「道之在天者日也，其在人者心也。故曰：有氣則生，無氣則死。」生者以其氣。古人以心爲氣之充，生命之司，思深慮遠，故曰：「譓充，言心也。」「譓充」非心之體，乃所以言心也，一「言」字含義甚深。房注「譓，火縣反，遠也」，即用韓詩之訓。毛詩作「洵」。

〔一二〕劉績云：「十一舉目」當在「人不一事」下。

〔一三〕劉績云：「十二舉目」當在「則擊」下。

〔一四〕黄震云：「楟」，宅耕反。「擿」，丁歷反。「擋」，丁用反。鼓聲也。張登雲云：「楟」，鼓枹也。「擿擋」，鼓聲也，猶鞺鞳也。言鼓之有擿擋之聲，由枹有以擊之也。洪頤煊云：「楟」當作「桴」。左氏成十二年傳：「右援桴而鼓。」韓非子功名篇：「至治之國，君若桴，臣若鼓。」字林云：「桴，鼓椎也。」「擿擋則擊」當作「擿擊則擋」，「擋」與「鐺」通，言若鼓之有搥，擊之則鐺然而有聲也。尹注非，上文同。張佩綸云：洪説非也。「易」、「擿」、「擊」爲韻。説文「朾，橦也」，俗作「打」。集韻：「楟，撞也，觸也。」漢書史丹傳「天子自臨軒檻上，隤銅丸以擿鼓，聲中嚴鼓之節」，師古曰：「擿，投也，音持益反。一曰：擿，磓也，音丁歷反。」文十有一年穀梁傳「瓦石不能害」，范寧註：「瓦石打擿不能虧損。」說文：「打，擊也，從手，丁聲。」「打擿」即此「樗擿」。「擋」當作「當」，去聲。呂覽高誘注：「當，合也。」禮記學記「鼓無當於五聲，五聲弗得不和」，鄭注：「『當』猶主也。」故無所主而無不主，無所合而無不合。

翔鳳案：洪說是。

〔一五〕翔鳳案：石一參云：「囊之無底者曰橐。萬物生存於天地之間，猶處於囊橐之內，而宙合又包括古今言之，故曰『又橐天地』，以天地又遞相變化於古往今來中也。『有』與『又』通。」石說近是。下文「宙合之意，上通於天之上，下泉於地之下，外出於四海之外，合絡天地以爲一裹」，不包括時間，此其小誤也。石說宙合爲經言第一，不免妄改，然重視宙合爲一書關鍵，識力勝人一籌。

左操五音，右執五味，此言君臣之分也。左陽，君道；右陰，臣道，故曰君臣之分也。**君出令佚，故立于左；**君但出令，故曰佚。凡右爲用事，故左佚而右勞。**臣任力勞，故立于右**〔一〕。臣則任力，故曰勞。**夫五音不同聲而能調，此言君之所出令無妄也，**五音雖有不同，樂師盡能調之。喻百度雖各有別，君則盡能裁之，故所出無妄。**而無所不順，順而令行政成。**君出令，皆順奉之，則政成。**五味不同物而能和，此言臣之所任力無妄也，**五味，宰夫能和之。百職，臣守任之，而無妄也。**而無所不得，得而力務財多。**臣能任職，得宜務而財必多也。故君出令，正其國而無齊其欲〔二〕，民欲既異，常隨其欲而教之也。一其愛而無獨與是〔三〕，王①臣其愛，宜一率土周之，無所獨與，則是愛不一、毋獨與是也。王施而無私〔四〕，則海内來賓矣。臣任力，同其忠而無爭其利〔五〕，不失其事而無有其名，分敬而無妒，則夫婦和勉矣〔六〕。君失音則風律必流〔七〕，流，謂蕩散。流則亂敗。臣離味則百姓不養，臣離味，百職曠，故百姓不養也。百姓不養則衆散亡。君臣各能其分，則國寧矣〔八〕。故名之曰不德〔九〕。

〔一〕陶鴻慶云：「立」皆讀爲位，立、位古通用。翔鳳案：古以「立」爲「位」，證見前。天左旋，爲君道，發於氣而成五音。地右轉，爲臣道，成萬物而生五味。此宙合之基本原理也。左傳言「楚人尚左」，此殷制也。

〔二〕俞樾云：「齊」讀爲濟。荀子王霸篇「以國齊義」，楊倞注曰：「『齊』當爲『濟』。」是其例也。此言君但求正其國，而無自濟其私欲也。尹注非。翔鳳案：俞説是也。君出令以正國家，而非以濟其私欲。

〔三〕張佩綸云：「與」當作「其」，「無獨其是」，言君無自是也。許維遹云：「與」猶爲也，詳經

①「王」字原作「正」，據補注改。

傳釋詞。言君非獨自以爲是也。　翔鳳案：「是」從日、正。不以己之私欲，强加於人而取之。

〔四〕豬飼彦博云：「王」當作「平」。　王念孫云：「王」當爲「正」。施之無私，故曰「正施」。　翔鳳案：廣雅釋詁一：「王，大也。」詩板：「及爾出王」，傳：「往也。」二義俱通，改字非是。

〔五〕李哲明云：「忠」疑當爲「患」，形近而訛。「患」與「利」對文。同其患難，正臣任力之事也。　翔鳳案：左昭元年傳：「臨患不忘國，忠也。」賈子道術：「愛利出中謂之忠。」二義俱合，改字非是。

〔六〕丁士涵云：「分敬」當作「合敬」。呂覽注：「合，和也。」「合敬」即下文之「和勉」也。「無妒」又合敬之義。　安井衡云：「分」猶交也，謂交相敬。　翔鳳案：「夫婦」指百姓。禮記月令「日夜分」，注：「猶等也。」「分敬」與「互敬」相似，亦即「合敬」。

〔七〕翔鳳案：謂君失政則陰陽失調，詳幼官、五行二篇。

〔八〕孫蜀丞云：荀子正名篇注：「能猶得也。」

〔九〕丁士涵云：古字多以「丕」爲「不」，此「不」字當讀爲丕。丕，大也。　翔鳳案：四時之德不同，是謂「時德」（見前），猶五音、五味亦因時不同。君臣各能其分，不偏執，故曰「不德」。丁誤。

懷繩與准鉤，多備規軸，減溜大成，是唯時德之節。夫繩扶撥以爲正〔一〕，准壞險以爲平，准必壞舊高峻，而後以爲平也。鉤入枉而出直。工人用鉤，則就枉取直也。此言聖君賢佐之制舉也〔二〕，言制以舉賢之法用鉤也。博而不失，因以備能而無遺。所舉既博，則枉直咸盡，故無所失。雖雞鳴狗盜，無所不取，皆有所長，故能備之。國猶是國也，民猶是民也，桀、紂以亂亡，湯、武以治昌。湯之國人，亦桀之國人。武之國人，亦紂之國人。桀、紂以之亡，亂之故也。湯、武以之昌，治之故也。章道以教，明法以期，民之興善也如化〔三〕，湯、武之功是也。湯、武之昌，教化明也。人之興善，亦章明也。多備規軸者，成軸也〔四〕。規者，正圓器。軸者，轉規。大小悉須備，故多備。方主嚴剛，圓主柔和。今用規者，欲施恩引物也。夫成軸之多也，其處大也不究，其入小也不塞〔五〕，究，窮也。大軸用大處，小用小處①。因物施宜，故有大小也。猶迹求履之憲也〔六〕，迹者，履之所出。善者，恩之所生。憲，法也。擬迹而求履法，履法可得；施恩而求善心，善心可生也。夫焉有不適善？以恩驅善，故無不適也。適善，備也，僊也，是以無乏〔七〕，僊，輕順貌。既皆適善能備，以恩爲善者輕順，人君善既備順，何所乏哉！則求者無不善也。故諭教者取辟焉〔八〕。辟，法也。取爲規拒也。天湑陽，無計

①「處」字原作「故」，據校正改。

量；地化生，無法崖〔九〕。淯，古育字。天以陽氣育生萬物，物生不可計量。地以陰氣化萬物，物之生化，無有崖畔①。君之恩，法天地之厚廣也。**所謂是而無非，非而無是，**亦既行恩，又須順物。當順而是之，不得有非；當順而非之，不得有是也。**是非有，必交來。苟信是，以有不可先規之，**是非既有，必使二者俱來，得以驗之。是既信之有矣，非則不可掩，故先以恩意令息改也。**必有不可識慮之。然將卒而不戒**〔一〇〕，不可識，謂其非謀隱伏，意在不測。或苞藏禍心，故必有以防慮之。如其事將終，即必當陰備待之，不可戒告於彼也。**故聖人博聞多見，畜道以待物，**以道待物，物無不容也。**物至而對，形曲均存矣**〔一一〕。對，配也。物至矣，以多少之恩，配大小之形。如此，則均平皆在於恩，而無遺失也。**減，盡也。溜，發也。言偏環畢，莫不備得，故曰：減溜大成**〔一二〕。減溜，盡發。君既均施以恩，故物盡發於善，亦既盡善，君教不偏減，順圜圓之周，無不備得也。**成功之術，必有巨獲**〔一三〕，巨，大也。功，大成大獲。**必周於德，審於時。時德之遇，事之會也，若合符然。故曰：是唯時德之節。**德既周，時又審，二者遇會，若合符契，則何功而不成也？

〔一〕張文虎云：「撥」，傾也，與「正」相對。大雅「枝葉未有害，本實先撥」，列女傳孽嬖篇引「撥」

① 「地以陰氣化萬物，物之生化，無有崖畔」原作「地以陰化，無物不化，故乃法以制山崖畔」，據補注改。

作「敗」，傾亦敗也。　俞樾云：說文癶部：「癶，足刺癶也，讀若撥。」此文「撥」字即「癶」之假字。刺癶則有不正之意，故與「正」爲對文也。荀子正論篇「不能以撥弓曲矢中」，亦是以「撥」爲「癶」。又或以「發」爲之，考工記弓人曰：「菑栗不迆，則弓不發。」　孫詒讓云：淮南子本經訓亦云「扶撥以爲正」，高注云：「扶，治也。」「扶」之訓治，古書未見，以聲類校之，疑當與「輔」通。大戴禮記四代篇云：「巧匠輔繩而斷。」古从甫聲、夫聲字多通用。說文木部云「榑桑，神木，日所出也」，山海經海外東經「榑桑」作「扶桑」，是其例也。　翔鳳案：木匠牽墨線，扶以手，撥而彈之，此「扶撥」之義。幼官規、矩、權、衡、繩皆爲制器之用，諸說俱誤。古本改「撥」爲「掇」，謬。

〔二〕翔鳳案：五方各有佐，如東方之佐句芒，西方之佐蓐收，故不稱「相」而稱「佐」。亦見淮南天文訓。古本改「佐」爲「相」，謬極。

〔三〕王念孫云：「如此」，當從宋本作「如化」。呂氏春秋懷寵篇曰：「兵不接刃，而民服若化。」

翔鳳案：此篇兼取義於四時。中庸：「如四時之化行。」改「化」爲「此」者妄。

〔四〕張佩綸云：規所以制器，軸所以持輪，圜道也。解規軸爲成軸，未安。　孫蜀丞云：尚書大傳云：「備者，成也。」廣雅釋詁：「備，成也。」尹注未晰。　翔鳳案：說文：「規，有法度也。」規軸爲有法度之軸。有法度之軸，乃成軸也。備，具也，見廣雅釋詁三。此常義也。二說均誤。

〔五〕豬飼彥博云：「究」當作「窕」，細也。王念孫云：「究」當爲「窕」，字之誤也。窕，不滿也。「塞」，不容也。以小處大則窕，以大入小則塞，唯因物施宜，則處大而不窕，入小而不塞矣。廣雅曰：「窕，寬也。」昭二十一年左傳「鍾小者不窕，大者不摦，窕則不咸，摦則不容」，杜注曰：「窕，細不滿也。摦，橫大不入也。不咸，不充滿人心也。不容，心不堪容也。」呂氏春秋適音篇「音太鉅則志蕩，以蕩聽鉅則耳不容，不容則橫塞，橫塞則振；太小則志嫌，以嫌聽小則耳不充，不充則不詹，不詹則窕」，高注曰：「窕，不滿密也。」淮南本經篇「小而行大，則滔窕而不親；大而行小，則陿隘而不容」，高注曰：「滔窕，不滿密也。」大戴禮王言篇曰：「布諸天下而不窕，內諸尋常之室而不塞。」（淮南氾論篇亦云：「舒之天下而不窕，內之尋常而不塞」。）墨子尚賢篇曰：「大用之天下則不窕，小用之則不困。」（窕，本或誤作「究」。尚同篇云「大用之，治天下而不窕；小用之，治一國一家而不橫」，足證「究」字之誤。）荀子賦篇曰：「充盈大宇而不窕，入郄穴而不偪。」淮南原道篇曰：「處小而不逼，處大而不窕。」俶真篇曰：「處小隘而不塞，橫扃天地之間而不窕。」皆其證也。草書「窕」字或作「窕」，「究」字或作「究」，二形相似，故「窕」誤爲「究」。尹氏不察，而訓「究」爲「窮」，失之矣。翔鳳案：說文：「櫅，木也。可以爲大車軸。」詩大東：「杼柚其空。」此梭中之軸也。軸有大小二類。廣雅釋室：「究，窟也。」說文無「窟」，作「窋」，物在穴中貌。黃梅呼「縮」爲「究」，問篇作「宄」。大軸不縮，小軸不塞。軸非可布可舒之物，王僅就「不塞」觀其表面，而不考其實，誤矣。

〔六〕丁士涵云：説文：「楥，履法也。」「憲」即「楥」字。翔鳳案：「楥」俗作「楦」，楦在履中，不大不小，是爲「適善」。軸大小種類不一，故曰「成軸之多」，而皆適善。

〔七〕豬飼彥博云：「僊」當作「僎」，具也。　丁士涵云：「僊」與「遷」同。鄭注大傳曰：「『遷』猶變易也。」　姚永概云：尹乃以「善」字上屬爲句，大謬。「善適，善備也」，「善備」即多備也。「僊也是以無乏」，尹以「僊」爲「輕順貌」，非也。漢碑「遷」多作「僊」。此言既善備多軸，則遷之大，遷之小，無有不以供用，是以無乏也。　翔鳳案：國三老袁良碑「僊修城之郭」，尹宙碑「支判流僊」，皆假「僊」爲「遷」也。

〔八〕姚永概云：「辟」讀辟如行遠、辟如登高之辟，謂善教者亦必多備教法，隨其才之大小以成就之。　翔鳳案：荀子彊國「辟稱比方，則欲自並於湯、武」，假「辟」爲「譬」。論語：「能近取譬。」

〔九〕丁士涵云：「陽」字當爲「養」，假借字。　王引之云：「法」當爲「泮」，詩氓篇「隰則有泮」，箋曰：「『泮』讀爲畔。畔，厓也。」故曰「地化生無泮厓」。尹注曰「物之生化，無有厓畔」，是其證。今本「泮」作「法」者，涉注文「法天地」而誤。　翔鳳案：説文「育」或體作「毓」，甲文「毓」旁有水滴形，房注以「淯」爲古「育」字，是也。幼官五官之數，皆爲天生地成，如天一生水，地六成之，火金木土倣此。「天育陽」，「陽」字不誤。地則化生萬物而有五味。正篇：

「當故不改曰法。」「如四時之不貣，如星辰之不變，如宵如晝，如陰如陽，如日月之明，曰法。」「崖」爲邊際，謂生物變化無常。

〔一〇〕丁士涵云：玩尹注「是非既有，必使二者俱來」，則當讀「是非有」句，「必交來」句。又云「是既信之有矣」，則當讀「苟信是」句。「以」乃「必」字之誤。「必有不可先」與「必有不可識」互文見義。「規」，古「窺」字。「慮」，圖也。謂非謀隱伏不可先知者，蚤窺伺而圖慮之也，斯倉卒之閒出於不備；皆由是非混淆，偏信爲是，而不能蚤辯其非也。今讀皆非。　翔鳳案：「卒」假爲「猝」。司馬相如傳「卒然遇逸材之獸」，注：「暴疾也。」

〔一一〕章炳麟云：「曲」即曲矩之曲，考工之「審曲面埶」，亦當指此。「均」即陶鈞之鈞，淮南原道訓所謂「鈞旋轂轉」者也。曲爲匠人模範之器，鈞爲陶人模範之器，此言聖人畜道待物，故物至而與形相配，斯模範常在矣。　翔鳳案：宙合爲天地之運轉，章說恰好。

〔一二〕劉師培云：「畢」疑「寓」訛。「環寓」即寰宇也。「偏」、「徧」古通。　孫蜀丞云：禮記學記：「呻其佔畢。」爾雅釋器：「簡謂之畢。」　翔鳳案：趙本作「偏」，是也。然楊本作「偏」，亦非誤字。曲禮「二名不偏諱」，即「不徧諱」。隸書亻彳不別，於別篇已詳爲證明矣。蒼頡篇：「溜，水垂下也。」方言「發，舍車也。東齊、海、岱之間謂之發」，郭注：「『舍』宜音寫。」今謂之卸車。儀禮聘禮記「發氣怡焉」，注：「發氣，舍息也。」「發」同「潑」（黄梅以潑水爲寫水），與「溜」義近。做一事，舍去，别做一事，偏做不已，莫不備得，是謂「減溜大成」。俗謂「一溜過去」，即其義。

〔一三〕王念孫云：「巨獲」讀爲榘彠。（榘今省作矩。）説文：「巨，規巨也，或作榘。」「蒦，度也，或作『彠』。」楚辭曰「求榘彠之所同」，今楚辭作「榘彠」，王注云：「榘，法也；彠，度也。」下文曰：「必周於德，審於時，時德之遇，事之會也，若合符然。」正所謂成功之術，必有榘彠也。尹注非。　安井衡云：「巨」古「矩」字，「獲」當爲「彠」，字之誤也。矩、彠皆法也。　翔鳳案：説文無「彠」字，本作「蒦」，因「矩」而加矢旁。「矩」之本字爲「巨」，巨乘馬即矩乘馬也。説文：「蒦，規蒦，商也。从又持萑。一曰蒦，度。」「萑，鴟屬。从隹从𦫳，有毛角，所鳴，其民有旤。」古人畏鴟，故持而度之，引申爲「矩彠」。萑爲兔頭，爾雅釋鳥稱爲「老鵵」，引申之則以犬得兔爲「獲」。詩巧言：「躍躍毚兔，遇犬獲之。」一義之引申，故「獲」可爲「彠」，非假借也。而以爲誤字，則更謬矣。

春采生，秋采蓏，夏處陰，冬處陽，此言聖人之動靜、開闔、詘信、浧弋涅反。儒、取與之必因於時也〔一〕。時則動，不時則靜，是以古之士有意而未可陽也〔二〕，故愁其治，言含愁而藏之也〔三〕。有意濟世，時亂方殷，未可明論，故曰：理代之言，陰愁而藏之。賢人之處亂世也，知道之不可行，則沈抑以辟罰，靜默以侔免。侔，取也。辟之也，猶夏之就清，七性反。冬之就温焉〔四〕，可以無反於寒暑之菑矣〔五〕，夏不就清，冬不就温，更以寒暑致災，終無益也。喻賢者不避亂世，更招刑譴，何榮之可得哉！非爲畏死而不忠也。賢人之避亂世，豈畏死而不忠哉！但以無益而徒死也。夫强言以爲僇，而功澤不加，時非所言，必致刑僇。既刑僇矣，何功澤之加哉！進傷爲人君嚴之義，臣進而遇傷，人君因此益加其嚴酷也。退害爲人臣者之生〔六〕，退而不遇害，而人臣因此轉更偷生也。其爲不利彌甚。不避亂世而遇害，則君益其嚴酷，臣益偷生，不利彌甚也。故退身不舍端〔七〕，脩業不息版〔八〕，版，牘也。以待清明。賢者雖復退身，終不捨其端操。不息修業亦不息其版籍，所以俟亂世清明，候風雲以舉翼也。故微子不與於紂之難，而封於宋，以爲殷主，先祖不滅，後世不絕。故曰：大賢之德長。可久可大，則賢人之德業。

〔一〕洪頤煊云：「涅儒」當作「温濡」，幼官篇「藏温濡」，其證也。「温濡」即燥濕，與「動靜」、「開闔」、「詘伸」、「取與」爲一例。「儒」、「濡」古字通用。王念孫：「涅」當爲「逞」，「儒」當爲「偄」，皆字之誤也。（幼官篇「藏温偄」，宋本「偄」誤作「儒」，今本又誤作「濡」，凡隸書從「耎」之字，多誤從「需」，若碝之爲礝，麌之爲麢，蝡之爲蠕，皆是也。）「逞」與「盈」同。（左氏春秋昭二十三年「沈子逞」，穀梁作「沈子盈」；左氏傳「欒盈」，史記作「欒逞」；又左氏傳昭四年「逞其心以厚其毒」，新序善謀篇「逞」作「盈」。）「偄」與「緛」同。「盈緛」猶「盈縮」也。廣雅「緛，縮也」，曹憲「音而兗反」。素問生氣通天論「大筋緛短，小筋弛長」，王冰曰：「緛，縮也。」漢書天文志「已出三日而復微入，三日迺復盛出，是爲耎而伏」，晉灼曰：「耎，退也。」太玄耎曰：「陽氣能剛能柔，能作能休，見難而縮。」范望曰：「耎而自縮，故謂之耎。」是「緛」與「縮」同義。「緛」、「偄」、「耎」古字通。「盈縮」與「詘伸」義相因也。淮南人閒篇曰：「得道之士，内有一定之操，而外能詘伸嬴縮卷舒，與物推移。」「詘伸嬴縮」即「詘信盈緛」。王紹蘭云：「呈」、「盈」古通用。説文「⿰糸盈，從系盈聲」，「⿰糸盈」或從「呈」。考工記輪人注鄭司農云「『桯』讀如『丹桓公楹』之『楹』」，是「桯」與「楹」通。公羊昭二十三年經「沈子楹」，穀梁作「盈」，左氏作「逞」；左氏襄十八年傳「欒盈」，晉世家「盈」作「逞」；昭四年傳「欲逞其心」，新序善謀篇「逞」作「盈」，是「盈」又與「逞」通。蓋管子「浧」本作「逞」，「逞」壞爲「浧」，「逞」即「盈」之借字也。「濡」當爲「虚」。（俗書「虚」字有作「虗」者，又聲與需近，因譌爲「需」，浧已從水，復加水旁耳。）此言「動靜」、「開闔」、「屈信」、「取與」，文並相配，明「浧濡」當作「逞虚」，「逞虚」即「盈虚」也。戒篇云「消息盈虚與百姓詘信」，亦以「盈虚」、「屈信」對文，是其證矣。牟庭云：「浧儒」即硬軟字，房注亦不知。江瀚云：「浧」，集韻音徎，云與「徎」同，説文：「徎，徑行也。」「儒」、「濡」古通用，隸釋衡方碑「少以濡術」，是其證。「徎」爲徑行，「濡」爲濡滯，與「動靜」、「開闔」、「詘信」，皆相對成文。王志謂「徎儒」當即「逞繻」，「逞」與「盈」同。廣雅「繻，縮也」。其説亦通，終嫌改字。金廷桂云：「浧」，集韻音郢，又音逞，義同。廣韻：「逞，疾也。」方言：「逞，快也，自山而東曰逞。」風俗通：「儒者，濡也。」然則「浧濡」猶言疾徐也，恐非誤字。翔鳳案：「浧」同「郢」，詳幼官章説。此篇盛贊微子存殷，能詘能柔。幼官用箕子洪範，與此合觀，管書爲殷文化甚明顯矣。

〔二〕丁士涵云：釋名曰：「陽，揚也。氣在外發揚也。」大戴禮文王官人篇「攷其陰陽」，盧辯注曰：「陰陽，猶隱顯也。」「陽」主顯揚爲義，與下文「陰」字相對。

〔三〕王念孫云：注言「陰愁而藏之」，則正文「含」字當是「侌」字之誤。「侌」，古「陰」字也。「愁」與「揫」同，鄉飲酒義「秋之爲言愁也」，鄭注曰：「『愁』讀爲揫，揫，斂也。」「陰」與「陽」正相反，故曰：「有意而未可陽也，故揫其治言，陰揫而藏之也。」謂陰斂其治世之言而藏之也。下文「沈抑以辟罰，靜默以侔免」，正申「陰揫而藏之」之義。　翔鳳案：上文皆指微子，麥秀之歌，無限隱痛，所謂「含愁而藏之」，不敢揚於外。

〔四〕王念孫云：「辟之」之「辟」讀曰譬，下屬爲句，「也」字後人所加。（後人讀「辟」爲「賢者辟世」之「辟」，而誤以爲承上之詞，故於「辟」之下加「也」字。）

〔五〕丁士涵云：「反於寒暑之菑」，猶言反時之菑耳。夏就清，冬就温，則反時之菑可以無之。左宣十六年傳：「天反時爲災。」　翔鳳案：周禮大司馬「犯令陵政則杜之」，注：「犯令者，違命也。」「犯」與「反」義近，郭説是。

〔六〕丁士涵云：「嚴」字疑誤，當云「進傷爲人君者之義，退害爲人臣者之生」。文義甚明，尹注非是。　翔鳳案：此文鍼對微子，則易了解。「嚴」爲教令急。微子亡國受封，周人教令之急可想，「進」、「退」承上文「忠」字説，過於哀傷祖國，與周之教令抵觸；退而他適，又有傷生之危險。

〔七〕戴望云：「端」當讀爲專，假借字也。説文曰：「專，六寸簿也。」段氏注云：「六寸簿，蓋笏也。曰部曰：『曶，佩也。』無笏字。釋名曰：『笏，忽也。君有命，則書其上，備忽忘也。』徐廣車服儀制曰：『古者貴賤皆執笏，即今手版也。』杜注左傳：『珽，玉笏也，若今吏之持簿。』蜀志『秦宓見廣漢太守，以簿擊頰』，裴松之注：『簿，手板也。』『六寸』未聞，疑上奪『二尺』字。玉藻曰：『笏度二尺有六寸。』此法度也，故其字從寸。」古耑聲、叀聲同部，故可假「端」爲「專」。下文「修業不息版」，「版」與「專」正同物，若讀「端」如字，則不可通矣。孫詒讓云：「舍」與「捨」通，「端」即端衣也。周禮司服先鄭注云：「衣有襦裳者爲端，乃冕弁、朝服、玄端之通稱。」「不舍端」謂不捨朝服也。戴説未塙。翔鳳案：房注「雖復退身，終不捨其端操」，其言是也。諸人忘其指徵子矣。

〔八〕宋翔鳳云：曲禮「請業則起」，鄭注：「業，謂篇卷也。」此言「修業不息版」，古人寫書用方版，爾雅「大版謂之業」，故書版亦謂之業。鄭訓「業」爲篇卷，以今證古也。翔鳳案：論語「式負版者」，注：「邦國籍也。」謂修殷之版籍。

明乃哲，哲乃明，奮乃苓，明哲乃大行，此言擅美主盛自奮也。以琅湯琅音浪。湯音瑒。凌轢人〔二〕，人之敗也常自此。是故聖人著之簡筴，傳以告後進曰：奮盛苓落也。盛而不落者，未之有也。故有道者不平其稱，不滿其量，不依其樂，不致其

度〔二〕。有道者，則湯、武也。所以不平稱、滿量、依樂、致度者，所以晦其明。**爵尊即肅士，禄豐則務施，功大而不伐，業明而不矜**〔三〕。**夫名實之相怨久矣**〔四〕，**是故絶而無交**〔五〕。有名有實，必爲人怨，其來久。所以絶四鄰之好，杜賓客之交，惡其名實之聞也。**惠者知其不可兩守，乃取一焉**〔六〕。**故安而無憂**，名實不可兩守，故但存其一。怨從此而息，所以安然而無憂也。**毒而無怒，此言止忿速，濟没法也**〔七〕。毒者陰爲賊害，從而怒之。彼知其所以行毒，怨恨續赴，其行毒之法没而不用。今不爲怒者，所以止此忿速濟斷没法也。**怨而無言，言不可不慎也。言不周密，反傷其身。**言怨怒，但可藏之在心，不言之口，以泄其恨。陰懷他計，反被傷身也。**故曰：欲而無謀**〔八〕。**言謀不可以泄，謀泄菑極。**既欲其事，方始圖之，無使謀泄。泄謀，災必至，故曰災極至。**夫行忿速，遂没法，賊發言，輕謀泄，菑必及於身**〔九〕。**故曰：毒而無怒，怨而無言，欲而無謀。大揆度儀，若覺卧，若晦明，**言人君材質雖不慧，但大揆度儀法，有疑則問之賢，若覺而卧悟①，若從晦而視明，可以成大也。**言淵色以自詰也**〔一〇〕。**靜默以審慮，依賢可用也**〔一一〕。君有所未晤，當淵寂其色，以自窮詰，靜默其神，以審思慮。有所不晤，依賢以問之，故其爲可用也。**仁良既明，通於可不利害之理，循發蒙**

① 「若」字原作「者」，「悟」字原作「聽」，均據補注改。

也〔一二〕。問於仁良，其事既明，見利害之理則通晤，循而用之，其蒙自發明也。**故曰：若覺卧，若晦明，若敖之在堯也**〔一三〕。敖，堯子丹朱，慢而不恭，故曰敖。敖在堯時，雖凡下材，但以聖人在上，賢人在下位，動而履規矩，常自禮法，竟以改邪爲明，故賓虞朝，讓德羣后。書曰：「無若丹朱敖。」

〔一〕丁士涵云：「琅」讀爲浪，浪猶放也。「湯」讀爲蕩，蕩，説文作「愓」，云「放也」。浪、蕩、凌、轢四字同義。安井衡云：「凌」當爲「陵」，侵也，形聲相涉而誤。翔鳳案：放浪與「凌轢人」不很相連。漢書王莽傳：「以鐵鎖琅當其頸。」詩宛丘「子之湯兮」，傳：「蕩也。」「湯」古讀當。此節皆創巨痛深之詞，當從殷人亡國之心理理解之。

〔二〕丁士涵云：「樂」當爲「槩」，與「稱」、「量」、「度」三者同義。方苞云：「樂」爲「槩」誤，量實滿則與槩相依，即不滿其量之意。俞樾云：「依」讀爲殷，禮記中庸篇「壹戎衣」，鄭注曰：「『衣』讀如殷，聲之誤也，齊人言殷聲如衣。」然則管子書以「依」爲「殷」，正齊言耳。「不殷其樂」，謂不盛其樂也。説文㐆部曰：「作樂之盛稱殷。」

〔三〕俞樾云：「業明而不矜」，謂業盛而不矜也。淮南説林篇「長而愈明」，高誘注曰：「明，猶盛也。」翔鳳案：「業明」二字直承上文，俞説不合。

〔四〕吳志忠云：「怨」當爲「苑」，言名實相因而至，亦交相爲病。高誘注淮南曰：「苑，病也。」禮運曰：「竝行而不苑。」今名實竝行則苑矣。故下文曰：「知其不可兩守，乃取一焉。」一者，去名取實。翔鳳案：荀子哀公「富有天下而無怨財」，注：「『怨』讀爲蘊，言無私積也。」名中有實，實中有名，是爲「想怨」。吴説誤。

〔五〕翔鳳案：「絶而無交」，與外界斷絶來往，不取名，但取實。

〔六〕孫星衍云：「惠」與「慧」通。

〔七〕章炳麟云：「没法」二字衍。止忿則事速成，正明所以「毒而無怒」之故，不容有「没法」二字。翔鳳案：管書「速」通作「遬」，而「速」爲「迹」，皆籀文也。忿於中，不露於外，是謂「止忿迹」。「濟」訓渡水，「没」則潛水而渡。莊子：「絶迹易，無行地難。」二者皆喻語。

〔八〕王念孫云：「故曰」二字，涉下文而衍。翔鳳案：凡「故曰」皆爲古語，見前。此殷人遺言也。

〔九〕丁士涵云：「夫行忿速遂没法」句，即承上文「止忿速濟没法」句言之。「賊發」句，申言「速遂没法」之意。「没法」者，賊也。方言曰：「濟，滅也。」「止忿」，所以滅賊不使發。「遂」有成義。「行忿」，所以成賊使發也。章炳麟云：「行忿速遂」句，「没法賊發」句。丁氏士涵乃欲讀「行忿速遂没法」爲句，以上文云「毒而無怒，此言止忿速濟没法也」爲證，不知上文「没法」二字實涉此處而衍。言止忿則事速成，正明所以毒而無怒之故，不容有「没法」二字也。「没法賊發」，「賊」字本在「發」字下。漢書酷吏傳曰：「於是作沈命法曰：『羣盜起不發覺，發覺而弗捕，滿品者，二千石以下至小吏，主者皆死。』」應劭注：「沈，没也，敢匿盜賊者没其命也。」應注即本管子説。古曰「没法」，漢曰「沈命法」也。行忿以求速遂，作沈命法以發盜賊，輕言以泄密謀，三者皆病在躁急，足以取禍。「行忿」正與「止忿」相對。止忿則事速濟，若行忿以求速遂，則菑必及身，二義亦相對。翔鳳案：説文：「賊，敗也。」「言」謂怨言。

〔一〇〕張佩綸云：「淵色」當作「淵塞」，聲之誤也。詩燕燕：「其心塞淵。」定之方中：「秉心塞淵。」李哲明云：張説是也。「詰」爲「結」之誤，「自結」猶詩鳲鳩之言心結也。翔鳳案：小爾雅廣詁：「淵，深也。」度地：「水出地而不流者，命曰淵水。」「淵色」爲喜怒不見於色。周禮大宰「五曰刑典，以詰邦國」，注：「猶禁也。」從詰詘得義。

〔一一〕張佩綸云：「靜默以審慮」下當有「也」字，錯於「用」下。「靜默審慮」言恭默思道。「依賢可用仁良」，「可」當作「才」，「依」，倚也，言「倚賢才，用仁良」以爲己助。翔鳳案：「依」訓倚。亦爲「殷」，如上文「不依其樂」，此雙關語。張連「仁良」爲句，謬。

〔一二〕王念孫云：「循」字義不可通，「循」當爲「猶」，字之誤也。（隸書「猶」字或作「猶」，與「循」相似。）上言「若覺卧，若晦明」，此言「猶發蒙」，「猶」亦「若」也。仲尼燕居曰「昭然若發矇」是也。尹注非。翔鳳案：易蒙卦：「發蒙，利用刑人，用説桎梏。」「蒙」訓童蒙，即奴隸。循其發蒙之事，而通於可否利害之理。王誤。

〔一三〕翔鳳案：房注：「堯子丹朱，慢而不恭，故曰敖。」「傲」爲性情，非即丹朱，此不可通者。何爾鈞云：「書益稷篇無『丹朱敖』，王伯厚謂『即丹朱』。兩名連舉，於文義似爲不倫。奡者，堯庶子九人之一，朱駿聲之説不爲無見。考路史：『初取富宜氏曰皇，生朱驁，狠媢，堯兄弟爲鬩，嚚訟嫚遊而朋淫。』蓋惟其驁狠，所以兄弟爲鬩；惟其嫚游，所以兄弟朋淫。意當時庶子九人中，惟奡之凶德實類丹朱，故堯舉以告舜。而管子宙合篇亦云『若敖之在堯也』。且本經下文云『朋淫於家』，朱與奡非兄弟，何以云『於家』乎？古人以父子相繼曰世，朱與奡非皆堯子，何以云『殄厥世』乎？」何言是也。朱引呂覽去私篇「堯有子十人」，求人篇「妻以二女，臣以十子」。孟子言「以九男事舜」，淮南泰族亦云「堯屬舜以九子」，則胤子朱不在數中。敖爲人名。

毋訪于佞，言毋用佞人也，用佞人則私多行〔一〕。毋蓄于諂，言毋聽諂，聽諂則欺上。毋育于凶，言毋使暴，使暴則傷民。毋監于讒，言毋聽讒，聽讒則失士。夫行私、欺上①、傷民、失士，此四者用，所以害君義失正也〔二〕。夫爲君上者既失其義正，而倚以爲名譽，爲臣者不忠而邪，以趨爵禄，亂俗數世〔三〕，以偷安懷樂，雖廣其威可須也。故曰：不正廣其荒〔四〕。是以古之人阻其路，塞其遂，守而物修〔五〕。故著之簡筴，傳以告後世人曰：其爲怨也深，是以威盡焉。

---

① 「上」字原作「土」，據補注改。

不用其區區者虛也，人而無良焉，故曰虛也〔六〕。凡堅解而不動，陼隄而不行〔七〕，其於時必失，失則廢而不濟。失植之正而不謬，不可賢也。植而無能，不可善也〔八〕。所賢美於聖人者〔九〕，以其與變隨化也。淵泉而不盡，微約而流施，是以德之流〔一〇〕，潤澤均加于萬物。故曰：聖人參于天地。鳥飛准繩〔一一〕，此言大人之義也。鳥飛准繩，曲以爲直。大人之義，權而合道。夫鳥之飛也，必還山集谷，不還山則困，不集谷則死。山與谷之處也，不必正直，而還山集谷，曲則曲矣，而名繩焉。以爲鳥起於北，意南而至于南；起於南，意北而至于北。苟大意得，不以小缺爲傷。鳥意將集南北，亦隨山谷而曲飛，苟遂南北之大意，不以曲飛小缺爲傷。聖人行權，亦猶是也。苟得合義之大致，不以反經小過而爲傷也。故聖人美而著之美鳥飛之事，著之簡筴也。曰：「千里之路，不可扶以繩。繩直千里，路必窮也。萬家之都，不可平以准。」平准萬家，居必塞也。言大人之行，不必以先，帝常義立之謂賢〔一二〕。守常違變，道必躓也。故爲上者之論其下也，議欲理也。不可以失此術也。此術，權道。

〔一〕陶鴻慶云：「私多行」當作「行私」，「行私」與下文「欺上，傷民，失士」一律。下文「夫行私、欺上、傷民、失士」云云，是其證。法禁篇「法（今本作「去」，屬上讀之。從俞氏改正。）非其人而人私行者，聖王之禁也」，俞氏云「言法本非其人所宜行」，則文義不順矣。「私行」二字誤倒，

「多」則「行」字之誤而衍者。翔鳳案：吕氏春秋謹聽「聽者自多而不得」，注：「自賢也。」聽佞人之言，得意忘形，自以爲賢，故曰「私多行」。不誤。

〔二〕王念孫云：「義失正」當爲「失義正」，下文曰「爲君上者，既失其義正」，是其證。張文虎云：「君」字疑衍。陶鴻慶云：「害」即「君」字之誤而衍者。翔鳳案：「害君義」即上文「進傷爲人君嚴之義」。

〔三〕翔鳳案：廣雅釋詁一：「數，責也。」列子周穆王：「後世其追數吾過乎？」

〔四〕丁士涵云：「廣」，大也。「損」，宋本作「須」，乃「頊」之誤。「頊」與「傾」同，傾者，覆滅之義。言雖大其威可以覆滅之也。下文曰：「是以威盡焉。」「傾」與「盡」皆釋舉目「荒」字。逸周書大明武篇「靡敵不荒」，孔晁注云：「荒，敗也。」「荒」即「亡」之借字。俞樾云：按北宋本「損」作「須」，然則「威」疑「威」字之誤。「其威可須」，言其滅亡可待也，涉下文「是以威盡焉」而誤。「威」譌「威」，遂臆改「可須」爲「可損」矣。翔鳳案：書甘誓「威侮五行」，王引之以爲「威」之誤。説文：「威，滅也。詩曰：『赫赫宗周，褒姒威之。』」毛傳：「威，滅也。」釋文：「『威』或作『滅』。」後人少見「威」而誤爲「威」。「廣」假爲「横」，説見前。

〔五〕尹桐陽云：「遂」同「術」，邑中道也。孫蜀丞云：廣雅釋室：「隧，道也。」史記蘇秦傳索隱：「遂者，道也。」老子五十二章「塞其兑，閉其門」，「塞其兑」即本管子「塞其遂」也。説文「襚，衣死人也」，漢書朱建傳作「税」；左襄二十三年傳「杞殖、華還載甲夜入且于之隧」，晏子春秋内篇問下作「且於兑」，竝其證。翔鳳案：周禮載師「以物地事」，爲「眆」之借。説文「眆，目冥遠視也」。非誤字，非錯簡。

〔六〕李哲明云：莊子徐无鬼篇「良位其空」，釋文：「司馬云：『良，良人，謂巡虚者也』。」此「無良」當據此解之。翔鳳案：「區區」二字連文，見前。小匡「鄉有良人」，足爲李説之證。

〔七〕丁士涵云：「解」與「堅」義相反，「解」疑「觡」字誤，本作「垎」。説文：「垎，堅也。」學記注：「『格』讀爲凍垎之垎。扞格，堅不可入之貌。」地員篇：「五粟之土，乾而不格。」又曰：「五臬之狀，堅而不骼。」「觡」、「格」、「骼」，皆「垎」之假借。淮南原道篇注「『觡』讀曰格」。「堅觡」與下「陼隄」，皆二字平列。郭沫若云：「堅解」殆猶扞格，亦猶今言尷尬，乃雙聲聯綿字，不必以字面求之。「陼隄」當爲「隄陼」，即踟躇也。翔鳳案：丁、郭二説是也。淮南俶真：「孰肯解構人間之事乎？」後漢陳餘傳：「勿用傍人解構之言。」「解」音義近「格」，是其證。

〔八〕俞樾云：此本作「夫植之正而不謬」，涉上文兩「失」字而誤作「失」耳。「植而無能」句，文義未足，疑有闕文。翔鳳案：「植」同「志」，見前。司馬遷傳「謬以千里」，禮記作「繆」。「繆」同「穆」。「失」字不誤。

〔九〕俞樾云：「美」乃「善」字之誤。上文云「夫植之正而不謬，不可賢也。植而無能，不可善也」，此云「所賢善於聖人者」，即承上而言，不容有異文。翔鳳案：「善」、「美」義近，於本人爲善，他人則美之，不誤。

〔一〇〕丁士涵云：「流」字涉上文「流施」而衍。　翔鳳案：論語「德之流行，速於置郵而傳命」，「流」字不誤。「潤澤」承「流」字而來。

〔一一〕尹桐陽云：淮南道應：「大人之行不掩以繩，至所極而已矣。」此筦子所謂梟飛而准繩者。」「梟」即「鳥」。

〔一二〕王念孫云：「帝」即「常」字之誤而衍者，尋尹注亦無「帝」字。「先常」猶言故常，「不必以先常」句絶。言大人之行，不必遵守故常，唯義立之爲賢也。　丁士涵云：「義立」當爲「義正」。言大人之行，不必以先常而仍不失其正者，所謂義者宜也。猶鳥之飛，不必正直而名繩焉，大意得也。　翔鳳案：說文：「先，前進也。」春秋運斗樞：「帝之言諦也。」審諦而義立，是之謂賢。

譞火縣反，遠也。充，言心也，心欲忠。末衡，言耳目也，耳目欲端〔一〕。中正者，治之本也。耳司聽，聽必順聞，聞審謂之聰。耳之所聞，既順且審，故謂之聰。目司視，視必順見，見察謂之明。目之順視曰明。心司慮，慮必順言，言得謂之知。心之所慮，既順且得，故謂之智。聰明以知則博，博而不惛，所以易政也〔二〕。聰也，明也，智也。三者既博，故事無過，舉乃得中，可制禮作樂，易先古政。政易民利，利乃勸，勸則告〔三〕。民既勸勉，故可以禮樂告之。聽不慎不審不聰〔四〕，不審不聰則繆。視不察不明，不察不明則過。慮不得不知，不得不知則昏。繆過以惛則憂，憂則所以伎苛，伎苛所以險政〔五〕。政險民害，害乃怨，怨則凶。故曰：諛充末衡，言易政利民也〔六〕。

毋犯其凶，言中正以蓄慎也〔七〕。毋邇其求，言上之敗常貪於金玉馬女，而𠫓愛於粟米貨財也。厚藉斂于百姓，則萬民懟怨。遠其憂，言上之亡其國也。常邇其樂立優美〔八〕，而外淫于馳騁田獵，内縱于美色淫聲，下乃解怠惰失〔九〕，百吏皆失其端，則煩亂以亡其國家矣。高爲其居，危顛莫之救，此言尊高滿大，而好矜人以麗，主盛處賢而自予雄也〔一〇〕。言君王豪盛，處己以賢，自許以爲英雄。予，許①也。故盛必失而雄必敗。夫上既主盛處賢以操士民，國家煩亂，萬民心怨〔一一〕，此其必亡也。猶自萬仞之山，播而入深淵，其死而不振也必矣②。故曰：毋邇其求，而遠其憂，高爲其居，危顛莫之救也。可淺可深，可沈可浮〔一二〕，可曲可直，可言可默。此言指意要功之謂也〔一三〕。凡此淺深曲直諸事，皆可詳之。言之指意，要必得此，然可以成功。

〔一〕孫蜀丞云：漢書李廣傳注：「『中』猶充也，讀與复同。」呂氏春秋盡數篇：「與爲复明。」明于

① 「許」字原作「計」，據補注改。
② 「矣」字原無，據補注增。

中，故言心也。廣雅：「末，垂也。」「衡」，稱也，謂兩端平也。垂于兩端，故以「耳目」釋之。翔鳳案：心以氣言，見前。

〔二〕姚永概云：「易」，平也，讀如易繫辭「易者使傾」之「易」。此與下「所以險政」乃對文。尹注「制禮作樂，易古先政」，非也。翔鳳案：説文：「惛，不憭也。」孟子：「吾惛，不能進於是矣。」三「順」字皆假爲「慎」。易坤：「蓋言順也。」禮器：「順之至也。」「順」皆訓慎。

〔三〕劉績云：「告」當作「吉」，對下「凶」字。翔鳳案：勸則相互告語，文義至順，何必泥於下文「凶」字而改爲「吉」乎？

〔四〕丁士涵云：「不慎」二字衍。「聽不審不聰」與下「視不察不明」、「慮不得不知」句例相同。上文云「聞審謂之聰」，故聽不審則不聰也。下文「不審不聽則繆」，即承上言之。玩尹注亦無「不順」二字。陶鴻慶云：此文傳寫脱誤。上文云「耳司聽，聽必順聞，聞審謂之聰。目司視，視必順見，見察謂之明。心司慮，慮必順言，言得謂之知」，此文當云「聽不順不審，不審不聰，不聰則繆。視不順不察，不察不明，不明則過。慮不順不得，不得不知，不知則昏」，皆與上文反復相明。翔鳳案：「不慎」承上文「順」字，「順」即「慎」也。

〔五〕陳奐云：「伎」者，「忮」之假借，馬融注論語子罕篇曰：「忮，害也。」李哲明云：此當云「憂則伎苛，伎苛所以險政」。上「所以」字蓋涉下而衍。「伎」，事也；「苛」，煩也。治事煩苛，政之險由此矣。「險政」對上「易政」言。翔鳳案：説文：「伎，與也。詩曰：『籥人伎忒。』」

今詩作「忮」，傳曰：「害也。」説文「忮，很也」，與「苛」義近。「伎」無訓「事」者，此李之臆説也。文從字順，無衍文。

〔六〕王念孫云：「言」字涉下文「言中正以蓄慎也」而衍。此復述上文「譓充末衡易政利民」之語，不當有「言」字。翔鳳案：「譓充末衡」爲古語，三「言」字皆釋古語。如「左操五音，右執五味，此言君臣之分也」，是其例。王説誤。

〔七〕張佩綸云：「蓄」當作「審」。翔鳳案：説文：「蓄，積也。」「蓄慎」猶言處心積慮，非誤字。

〔八〕金廷桂云：「立」字疑「工」字之誤。「樂工優美」即下文「美色淫聲」也。張佩綸云：「優美」當作「優笑」，小匡及齊語「優笑在前」。姚永概云：「立」字不辭。古「私」字作「厶」，後人不知，誤改爲「立」耳。所樂、所私、所優、所美皆便辟佞幸之人也，而常邇之，故足以亡國。翔鳳案：霸形：「桓公起行筍虡之間，管子從至大鐘之西。桓公南面而立，管仲北鄉對之。大鐘鳴。」「立」爲古「位」字，見前。樂懸有位，故曰「邇其樂立優美」，諸説均誤。

〔九〕安井衡云：「解」、「懈」，「失」、「佚」，古皆通用。翔鳳案：安井説是，證已見前。

〔一〇〕孫蜀丞云：莊子天下篇「施存雄而無術」，釋文引司馬彪注云：「意在勝人而無道理之術。」莊子之「存雄」，即管子之「予雄」也。

〔一一〕王引之云：「心怨」當爲「懟怨」。上文曰「萬民懟怨」，又曰「煩亂以亡其國家」，此文即承上言之。翔鳳案：穀梁莊三十一年傳「力盡則懟」，注：「恚恨也。」厚斂則懟怨，煩亂則心怨，輕重不同。王不分輕重，非是。

〔一二〕王引之云：當從上文作「可浮可沈」。「沈」與「深」爲韻。翔鳳案：文本無韻，何以用韻？王氏未深察，故有此失。

〔一三〕于省吾云：「指」應讀作稽。「稽」猶計也。內業篇「此稽不遠」，即此指不遠。書西伯戡黎「指乃功」，即稽乃功。周禮大司馬「簡稽鄉民」，注：「『稽』猶計也。」「計意」與「要功」文正相對。下文「故博爲之治而計其意」，是其證。翔鳳案：爾雅釋言：「指，示也。」淺深、浮沈、曲直、言默，可示其意，非人稽之也。

天不一時，春夏秋冬，各有其時。**地不一利，**五土十地，各有其利。**人不一事，**士農工商，各有其事。**是以著業不得不多，人之名位不得不殊。**天時地利，猶有不一，況於人之所著事業及其名位，豈得不多而殊乎！**方明者察于事〔一〕，故不官于物而旁通于道〔二〕。**方，謂法術。言法術通明之士，察於天地，知不可專一，故云不主一物，功用無方，旁通於道也。**道也者，通乎無上，詳乎無窮〔三〕，運乎諸生。**諸物由道而生。**是故辯于一言，察于一治，攻于一事者，可以曲說，而不可以廣舉〔四〕。**言寡能之人，但辯一言，察一理，攻一事。如此者，唯可以示一曲之說，未足以廣苞也。**聖人由此知言之不可兼也〔五〕，故博爲之治而**

計其意；知一言不可兼羣言，故博爲理衆言，而復計度所言之意，以告喻之也。知事之不可兼也，故名爲之説而況其功〔六〕。又知一事不足以兼衆事，故每事皆立名而爲此説。又恐未明其功，故比況而曉告之。歲有春秋冬夏，月有上下中旬，日有朝暮，夜有昏晨半，星星半隱半見也。辰序各有其司〔七〕，故曰：天不一時。此以上各舉天時不一。半星辰序，言其星辰晝隱夜出，常見半，至於次序，有司以爲法也。山陵岑巖，淵泉閎流〔八〕，泉踰瀷，瀷，湊漏之流也。而不盡〔九〕，薄承瀷而不滿〔一〇〕，泉逾而前，瀷隨而後，欲其流不盡。至溪谷小既停，薄隨至而泄，雖承瀷而常不滿之流也。高下肥墝，物有所宜，故曰：地不一利。此以上略言地利不一也。鄉有俗，國有法，食飲不同味，衣服異采，世用器械，規矩繩准，稱量數度，品有所成，故曰：人不一事。此以上舉人之事不一也。此各事之儀〔一一〕，其詳不可盡也。此天地人三者之儀，但略舉之，故其詳不盡也。

可正而視，言察美惡，審別良苦〔一二〕，不可以不審。操分不雜，故政治不悔。定而履，言處其位，行其路，爲其事，則民守其職而不亂，故葆統而好終。深而迹，言明墨章書，道德有常，則後世人人修理而不迷，故名聲不息〔一三〕。夫天地一險一易，若鼓之有桴，桴當爲響。擿擋則擊，險易猶否泰。夫天地否泰，應德而至，猶鼓之含響，應擊而鳴者也。言苟有唱之，必有和之，和之不差，因以盡天地之道。唱則擊也。小則小和，大則大和，故曰和擊①而不差。應擊爲響，象天地應德爲否泰也。景不爲曲物直，響不爲惡聲美，物曲則影曲，聲惡則響惡，亦況天道福善禍淫隨事而至也。是以聖人明乎物之性者，必以其類來也〔一四〕。惡聲往則惡響來，猶積善餘慶，積惡餘殃。故君子繩繩乎慎其所先〔一五〕。天地，萬物之橐也，君子知善惡必報，繩繩戒慎，先天地以類善，天地萬物從而應之。則善在先，應在後，如橐之成物也，故曰天地萬物之橐。宙合有橐天地〔一六〕。宙合之道，教以先天地行善，故橐天地也。天地苴子餘反。萬物，故曰：萬物之橐。苴裹萬物，在天地之中，故爲橐也。宙合之意，上通於天之上，下泉於地之下〔一七〕，外出於四海之外，合絡天地以爲一裹，宙合，廣積善以通天上，入地下，包絡天地爲一裹也。散之至于無間，不可名而山，宙合之裹故散，其終上能無偷觀，猶不可得其名，若山然也。是大之無外，小之無內〔一八〕，故曰：有橐天地。其義不傳，苟非其人，道不虛行，故其義不可妄傳也。一典品之，不極一薄，然而典品無治也〔一九〕。典，常也。宙合之道，專一而能常行，則不有窮。若乃輕薄不能崇重，則此道或幾乎息矣。常品之人，不能重理也。多內則富，時出則當，而聖人之道，貴富以當〔二〇〕。奚謂當？本乎無妄之治，運乎無方之事，應變不失之謂當。變無不至，無有應，當本錯，

① 「擊」字原作「象」，據補注改。

不敢忿〔三二〕，當，謂行賞以當功。當功所以錯而不用者，則以變不至也。故雖不用物，不敢忿怒也。故言而名之曰宙合。尋古遺言之立名，名曰宙合也。

〔一〕丁士涵云：「著」當爲「緒」，據尹注「人之」二字在「著業」上。淮南泰族篇曰「是以緒業不得不多端，趨行不得不殊方」，則并無「人之」二字矣。翔鳳案：「方」爲併船，故「方」有旁溥之義。儀禮覲禮「加方明於其上」，注：「方明者，上下四方明神之象也。」「方明」之義，由此引申。方苞不知而以「方」字上屬爲句，陋矣。「事」與「名位」，通以現代文法則爲「人不一事，是以著業不得不多，而其名位不得不殊」。「其」即指人，「人之」二字非衍明矣。原文不錯不衍，諸説均誤。

〔二〕張佩綸云：荀子解蔽篇：「經緯天地而材官萬物。」疑「不」乃「才」之誤。翔鳳案：王制疏「官者，管也」，有管束之義，與「囿」同意。「官」乃古「館」字也。張説非是。

〔三〕丁士涵云：「詳」，「翔」之假字。漢書西域傳「上翔實」，注：「『翔』與『詳』同。」吴仲山碑「出入教詳」，「詳」亦「翔」之借。文選東京賦「聲與風翔，澤從雲游」，注：「『翔』、『游』皆行也。」

〔四〕孫蜀丞云：「攻」，治也。淮南子泰族篇「夫徹於一事，察於一辭，審於一技，可以曲説而未可以廣應也」，即本管子。詩公劉、嵩高傳竝謂：「徹，治也。」

〔五〕翔鳳案：「兼」有包舉之意，故云「博爲之治」。

〔六〕王念孫云：「名」當爲各。事不可兼，故必各爲之説而後備。（上言「博爲之治」，下言「各爲之説」，其義一也。）下文曰「此各事之儀，其詳不可盡也」，是其證。尹注非。丁士涵云：「名」當爲「多」。淮南要略訓：「懼爲人之惛惛然弗能知也，故多爲之辭，博爲之說。」翔鳳案：祭法「黄帝正名百物」，論語「必也正名乎」，鄭注：「謂正書字也，古曰名，今曰字。」荀子正名篇有「刑名」、「爵名」、「散名」，所包甚廣，每一事一物而爲之說，「名」字不誤。改爲「多」或「各」，誤甚。

〔七〕王念孫云：「半星辰序」二句，即承「夜有昏晨」言之。半星者，中星也。説文「半，物中分也」，玉篇「中，半也」，是「半」與「中」同義。中星居天之半，故曰「半星」。「辰序」，十二辰之序也。司，主也。十二辰之昏中旦中，各有其序，以主十二月，故曰「半星辰序，各有其司」。尹注非。　俞正燮云：昏、旦、夜半，三候中星也。　尹桐陽云：尚書考靈曜：「主春者鳥星，昏中，可以種稷。主夏者心星，昏中，可以種黍。主秋者虚星，昏中，可以種麥。主冬者昴星，昏中，可以斬伐，具器械。」　翔鳳案：俞說是也。三候中星，爲觀象之常識。晨昏觀察，見於呂氏春秋。日中觀日影，見周髀算經。夜半觀察，惟墨子經及經説，拙著中算史導源考之甚詳。堯典「曆象日月星辰」，左昭七年傳「日月之會是謂辰」，其字作「曟」。而北辰爲不動之太一，皆爲觀察對象，星辰序列，各有其司。王不解天文，以「半星辰序」斷句，謬矣。「星辰序各有其司」，合歲、月、日、夜言之，非專指夜也。

〔八〕丁士涵云：「閎」當爲「泓」。説文：「泓，下深貌。」廣雅：「泓，深也。」　翔鳳案：説文：

「閎，巷門也。」凡洪聲皆有大義，即小中大溝之流如胡同然。丁説淺。

〔九〕張文虎云：「踰」疑「輸」字譌。戴望云：段先生説文注云：「『瀷』乃『潩』字之異體，後人收入。如潩、汨之實一字也。淮南書曰『澤受瀷而無源』，許慎云：『瀷，湊漏之流也。』見文選注。但造説文不收『瀷』字。」翔鳳案：淮南覽冥「澤受瀷而無源者」，高注：「雨瀆疾流者。」本經「淌游瀷減」，注：「讀燕人强春言勑之勑。」水經潩水注：「潩水，時人謂之勑水。」是「瀷」讀敕。「敕」從束聲。湊漏瀆出之細流，故曰「不盡」，與「閎流」不同。

〔一〇〕孫星衍云：廣雅：「草叢生曰薄。」謂水草叢生之處。尹注非。俞樾云：説文水部：「洦，淺水也。」字亦作「泊」。此文「薄」字，即「洦」之假字。廣韻「博」字注曰：「古有博勞，善相馬。」博勞即伯樂也。然則「薄」之通作「洦」，猶「博」之通作「伯」矣。上句「泉踰瀷而不盡」，與此相對成文。泉是水之深者，洦是水之淺者。因以「薄」爲之，尹注遂失其義矣。

〔一一〕安井衡云：「儀」、「宜」通。天地人之事，各有其宜，故云各事之宜。翔鳳案：安井説是也。「儀」同「義」。禮記「義者，宜也」，楚語「采服之儀」，是其證。

〔一二〕王念孫云：「察美惡，別良苦」相對爲文。「別」上「審」字，涉下「審」字而衍。安井衡云：「苦」，濫惡也。古本「苦」作「善」，似非。翔鳳案：安井説是也。小匡：「辨其功苦。」此古本妄改之又一證。「審別良苦」，謂審視而別之。王以近代文法律古人，非是。

〔一三〕王念孫云：「書」當爲「畫」，「修」當爲「循」，字之誤也。此言君子之道德有常，如工之明其繩墨，章其規畫，則後人皆循其理而不迷也。楚辭九章「章畫志墨兮，前圖未改」，王注曰：「言工明於所畫，念其繩墨，循前人之法，不易其道，以言人遵先王之法度，循其仁義，不易其行。」語意略與此同。此釋上文「深而迹」之意。「而」汝也，「墨」與「畫」所謂迹也，「明墨章畫」，所謂「深而迹」也。今本「章畫」作「章書」，則義不可通矣。翔鳳案：説文：「書，箸也。」叙曰：「箸於竹帛謂之書。」明墨而章箸之，與規畫有别，王説非是。

〔一四〕安井衡云：「往」，諸本俱作「性」。按舊注云「惡聲往則惡響來」，據此，尹本作「往」審矣，今據而正之。孫蜀丞云：淮南子兵略篇「夫景不爲曲物直，響不爲清音濁，觀彼之所以來，各以其勝應之」，即本管子。又繆稱篇云「是故聖人察其所以往則知其所以來者，聖人之道猶中衢而致尊邪」，竝「性」當作「往」之證。翔鳳案：曲直美惡爲物之性，改「往」者非是。

〔一五〕姚永概云：此乃總束上文之語。尹注以與「天地，萬物之橐也」連屬而合釋之，大繆。

〔一六〕王念孫云：「也」字衍。「天地萬物之橐，宙合有橐天地」，已見上文。此復舉上文而釋之，不當有「也」字。翔鳳案：「天地萬物之橐，宙合有橐天地」二句，總目已言之。解中其義，言「天地萬物之橐也」，是固然矣。而其道在「宙合有橐天地」，蓋大之無外，天地包括其中，言有重點，二句非平列，王衍一「也」字而義大變，謬矣。

〔一七〕王引之云：「泉」字義不可通，當爲「臮」。臮，古「暨」字也。暨，及也，至也。言宙合之意，上通於天之上，下至於地之下。「㲋」與「泉」字相似，後人多見「泉」，少見「㲋」，故「㲋」譌爲「泉」矣。

〔一八〕劉績云：「山」乃「止」字誤。洪頤煊云：「山是」當作「由是」，言宙合之意散之至於無閒，不可名而民莫不由是，故下文云：「大之無外，小之無内。」尹、劉注俱非。安井衡云：古本「山」作「出」。張佩綸云：洪説亦强解。「山是」乃「寔」之壞，當作「而實不可名」。翔鳳案：説文：「山，宣也。」「不可名而山」，不可名而宣也，詳山權數，非誤字。不解其義，改爲「出」，改爲「止」，又改爲「由」，與「是」字合爲「由是」，皆誤。

〔一九〕戴望云：吕氏春秋知士篇高注曰：「『一』猶乃也。」下「典品」二字涉上文而衍。郭沫若云：此語當讀爲「一典品之，不極一薄，然而典品無治也」，謂宙合之經言文字甚少，除去衍文，僅二百一十字，如整理之不能盡一簿。然而整理之事無人爲也。此承上「其義不傳」而言，蓋作解者之感嘆。「一典品之」，「一」者，一旦也，猶如也。「典品」謂整理。「簿」、「薄」字古每混，六朝人書艸、竹無别。翔鳳案：郭説極是。周禮大宰「掌建邦之六典」，治、教、禮、政、刑、事也。宙合所陳皆典言。廣雅釋詁四：「品，齊也。」比而齊之，不盡一簿。八字爲句，郭言尚當修正。「傳」同「專」，論語「傳不習乎」，魯論作「專」。「治」同「辭」，見前。

〔二〇〕安井衡云：古本作「富貴」，誤。陳奂云：「富」當爲「福」。福者，備也。「以」猶與也。「富以當」，猶言備與當耳。此承上文「多内則富（「内」與「納」同），時出則當」二句言之。

翔鳳案：「以」同「與」。貴其富與當，貴謂重視之。古本改爲「富貴」，含義全變，其謬如此。

〔二二〕翔鳳案：説文：「應，當也。」淮南原道「百事之變無不應」，注：「當之也。」變無不至而無有應者，當則本而錯置之，不敢忿也。

樞言第十二

外言三

樞者，居中以運外，動而不窮者也。言，則慮心而發口，變而無主者也。其用若樞，故曰樞言。

周廣業云：魏志司馬芝奏曰：「管子區言：積穀爲急。」則「樞」當作「區」。孫蜀丞云：司馬芝所云，乃區言第四治國篇，非樞言篇也。周説非。翔鳳案：區言爲區蓋之言，有分限而不流溢，與「樞」字義絶遠。易繫辭「言行，君子之樞機也」，鄭注：「樞，户樞也。」莊子齊物論「謂之道樞」，注：「樞，要也。」周、孫之説未析。

管子曰：道之在天者，日也。日者，萬物由之以煦，萬象由之以顯，功莫大焉，故謂之道也。**其在人者，心也。**心者，萬物由之以慮，萬理由之以斷，云爲莫大焉，故謂之道。**故曰：**

有氣則生，無氣則死〔一〕，日與心以生成爲功，而生成以氣爲主①。此言氣者，道之用也，尤宜重也。有名則治，無名則亂，治者以其名〔二〕。物既生成，須立法以治之，在於名實相副，故實稱其名則治，名重其實則亂。樞言曰：「愛之，利之，益之，安之。」四者道之出〔三〕，四者從道而生，故曰道之出也。帝王者用之而天下治矣。帝王者審所先所後，先民與地則得矣，民者君之地，君者民之天，先此二者，則無所不得也。先貴與驕則失矣。貴而不已則驕，驕而不已則亡。先此二者，則無所不失矣。是故先王慎貴在所先所後〔四〕。人主不可以不慎貴，不可以不慎民，不可以不慎富。慎貴在舉賢，慎民在置官，慎富在務地。故人主之卑尊輕重，在此三者，不可不慎。慎三則尊以重，忽三則卑以輕。

〔一〕劉績云：諸本無「生者以其氣」五字，非。翔鳳案：凡「故曰」爲古語，猶後代之格言，其言質樸，含義廣，不加解釋。「死」字下有「生者以其氣」五字則是解釋，古本不識此義而妄加之，而劉誤信之矣。心爲氣之充，宙合：「謏充言心也。」

〔二〕張佩綸云：「治者以其名」乃羨文，據尹注亦無此五字。翔鳳案：此管子由古語比對而悟出，「治者以其名」非羨文也。

① 「主」字原作「言」，據補注改。

〔三〕翔鳳案：樞言亦古語，只八字。「四者道之出」則管書所補，是也。

〔四〕王念孫云：「貴在」二字涉下文「慎貴在舉賢」而衍。　翔鳳案：呂氏春秋音律「審民所終」，注：「慎也。」「慎貴」即「審貴」，承上文，王以爲衍，謬。

國有寶，有器，有用。城郭、險阻、蓄藏，寶也。城郭完，險阻脩，則寇盜息。蓄藏積，民無飢，故爲寶也。　聖智，器也。聖無不通，智無遺策，二者可操以成事，故曰器。　珠玉，末用也〔一〕。珠玉者，飢不可食，寒不可衣，費多而益少，故爲末用也。　先王重其寶器而輕其用〔二〕，故能爲天下。　生而不死者二，謂寶與器。　立而不立者四〔三〕。人君雖欲自立而重珠玉，則不令得立者四，謂喜怒惡欲。　喜也者，怒也者，惡也者，欲也者，天下之敗也，而賢者寶之〔四〕。爲善者，非善也，非善此珠玉也。　故善無以爲也〔五〕，故先王貴善。貴善蓄藏。　王主積于民，無不足。　霸主積于將戰士〔六〕，卒勇奮。　衰主積于貴人，益其驕。　亡主積于婦女珠玉，速其亡也。　故先王慎其所積。　疾之疾之，萬物之師也。　爲之爲之，萬物之時也。　强之强之，萬物之脂也〔七〕。

〔一〕劉師培云：「末」字疑涉注文而衍。「用」與「寶」、「器」並文。上云「有寶，有器，有用」，下云「重其寶器，而輕其用」，均無「末」字。　翔鳳案：「本」與「末」對。「本」指農，見荀子天論及後漢書章帝紀、班彪傳注。「末」指商，鹽鐵論本議：「抑末利而開仁義，毋示以利。」百姓就本者寡，趨末者衆。」通有：「商賈錯於路，諸侯交於道。然民淫好末，侈靡而不務本，田疇不修。」是「末用」爲商用，非賤珠玉之價值也。劉説誤。

〔二〕翔鳳案：西京賦「輕鋭僄狡」，注：「謂便利。」「輕其用」猶輕便其用，非鄙之也。趙本于「用」上加「末」字，非是。

〔三〕翔鳳案：房注謂「二二」爲「寶與器」，是也。「名」非與「氣」並立，乃由「氣」引申。説文：「立，住也。」釋名：「立，林也。如林木森然，各駐其所也。」「住」同「駐」。喜怒惡欲四者爲情緒，不能穩定，故曰「立而不立」。

〔四〕翔鳳案：易繫辭「聖人之大寶曰位」，孟喜作「保」。謂賢者保之也。説文：「保，養也。」涵養之欲其住也，承上文言之。

〔五〕翔鳳案：郭沫若謂兩「爲」字均假借爲「僞」，其言是也。爾雅釋言：「造，作爲也。」左成九年傳「爲將改立君者」，釋文：「『爲』本作『僞』。」

〔六〕王念孫云：「將」字後人所加，霸主欲彊兵，必重戰士之賞。故曰「霸主積于戰士」。據尹注「卒勇奮」，則無「將」字明矣。翔鳳案：廣雅釋詁一：「將，養也。」詩桑柔「天不我將」，箋：「猶養也。」四牡「不遑將父」，傳：「養也。」「將戰士」，養戰士也。

〔七〕翔鳳案：饒炯説文部首訂：「『旨』即『脂』之本字，『脂』字角獸肥也。口味惟肥則美，美甘，於文從甘，匕聲，而引借爲凡美之稱。自引借義行，又加肉爲脂而别其體，則旨乃專爲美稱矣。」管書本文作「脂」，此宋本之可貴，後人依莊子、公孫龍子改爲「指」，文義不類。

凡國有三制。有制人者，有爲人之所制者，有不能制人、人亦不能制者。何以知其然？德盛義尊而不好加名於人，加名于人者，人亦加之也。人衆兵强而不以其國造難生患，患難于人者，人亦患難之。天下有大事而好以其國後，謙受益也。如此者，制人者也。下人者在人上。德不盛，義不尊，而好加名于人；人不衆，兵不强，而好以其國造難生患；恃與國，幸名利，言恃黨與之國，又不爲推讓，每輒幸其名利也。如此者，人之所制也。陵人者，人反陵之。息侯伐鄭之比。人進亦進，人退亦退，人勞亦勞，人佚亦佚，進退勞佚，與人相胥〔一〕，胥，視也。常視人與之俱進退勞佚也。如此者，不能制人、人亦不能制也。

〔一〕王念孫云：諸書無訓「胥」爲「視」者。「胥」，待也，言與人相待也。君臣篇「胥令而動者也」，尹注「胥，視也」，亦非。翔鳳案：房訓「胥」爲「視」，不誤。爾雅釋詁：「艾、歷、覛、胥，相也。」「瞻、臨、涖、頫、相，視也。」郝疏：「相，息羊或息亮反，兼讀二音。詩云『聿來胥宇』，又云『于胥斯原』，『胥』皆訓相視之相，故釋文並言：『相，息亮反。』則相兼二音，其證甚明。」是「胥」可訓「相」，王以爲諸書所無，可謂失言。

愛人甚而不能利也，愛甚不利，生其怨心。憎人甚而不能害也，憎甚不害，生其賊心。

故先王貴當愛必利，憎必害。貴周〔一〕。深密不測則周也。周者不出于口，不見于色，一龍一蛇，一則爲龍，一則爲蛇，喻人行藏。一日五化之謂周〔二〕。行藏五變，故曰五化。故先王不以一過二。以少踰多，衆所驚也。先王不獨舉，不擅功。獨舉擅功，人之所疾。先王不約束，不結紐。約束則解，有束，故可得而解。結紐則絶，有紐，故可得而絶。故親不在約束結紐。相親，從心生也。先王不貨交，貨交，則人心有親疏。不列地〔三〕，列地，則人心有向背。以爲天下。天下不可改也，親疏向背，是其改也。改謂分別。而可以鞭箠使也。若乃不改，而以鞭箠威之，則無思不服。時也，利也，出爲之也〔四〕。先王有所出爲，必上得天時，下盡地利。餘目不明，餘耳不聰，苟非時利，雖目視有餘，不用其明，耳聽有餘，不用其聰也。是以能繼天子之容。天子之容，時利而已。官職亦然。亦時利也。時者得天，義者得人，義即利也。既時且義，故能得天與人。先王不以勇猛爲邊竟則邊竟安，邊竟安則鄰國親，鄰國親則舉當矣。人故相憎也。人之心悍，故爲之法。法出于禮，禮出于治〔五〕。治、禮，道也。萬物待治、禮而後定。凡萬物陰陽兩生而參視〔六〕，先王因其參而慎所入所出〔七〕。以卑爲卑，卑不可得；以尊爲尊，尊不可得，桀、舜是也。先王之所以最重也，得之必生，失之必死者，何也？唯無得之，堯、舜、禹、湯、文、武、孝己斯待以成，天下必待以生〔八〕，故先王重之。一日不食比歲歉，三日不食比歲飢，五日不食比歲荒，七日不食無國土，十日不食無疇類，盡死矣。先王貴誠信。誠信者，天下之結也。信誠者，所以結固天下之心也。賢大夫不恃宗室，士不恃外權，坦坦之利不以功，坦坦之備不爲用，坦坦，謂平平。非有超而異者，故不能立功而成用也。故存國家，定社稷，在卒謀之閒耳。聖人用其心，沌沌乎博而圜〔九〕，豚豚乎莫得其門〔一〇〕，一本作「沌乎博而圜，豚豚乎莫得而聞也」。紛紛乎若亂絲，遺遺乎若有從治〔一一〕。故曰：「欲知者知之，欲利者利之，欲勇者勇之，欲貴者貴之。彼欲貴，我貴之，人謂我有禮。彼欲勇，我勇之，人謂我恭。彼欲利，我利①之，人謂我仁。彼欲知，我知之，人謂我慜。戒之戒之，微而異之〔一二〕，人心不同，其猶面焉。令既順欲穫，失時無所收。動作必思之，無令人識之，卒來者必備之。信之者仁也，不可欺者智也。既智且仁，是謂成人。

〔一一〕陶鴻慶云：尹注云：「愛甚不利，生其怨心；憎甚不害，生其賊心。」其説甚謬。此言先王之利人害人，不以一己之愛憎耳。下文云「無私愛也，無私憎也」，即其義。

〔一二〕尹桐陽云：呂覽必己曰：「一龍一蛇，與時俱化，而無肯專爲。」淮南俶真：「至道無爲，一龍一蛇。盈縮卷舒，與時變化。」日夜平均各有六時，除食息外約五時耳。「一日五化」者謂一

① 「利」字原作「和」，據補注改。

時而一化也。翔鳳案：説文：「五，五行也。从二，陰陽在天地間交午也。」一龍一蛇，交午而變化。尹説誤。

〔三〕安井衡云：「列」、「裂」同。「裂地」，賂人也。「貨交」、「裂地」，即約束結紐之事。

〔四〕丁士涵云：「出」當爲「士」，字之誤。士，事也。管子書多假「士」爲「事」。姚永概云：下文「時者得天，義者得人」，據此則「利也」當作「義也」。尹注「『利』即『義』也」，是反據上「利」字解下「義」字，非是。「出」當作「由」，形近致誤。尹桐陽云：「出」同「趉」，力也。方言作「跐」。翔鳳案：説文：「出，進也。象艸木益滋上出達也。」釋名釋言語：「出，推也，推而前也。」推進時利而爲之，非誤字。

〔五〕翔鳳案：「治」爲水名，政治爲「理」之借。齊語「教不善則政不治」，注：「理也。」儀禮喪服「人治之大者也」，注：「猶理也。」法出於禮，禮出於理。樂記：「禮也者，理之不可易者也。」二説俱非。

〔六〕丁士涵云：「視」疑「死」字誤。「參死」對「兩生」言。下文云「得之必生，失之必死」，亦「生」、「死」對文。易之爲道，不外一陰一陽，乾爲化，坤爲成，所謂「兩生」也。若天地不正之氣變亂其中，則二氣沮喪，不能化成，是以參死。吴汝綸云：「視」與「生」對文，猶老子所云「長生久視」也。尹桐陽云：「參」，三也。陰一，陽二，天三也。「視」，活也。呂覽重己：「莫不欲長生久視。」淮南天文：「一生二，二生三，三生萬物。」楚辭天問：「陰陽三合，何本何化？」天對曰：「合焉者三，一以統同。吁炎吹冷，交錯而功。」注引穀梁子曰：「獨陰不生，獨陽不生，獨天不生，三合然後生。」　翔鳳案：萬物雖衆，其生也陰陽參合，獨陰獨陽不生也。由其參合而觀察之，非誤字。

〔七〕陶鴻慶云：「所入」二字疑衍。上文云「愛之、利之、益之、安之，四者道之出」，又云「時也、利也，出爲之也」，又云「人之心悍，故爲之法，法出於禮，禮出於治，治禮道也，萬物待治禮而後定」，然則「所出」指道言之，不當有「所入」字。　孫蜀丞云：呂氏春秋重己篇「莫不欲長生久視」，注：「視，活也。」「慎」與「順」同。此文「凡萬物」句，「陰陽兩生而參視」句，「視」亦「生」也。言萬物皆由陰陽，陰陽相並而生也。兩參者，陽奇而陰耦，兩謂陰，參謂陽也。陰陽莫大乎天地，故説卦傳：「參天兩地而倚數也。」天數一三五七九，地數二四六八十，故陰數兩也。陽數言參不言一者，易孔疏引孔氏云：「以三中含兩，有一以包兩之義，明天有包地之德，陽有包陰之道，故天舉其多，地言其少也。」故下句言參不言兩者，亦天包地、陽包陰之義也。順所入所出者，繫辭傳云「其出入以度，外內使知懼」，韓康伯曰：「明出入之度，使物知外內之戒也。」「出入」猶行藏，「外內」猶隱顯，正合此文桀舜之喻，諸説並失之。

〔八〕丁士涵云：上文言「萬物待治禮而後定」，初不言孝，此承上「得之必生」言之。「得」者，得治禮也。「無」，語詞。「孝」乃「者」字之譌。「己」指先王言。「天下」即上文所謂「萬物」也。「己斯待以成，天下必待以生」，所謂成己而成物也。　趙本承襲譌字，故句讀亦舛矣。　安井衡云：「唯無得之」下，應言不得穀粟而死亡之事，而今脱之。尹桐陽云：「唯無」，唯也。墨子多言「唯無」，字一作「惟毋」、「惟勿」。「毋」、「勿」均同「無」，爾雅云：「閒也。」帝王世紀：「殷高宗有賢子孝己，其母早死，高宗惑後妻之言，放之而死，天下哀之。」秦策曰：「孝己愛其親，天下欲以爲子。」「斯」，盡也。翔鳳案：尹説是也。立政九敗解數用「唯毋」，是其證。管書多言殷事，上篇言微子可知。

〔九〕丁士涵云：「博」當爲「摶」，摶亦圜也。攷工記梓人、廬人、弓人注竝云：「摶，圜也。」輪人注：「摶，圜厚也。」矢人注：「摶，讀如摶黍之摶，謂圜也。」楚辭橘頌「圜果摶兮」，注：「摶，圜也。楚人名圜曰摶也」。「沌沌」亦圜轉之意。孫子勢篇曰：「渾渾沌沌，形圜而不可敗。」説文：「𥬠，篅也。」「篅，判竹，圜以盛穀也。」翔鳳案：左文十六年傳「謂之渾敦」，莊子作「渾沌」，「沌」有敦厚之義。「博」訓大通，其義正合。丁改字非是。

〔一〇〕丁士涵云：「豚」，「遯」之假字。廣雅：「遯，隱也。」「遯遯」猶隱隱也。遯遯與沌沌義亦相近。凡圜轉之物，皆渾含包裹，隱隱不辨分際。莊子齊物論釋文引司馬注：「芚，渾沌不分察也。」白心篇「𨍏乎其圜也，𨍏𨍏乎莫得其門」，兩句實一義。

〔一一〕安井衡云：諸本無「所」字，今從古本。翔鳳案：漢書東方朔傳「遺蛇其迹」，注：「猶逶迤也。」「遺」、「蛇」同音，有委婉之義。左隱四年傳：「猶治絲而棼之也。」「治」爲理絲。漢書張湯傳「從迹安起」，史記作「蹤」。有蹤迹可理，「從」上加「所」字非是。

〔一三〕翔鳳案：説文：「異，分也。」知、利、勇、貴之不同，當別異之，其差至微。

賤固事貴，不肖固事賢。貴之所以能成其貴者，以其貴而事賤也。賢之所以能成其賢者，以其賢而事不肖也。惡者，美之充也〔一〕；卑者，尊之充也；賤者，貴之充也，故先王貴之。天以時使，地以材使，人以德使，鬼神以祥使，禽獸以力使。所謂德者，先之之謂也。故德莫如先，應適莫如後〔二〕。先王用一陰二陽者霸〔三〕，盡以陽者王；以一陽二陰者削，盡以陰者亡。量之不以少多，稱之不以輕重，度之不以短長，不審此三者，不可舉大事。能戒乎？能敕乎？能隱而伏乎？能而稷乎？能而麥乎〔四〕？春不生而夏無得乎？衆人之用其心也，愛者憎之始也，德者怨之本也。唯賢者不然〔五〕。先王事以合交，德以合人。二者不合，則無成矣，無親矣。

〔一〕翔鳳案：説文：「充，長也，高也。」卑充其下而有尊，賤充其下而有貴，無卑則無尊矣。惟美亦然，以有惡而現其美也。

〔二〕安井衡云：「適」、「敵」通。田單傳贊：「始如處女，適人開户。」後起者常得天下，故應敵莫如後也。陶鴻慶云：「適」讀爲敵，上文云「天下有大事而好以其國後」，即此義。「故德」之「故」疑有誤，當與「應適」對文。翔鳳案：「德」者，得也。得有先後，「故」字不誤。

〔三〕戴望云：「先王」二字當衍。翔鳳案：説文：「陰，闇也。」「陽，明也。」陰陽以政治之開明陰鶩言，非正負也。「先王」用其事而知之，非衍文。

〔四〕宋翔鳳云：「能」、「而」音義並同，後人讀此「而」字爲能，遂改定爲「能」字，而仍存「而」字。舊文管子此例甚多。　俞樾云：「而」字並當作「爲」，古「爲」字作「𦥔」，故與「而」字相似而誤。襄十四年左傳「射爲禮乎」，太平御覽工蓺部引作「射而禮乎」。孟子滕文公篇「方里而井」，論語顏淵篇正義引作「方里爲井」，並其證矣。　何如璋：「而稷」、「而麥」，兩「而」字作汝字解。　孫蜀丞云：兩「而」字竝與「如」同。呂氏春秋用民篇：「夫種麥而得麥，種稷而得稷，人不怪也。用民亦有種，不審其種而祈民之用，惑莫大焉。」此管書之古誼也。翔鳳案：詩都人士「垂帶而厲」，箋：「而亦如也。」孟子「九一而助」，注：「而，如也。」孫說是。

〔五〕王念孫云：此六句，皆涉下文而衍。下文云：「衆人之用其心也，愛者，憎之始也；德者，怨之本也。其事親也，妻子具則孝衰矣；其事君也，有好業，家室富足，則行衰矣；爵祿滿，則忠衰矣。唯賢者不然。」此則重出而脱其太半矣。又下文尹氏有注，而此無注，若果有此六句，則尹氏何以注於後而不注於前？然則尹所見本，無此六句明矣。　翔鳳案：王說有理，然去此數句，則「先王以事合交」不與上文啣接。今本房注與尹注混，或下文爲尹注，未可知也。

凡國之亡也，以其長者也〔一〕。人之自失也，以其所長者也。故善游者死于梁也〔二〕，善射者死于中野。命屬于食，治屬于事，無善事而有善治者，自古及今未嘗之有〔三〕。衆勝寡，疾勝徐，勇勝怯，智勝愚，善勝惡，有義勝無義，有天道勝無天道。凡此七勝者貴衆，用之終身者衆矣〔四〕。人主好佚欲、亡其身、失其國者〔五〕，殆。其德不足以懷其民者，殆。明其刑而賤其士者〔六〕，殆。諸侯假之威，久而不知極已者〔七〕，殆。身彌老，不知敬其適子者，殆。蓄藏積陳朽腐，不以與人者，殆。凡人之名三：有治也者，有恥也者，有事也者。事之名二：正之，察之。五者而天下治矣〔八〕。名正則治，名倚則亂，無名則死，故先王貴名。先王取天下，遠者以禮，近者以體〔九〕。體、禮者，所以取天下；遠、近者，所以殊天下之際。日益之而患少者惟忠，日損之而患多者惟欲。多忠少欲，智也，爲人臣者之廣道也。爲人臣者，非有功勞于國也，家富而國貧，爲人臣者之大罪也。爲人臣者，非有功勞于國也，爵尊而主卑，爲人臣者之大罪也。無功勞于國而貴富者，其唯尚賢乎〔一〇〕！

〔一〕安井衡云：以下句例上句，「長」上當有「所」字。翔鳳案：國集人之長而國無長，不當有「所」字。

〔二〕王念孫云：「梁」即橋也，非池之類，且與「善游」意不相屬，「梁」當爲「渠」，字之誤也。（史記建元以來侯者表「煇渠忠侯僕多」，廣韻引風俗通「煇渠」作「渾梁」。衛將軍驃騎傳「膺庇爲煇渠侯」，正義曰「煇渠，表作順梁」。漢書地理志「禹貢北條荆山下，有彊梁原」，水經渭水注作「荆渠原」。後漢書安帝紀「敗五原郡兵於高渠谷」，注：「東觀記曰：『戰九原高梁谷。』『渠』、『梁』相類，必有誤也」。）渠，溝也，言善游者死于溝池。何如璋云：「梁池」謂池之有梁者，猶澤梁之謂。善游者狎而玩之，故死於梁池。梁池非險，言失於疏也。王云「梁池」當作「渠池」，殊失本旨。江瀚云：「梁池」猶言「澤梁」。「善游者死于梁池」，即「人莫蹪於山而蹪于垤」之謂，似不必破「梁」爲「渠」。翔鳳案：「梁」爲障水之隄，詳輕重戊。觀於莊子達生「孔子觀於吕梁，縣水三千仞，流沫四十里，見一丈夫游之」，則游梁爲事實，「也」字作「池」者誤矣。

〔三〕王引之云：當作「未之嘗有也」，後人誤倒其文耳。翔鳳案：古今語法不同，管書倒句多，非誤也。古書疑義舉例有倒句例，不獨管書也。

〔四〕李哲明云：原文似有誤。「貴」疑上屬爲句。上「衆」字涉上下文而衍。翔鳳案：説文：「衆，多也。」「用之終身」，非一次，「衆」字不誤。

〔五〕安井衡云：「亡」與「忘」同。詩云：「心之憂矣，曷維其亡。」姚永概云：「亡」讀爲忘，「失」與「及」相近而譌。「好佚欲，忘其身及其國」，故「殆」也。論語「一朝之忿，忘其身以及其親」，與此文同。

〔六〕戴望云：宋蔡潛道本「賤」作「殘」。

〔七〕翔鳳案：荀子賦篇「出入甚極，莫能其門」，「極」即「亟」。淮南精神訓「隨其天資而安之不極」，「極」即「急」。

〔八〕翔鳳案：呂氏春秋士容「柔而堅，虛而實」，注：「而，能也。」易屯「宜建侯而不寧」，釋文：「鄭讀『而』曰能。」

〔九〕安井衡云：「體」猶親也。　何如璋云：易文言：「體仁足以長人。」中庸「體羣臣」，注：「猶接納也。」禮文王世子「外朝以官體異姓也」，注：「體，猶連結也。」蓋禮以合交，故懷遠以禮。體以推誠，故悅近以體。　翔鳳案：禮記學記「就賢體遠」，注：「猶親也。」安井之説有據，何誤。

〔一〇〕翔鳳案：無功勞於國而先富貴，必其賢過人，管仲即其一例，呂尚相周，其最著者。

衆人之用其心也，愛者，憎之始也；愛盡而憎。德者，怨之本也。德竭而怨生。其事親也，妻子具則孝衰矣。其事君也，有好業、家室富足則行衰矣，爵禄滿則忠衰矣。唯賢者不然，賢者有始有卒。故先王不滿也〔一一〕。人主操逆，人臣操順。先王重榮辱，榮辱在爲。天下無私愛也，無私憎也，爲善者有福，爲不善者有禍。禍福在爲，故先王重爲。明賞不費，明刑不暴，賞罰明則德之至者也，故先王貴明。天道大而帝王者用愛惡，愛惡天下可祕，愛惡重閉必固〔一二〕。釜鼓滿則人概之，人滿則天概之〔一三〕，故先王不滿也。先王之書，心之敬執也〔一四〕，而衆人不知也。故有事事也，毋事亦事也。吾畏事，不欲爲事；吾畏言，不欲爲言，故行年六十而老吃也〔五〕。

〔一〕王念孫云：此句與上文義不相屬，亦涉下文而衍也。下文云「釜鼓滿則人概之，人滿則天概之，故先王不滿也」，此亦重出而脱其太半。何如璋云：荀子性惡「舜曰人情甚不美。妻子具而孝衰於親，嗜欲得而信衰於友，爵禄盈而忠衰於君」，本此。亦有「唯賢者爲不然」句，無「先王不滿」句。六字涉下文而衍。翔鳳案：先王用人，不先滿其欲，以爲陞賞之地，則忠不衰，何云文義不相屬乎？

〔二〕丁士涵云：當讀「明」字句，承上「明刑」。「明賞」言之，此與上文「故先王重爲」句例相同。「天道」以下二十二字，譌奪不可句讀。翔鳳案：天道公而無私，本無愛惡，而帝王不能無愛惡。然其愛惡藏於心，不露於外，故曰「秘」。秘則重閉而能固矣，上文所謂「貴當貴周」也。

〔三〕翔鳳案：月令「正權概」，注：「槩，平斗斛者。」

〔四〕翔鳳案：孟子：「陳善蔽邪謂之敬。」詩常武「既敬既戒」，箋：「敬之言警也。」釋名釋言語：「敬，警也，恒自肅警也。」皆以心言。敬而執持之，文義自通。

〔五〕翔鳳案：戒篇：「桓公立四十二年。」仲先卒，作相三十餘年，其輔公子糾當爲三十上下，則仲年逾六十，不是七十，與此文正合。仲疾革，桓公問相，仲謂鮑叔善善惡惡已甚，推薦隰朋，以爲動必量力，舉必量技。言終歎曰：「天之生朋，以爲夷吾舌也。」事見戒篇。則仲之爲政，沉默寡言，多由隰朋宣述之。説文「吃」訓「言蹇難」，非真吃也，與仲恰合。

管子校注卷第五

八觀第十三　外言四

大城不可以不完，郭周不可以外通〔一〕，里域不可以横通，横通，謂從旁而通也。閭閈不可以毋闔，闔，扉也。宫垣關閉不可以不脩〔二〕。故大城不完，則亂賊之人謀。郭周外通〔三〕，則姦遁踰越者作。里域横通，則攘奪竊盗者不止。閭閈無闔，外内交通，則男女無别。宫垣不備，關閉不固，雖有良貨，不能守也。故形勢不得爲非，則姦邪之人慤愿；禁禦周固，形勢不得爲非，則姦邪之人無從生心，而變爲慤愿。禁罰威嚴，則簡慢之人整齊；憲令著明，則蠻夷之人不敢犯；賞慶信必，則有功者勸；教訓習俗者衆，則君民化變而不自知也〔四〕。習俗而善，不知善之爲善，猶入芝蘭之室，不知芳之爲芳也。是故明君在上位，刑省罰寡，非可刑而不刑，非可罪而不罪也〔五〕。明君者閉其門，塞其塗，弇其迹，使民毋由接於淫非之地，既閉出非之門，又塞生過之塗，成罪之迹，莫不掩匿。如此，則自然端直，欲接淫非之地，其路無由也。是以民之道正行善也若性然〔六〕，故罪罰寡而民以治矣。

〔一〕張文虎云：「大」字疑衍，或「夫」字之譌。後人見上句作「大城」，遂亦於「郭」下增「周」字，亦衍也。　張佩綸云：「郭周」當作「周郭」，史記平準書：「郡國鑄五銖錢周郭其下。」漢書食貨志：「皆有周郭。」禮記檀弓上注：「周，匝也。」　翔鳳案：吳越春秋：「鮌築城以衛君，造郭以守民。」都城二重，内城有宫殿，外城居民。大城，外城也，非衍文。度地：「城外爲之郭。」漢書尹賞傳「致令辟爲郭」，注：「謂四周之内也。」則郭有周明矣。「錢周郭」乃其外輪，與城全異。

〔二〕戴望云：「脩」當爲「備」字之誤，説見版法篇。　張文虎云：戴云「脩」當爲「備」，案下文正作「備」。　翔鳳案：「修」爲補修，「備」爲新築，一字差以千里，二説誤。

〔三〕翔鳳案：「郭周」，郭之周圍。「郭」本字作「𩫏」，象城郭之重，兩亭相對。舊城之郭，到處可見，城之開門處有之。

〔四〕俞樾云：「化變而不自知」，當以民言，不當以君言，此「君」字涉下文「明君在上位」句而衍。　翔鳳案：習俗通於上下，君不能除外，下文「民之所以化其上」。「君」非誤字。

〔五〕安井衡云：「罪」疑當作「罰」。　翔鳳案：「罪」本作「辠」。説文「罰，辠之小者，从刀从詈。未以刀有所賊，但持刀罵詈則應罰。」「罪」承「罰」而言，不誤。

〔六〕安井衡云：「道」，由也。

行其田野，視其耕芸，計其農事，而飢飽之國可以知也〔一〕。其耕之不深，芸之不謹〔二〕，地宜不任〔三〕，草田多穢，耕者不必肥，荒者不必墝，以人猥計其野〔四〕，猥，衆也。以人衆之多少，計其野之廣狹也。草田多而辟田少者，雖不水旱，飢國之野也。若是而民寡，則不足以守其地，若是而民衆，則國貧民飢；以此遇水旱，則衆散而不收。彼民不足以守者，其城不固；民飢者，不可以使戰；衆散而不收，則國爲丘墟。故曰：有地君國，而不務耕芸〔五〕，寄生之君也。故曰：行其田野，視其耕芸，計其農事，而飢飽之國可知也。

〔一〕丁士涵云：下文七句皆無「以」字，節末復舉，亦無「以」字，此誤衍。

〔二〕戴望云：御覽地部三十引此作「不勤」，「勤」、「謹」古通。翔鳳案：論語「植其杖而芸」，皇疏：「芸，除草也。」芸不謹則傷苗。且芸有一定次數，二次或三次已足，過勤反有害，以此見御覽之編者不知農事而妄改矣。

〔三〕翔鳳案：吕氏春秋有任地篇。説文：「任，保也。」王筠云：「保、任並云使也，謂可保任而使之也。」

〔四〕孫星衍云：「猥計」猶總計也，謂以人總計其野。漢書董仲舒傳云「科別其條，勿猥勿并」，與此「猥」字同義。文選潘安仁河陽縣詩注引許慎淮南注：「猥，凡也。」凡有總義。尹注非。

〔五〕張佩綸云：「曰」字涉下文而衍。翔鳳案：此「故曰」爲古語，下文「故曰」中述前文，亦古語也，非衍文。

行其山澤，觀其桑麻，計其六畜之産，而貧富之國可知也。夫山澤廣大則草木易多也，壤地肥饒則桑麻易殖也，薦子見反。草多衍則六畜易繁也。薦，茂草也。莊周曰：「麋鹿食薦。」山澤雖廣，草木毋禁，壤地雖肥，桑麻毋數，薦草雖多，六畜有征，征，賦。閉貨之門也。無貨可出，若閉門然。故曰：時貨不遂，金玉雖多，時貨，謂穀帛畜産也。謂之貧國也。故曰：行其山澤，觀其桑麻，計其六畜之産，而貧富之國可知也。

入國邑，視宮室，觀車馬衣服，而侈儉之國可知也。夫國城大而田野淺狹者〔一〕，其野不足以養其民；城域大而人民寡者，其民不足以守其城；宮營大而室屋寡者，其室不足以實其宮；室屋衆而人徒寡者，其人不足以處其室；囷倉寡而臺榭繁者，其藏不足以共其費〔二〕。囷倉所藏，不足以供臺榭之費。故曰：主上無積而宮室美，氓家無積而衣服脩，氓家，謂民家也。乘車者飾觀望，步行者雜文采，本資少而末用多者，本資，謂穀帛。侈國之俗也。國侈則用費，用費則民貧，民貧則姦智生，姦智生則邪巧作。故姦邪之所生，生於匱不足；匱不足之所生〔三〕，生於侈；侈之所生，生於毋度。

故曰：審度量，節衣服，儉財用，禁侈泰，爲國之急也。不通於若計者，若計，謂「審①度量」以下。不可使用國。故曰：入國邑，視宫室，觀車馬衣服，而侈儉之國可知也。

〔一〕王念孫云：「國城」當爲「國域」，下文云「城域大而人民寡」，「宫營大而室屋寡」，「營」亦域也。城在國中，宫在城中，若作「國城大」，則即是下文之「城域大」矣。「域」與「城」字相似，又涉下文「城」字而誤。丁士涵云：「城」當作「地」，下文言「國地」者凡三見。「狹」字衍文，乃校者以之訓「淺」而誤加之耳。翔鳳案：城以盛民，「國城」猶都城，與「城域」不同，二説誤。

〔二〕翔鳳案：周禮羊人：「共其羊牲。」左隱十一年傳：「不能共億。」周語：「事之共給。」當時均作「共」，作「供」者非管子書原文。

〔三〕姚永概云：既曰「匱」又曰「不足」，古人固有重文。然上下文中「姦邪」、「侈」、「無度」，皆是單文，此無取乎重也。「不足」二字當是「匱」字之注，誤入正文。後人又於下句添「不足」二字耳。翔鳳案：説文：「匱，匣也。」今作「櫃」。其訓乏者，假爲「潰」。「匱不足」謂貯藏不足，姚不知其本義而妄疑之。

① 「審」字原作「密」，據補注改。

課凶饑，計師役，觀臺榭，量國費，而實虛之國可知也，凡田野，萬家之衆可食之地方五十里，可以爲足矣。萬家以下，則就山澤可矣。萬家以下，其人少，可以就山澤逐便利。萬家以上，則去山澤可矣〔一〕。萬家以上，其人多，則去山澤，就原陸，而山澤有禁也。彼野悉辟，而民無積者，國地小而食地淺也。田半墾，而民有餘食，而粟米多者，國地大而食地博也。國地大而野不辟者，君好貨而臣好利者也。君臣好貨利，則妨農功，故其野不辟。辟地廣而民不足者，上賦重，流其藏者也。上賦重，則人藏流散也。故曰：粟行於三百里，賦重則粟賤，故人遠行而糴之。或遠人來糴也。則國毋一年之積；粟行於四百里，則國毋二年之積；粟行於五百里，則衆有飢色〔二〕。其稼亡三之一者，命曰小凶，三分常稼，而亡其一，時有凶①災故也，故謂小凶也。小凶三年而大凶，比三年不熟，故曰大凶也。大凶則衆有大遺苞矣〔三〕。時既大凶，無復畜積，雖相振濟，但苞裹升斗以相遺也。什一之師，什三毋事，則稼亡三之一〔四〕，師，法也。十一而稅，周禮之通法，今乃十三而稅，無事於舊稼亡三之一也。稼亡三之一而非有故蓋積也，則道有損瘠矣〔五〕。既已亡三之一，又無故積，則道行之人有毀損羸瘠者也。什一之師，三年不解，非有餘食也，則民有鬻子

① 「凶」字原作「四」，據補注改。

矣〔六〕。既師十一，三年而不解，此當有餘食而不餘，則以遇歲凶故也，所以人有鬻子者。故曰：山林雖近，草木雖美，宮室必有度，禁發必有時。是何也？曰：大木不可獨伐也，大木不可獨舉也，大木不可獨運也，大木不可加之薄墻之上。凡此必資衆力，則妨農事，故宮室須有度，禁發須有時也。故曰：山林雖廣，草木雖美，禁發必有時〔七〕。國雖充盈，金玉雖多，宮室必有度。江海雖廣，池澤雖博，魚鼈雖多，罔罟必有正。多少小大之正。船網不可一財而成也，必多財然後成。非私草木，愛魚鼈也，惡廢民於生穀也。故曰：先王之禁山澤之作者，博民於生穀也〔八〕。彼民非穀不食，穀非地不生，地非民不動〔九〕，動，謂發生穀物。民非作力毋以致財。天下之所生，生於用力〔一〇〕；天下所以存其生，各由用力也。用力之所生，生於勞身〔一一〕。是故主上用財毋已，是民用力毋休也。財從力生，故用財不已，則用力不休也。故曰：臺榭相望者，其上下相怨也。上怨下不供，下怨上多稅。民毋餘積者，其禁不必止。民飢貧則爲盜賊，故禁不止也。衆有遺苞者，其戰不必勝。戰士飢則力屈，故戰不勝。道有損瘠者，其守不必固。損瘠則死期將至，故守不固也。故令不必行，禁不必止，戰不必勝，守不必固，則危亡隨其後矣。故曰：課凶饑，計師役，觀臺榭，量國費，實虛之國可知也。

〔一〕丁士涵云：乘馬篇曰「方一里九夫之田也」，此周官井田之法。又曰「農服於公田」，此都鄙用助法，孟子所謂「方里而井，井九百畝，其中爲公田」也。又曰「一田爲一夫」，此即大司徒造都鄙之制，通率不易、一易、再易三等之地，每家授田二百畝也。此篇曰「凡田野，萬家之衆，可食之地，方五十里，可以爲足」，以二田一夫計之，方里之井，私田八百畝可食四家。方五十里，得積二千五百里。一里食四家，則二千五百里適合萬家所食之數。乘馬篇以夫計，大司徒以室計。夫謂家也，室亦家也。此據可食之地言，故萬家以上去山澤，（以上非餘於萬家之外。）其萬家以下就山澤者，人少則可食之地亦少，此方五十里中可就山澤之地以足其數。制地必方五十里者，大司徒所謂「制其地域而封溝之」也。管子言山澤，周官言地域，義實相承。俞樾云：「下」、「上」二字，疑傳寫互易。上云「萬家之衆，可食之地，方五十里，可以爲足矣」，是方五十里之地，可食萬家之衆；然萬家或有盈有絀，此復分别言之，若在萬家以上者，則宜兼就山澤之地。若在萬家以下者，則山澤之地可去也。如今本義不可通，所宜訂正。陶鴻慶云：尹注云「萬家以下，其人少，可以就山澤逐便利。萬家以上，其人多則去山澤就原陸，而山澤有禁也」，其説難通。俞氏疑正文「上」、「下」二字互誤，其説云：「方五十里之地可食萬家之衆，然萬家或有盈有絀，此復分别言之，若在萬家以上者，則宜兼就山澤之地；若在萬家以下者，則山澤之地可去也。」然下文云「先王之禁山澤之作者，博民於生穀也。彼民非穀不食，穀非地不生」，然則可食之地，祇計田野，不涉山澤，俞説未可從也。蓋萬家之衆，食地方五十里，可以爲足。若五十里之内，或有山澤，則萬家以下者，可合山澤計之，皆以五十里爲約數也。夫就山澤計之，名爲五十里，而食地不及五十里，故可食萬家以下。去山澤計之者，食地五十里，而食則不止五十里，故可食萬家以上也。翔鳳案：「五十里」以田野爲說，萬家以下則就山澤，如陶說。萬家以上，去山澤而入城邑，非去山澤計之也。無誤字。

〔二〕陶鴻慶云：「一年之積」、「二年之積」，「一」、「二」字傳寫互易。上文云「辟地廣而民不足者，上賦重，流其藏者也」，「上賦重」爲一事，「流其藏」爲一事，（尹注云「上賦重，則人藏流散也」，非是。）此復以流藏之遠近計凶饑之輕重，流行愈廣，則蓄藏愈少也。注云「賦重則粟賤，故人遠行糴之，或遠人來糴也」，其說殊謬。尹桐陽云：孫子作戰「國之貧於師者遠輸，遠輸則百姓貧」，杜牧引此「粟行三百里」云云，蓋以糧必因敵，不可出於己國也。翔鳳案：粟行三百里，積藏爲空，每年不能蓄積；行四百里，合二年之藏亦不能蓄積。行愈遠，積愈少，一字不誤。

〔三〕洪頤煊云：下文作「衆有遺苞」，無「大」字，此涉上文而衍。「遺苞」當讀作「遺莩」。公羊隱八年「盟於包來」，左氏作「浮來」。漢書楚元王傳「浮邱伯」，鹽鐵論作「苞邱子」。「包」、「孚」古字通用。孟子「塗有餓莩」，趙岐曰：「餓死者曰莩。」謂年大凶，則衆棄餓死之人於道旁。尹注非。翔鳳案：韓非外儲說右：「齊大饑，道旁餓死者不可勝數也，父子相牽趨田成氏者不聞不生。故周、秦之民相與歌之曰：『謳乎！其已乎！苞乎！其往歸田成子乎？』」「苞」即「莩」，此確證也，然釋韓非者均不知之矣。

〔四〕劉績云：前言「計師役」，則此師乃師役也。謂興師役一分，則相逮者衆，而爲三分，是十分中有三分不事農之人，而亡税三之一矣。尹注訓「師」爲法，非也。

〔五〕洪頤煊云：「損」當作「捐」，漢書食貨志「國亡捐瘠」，孟康曰「『捐』謂棄捐」，其證也。公羊莊二十年傳：「大災者何？大瘠也，大瘠者何？痢也。」注云：「痢者，民疾疫也，『瘠』謂疾疫未死者。」王念孫云：「損」當爲「捐」，字之誤也。「瘠」讀爲「掩骼埋胔」之「胔」。露骨曰骼，有肉曰胔。（出蔡氏月令章句。）作「瘠」者，借字耳。荀子榮辱篇曰：「不免於凍餓，爲溝壑中瘠。」（楊倞注以「瘠」爲「羸瘦」，誤與尹注同。）字亦作「脊」。度地篇曰：「春不收枯骨朽脊。」周官「蜡氏掌除骴（與「胔」同）」，鄭注曰：「故書『骴』作『脊』。」漢書食貨志「堯、禹有九年之水，湯有七年之旱，而國無捐瘠」，蘇林曰：「『瘠』音漬。」（顔師古以「瘠」爲「瘦病」，誤與尹注同。日知録已辯之。）「道有捐瘠」與上文「衆有遺苞」同意。「捐」，棄也，謂棄胔於道也。尹注曰「道行之人，有毁損羸瘠者」，非是。又任法篇「倍其公法，損其正心」，「損」亦當依宋本作「捐」。（尹注同。）王紹蘭云：「損」當爲「捐」，形近誤也。漢書食貨志「故堯、禹有九年之水，湯有七年之旱，而國無捐瘠者」，孟康曰：「肉腐爲瘠；捐，骨不埋者。或曰捐謂民有飢相棄捐者，或謂貧乞者爲捐。」鼂錯正用管子此文，足知漢時舊本作「捐」。尹云「毁損」，則唐本久譌矣。下文同。翔鳳案：三説皆同，似乎「損」爲誤字無疑。然由大凶有遺苞，稼亡三之一而有損瘠，稼不亡而師役三年不解，民有鬻子，災漸輕而疾漸減，此可確信無疑者。孟子「野有餓莩」，趙注：「零落也。」爲「受」之借，謂乞食零落道路，無人收恤。鹽鐵論作「殍」，非本意。「損瘠」謂瘦損，房、楊、顔三家説均不誤。再輕則民或有賣子者，非必人人瘦損也。若如王説，則餓死而屍骨露於外，比餓莩更嚴重，上下文不可通矣。「損」字不誤，三説均非。

〔六〕劉績云：別本注：「十三之稅，三年不解弛，若非蓄積有餘，又遇歲凶，則民必鬻子矣。」翔鳳案：「什一之師」同前，而非「什三毋事」，但三年不解，民有賣子者，非必人人賣之也。

〔七〕陶鴻慶云：「故曰」二字衍文也。節首云：「課凶饑，計師役，觀臺榭，量國費，而實虛之國可知也。」自「民有鬻子」以上，言「課凶饑，計師役」之事，自此以下，言「觀臺榭，量國費」之事，與上文絶不相蒙，不當有「故曰」二字，涉下文「故曰山林雖廣」云云而衍。　金廷桂云：「故曰山林雖近」云云五十五字當爲衍文，前半既與下文無異，「大木不可獨伐」數語疑爲好事者所加。　翔鳳案：用「故曰」爲古語，陶、金不知也。

〔八〕王念孫云：「博」當作「摶」，已見幼官篇。　安井衡云：「博」當爲「摶」，古「專」字。翔鳳案：「惡廢民於生穀」，「博民於生穀」，「博」義與「廢」相反。「博」从十、尃，尃，布也。有廣布之義，廣布則不廢，二説非。

〔九〕安井衡云：「動」謂耕發之。　翔鳳案：説文：「動，作也。」孟子「終身勤動」，注：「作也。」

〔一〇〕劉績云：「天下」當作「天財」，乃字之誤也。　丁士涵云：「天下」下疑脱「財」字。　翔鳳案：非力無以致財，四民皆然，而士則非直接生財者，而其用力則一，故以「天下」二字括之。若用「天財」，義反隘矣，知非誤字也。

〔一一〕戴望云：此「用」字當衍。　翔鳳案：力生於身，勞身則爲用力。有「勞」字則「用」字不能衍。

入州里，觀習俗，聽民之所以化其上，君斯作矣，人胥効矣，故人莫不化上。而治亂之國可知也。州里不鬲，無限鬲也。閭閈不設，出入毋時，早晏不禁，則攘奪、竊盜、攻擊、殘賊之民毋自勝矣。自，從也。既不設備，則盜賊無從而勝。食谷水，巷鑿井，谷水巷井，則出汲者生其婬放。場圃接，鄰家子女，易得交通。樹木茂，婬非者易爲。宫墻毀壞，門户不閉，外内交通，則男女之别毋自正矣。鄉毋長游〔一〕，什長游宗也。里毋士舍，士，謂里尉。每里當置舍，使尉居焉。時無會同〔二〕，鄉里每時當有會同，所以結恩好也。喪蒸不聚〔三〕，蒸，冬祭名。禁罰不嚴，則齒長輯睦毋自生矣。鄉里長弟當以齒也。故昬禮不謹則民不脩廉，論賢不鄉舉則士不及行〔四〕，貨財行於國則法令毀於官，請謁得於上則黨與成於下。鄉官毋法制，百姓羣徒不從，此亡國弑君之所自生也。故曰：入州里，觀習俗，聽民之所以化其上者，而治亂之國可知也。

〔一〕宋翔鳳云：「長游」謂田畯之屬。郊特牲「饗農及郵表畷」，鄭注：「農，田畯也。郵表畷，謂田畯所以督約百姓於井閒之處。詩云：爲下國畷郵。」今毛詩作「綴旒」。「旒」通作「斿」，亦通「游」。詩正義云：「冕之所垂及旌旗之飾，皆謂之旒。」說文：「勿，州里所建旗，象其柄，有三斿，雜帛，幅半異，所以趣民，故遽稱勿勿。」大司徒「以旗致萬民」，遂師「亦以遂之大旗致之」，則鄉遂州里其長竝以其旗致民。取其垂，故謂之游。其長稱「長游」，（漢有游徼官，當是。）以此故也。田畯亦農民之長，於井間設旗，以趣民耕耨，故云「郵表畷」，「郵」、「游」字通。正義云「郵謂民之郵舍」，非也。翔鳳案：房注：「什長，游宗也。」立政：「分里以爲十游，游爲之宗。十家爲什，五家爲伍，什伍皆有長焉。」說文：「游，旌旗之流也。」本字作「斿」，見周禮大宰。說文無「斿」字。玉篇「斿」或作「游」，从㫃从子。又說文：「㫃，旌旗之游㫃蹇之皃。」玉篇：「斿，旌旗之末垂者」，从「子」無說。郭沫若釋干支謂殷祖契即蠍，爲籀文（子）之變形。予按博古圖有蠆形鼎，其圖案與籀文「子」極似，爲殷之圖騰無疑。殷人旗上繪蠍形，會意爲「斿」，從水作「游」，當如甲文「毓」象生子水滴形，與游泳無涉。「游」爲正字，故說文有「游」無「斿」。晏子春秋「景公望游而馳」，「游」爲氏族圖騰，故云「游爲之宗」。宋說近之。

〔二〕宋翔鳳云：「士舍」，鄉學也。「會同」，鄉飲酒、鄉射也。翔鳳案：房注：「士謂里尉，每里當置舍，使尉居焉。」孟子：「舍館定。」舍爲里館，非鄉學。管子爲政，四民不使雜處。君臣下：「鄉樹之師，以遂其學。」里無學也。宋説誤。

〔三〕王念孫云：「喪蒸」二字，文不相類。且四時皆有祭，何獨舉蒸言之乎？「蒸」蓋「葬」字之誤。周官大司徒：「四閭爲族，使之相葬，所以教民睦也。」故喪葬不聚，則民不輯睦。「蒸」字本作「蕠」，「葬」俗書作「葜」，二形相似而誤。張佩綸云：王説非也。「喪」，凶禮。「蒸」，吉禮。何不類之有？月令「大飲烝」，鄭注：「十月農功畢，天子諸侯與其羣臣飲酒於大學以正齒位，謂之大飲，别之於他。其禮亡。今天子以燕禮、郡國以鄉飲禮代之。黨正職曰『國索鬼神而祭祀，則以禮屬民而飲酒于序，以正齒位』，亦謂此時也。詩云『十月滌場，朋酒斯饗，曰殺羔羊，躋彼公堂，稱彼兕觵，萬壽無疆』，是頌大飲之詩。」翔鳳案：祭統「冬祭曰烝」。「冬」古「終」字，謂年終之祭也。周語：「禘郊之事，則有全烝。親戚宴享，則有殽烝。」後代除夕即烝祭之遺。古代柴燎祭天，酋長團集，述祖宗功德，升火不熄，至今有「煥歲火」之俗。訓君訓衆，皆由烝祭引申，與春夏秋之祭典不同。張但以吉禮言之，非知言也。王念孫則誤矣。

〔四〕俞樾云：「及」當爲「服」，「服」從「𠬝」聲，古或「止」作「𠬝」，與「及」相似，往往致誤。僖二十四年左傳「子臧之服不稱也夫」，釋文作「子臧之及」，曰「一本作『之服』」，是其證也。尚書吕刑篇：「何敬非刑，何度非及。」「及」當爲「服」，「刑」謂五刑，「服」謂五服，即堯典之「五刑五服」也。大戴記王言篇「及其明德也」，「及」亦當爲「服」，謂天下皆服其明德也，説詳羣經平議。此文「士不及行」當作「士不服行」，謂士不服行道藝也。字誤作「及」，失其義矣。孫詒讓云：「及」即「急」之省。翔鳳案：説文「急」从及聲。釋名釋言語：「急，及也。操切之使相逮及也。」公羊隱元年傳：「『及』猶汲汲也。」「及」可訓「急」，孫以爲「急」，尚隔一間也。

入朝廷，觀左右，本求朝之臣〔一〕，謂原本尋求朝之得失。論上下之所貴賤者，而彊弱之國可知也。功多爲上，禄賞爲下，則積勞之臣不務盡力。戰功曰多，謂積勞之臣，論其功多，則居於衆上①。及行禄賞，翻在衆下，故不務盡力也。治行爲上，爵列爲下，則豪桀材臣不務竭能。便辟左右不論功能而有爵禄，則百姓疾怨非上，賤爵輕禄〔二〕。左右不論能而有爵禄，則百姓非但疾怨，又非上輕賤爵禄也。金玉貨財，商賈之人不論而在爵禄〔三〕，不論志行，使之在爵禄之位也。則上令輕，法制毁。權重之人不論才能而得尊位〔四〕，則民倍本行而求外勢〔五〕。彼積勞之人不務盡力，則兵士不戰矣。豪桀材人不務竭能，則内治不别矣〔六〕。百姓疾怨非上，賤爵輕禄，則上毋以勸衆矣。上令輕，法

①「上」字原作「二」，據補注改。

制毁，則君毋以使臣，臣毋以事君矣。民倍本行而求外勢，則國之情僞竭在敵國矣。人既倍本求外，則國之情僞盡在於敵矣。竭，盡也。**故曰：入朝廷，觀左右，本朝之臣，論上下之所貴賤者，而彊弱之國可知也。**

〔一〕洪頤煊云：當作「求本朝之臣」。重令篇：「不逆於本朝之事。」荀子仲尼篇：「與之高、國之位，而本朝之臣莫之敢惡也。」淮南繆稱訓：「齊桓失之乎閨内，而得之本朝。」本朝之臣，謂朝廷尊重之臣。尹注非。王念孫云：尹説非也。「觀左右本朝之臣」作一句讀，「求」即「本」字之誤，今作「本求朝者」，一本作「本」，一本作「求」，而寫者誤合之也。下文「故曰：入朝廷，觀左右本求朝之臣」，宋本無「求」字，即其證。「本朝」即「朝廷」也。重令篇曰：「謹於鄉里之行，而不逆於本朝之事。」大戴禮記保傅篇曰：「賢者立於本朝。」晏子春秋諫篇曰：「本朝之臣，慙守其職。」孟子萬章篇曰：「立乎人之本朝而道不行。」荀子仲尼篇曰：「本朝之臣，莫之敢惡。」呂氏春秋應言篇曰：「諸侯之士，在大王之本朝。」翔鳳案：八觀皆爲從旁觀察。「求本朝之臣」，則爲王者自求，觀察者從何求之？洪説不可通。王説有理，然各本實有「求」字，不能任意删削。「求」爲「裘」之古文，本訓毛之聚。詩桑扈「萬福來求」，「求」即「聚」。本其聚於朝中之臣而察之，豪傑、便辟、商賈俱在内，非一人也。下文述古語，無「求」字。

〔二〕陶鴻慶云：尹注云：「左右不論功能而有爵禄，則百姓非但疾怨，又非上輕賤爵禄也。」以

「百姓疾怨」爲句，「非上」屬下爲義，殊失其旨。「非上」二字當屬上讀之，「賤爵輕禄」亦指百姓言。下節云「賤爵禄而毋功者富，然則衆必輕令而上位危」，「輕令」即輕爵禄也，可證此文之義。

〔三〕翔鳳案：商賈用金玉貨財買官，有何志行可言？觀於清代捐班，即可明白。說文：「在，存也。」「存，恤問也。」儀禮聘禮記「子以君命在寡人」，左襄二十五年傳「吾子獨不在寡人」，「在」皆訓恤問。「不論而在爵禄」，謂不論其人，而恤問以爵禄，蓋因其捐輸獻納而恤問之也。趙本加「志行」二字，改「在」爲「有」，不明古義而改之，謬極。

〔四〕翔鳳案：此指普通官吏，故有「才能」二字，非商賈之倫，趙本「而」上有「志行」二字，即因此而誤加。

〔五〕翔鳳案：「倍本行」承「不論才能而得尊位」，謂背棄其本業也。四民皆在其中。禮記坊記「民猶貴禄而賤行」，注：「爭也。」「行」爲行列，四民各有行列，至今尚有「本行」之說。「外」指本行之外，非國外也。

〔六〕翔鳳案：列子楊朱「我又欲與我別之」，注：「猶辨也。」方言三：「別，治也。」

置法出令，臨衆用民，計其威嚴寬惠，行於其民與不行於其民可知也〔一〕。**法虛立而害疏遠，**謂其立法但能害疏遠，而不行親近，故曰虛立也。**令一布而不聽者存，**不聽者存，是令不行。**賤爵禄而毋功者富，**無功者富，則有功者貧也。**然則衆必輕令而上位危。**

輕令則有無君之心，故上位危。故曰：良田不在戰士，三年而兵弱〔二〕；良田所以賞戰士，不賞則士無戰志，故兵弱也。賞罰不信，五年而破；上賣官爵，十年而亡；倍人倫而禽獸行，十年而滅。戰不勝，弱也。地四削，入諸侯，被也〔三〕。離本國，徙都邑，亡也。有者異姓，滅也。有其國者異姓之人，則宗廟滅也。故曰：置法出令，臨衆用民，計威嚴寬惠，而行於其民不行於其民可知也〔四〕。

〔一〕安井衡云：下覆此句「惠」下有「而」字，此誤脱耳。戴望云：「行」上脱「而」字，當從下文補。張佩綸云：「可知也」上脱五字，按解當作「而興滅之國」。翔鳳案：七觀爲最基本，首節所論，及前六觀在其中，爲安國之普通條件，非就興滅或興廢一方面言之也。從「弱」、「破」至「滅」、「亡」，非二字所能該，加字非是。

〔二〕俞樾云：「兵」字衍文也。「三年而弱」與下「五年而破」、「十年而亡」、「十年而滅」句法一律。故申説之曰「戰不勝，弱也；地四削入諸侯，破也；離本國徙都邑，亡也；有者異姓，滅也」，可證此文無「兵」字。翔鳳案：戰士無良田，故兵弱。去「兵」字不合。

〔三〕翔鳳案：上文「弱」、「破」、「亡」、「滅」四種情形，下文分別申述。「弱也」、「被也」、「亡也」、「滅也」，「被」爲「破」之誤無疑。

〔四〕安井衡云：此覆上文，「計」下當有「其」字，「不行」上當有「與」字。張佩綸云：「計」下當有「其」字，「而」字衍。「可知也」上當補「而興滅之國」五字。翔鳳案：八觀人主無所匿其情，一至六及八皆論現在之情況，惟第七則「三年」、「五年」、「十年」，均在若干年後，故僅謂「行於其民與不行於其民」，而無「其國可知也」之辭。由此言之，七節張所校爲不合矣。

計敵與，量上意，察國本，觀民産之所有餘不足，而存亡之國可知也。敵國彊而與國弱，諫臣死而諛臣尊，私情行而公法毁，然則與國不恃其親，謂黨與之國不恃己以爲親也。而敵國不畏其彊，寇敵之國不畏己以爲彊也。豪傑不安其位，而積勞之人不懷其禄。悦商販而不務本貨，則民偷處而不事積聚；豪傑不安其位，則良臣出；積勞之人不懷其禄，則兵士不用。民偷處而不事積聚，則囷倉空虚。如是而君不爲變，不改常而更化。然則攘奪、竊盗、殘賊、進取之人起矣。內者廷無良臣，豪傑不安其位。兵士不用，積勞之人不懷其禄故也。囷倉空虚，民偷處而不事積聚故也。而外有彊敵之憂，則國居而自毁矣[一]。居然自致滅毁。故曰：計敵與，量上意，察國本，觀民産之所有餘不足，而存亡之國可知也。故以此八者，觀人主之國，而人主毋所匿其情矣。

[一]俞樾云：古謂「坐」爲「居」，如所稱「居，吾語汝」之類是也。「居而自毁」者，坐而自毁也，猶云坐而待亡也。尹注曰「居然自致毁滅」，以「居」爲「居然」，文不成義矣。

法禁第十四

法制不議，則民不相私〔一〕；君出法制，下不敢議，則人奉公，不相與爲私。刑殺毋赦，則民不偷於爲善；有過必誅，則善惡明，故不爲苟且①之善。爵禄毋假，則下不亂其上。爵必有德，禄必有功，不妄假人，則人知君我者必賢德，故不亂於上。三者藏於官則爲法，施於國則成俗，其餘不彊而治矣。三者，謂法、刑、爵也。藏於官，謂下不得擅其用。如此則法施俗成，自斯②之外，雖不勉彊，莫不從理矣。君壹置其儀，則百官守其法；上明陳其制，則下皆會其度矣。君之置其儀也不一，則下之倍法而立私理者必多矣。是以人用其私，廢上之制，而道其所聞，既廢上之制，故競道其所聞，冀遂其私欲。故下與官列法〔二〕，而上與君分威，國家之危必自此始矣。下，謂庶人。上，謂權臣。列，亦分也。昔者，聖王之治其民也不然，廢上之法制者必負以恥，負，猶被也。廢法制者，必被之以恥辱也。財厚博惠，以私親於民者，正經而自正矣〔三〕。臣厚財而作福，則正禮經以示之，其人自

① 「且」字原作「見」，據補注改。

② 「斯」字原作「期」，據補注改。

正矣。亂國之道，易國之常，賜賞恣於己者，聖王之禁也〔四〕。賜賞者，人君所獨用也。臣爲君事，故須禁之也。聖王既歿，受之者衰。嗣君不德。君人而不能知立君之道，以爲國本，則大臣之贅下而射人心者必多矣〔五〕。越職行恩曰贅。福下者，君之事也，今臣爲之，故曰贅。臣之作福，所邀射人心，必使歸己也。君不能審立其法以爲下制，則百姓之立私理而徑於利者必衆矣。徑，謂邪行以趣疾也。

〔一〕俞樾云：「議」當讀俄，俄者，傾也，邪也。「法制不俄」，言法制平正不頃衺，則民不相私也。翔鳳案：下文「廢上之制而道其所聞」，即議之也。「議」不能訓「俄」。「不議」謂不以巧辯爲出入也。論語：「天下有道，則庶人不議。」

〔二〕俞樾云：「列」讀爲裂，裂亦分也。列、裂古通用。五輔篇曰「大袂列」，即其證矣。翔鳳案：説文：「列，分解也。」裂爲借字。

〔三〕王念孫云：「財厚」當依注作「厚財」，此言廢上之法制，及厚財博惠，以私親於民者，皆聖王之所禁也。「厚財博惠，以私親於民者」，與「正經而自正矣」文義不相連屬。兩句之間當有脱文。尹强爲之解，而終不可通也。張佩綸云：下文「必使有害」、「必使有恥」對文。「以私親於民者」下當有「必□以害」句，今爛脱。翔鳳案：左昭十五年傳：「王之大經也。」宣十二年傳「武之善經也」，注：「法也。」「正經」即法禁之義，何不可解？王未之思耳。禮記祭統：「禮有五經。」解爲禮經亦可，而以爲正文有誤則非是。

〔四〕丁士涵云：「亂國之道」至「聖王之禁也」十九字錯簡，疑當在下文「擅國權」之上。翔鳳案：「賞賜恣於己」上承「與君分威」，下接「贅下而射人心」，不能移至下節。此節專言大臣，下節則大臣小臣通言之，亦不可移也。

〔五〕劉績云：別本注：「君既失德，則大臣必作福作威以射人心，使之歸己也。」張佩綸云：詩桑柔「其贅卒荒」，傳：「贅，屬。」又商頌「爲下國綴旒」，傳「綴，表」，公羊襄十六年傳作「贅」。「贅下」本君之事，今大臣爲下之表，則私矣。翔鳳案：説文：「贅，以物質錢，从敖、貝。敖者，猶放貝當復取之也。」「贅下」爲市恩於下，冀待報答。房注「福下」，就其意言之。

昔者，聖王之治人也，不貴其人博學也〔一〕，欲其人之和同以聽令也。博學而不聽令，姦人之雄也。泰誓曰：「紂有臣億萬人，亦有億萬之心。武王有臣三千而一心〔二〕。」故紂以億萬之心亡，武王以一心存。故有國之君，苟不能同人心，一國威，齊士義，通上之治，以爲下法，則雖有廣地衆民，猶不能以爲安也。君失其道，則大臣比權重與權重者相比。以相舉於國〔三〕，小臣必循利以相就也。故舉國之士以爲亡黨〔四〕，爲叛亡之黨也。行公道以爲私惠。費公以樹私也。進則相推於君，退則相譽於民，各便其身，而忘社稷，以廣其居，容受博也。聚徒威羣〔五〕，蓄黨以威衆。上以蔽君，下以索民，求人附己。此皆弱君亂國之道也。故國之危也，擅國權以深索於民者，聖王之禁也。其身毋任於上者，聖王之禁也〔六〕。進則受禄於君，退則藏禄於室，毋事治職，但力事屬，私其所勉力事務者，但屬意於私。王官，私君事，去王之官，私事則營之，君事則去之也。非其人而人私行者，聖王之禁也〔七〕。臣既非其人，故其人但爲私行，所以禁之也。

〔一〕張文虎云：「博學」二字，與上下文不相比附，疑「舉」字誤爲「學」。下云「君失其道，則大臣比權重以相舉於國，小臣必循利以相就也」，此即此所謂「博舉」。翔鳳案：「學」，説文作「斆」，「學」乃篆之省文，同「教」。老子「吾將以爲學父」，河上公作「教」。「博學」爲博教。大臣「蒙孫博於教」，義同。張不知其義矣。

〔二〕翔鳳案：此史臣記事之辭，晚出僞泰誓作武王語，閻若璩古文尚書疏證曾辨證之。

〔三〕張佩綸云：當作「則大臣權重以相比」，「舉於國」三字涉下「舉國之士」而衍。陶鴻慶云：尹注於「比權重」絶句而釋之云：「與權重者相比。」此未得「重」字之義。「重」猶威也。漢書汲黯傳「吾徒得君重」，師古曰「重，威重也」，是也。翔鳳案：孟子：「權然後知輕重。」諸人誤解爲權力。説文：「舉，對舉也。」對舉而比其輕重，廣植黨與亦在其中，諸説均誤。

〔四〕王念孫云：「亡黨」二字義不可通。「亡」當爲「人己」之「己」，字之誤也。上言「己黨」，下言

「私惠」，義正相同。下文曰「進則相推於君，退則相譽於民，各便其身，而忘社稷，以廣其居」，即所謂「舉國之士以爲己黨」也。又案：下文「壹士以爲亡資，脩田以爲亡本」，文義皆不可通，兩「亡」字亦當爲「己」。陶鴻慶云：「亡黨」二字義不可通。王氏以爲「己黨」之誤，是也。「之」字亦衍文。「國士」猶言「公臣」，「舉國士以爲己黨」與「行公道以爲私惠」相對爲文。「之」字隸書作「[illegible]」，故「士」誤爲「之」，校者補「士」字而「之」字失於删落耳。翔鳳案：「舉國」即上文之「相舉於國」。植黨而不自承爲有黨，而以無黨掩其私。王釋爲「己黨」，不獨無據，而其義反淺矣。下節兩「己」字、兩「亡」字，未嘗誤也。

〔五〕洪頤煊云：「威羣」當作「成羣」，下文云「常反上之法制以成羣於國」，法法篇「則人臣黨而成羣」，其證也。尹注非。翔鳳案：聚徒以威對方之群衆，即「比權重」。洪説誤。

〔六〕翔鳳案：指隱士與遊民。荀子宥坐「太公誅華士，管仲誅付里乙」，即其例也。

〔七〕俞樾云：「但力事屬」四字爲句。「毋事治職，但力事屬」，言不以治職爲事，而其所竭力從事者，惟在互爲連屬也。「私王官」爲句，「私君事」爲句，言以王官爲私，以君事爲私也。「去非其人而人私行者」爲句，「去」乃「法」字之誤，言法本非其人所宜行而其人私行之也。尹失其讀，故所解皆非。翔鳳案：「事」與「吏」古字通。林義光文源云：「説文：『吏，治人者也。从一从史。』按『一』、『史』非義。『事』字古或作『叓』，形與『吏』合，『吏』、『事』古同音，蓋本同字。」詩雨無正「三事大夫」，箋：「三公也。」文選景福殿賦「三事九司」，注：「三事，三公也。」「三事」即「三吏」，孟子所謂「天吏」也。「屬」者連屬，今稱連絡。

脩行則不以親爲本，簡孝敬也。治事則不以官爲主，邀虚譽也。舉毋能，進毋功者，聖王之禁也。交人則以爲己賜，臣或下交於人，恃之以爲己之恩賜。舉人則以爲己勞，爲國舉賢，恃之以爲己之功勞。仕人則與分其禄者，薦人令仕，得禄與共分也。聖王之禁也。交於利通而獲於貧窮〔一〕，臣所與交通者，皆貨利末業，則農桑廢，故獲於貧窮。輕取於其民而重致於其君，下取於人，輕然不難，上致於君，僞飾成重。削上以附下〔二〕，枉法以求於民者，削上威用，附下成恩，枉君公法，求人私悦也。聖王之禁也。用不稱其人，家富於其列，其禄甚寡而資財甚多者，列，業也。臣有用少而家業富，禄寡而資財多，則以枉法取於人故也。聖王之禁也。拂世以爲行，非上以爲名，常反上之法制，以成羣於國者，拂世非上，反違法制，以結連朋黨，亦所謂姦人之雄也。聖王之禁也。飾於貧窮，而發於勤勞，權於貧賤〔三〕，内富而外飾於貧窮，内逸而外發於勤勞，可以致勢而權於貧窮也。身無職事，家無常姓〔四〕，列上下之閒，議言爲民者〔五〕，聖王之禁也。姓，生也。身既無職事，家又無常生，自列於上下之閒，其有言議，每輒爲人以求名譽，非純粹之道，故聖王禁之也。壹士以爲亡資，脩田以爲亡本〔六〕，每以壺飧濟士，以爲亡去之資，若趙孟之爲。又脩營田業，以爲亡去之本也。則生之養私不死〔七〕，既有所備預，則私養其生，雖亡而不死也。然後失矯以深〔八〕，與上爲市者，自恃其備，然後君失必矯。其有不從，則示以去就之形而要之，故曰與上爲市。聖王之禁也。審飾小節以示民，釣虛譽也。時言大事以動上，示君以不測也。遠交以踰羣，假爵以臨朝者，遠交四鄰，以越羣黨，虛假高爵，威臨本朝也。聖王之禁也。卑身雜處，不簡儔類。隱行辟倚〔九〕，倚，依也。自隱其行，以避所依也。側入迎遠〔一〇〕，側身而入國，挺出而迎遠。遁上而遁民者〔一一〕，卑身雜處，所以遁上；隱行避倚，所以遁民。聖王之禁也。詭俗異禮，大言法行〔一二〕，大爲言譽以爲法，使人遵行也。難其所爲而高自錯者，錯，置也。聖王之禁也。守委閒居，博分以致衆，守其委積以閑居，博分其財以致衆。勤身遂行，説人以貨財，勤勞其身，以遂其行。施其貨財，以悦於人。濟人以買譽，濟施人貨財，所以買其聲譽。其身甚靜而使人求者，靜而多財，故人求之。聖王之禁也。行僻而堅，言詭而辯，術非而博，順惡而澤者〔一三〕，所順習者惡事，善潤飾之，令有光澤。聖王之禁也。以朋黨爲友，以蔽惡爲仁，朋黨有惡，相爲隱蔽，用此爲仁。以數變爲智，以重斂爲忠，以遂忿爲勇者，聖王之禁也。固國之本〔一四〕，其身務往於上，深附於諸侯者，每國自有其本，臣無境外之交。今雖身務歸於上，而心有異，託外深附於諸侯。聖王之禁也〔一五〕。

〔一〕俞樾云：「利通」猶利達也，言以賄賂結交利達之人，而所從得者，皆出於貧窮之民也。尹注非。

〔二〕翔鳳案：行小惠而收衆譽，田氏篡齊即用此術，當時有行之者矣。「附」爲小土山，假爲「坿」。難蜀父老「今割齊民以附夷狄」，注：「令之親附。」左宣十二年傳：「坿而勉之。」「附下」，附循其下也，與下文「深附於諸侯」同義。

〔三〕孫星衍云：「發」讀爲廢，古字通用。謂以貧窮自飾，而廢其勤勞之事，復不自安其居，以爭權於貧賤，故爲聖王之所禁。張佩綸云：「權」當作「懽」，秦策注：「『懽』猶合也。」翔鳳案：吳都賦「覽將帥之權勇」，李注：「『權』與『拳』同。」本作「擁」，爲「捲」之異體。說文：「捲，氣勢也。」隸書「手」、「木」相混，「權」即「擁」。韓愈所謂「頡頏作氣勢」者。韓文多用管子，如「捆載而往」、「不塞而流」，自餘諸子不用，其所言即「權於貧賤」也。二說俱誤。（韓文見鄂州與柳中丞書）

〔四〕丁士涵云：「姓」當爲「生」，假借字也。孟子滕文公篇注：「產，生也。」詩谷風箋：「生，謂財業也。」「家無常生」，猶言家無恒產耳。翔鳳案：漢書田蚡傳「跪起如子姓」，顏注：「姓，生也。」重令「末生不禁」，即末產不禁，丁說是也。

〔五〕戴望云：「議言」當爲「訛言」，假借字也，謂以訛言疑民心，王制所云「假於鬼神時日卜筮以疑衆也」，故爲聖王之禁。翔鳳案：「議」可讀俄，然無訓爲訛者，戴說無據。詩北門「或出入風議」，則「議言」爲諷議之言，不須破字。

〔六〕王念孫云：「壺士以爲亡資，脩田以爲亡本」，文義皆不可通，兩『亡』字亦當爲「己」，「壺」當爲「壹」，（晉灼注漢書薛宣傳曰：「書篆形『壹矢』字象壺矢。」）「脩」當爲「備」（俗書「備」字作「俻」，與「脩」相似而誤），皆字之誤也。玉藻「壹食之人一人徹」，鄭注曰：「『壹』，猶聚也，爲赴事聚食也。」是「壹」可訓爲聚。「資」，用也，言收聚衆士，以爲己用；（即所謂「舉國之士，以爲己黨」。）備置田疇，以爲己業也。上文曰「交人則以爲己賜，舉人則以爲己勞」，是其明證矣。尹注皆謬。何如璋云：「修田」之「田」，乃「甲」字之壞。翔鳳案：「壹」訓聚，如王説。然「亡」非誤字，托言養士無資也。房釋壹爲「壺」，乃誤認，非别有不同之本。説文：「壹，專壹也。從壺，吉聲。」本當作「壼」，結構不易，隸書略存原狀。漢史晨奏銘作「壷」，唐李郴妻宇文氏墓誌作「壴」，其下皆不從「豆」。齊隽敬碑「壺」作「壷」，漢韓勑碑作「壼」，「壹」、「壺」二字幾無以别，故房誤認爲「壺」也。然若以爲本作「壺」，楊本誤認爲「壹」，亦通。太玄事次七「丈人扶孤，豎子提壺」，注：「壺，禮也。」居次二「家無壺，婦承之姑，或洗之塗」，注：「壺，禮也。」則「壺士」爲禮士，其義尤切。二者吾無以定之矣。

〔七〕吴汝綸云：「則生之養」句有脱誤。安井衡云：「生之」二字不可讀。疑「則」字上脱「貧」字，「生之」，蓋謂使之得生業也。「養私不死」者，養育私人，待之以不死也。張佩綸云：「則生之養私不死」當作「死士則私生養之」，此即「壹士以爲己資」之注，誤入正文。「壺飧濟士」，則僞房妄注也，宋本作「壹士」者，疑張巨山校改。若僞房則所見乃「壺士」也。翔鳳案：廣雅釋詁四：「死，窮也。」私人有無窮之奉養。

〔八〕安井衡云：「失」，古「佚」字。金廷桂云：「失」即古「佚」字，「矯」與「驕」音義並同。蓋謂貨利之臣恃其田業生養而淫佚驕侈，君或過之，則以去就要君，如南宋賈似道之於理宗、度宗也。翔鳳案：説文：「失，縱也。」周語「其刑矯誣」，注：「以詐用法曰矯。」謂放縱矯誣也。

〔九〕劉績云：「隱」，索隱行怪之隱。「辟倚」，皆邪不正也。王念孫云：尹注甚謬，劉説「辟倚」是也。版法篇曰「植固不動，倚邪乃恐」，（「倚邪」即周官之「奇衺」。）樞言篇曰「名正則治，名倚則亂」，荀子榮辱篇曰「飾邪説，文姦言，爲倚事」，是倚爲邪也。「隱行辟倚」，謂隱行其僻邪之事也，劉以「隱」爲「索隱行怪」之隱，亦非。

〔一〇〕張文虎云：據尹注，似本作「側入挺迎」。翔鳳案：韓愈詩「刺史不辭迎候遠」，即用管子，非誤字。

〔一一〕宋本、趙本作「遁民」，古本、劉本、朱本作「道民」。王念孫云：「遁上而遁民者」，「遁」，欺也，言上欺君而下欺民也。廣雅曰「遁，欺也」，賈子過秦篇曰「姦僞竝起，而上下相遁」，史記酷吏傳序曰「姦僞萌起，其極也上下相遁」，皆謂上下相欺也。「遁」字亦作「遯」，淮南修務篇「審於形者，不可遯以狀」，高注曰：「遯，欺也。」

〔一二〕張佩綸云：「法行」疑當作「汙行」。翔鳳案：孝經：「非先王之法行不敢行。」故爲規行矩步以售其奸。張説非。

〔一三〕尹桐陽云：荀子宥坐：「心達而險，行辟而堅，言僞而辯，記醜而博，順非而澤。」孔子以爲人之五惡，語與此略同。澤，飾也。

〔一四〕安井衡云：「固」讀爲錮，塞也。張佩綸云：「固」上脱「下不」二字。翔鳳案：周禮掌固注：「國所依阻者也。國曰固，野曰險。」賈誼陳政事疏「夫樹國固必有相疑之勢」，即用此義。依國本以爲固，乘勢爲惡也。

〔一五〕陶鴻慶云：「往」當爲「迋」，乃「誑」之假字，言務以大言以欺上，而深自結於諸侯也。尹注云「身務歸於上，而心有異」，失之。張佩綸云：「往」當作「迋」，詩揚之水「人實迋女」，傳：「迋，誑也。」「迋上」即「罔上」。翔鳳案：説文「迋，往也。从辵，王聲。春秋傳曰：『子無我迋。』」襄二十八年傳「子展迋勞於東門之外」，五行志作「往」，是其證矣。

聖王之身，治世之時，德行必有所是，道義必有所明。故士莫敢詭俗異禮以自見於國，莫敢布惠緩行、脩上下之交以和親於民〔一〕，從容養民，謂之緩行。故莫敢超等踰官、漁利蘇功以取順其君〔二〕。飾詐以釣君利，謂之漁利。因少搆多，謂之蘇功。蘇，生息也。聖王之治民也，進則使無由得其所利，退則使無由避其所害，必使反乎安其位，樂其羣，務其職，榮其名而後止矣。能如上事，則止而循常也。故踰其官而離其羣者，必使有害；不能其事而失其職者，必使有恥。是故聖王之教民也，以仁錯之，以恥使之，脩其能，致其所成而止〔三〕。故曰：絶而定〔四〕，絶邪僻。靜而治，安而尊，舉錯而不變者，聖王之道也。

〔一〕張佩綸云：「布惠」當作「市惠」，「緩行」當作「緩刑」。翔鳳案：東京賦「聲教布濩」，注：「猶散被也。」借爲「溥」。墨子非儒：「立命緩行而高浩居。」房注「從容養民謂之緩行」，是也。張説誤。王念孫云：「和親」當爲「私親」，字之誤也。上文曰「厚財博惠，以私親於民」，是其證。翔鳳案：隸書寫「口」作「厶」，故「私」爲「和」，非誤字。

〔二〕王念孫云：「莫敢超等踰官，（今本「莫」上有「故」字，涉上文「故士莫敢」而衍。茲據上句删。）漁利蘇功，以取順其君」，尹注曰：「因少構多，謂之『蘇功』。蘇，生息也。」念孫案：尹説甚迂。「蘇」者，取也。楚辭離騷「蘇糞壤以充幃兮」，王注曰：「蘇，取也。」淮南脩務篇「蘇援世事」，高注曰：「蘇猶索也。」「索」亦取也。説文：「穌，把取禾若也。」廣雅曰：「穌，取也。」「穌」與「蘇」字異而義同。翔鳳案：君臣上連用「是以」，君臣下連用「是故」，左傳、國策連用「夫」字極多，古代有此文法，非衍文也。

〔三〕張佩綸云：「修其能」當作「修其所能」。翔鳳案：能爲自身，所成者在彼，不當有「所」字。説文：「修，飾也。」

〔四〕俞樾云：「絶」猶截也。釋名釋言語曰：「絶，截也，如割截也。」穆天子傳「乃絶漳水」，郭注曰：「絶，猶截也。」是絶、截義通。「絶而定」猶「截而定」，謂整齊而定也。詩長發篇「海外有截」，鄭箋云：「截，整齊也。」是其義矣。張佩綸云：呂覽權勳「嗜酒甘而不能絕于口」，注：「絕，止也。」「絕而定」即大學「知止而後有定」。

重令第十五

外言六

凡君國之重器，莫重於令。令重則君尊，君尊則國安。令輕則君卑，君卑則國危。故安國在乎尊君，尊君在乎行令，行令在乎嚴罰。罰嚴令行，則百吏皆恐。罰不嚴，令不行，則百吏皆喜。故明君察於治民之本，本莫要於令。故曰：虧令者死，益令者死，增益令者殺無赦。不行令者死，留令者死，令當行而故留之。不從令者死。五者死而無赦，惟令是視。設令者必不赦此五死也。故曰：令重而下恐。爲上者不明，令出雖自上，而論可與不可者在下。不明之君，雖日出令，至於可否，必與下論而後定。夫倍上令以爲威，則行恣於己以爲私，百吏奚不喜之有？倍公則得成私，虧令而喜，不亦宜乎！且夫令出雖自上，而論可與不可者在下，是如此者，臣反制君，何令之爲！威下繫於民也。可否定於下，則是威下繫也。威下繫於民，而求上之毋危，不可得也。下彊則上危也。令出而留者無罪，則是教民不敬也。王言如絲，其出如綸，所謂敬也。留者不誅，是教不敬。令出而不行者毋罪，行之者有罪，是皆教民不聽也。不行無罪，行之反誅，人之不聽上教之然也。令出而論可與不可者在官，是威下分也。官，謂百官。可否定於百官，則是威下分也。益損者毋罪〔一〕，則是教民邪途也。益，謂增令者。損，謂虧令者。二者不罪，人爲邪途，上教之然也。如此，則巧佞之人，將以此成私爲交；比周之人，將以此阿黨取與；貪利之人，將以此收貨聚財；懦弱之人，將以此阿貴事富；便辟伐矜之人，將以此買譽成名〔二〕。凡此皆上開其隙，則下得緣隙而成姦也。故令一出，示民邪途五衢〔三〕，五衢，謂上之五死也。死之則五衢塞，生之則五衢開。而求上之毋危，下之毋亂，不可得也。五衢開故也。

〔一〕張佩綸云：「益」上脱「令出而」。翔鳳案：兩句相承，三字可省，張説非是。

〔二〕丁士涵云：管子言「便辟」，多指君側小臣言之。（荀子楊注同。）他書言「便辟」，則與巧佞同義。此與「伐矜」竝舉，義不相類，且與下文「買譽成名」不相貫通，疑是衍文。「伐矜之人」與上四句一例。翔鳳案：豎刁、易牙、開方，皆買譽成名者。丁説非是。

〔三〕陶鴻慶云：「五衢」承上「巧佞之人」以下五者而言。尹注云「謂上之五死也」，非。

菽粟不足，末生不禁〔一〕，民必有飢餓之色，末生，謂以末業爲生者也。而工以雕文刻鏤相穉也，謂之逆〔二〕。穉，驕也。人有飢色，不息末以殺之，反以雕文相驕，故謂之逆。布帛不足，衣服毋度，民必有凍寒之傷，而女以美衣錦繡綦組相稱也，謂之逆〔三〕。萬乘藏兵之國，卒不能野戰應敵，社稷必有危亡之患，而士以毋分役相稱也，謂之逆。社稷有危，人人皆當效死。今反以無分役相驕，故謂之逆。爵人不論能，禄人不論功，則士無爲行制死節，爵不論能，故不爲行制。禄不論功，故不爲死節也。而羣臣必通外請謁，取權道行，事便辟，以貴富諂事便辟，以得富貴。爲榮華以相稱也，謂之逆〔四〕。不義富貴，志士所恥，反以爲榮華而相驕，故以爲逆。朝有經臣，國有經俗，民有經産。經，常也。何謂朝之經臣？察身能而受官〔五〕，不誣於上，無能受官，謂之誣上。謹於法令以治，不阿黨，撓法從私，謂之阿黨。竭能盡力而不尚得，不貴苟得。犯難離患而不辭死，致身授命。受禄不過其功，不以少求多也。服位不侈其能，不以小居大也。不以毋實虚受者，有功勞而後受禄。朝之經臣也。何謂國之經俗？所好惡不違於上，從君發也。所貴賤不逆於令，遵法制也。毋上拂之事，拂，違也。毋下比之説，毋侈泰之養，節而適也。毋踰等之服，禮而度也。謹於鄉里之行，信而悌也。而不逆於本朝之事者，行君令也。國之經俗也。何謂民之經産？畜長樹蓺，畜長，謂畜産也。務時殖穀，力農墾草，禁止末事者，民之經産也。故曰：朝不貴經臣，則便辟得進，毋功虚取，奸邪得行，毋能上通。賤經臣，則邪臣進。國不服經俗，則臣下不順，而上令難行。俗無常故也。民不務經産，則倉廩空虛，財用不足。輕本務故也。便辟得進，毋功①虛取，姦邪得行，毋能上通，則大臣不和，小人好事。臣下不順，上令難行，則應難不捷；人心不一。倉廩空虛，財用不足，則國毋以固守。人飢則逃散也。三者見一焉，則敵國制之矣。見一而制，況兼有乎。

〔一〕翔鳳案：「生」即「產」，「末產」指商業，均見前。

〔二〕張佩綸云：此「穉」當作「稱」，字之誤也。呂覽當染「必稱此三士也」，注：「稱，說也。」此與五輔篇「其說在玩好」、「其說在珍怪」、「其說在文繡」同。尹桐陽云：「穉」，侈也。莊子列禦寇：「以其十乘驕穉莊子。」翔鳳案：「穉」，說文作「稺」。字亦作「稚」，作「⿰禾夷」。田完世家稺孟夷名稺，字孟夷。周禮薙氏「掌殺草，夏日至而雉之」，故書「雉」作「夷」。「穉」通「夷」。周禮凌人「共夷槃冰」，注：「夷之言尸也。」詩采蘋：「誰其尸之？有齊季女。」尸以代表祖宗，踞坐於上。論語「原壤夷俟」，注：「踞也。」墨子非命上引泰誓：「紂夷處，不肯事上帝鬼神。」踞坐則驕人，「穉」之訓驕，乃其引申義。

〔三〕王念孫云：「綦」當爲「纂」，字之誤也。（隸書「纂」或作「纂」，與「綦」相似而誤。爾雅釋天注

① 從注文「益謂增令者」至正文「便辟得進毋功」止，正文共四百四十五字，注文共二百六十二字，原本無，據補注增。

「用纂組飾旒之邊」，今本「纂」誤作「綦」。）説文曰：「纂似組而赤。」七臣七主篇曰：「文采纂組者，燔功之窑也。」楚辭招魂曰：「纂組綺縞，結琦璜些。」淮南齊俗篇、漢書景帝紀並曰：「錦繡纂組，害女工者也。」是其證。翔鳳案：王説是也。爾雅釋文「練旒九，飾以組」，郭注：「用組飾旒之邊。」釋文：「綦，本亦作『纂』。」是「綦」爲「纂」之誤，已有確證，不必假隸書爲説。隸書未見有「纂」作「纂」者，然「竹」誤爲「艹」，如「荅」、「苼」、「莁」等甚多，故王未舉名，但概言之也。

〔四〕丁士涵云：尹讀以「取權道行」爲句，「事便辟以貴富」爲句，解之曰：「謟事便辟，以得貴富。」案當讀「取權道」爲句，「行事便辟」爲句。行事者，奉事也。「以貴富」屬下句。陶鴻慶云：「道行」二字無義，「道」疑「遁」之誤。法禁篇云「遁上而遁民者，聖王之禁也」，王氏云：「遁，欺也。」翔鳳案：「道」，古文从首、寸，同「導」，有先行之義。文選赭白馬賦「飛輶軒以戒道」，注：「先也。」

〔五〕翔鳳案：爾雅釋詁：「身，我也。」「余，身也。」注：「今人亦自呼爲身。」郝疏：「今時惟獄詞訟牒自呼爲身，古人無貴賤自稱朕，即身也。」

故國不虚重，兵不虚勝，民不虚用，令不虚行。凡國之重也，必待兵之勝也，而國乃重。凡兵之勝也，必待民之用也，而兵乃勝。凡民之用也，必待令之行也，而民乃用。凡令之行也，必待近者之勝也，而令乃行。先勝服近習，令乃得行。故禁不勝於親貴，罰不行於便辟，法禁不誅於嚴重而害於疏遠，慶賞不施於卑賤而求令之必行〔一〕，不可得也。能不通於官，受禄賞不當於功〔二〕，號令逆於民心，動静詭於時變〔三〕，有功不必賞，有罪不必誅，令焉不必行，禁焉不必止，在上位無以使下，而求民之必用，不可得也。將帥不嚴威，民心不專一，陳士不死制，卒士不輕敵〔四〕，而求兵之必勝，不可得也。内守不能完，外攻不能服，野戰不能制敵，侵伐不能威四鄰，而求國之重，不可得也。德不加於弱小，威不信於强大，征伐不能服天下，而求霸諸侯，不可得也。威有與兩立，下亦有立威者。兵有與分争，征伐有自諸侯出。德不能懷遠國，令不能一諸侯，而求王天下，不可得也。

〔一〕張佩綸云：「慶賞不施於卑賤」下奪一句。翔鳳案：親貴者自然有慶賞，所難者施於卑賤耳。不必缺下句，文義已足。

〔二〕張佩綸云：「受」當作「爵」，「官爵不通於能」，誤倒。姚永概云：「能不通於官受」，義不可曉。以上文「察身能而受官」證之，當作「受官不通於能」。翔鳳案：説文：「通，達也。」易繫辭：「推而行之謂之通。」不能推行其官守之事，是謂「能不通於官」，非誤字。

〔三〕安井衡云：「詭」猶違也。翔鳳案：西京賦注引説文：「詭，違也。」安井説是。

〔四〕安井衡云：「制」，命也。「卒士」，戰士。「輕敵」，不恐之也。兵志曰：「士卒恐將者勝，恐敵者敗。」

地大國富，人衆兵彊，此霸王之本也，然而與危亡爲鄰矣。天道之數，人心之變。所以與危亡爲鄰，則以天道數終，人心變易故也。天道之數〔一〕，至則反，終於下者，則反於上。盛則衰。日中則昃，月盈則蝕。人心之變，有餘則驕，不足者必謙。驕則緩怠。夫驕者驕諸侯，驕諸侯者，諸侯失於外。天子驕則諸侯叛。緩怠者，民亂於內。緩怠必輕於始，故民亂。諸侯失於外〔二〕，民亂於內，天道也，驕怠者必失外亂內，此天之道。此危亡之時也。若夫地雖大而不幷兼，不攘奪；人雖衆，不緩怠，不傲下；國雖富，不侈泰，不縱欲；兵雖彊，不輕侮諸侯，動衆用兵，必爲天下政理〔三〕。此正天下之本，而霸王之主也。

〔一〕翔鳳案：說文：「數，計也。」論語：「天之曆數在爾躬。」莊子天道「有數存焉」，注：「術也。」數爲自然之趨勢，故下文云：「諸侯失於外，民失於內，天道也。」

〔二〕張佩綸云：當作「緩怠者怠民，怠民者民亂於內」。陶鴻慶云：「驕諸侯驕諸侯者」七字，當爲衍文，此承上文言之，本云「夫驕者諸侯失於外，怠緩者民亂於內」，今本涉上下文而誤重耳。又案：「諸侯失於外」兼霸王言之，尹注「主天子言」亦非。翔鳳案：「天道」以「至則反，盛則衰」言之，「有餘」則至於盛矣，於是驕心生焉。以驕臨民，其害不大，害在因驕而緩怠。緩怠於諸關係少，其害在驕，文從字順，疑者誤。

〔三〕安井衡云：「理」，下文作「治」。此作「理」者，唐人避諱，而後儒未訂也。翔鳳案：「治」乃水名，借爲「理」。左成二年傳「先王彊理天下」，注：「正也。」作「政治」反生疏矣。

凡先王治國之器三，攻而毀之者六。明王能勝其攻，故不益於三者而自有國正天下；明王雖勝攻，於三器亦不加益。即勝能自有其國，兼正天下。亂王不能勝其攻，故亦不損於三者而自有天下而亡〔一〕。亂王既不能勝攻，三器自毀，更不滅此三者，縱有天下之大，而遂滅亡也。三器者何也？曰：號令也，斧鉞也，禄賞也。六攻者何也？曰：親也，貴也，貨也，色也，巧佞也，玩好也。三器之用何也？曰：非號令毋以使下，非斧鉞毋以威衆，非禄賞毋以勸民。六攻之敗何也？言六攻能敗三器者，謂何也？曰：雖不聽而可以得存者，謂親貴也。雖犯禁而可以得免者，謂貨色也。雖毋功而可以得富者〔二〕。謂巧佞玩好也。凡國有不聽而可以得存者，則號令不足以使下；有犯禁而可以得免者，則斧鉞不足以威衆；有毋功而可以得富者，則禄賞不足以勸民。號令不足以使下，斧鉞不足以威衆，禄賞不足以勸民，若此則民毋爲自用〔三〕。既有罪不誅，有功不賞，故人不自用其力也。民毋爲自用則戰不勝，戰不勝而守不固，守不固則敵國制之矣〔四〕。然則先王將若之何？曰：不爲六者變更於號令，不爲六者疑錯於斧鉞〔五〕，不爲六者益損於禄賞。若此則遠近一心，遠近一心則衆寡同力，衆寡同力則戰可以必勝，而守可以必固。非以并兼攘奪也，以爲天下政治也。此正天下之道也〔六〕。

〔一〕王念孫云：兩「王」字皆當爲「主」，「其攻」皆當爲「六攻」，字之誤也。（「其」字古作「亓」，與「六」相似，故「六」譌爲「其」。史記周本紀「三百六十夫」，索隱曰：「劉氏音破六爲古『其』字。」淮南墬形篇「通谷六」，易林蠱之臨「周流六虛」，今本「六」字竝譌作「其」。）「勝六攻」，即承上文「攻而毁之者六」而言，下文「六攻者何也」，又承此文「勝六攻」而言。版法解亦曰：「明君能勝六攻，不肖之君。不能勝六攻。」何如璋云：此段見版法解，惟字句間有小異耳。其爲作僞者雜湊無疑。劉師培云：廣雅釋詁云：「正，君也。」「正天下」猶言君天下，謂起自諸侯，終爲天子也。下文「正天下」亦同。（元本「正」作「王」，非。）墨子尚賢篇云「堯舜禹湯文武之所以王天下、正諸侯者」，「正」亦訓君，與此同。翔鳳案：作版法解者，用重令之文以解版法，着重在「植固不動，奇邪乃恐」，非作重令者有取於版法解也。作解者爲後學，同出一家，而非同出一人，以作者不必自解也。王氏以版法證「其」爲「六」之誤，然語氣以「其」爲勝。王氏捨其難者不釋，好爲細碎之校勘，徒費目力耳。「明王」見莊子，非誤字。

〔二〕王念孫云：三「者」字皆因下文而衍。（下文曰：「凡國有不聽而可以得存者，則號令不足以使下。有犯禁而可以得免者，則斧鉞不足以威衆。有毋功而可以得富者，則禄賞不足以勸民。」上有「有」字，則下當有「者」字，此文上無「有」字，則下不當有「者」字。）版法解無。翔鳳案：「者」指「六攻」之某一部份人，非人人皆有之。「上無『有』字，則下不當有『者』字」，此不可通之論也。

〔三〕吴汝綸云：「爲自用」當作「自爲用」。江瀚云：「毋爲自用」猶言「毋自爲用」也。翔鳳案：「毋爲」，爲也，見上篇，又見立政九敗解，諸説誤。

〔四〕王念孫云：「則戰不勝」以下，當作「則戰不勝而守不固，戰不勝而守不固，則敵國制之矣」。此文之兩「民毋爲自用」，兩「戰不勝而守不固」，義皆上下相承，今則下三句顛倒而失其指矣。七法篇曰：「國貧而用不足，則兵弱而士不厲。兵弱而士不厲，則戰不勝而守不固。戰不勝而守不固，則國不安矣。」文義正與此同。

〔五〕安井衡云：「疑錯」，遲疑錯誤也。翔鳳案：下文「益損於禄賞」，「損」與「益」對，則此文當「疑」與「錯」對。漢書何武師丹傳贊「疑於親戚」，注「比也」，假爲「擬」。易繫辭「苟錯諸地而可矣」，借爲「措」。

〔六〕戴望云：元本「正」作「王」。

管子校注卷第六

外言七

法法第十六

不法法則事毋常，不設法以法下，故事無常。法不法則令不行。雖復設法，不得法之宜，故令不行。令而不行，則令不法也。法而不行，則脩令者不審也。法既得宜，而猶不行，則以脩令者未審之故也。審而不行，則賞罰輕也。脩令者既審，而猶不行，則以上輕於賞罰也。重而不行，則賞罰不信也。賞罰既重，而猶不行，則以雖賞罰而不信也。信而不行，則不以身先之也。賞罰既信，而猶不行，則以身不先自行其法也。故曰：禁勝於身，身從禁也。則令行於民矣。聞賢而不舉，殆。聞賢不舉，不若不聞，所以有殆。聞善而不索，殆。見能而不使，殆。親人而不固，殆〔一〕。同謀而離，殆。危人而不能，殆。危人不能，不若不危。廢人而復起，殆。既廢更起，或發其宿嫌。可而不爲，殆。可爲而不爲，多生後悔。足而不施，殆。足而不施，怨疾必生。幾而不密，殆。幾事不密則害成。人主不周密，則正言直行之士危；所謂君不密則失臣。正言直行之士危，則人主孤而毋内〔二〕；

策謀毋自入也。人主孤而毋内，則人臣黨而成羣。君子道消，則小人道長也。使人主孤而毋内，人臣黨而成羣者，此非人臣之罪也，人主之過也。君不密之過。

〔一〕安井衡云：羣書治要引作「親仁」，「殆」下並有「也」字，似非。翔鳳案：與人相親而不固結，作「仁」者誤，非「仁」者可以不固乎？其誤顯然矣。

〔二〕丁士涵云：「内」猶親也（漢書劉向傳注）。「孤而無内」與下「黨而成羣」對文。

民毋重罪，過不大也。有大過然後有重罪。民毋大過，上毋赦也。不赦，則懼而脩德。上赦小過則民多重罪，積之所生也。所謂積小以成高大。故曰：赦出則民不敬〔一〕，有罪不誅，則安用敬。惠行則過日益。特恩不恭，非過而何。惠赦加於民，而囹圄雖實，殺戮雖繁，姦不勝矣。造姦以待赦也。故曰：邪莫如蚤禁之。無使滋蔓，蔓難圖也。赦過遺善，則民不勵。善即惠也。有過不赦，有善不積〔二〕，勵民之道，於此乎用之矣。故曰：明君者，事斷者也。

〔一〕戴望云：「敬」與「儆」同。翔鳳案：説文：「敬，肅也。」詩常武「既敬既戒」，大禹謨作「儆」。

〔二〕翔鳳案：小過不赦，小善可賞，非小過之比。小善賞之，不俟積成大善再賞，故曰「有善不積」。趙本改「積」爲「遺」，非是。

君有三欲於民，三欲不節，則上位危。三欲者何也？一曰求，二曰禁，三曰令。求必欲得，禁必欲止，令必欲行。求多者其得寡，無厭則難供，故其得寡。禁多者其止寡，法令滋章，盜賊多有。令多者其行寡。再三則瀆，故其行寡。求而不得則威日損，獨唱莫和，非損而何。禁而不止則刑罰侮，愈禁愈犯，非侮而何。令而不行則下凌上。不稟其命，非凌而何。故未有能多求而多得者也，未有能多禁而多止者也，未有能多令而多行者也。故曰：上苛則下不聽，下不聽而彊以刑罰，則爲人上者衆謀矣〔一〕。爲人上而衆謀之，雖欲毋危，不可得也。

〔一〕陶鴻慶云：「則爲人上者衆謀矣」當作「則衆謀之矣」，與上下文一氣相屬。今本涉下句而衍「爲人上」三字，校者又增「者」字以成義耳，「衆謀」下奪「之」字，則義不明。翔鳳案：陶校合乎後代文法，然古人未必然。論語：「爲人謀而不忠乎？」尚書大傳「聽之不聽，是謂不謀」，注云：「君聽不聽，則是不能謀其事也。」皆無賓辭，陶説誤。

號令已出又易之，禮義已行又止之，度量已制又遷之，刑法已錯又移之，如是，則慶賞雖重，民不勸也；殺戮雖繁，民不畏也。故曰：上無固植〔二〕，植，志。下有疑心，國無常經，民力必竭，數也。數，理也。國無常經，人力必竭。而曰不竭者，此非理之言也。明君在上位，民毋敢立私議自貴者。立私議者，必自恃爲貴也。國毋怪嚴〔三〕，毋雜俗，毋異禮，士毋私議。國不作奇怪，則嚴肅而無雜，俗有常禮，士皆公儀。倨傲易令，錯儀畫制，作議者盡誅〔三〕。易令，謂變令。錯儀，謂別置儀。畫制，謂更畫制。凡此，盡以法誅之。故彊者折，鋭者挫，堅者破。引之以繩墨，繩之以誅僇，故萬民之心皆服而從上。推之而往，引之而來，彼下有立其私議自貴〔四〕，分争而退者，則令自此不行矣。立議分争，退而不誅，從此之後，令不復行。故曰：私議立則主道卑矣。況主倨傲易令〔五〕，錯儀畫制，變易風俗，詭服殊説猶立。立私説，尚能卑主，況其倨傲易風俗而猶有立者乎。上不行君令，下不合於鄉里，變更自爲，易國之成俗者，命之曰不牧之民。於上不行君令，於下不合鄉里，但率意自爲，易國之成俗，故曰不牧之民，言其不可養也。不牧之民，繩之外也，繩之外誅〔六〕。使賢者食於能，鬬士食於功。賢者食於能，則上尊而民從；鬬士食於功，則卒輕患而傲敵。上尊而民從，卒輕患而傲敵，二者設於國，則天下治而主安矣。

〔一〕翔鳳案：房注：「植，志。」「植」通「識」，即「志」，見前版法篇。

〔二〕孫星衍云：「怪嚴」，謂毋爲奇怪嚴急之命。説文：「嚴，教命急也。」下文「易令」二字，正釋此句。尹注非。丁士涵云：「嚴」當爲「服」字之誤，「怪服」與「雜俗」、「異禮」對文。下文云「變易風俗，詭服殊説」，「詭服」與「怪服」同。張文虎云：「嚴」當是「裝」字，漢避諱改。「怪裝」即異服也。　俞樾云：説文心部「怪，異也。」禮記大傳篇「收族故宗廟嚴」，鄭注曰：「『嚴』猶尊也。」「國無怪嚴」謂國無異尊，與下文「無雜俗」、「無異禮」一律。尹注曰「國不作奇怪則嚴肅」，是「無怪」爲一義，「嚴」爲一義，失其旨矣。　吴汝綸云：「嚴」讀爲業。小匡篇「擇其善者而嚴用之」，齊語作「業」。　翔鳳案：「怪嚴」與「雜俗」、「異禮」、「私議」相當，「怪」、「異」義近。説文：「嚴，教命急也。」文選爲宋公修張良廟教李注：「蔡邕獨斷曰：『諸侯言曰教。』」怪異嚴急之教命曰「怪嚴」。　于鬯香草續校書謂「與法禁篇相似」，曰：「『雜俗』即彼『詭俗』，『異禮』即彼『異禮』，『私議』即彼『大言』，『怪嚴』即彼『法行』。」是也。然其解釋「怪嚴」爲「莊嚴之行出於怪異」，則非是。「嚴」於軍法有關，故見於法法、法禁兩篇。西京賦「嚴更之署」，注：「督行夜鼓也。」孟子公孫丑下：「『使虞敦匠，事嚴，虞不敢請。今願竊有請也：木若以美然。』曰：『古者棺槨無度，中古棺七寸，槨稱之。』」注：「事嚴，喪事急也。」孝經：「非先王之法服不敢服，非先王之法言不敢道，非先王之法行不敢行。」儒即巫祝，重喪禮。法服爲巫祝之服，即道士服。孔子執禮用雅言，即法言。宗廟祭祀，贊禮者用一種莊嚴怪異而宏大之呼聲即法言，規行矩步爲法行，故「怪嚴」與「法」相當，于尚未知也。孫説已得其義，諸人不悟，穿鑿附會。

〔三〕翔鳳案：「令」承「嚴」，即教命，「儀」承「俗」，「制」承「禮」，「議」承「議」。説文：「錯，金涂也。」以金涂飾之，與「畫」同意。上文「刑法已錯」借爲「措」，含義不同。説文：「作，興也。」猶言興事生非。

〔四〕丁士涵云：「自貴」二字，當屬上讀。上文云：「民毋敢立私議自貴者。」乘馬篇云：「私議自貴之説勝，則上令不行。」

〔五〕俞樾云：「主」乃「其」字之誤。尹注云「況其倨傲易風俗」，是其所據本未誤。丁士涵云：「主」字涉上「主道」而衍。翔鳳案：荀子非十二子「成名況乎諸侯」，注：「比也。」莊子「每下愈況」，爲常用之詞。「況主」，自比於主也。

〔六〕翔鳳案：以繩染墨而彈之，是爲「繩墨」。法如引繩，故曰「繩之外」。

凡赦者，小利而大害者也，苟悦衆心，故曰小利。人則習而易犯法，故曰大害也。**故久而不勝其禍。**犯法漸廣，轉欲危君，故曰不勝其禍。**毋赦者，小害而大利者也，**人初不悦，故曰小害。創而脩德，故曰大利也。**故久而不勝其福。**家正而天下定，則太平可致，故曰不勝其福也。**故赦者，犇馬之委轡〔一〕；**必致①覆佚也。**毋赦者，痤**徂禾切，癤也。**雎之礦石也〔二〕。**疾可瘳也。**爵不尊，禄不重者，不與圖難犯危，以其道爲未可以求之也。**以其道未可求，故不與尊爵重禄。既與之尊爵重禄，則②可與之圖難犯危也。**是故先王制軒冕足以**

① 「致」字原作「也」，據補注改。
② 「則」字原作「其」，據補注改。

著貴賤，不求其美；設爵禄所以守其服，不求其觀也〔三〕。使君子食於道，小人食於力。君子食於道，則上尊而民順；小人食於力，則財厚而養足。上尊而民順，財厚而養足，四者備體則胥足，上尊時而王不難矣〔四〕。胥，相也。文有三侑，侑，寬也。武毋一赦〔五〕。惠者，多赦者也，先易而後難，久而不勝其禍。法者，先難而後易〔六〕，久而不勝其福。故惠者，民之仇讎也；惠者生其禍，故爲仇讎也。法者，民之父母也。法者生其福，故爲父母也。太上以制制度，其次失而能追之，能追悔①也。雖有過亦不甚矣。明君制宗廟，足以設賓祀，不求其美〔七〕；爲宫室臺榭，足以避燥濕寒暑，不求其大；爲雕文刻鏤，足以辯貴賤，不求其觀。故農夫不失其時，百工不失其功，商無廢利，民無游日，無游閑②之日。財無砥墆〔八〕。墆③，久積也。故曰：儉其道乎〔九〕！

〔一〕王念孫云：今本脱「也」字，據羣書治要及初學記政理部、藝文類聚政治部、太平御覽兵部八十九、刑法部十八所引補。翔鳳案：王信類書而增字，此事甚多，而影響甚大。諸凡一二虚字之增删，無絲毫之價值，皆王念孫爲之作俑也。

① 「悔」字原作「海」，據補注改。
② 「游閑」二字原作「關閉」，據補注改。
③ 「墆」字原作「帶」，據補注改。

〔二〕孫星衍云：「睢」當作「疽」。淮南説林訓：「潰小皰而發痤疽。」韓非子外儲説：「夫痤疽之痛也，不能使人以半寸砥石彈之。」廣雅：「痤疽，癰也。」羣書治要、初學記一又八、白帖四十八、太平御覽三百五十八、又六百五十二引俱作「痤疽礦石」。御覽六百五十二引作「砭石」。王念孫云：初學記政理部、太平御覽兵部八十九引此亦作「礦石」。説文繫傳引作「磏石」。案「礦」字本作「磺」，説文「磺，銅鐵樸也」，「磏，厲石也」，皆非治痤疽者所用。羣書治要及太平御覽刑法部十八引此竝作「砭石」，是也。説文：「砭，以石刺病也。」素問異法方宜論曰：「東方之民，其病皆爲癰瘍，其治宜砭石。」故曰「痤睢之砭石」。翔鳳案：周禮卝人注：「金石未成器曰礦。」廣雅釋詁四：「礦，强也。」礦石謂堅硬之石。東山經：「高氏之山，其下多箴石。」可以爲砭鍼治癰腫者。説文：「砭，以石刺病也。」今民間通用磁鋒爲砭，朱駿聲不知，以爲石法失傳，誤矣。砭取其廉利，故謂之磏石。廉石以硬爲主，打碎而取其鋒，不能磨也。礦爲堅石，不誤，可以爲砭之用。其引作「砭石」者，不知而以意改之也。「疽」訓久癰，長時不潰，取次且之義。二者有別。癰易潰，不必痤，所挫者疽。

〔三〕王念孫云：兩「所以」皆當作「足以」，「足」與「不求」文義正相承。下文曰「明君制宗廟，足以設賓祀，不求其美。爲宮室臺榭，足以避燥濕寒暑，不求其大。爲雕文刻鏤，足以辨貴賤，不求其觀」，是其明證也。後人改「足以」爲「所以」，則非其指矣。羣書治要及藝文類聚封爵部、太平御覽封建部一引此竝作「足以著貴賤」、「足以守其服」。文選羽獵賦注引作「足以章貴賤」。　宋翔鳳云：「所」，宋本作「足」，「所」與「足」古字通用。蓋古字多以「足」爲「所」也，説見弟子職篇。　翔鳳案：軒冕惟大臣有之，小臣無有，故用「足以」。爵禄則大臣小臣均有之，故用「所以」。

〔四〕王念孫云：「胥足上尊時而王」，「足上尊」三字因上文而衍。「胥」，待也，言待時而王也。尹注「胥，相也」，失之。又君臣下篇「上尊而民順，財厚而備足，四者備體，頃時而王，不難矣」，「頃」當爲「須」，「須」亦「胥」也。　翔鳳案：爾雅釋詁：「胥，皆也。」「尊」、「宗」互訓。穀梁成五年傳「晉君召伯尊」，左傳作「宗」。一切經音義九引字林：「宗，尊也，亦主也。」「足」字斷句，「上主時而王不難」與上文「上尊」兩字義異。王混同之，以爲衍文也。

〔五〕洪頤煊云：「侑」與「宥」通。儀禮聘禮注：「古文『侑』皆作『宥』。」周禮：「三宥之灋，壹宥曰不識，再宥曰過失，三宥曰遺忘。」尹注「侑，寬也」，義亦作「宥」。

〔六〕丁士涵云：「法者」下脱「無赦者也」四字，此與上文「惠者多赦者也」對文，意林引作「惠者多赦，法者無赦」。　翔鳳案：用法即是毋赦，意林取其意，不足據。

〔七〕張佩綸云：「賓」，賓尸也。詩緑衣序：「繹賓尸也。」楚茨「爲賓爲客」，傳：「繹而賓尸及賓客。」　翔鳳案：説文：「賓，所敬也。」卜辭有「賓於帝」、「賓於祖」、「賓日」之文。所以敬事鬼神，不獨賓尸也。

〔八〕俞樾云：「砥」讀爲底。昭元年左傳「勿使有所壅蔽湫底」，杜注曰：「底，滯也。」故以「底滯」

連文。

〔九〕何如璋云：韓子十過有「故曰儉其道也」句。翔鳳案：此「故曰」爲古語之一證。

令未布而民或爲之，而賞從之，則是上妄予也。未布而爲，所謂先時者也。當刑而賞，故曰妄與也。上妄予則功臣怨，功臣怨而愚民操事於妄作，愚民操事於妄作，則大亂之本也。令未布而罰及之，所謂不令而罰。則是上妄誅也。上妄誅則民輕生，民輕生則暴人興，輕生故爲暴亂。曹黨起而亂賊作矣〔一〕。令已布而賞不從，則是使民不勸勉，不行制，不死節。民不勸勉，不行制，不死節，則戰不勝而守不固，戰不勝而守不固，則國不安矣。令已布而罰不及，則是教民不聽。民不聽則彊者立，彊者立則主位危矣。故曰：憲律制度必法道，號令必著明，賞罰必信密〔二〕，此正民之經也。

〔一〕陳奐云：大雅毛傳云：「曹，羣也。」

〔二〕王念孫云：「密」本作「必」，後人罕聞「信必」之語，故以意改之，不知「信必」者，信賞必罰也。八觀篇曰「賞慶信必，則有功者勸」，九守篇曰「刑賞信必於耳目之所見」，版法解曰「無遺善，無隱姦，則刑賞信必」，皆其證。

凡大國之君尊，小國之君卑。大國之君所以尊者何也？曰：爲之用者衆也。小國之君所以卑者何也？曰：爲之用者寡也。然則爲之用者衆則尊，爲之用者寡則卑，則人主安能不欲民之衆爲己用也！使民衆爲己用柰何？曰：法立令行，則民之用者衆矣；法不立，令不行，則民之用者寡矣。故法之所立，令之所行者多，而所廢者寡，則民不誹議〔一〕，民不誹議則聽從矣。法之所立，令之所行，與其所廢者鈞，則國毋常經，國毋常經則民妄行矣。法之所立，令之所行者寡，而所廢者多，則民不聽，民不聽則暴人起而姦邪作矣。計上之所以愛民者，爲用之愛之也。爲愛民之故，不難毁法虧令，則是失所謂愛民矣。夫以愛民用民，則民之不用明矣。夫用人者，當以法令以愛人。廢法而用之，則人不可用也。夫至用民者〔二〕，殺之，危之，勞之，飢之，渴之。用民者將致之此極也，而民毋可與慮害己者〔三〕。至，善也。夫善用人者必以法，其不從法，甚者危殺之，其次勞苦飢渴之。將欲用之，必致此極，則姦者不敢爲非，善者悦而從命，欲求可與謀害己者，其可得哉。明王在上，道法行於國，民皆舍所好而行所惡。所好者，私欲也。所惡者，公義也。故善用民者，軒冕不下儗，而斧鉞不上因〔四〕。不以下有私寵①，妄以軒冕，有所許儗。不因上有私憾，妄以斧鉞，有所誅戮也。如是則賢者勸而暴人止，賢者

① 「下有」二字原無，據補注增。「寵」字下原衍「下」字，據補注删。

勸而暴人止，則功名立其後矣。蹈白刃，受矢石①，入水火，以聽上令。上令盡行，禁盡止。引而使之，民不敢轉其力；轉，猶避也。推而戰之，民不敢愛其死。不敢轉其力，然後有功；不敢愛其死，然後無敵。進無敵，退有功，是以三軍之衆皆得保其首領，父母妻子完安於内。故民未嘗可與慮始，而可與樂成功。是故仁者、知者、有道者，不與大慮始〔五〕。大，猶衆也。

〔一〕安井衡云：古本作「謗」。翔鳳案：「議」即上文之「私議」，以作「議」爲是。

〔二〕張佩綸云：「至用民」當作「善用民」。翔鳳案：古今語法不同。意謂用民者，至於殺之，危之，勞之，飢之，渴之。「至」字不誤。

〔三〕翔鳳案：「與」同「以」，論語「鄙夫可與事君也與哉」，「可與」即「可以」。「慮」謂顧慮也。

〔四〕俞樾云：「軒冕不下擬」，謂其人有善，即從而軒冕之，不以其人在下位，而有所擬議也。「斧鉞不上因」，謂其人有罪，即從而斧鉞之，不以其人在上位，而有所依違也。心術篇曰：「因也者，舍己而以物爲法者也。」此「因」字之義也。尹注曰：「不以下有私寵，妄以軒冕有所許擬。不因上有私憾，妄以斧鉞有所誅戮。」此説殊不可通。豈上有私寵，即可以軒冕許儗之；下有私憾，即可以斧鉞誅戮之乎？翔鳳案：説文：「儗，僭也。一曰相疑。」善用

① 「石」字原作「后」，據補注改。

民者「道法行於國」，即上文「法令立」。依法行事，不在以賞誘人，以刑恐人，不一定要軒冕下儗，而斧鉞上因也。上文：「制軒冕足以著貴賤。」乘馬：「一國之人，不可以皆貴，皆貴則事不成而國不利也。」管子不輕用軒冕賞人，可知矣。

〔五〕王念孫云：「大」當爲「人」。民不可與慮始，而可與樂成功，故有道者不與人慮始。人亦民也。尹注「大，猶衆也」，「大」亦當爲「人」。翔鳳案：説文：「大，天大地大人亦大，故大象人形。」「大」象正立，「人」象側立。「夷」从人持弓，「亦」爲人之臂亦，「奎」爲兩髀之間，「夾」爲俠二人。「大」通讀太，伸其兩足，有安泰之義。西京賦「心奓體泰」，即「大」之本義也。洛誥「王入大室」，注：「清廟中央之室。」説文：「央，中央也，从大在冂之内。」大，人也。」「大」爲中央之人，掌握政權之大人，地方民衆領袖。人，普通民衆也。君臣下「通中央之人和」，即「大」也。房訓「衆」，稍誤；王改「人」，則誤矣。

國無以小與不幸而削亡者，必主與大臣之德行失於身也，官職、法制、政教失於國也，諸侯之謀慮失於外也，故地削而國危矣〔一〕。言國無以小與不幸而削亡者。其削亡也，則以臣主有失故也。國無以大與幸而有功名者，必主與大臣之德行得於身也，官職、法制、政教得於國也，諸侯之謀慮得於外也，然後功立而名成。言國無以大與幸而

有功名者。其有功名也，則以臣主有得①故也。然則國何可無道？人何可無求〔二〕？得道而導之，得賢而使之，將有所大期於興利除害，期於興利除害，莫急於身，而君獨甚傷也〔三〕，必先令之失。先身無害而有利，然後可以及物。今君獨立無與，則是有害，故甚可傷。所以然者，則由先令之失也。人主失令而蔽，失令則爲下所蔽塞也。已蔽而劫，已劫而弒。凡人君之所以爲君者，勢也，故人君失勢，則臣制之矣。勢在下，則君制於臣矣；勢在上，則臣制於君矣。故君臣之易位，勢在下也。在臣期年，臣雖不忠，君不能奪也。臣得勢期年，君雖知其不忠，而不能奪，無如之何也。在子期年，子雖不孝，父不能服也。亦無如之何。故春秋之記，春秋即周公之凡例，而諸侯之國史也。臣有弒其君，子有弒其父者矣〔四〕。故曰：堂上遠於百里，堂下遠於千里，門廷遠於萬里。今步者一日，百里之情通矣。堂上有事，十日而君不聞，其事適在堂上耳，而君遂十日不聞。此所謂遠於百里也。步者十日，千里之情通矣。堂下有事，一月而君不聞，此所謂遠於千里也。步者百日，萬里之情通矣。門廷有事，期年而君不聞，此所謂遠於萬里也。故請入而不出謂之滅〔五〕，臣有情告，既入而不出，此則左右不爲通於下，其事遂消滅也。出而

① 「得」字下原衍「名」字，據補注删。

不入謂之絶，其事既出而不入，此則左右不爲通於上，其事遂斷絶也。入而不至謂之侵，其事既入，不得至於君，此則左右侵君事故也。出而道止謂之壅。其事既出，中道而止，此則左右壅君事故也。滅絶侵壅①之君者，非杜其門而守其户也，爲政之有所不行也。政之不行，自致侵壅，非由杜門守户也。故曰：令重於寶，社稷先於親戚，法重於民，威權貴於爵禄。故不爲重寶輕號令，不爲親戚後社稷，不爲愛民枉法律，不爲爵禄分威權。故曰：勢非所以予人也。凡此上事，其勢不當與人，故君專之。

〔一〕丁士涵云：以上文及尹注校之，此「危」字當是「亡」字之誤。翔鳳案：重令：「社稷必有危亡之患。」又云：「諸侯失於外，民亂於内，天道也，此危亡之時也。」「諸侯之謀慮失於外」與此相似，何必改「危」爲「亡」？迂矣。

〔二〕張佩綸云：「求」當作「賢」，下文「道」、「賢」承此。翔鳳案：文意重在求賢，不重在人之賢，非誤字。

〔三〕翔鳳案：説文：「傷，創也。」秦策「楚、魏爲一，國恐傷矣」，注：「害也。」「甚傷」與殺傷有别，與下文「傷國」同義。

① 「壅」字原作「擁」，據補注改。下注文同。

〔四〕洪頤煊云：韓非子外儲説右上篇引春秋之記，「弑」皆作「殺」，古字通用。吴汝綸云：「春秋」即孔子之春秋，此文自戰國時作，非管子作也。若未修之春秋，乃一國之史，不行於他國，管子安得稱之。翔鳳案：此春秋在孔子之前。太炎云：「春秋之名，始見管子。法法篇：『春秋之記，臣有弑其君，子有弑其父者矣。』山權數篇：『春秋者，所以記成敗也。』今觀十二諸侯年表，始自共和，知此前但有尚書，更無記年之諜。墨子歷述春秋，亦以宣王爲始，是知始作春秋者，宣王之史官，蓋尹氏、辛史、史籀之倫也。周室雖有春秋，記其法式，侯國殊絶，同時不能蕝録。十二諸侯所載，平王以上，列國之事甚稀，惟即位及卒爲具，以周有錫命會葬之典，故得其詳。列國之春秋，蓋晉爲最先，穆侯四年，記先齊女爲夫人（宣王二十年）。其次則齊，釐公二年，記同母弟夷仲生公叔毋知（平王四十二年）。此二國者，依中興法以紀年，先於諸侯。」釐公即僖公，齊有春秋，在桓公以前不遠，管仲所言，周春秋也。吴説謬。春秋正名，書「弑」不書「殺」，古本非是。

〔五〕丁士涵云：「請」與「情」古字通，此承上文「情通」言之。明法篇曰：「下情求不上通，謂之塞；下情上而道止，謂之侵。」陶鴻慶云：「請」讀爲情，（孫卿書多以「請」爲「情」。）承上「百里之情」、「萬里之情」諸句言之。「故請」二字爲句，冒下文「入而不出謂之滅，出而不入謂之絶，入而不至謂之侵，出而道止謂之壅」四句言之，皆謂君民之情不相通也。尹讀「請」爲本字，注云：「臣有請告，既入而不出。」則下文「出而不入」云云，不知何指矣。翔鳳案：釋詁：「請，謁告也。」「請」通「情」，然此處不能訓爲「情」，以情不自入，必在告之者，乃「請」也。請者即以其情告，非其文作「情」也。二説非是。

政者，正也。正也者，所以正定萬物之命也。萬物之命，由正而定。是故聖人精德立中以生正，德精而不過，其正自生也。明正以治國，故正者所以止過而逮不及也。正者中立，故過者令止之，不及者令逮之。過與不及也，皆非正也。正在於中立。非正，則傷國一也。過猶不及，傷國一也。故①勇而不義，傷兵；不及於勇，故傷兵也。仁而不法，傷正〔一〕。不及於仁，故傷正。故軍之敗也，生於不義；不義則失宜，故軍敗。法之侵也，生於不正。不正則入邪，故法侵也。故言有辯而非務者，言辯而浮誕，則非要務也。行有難而非善者。行難而詭怪，故非正善也。故言必中務，不苟爲辯；行必思善，不苟爲難。規矩者，方圜之正也。雖有巧目利手，不如拙規矩之正方圜也。故巧者能生規矩，不能廢規矩而正方圜；雖聖人能生法，不能廢法而治國。故雖有明智高行，倍法而治，是廢規矩而正方圜。

〔一〕翔鳳案：「正」即「政」，仁而不法，傷政。

① 「故」字原爲小號字接注文，據補注改爲大號字正文。

一曰〔一〕：管氏稱古言，故曰「一曰」。凡人君之德行威嚴，非獨能盡賢於人也〔二〕。人君之德行，雖當威嚴，既不能事事盡賢，亦須納賢而自輔，故曰：能自得師者王。曰人君也，故從而貴之，不敢論其德行之高卑，人曰：此人君也。謂其道備德成，不察其是非，即從而貴之，豈敢更論其高卑乎。有故爲其殺生急於司命也。乘人君之勢，怒則伏尸流血，喜則軒冕塞路，故急於司命也。富人貧人，使人相畜也；人君富人亦可，貧人亦可，使以富畜貧亦可。貴人賤人，使人相臣也。貴人亦可，賤人亦可，使人以貴臣賤亦可。人主操此六者以畜其臣，六者，謂生、殺、富、貴、貧、賤。人臣亦望此六者以事其君。人臣事君，亦望操此六者以臨下。君臣之會，六者謂之謀〔三〕。君臣所以相合，皆欲謀操六者。六者在臣期年，臣不忠，君不能奪。在子期年，子不孝，父不能奪。故春秋之記，臣有弑其君，子有弑其父者。得此六者，而君父不智也〔四〕。令臣子得此六者，是君父之不智也。六者在臣，則主蔽矣。主蔽者，失其令也。故曰：令入而不出謂之蔽，令出而不入謂之壅，令出而不行謂之牽，牽於左右。令入而不至謂之瑕〔五〕。君臣相閒，故曰瑕。牽瑕蔽壅之事君者〔六〕，非敢杜其門而守其户也，爲令之有所不行也。此其所以然者，由賢人不至，而忠臣不用也。故人主不可以不慎其令。令者，人主之大寶也。一曰：賢人不至謂之蔽〔七〕，忠臣不用謂之塞〔八〕，令而不行謂之障，禁而不止謂之逆。蔽塞障逆之君者，不敢杜其門而守其户也〔九〕，爲賢者之不至，令之不行也。

〔一〕劉績云：此乃集書者再述異聞。　吴汝綸云：此管子書有別本，校者幷載之。　翔鳳案：韓非外儲説多用「一曰」，並有用兩「一曰」者，皆自著。管書不便正言，用「一曰」明之，不是校者並載。史記但舉管子重要篇名，非舉其全部，不能謂史遷所見爲單篇。弟子職裁篇別出，故應劭謂在管子書，非單行本。漢志此類不少，章學誠已言之。管書分列道家、兵家，兵家附識於權謀中，韓信校管子，非有二本也。

〔二〕陶鴻慶云：「威嚴」二字與上下文不相屬，「德行」二字當在「非」字下，元文本云「凡人君之威嚴，非德行獨能盡賢於人也」，言人君之尊不以德行而以權勢耳。下文曰「人君也，故從而貴之，不敢論其德行之高卑」，即申言此義。尹注非。　翔鳳案：論語「望之儼然」，釋文：「一本作『嚴』。」「嚴」爲矜莊之貌。「威」與「畏」通，王國維已言之。孟子：「孟子見梁襄王，出語人曰：『望之不似人君，就之而不見所畏焉。』」

〔三〕俞樾云：「六者謂之謀」當作「六者爲之媒」，言君臣會合，皆此六者爲之媒也。説文女部：「媒，謀也。」廣雅釋詁文同。是「謀」與「媒」聲近義通。禮記禮器篇「誰謂由也而不知禮乎」，家語公西赤問篇作「孰爲」。宣二年穀梁傳「孰爲盾而忍弑其君者乎」，公羊傳作「誰謂」。是「爲」與「謂」古亦通用也。　翔鳳案：「謂」與「爲」通，是也。説文：「謀，慮難曰謀。」君臣之際，暗中謀慮此六者。

〔四〕王念孫云：尹讀「智」爲智慧之智，非也。「智」與「知」同。（小問篇「恃不信之人而求以外知」，九變篇作「恃不信之人而求以智」。）言權已下移，而上不知，故有弑父弑君之禍也。君臣篇曰「四者一作，而上不知也，則國之危可坐而待也」，語意正與此同。「智」字古有二音二義，一爲智慧之智，一爲知識之知。説文：「智，識詞也。」是「智」即知識之知。廣雅曰：「覺、叡、聞、曉、哲，智也。」「叡、哲」爲智慧之智，「覺、聞、曉」爲知識之知，是「智」有二音二義也。墨子節葬篇曰：「力不足，財不贍，智不智。」（上「智」字去聲，下「智」字平聲。）經説篇曰：「逃臣不智其處，狗犬不智其名。」（此篇内「智」字甚多，皆與「知」字同義。）耕柱篇曰：「豈能智數百歲之後哉。」（此篇内「知」字亦多作「智」。）吕氏春秋忠廉篇曰：「若此人者，固難得其患，雖得之，有不智。」（「有」與「又」同。）韓子孤憤篇曰：「智不類越，而不智不類其國，不察其類者也。」秦策曰：「楚智横門君之善用兵。」（姚本如是，鮑本「智」作「知」。）淮南詮言篇曰：「有智若無智，有能若無能。」以上諸「智」字，皆與「知」字同義。後人但知智慧之智或作知，而不知知識之知又作智，故凡古書中知識之知作「智」字者皆改爲「知」字。此「智」字若非尹氏誤解，則後人亦必改爲「知」矣。

〔五〕俞樾云：「瑕」當讀爲格，古字通也。儀禮少牢饋食禮「以嘏于主人」，鄭注曰：「古文『嘏』爲『格』。」「瑕」之爲格，猶「嘏」之爲格也。説文人部引書曰「假于上下」，今書作「格」。「瑕」之爲格，猶「假」之爲格也。「令入而不至謂之格」，謂有所扞格而不得達也。尹注曰「君臣相閒故曰瑕」，未合「入而不至」之義。

〔六〕王念孫云：「牽瑕蔽壅之事君者」，衍「事」字。「非敢杜其門而守其户也」，衍「敢」字。「爲令之有所不行也」，「爲」猶謂也。（古者「爲」與「謂」同義，説見釋詞。）言所謂牽瑕蔽壅之君者，非杜其門而守其户也，謂其令之有所不行也。此三句皆指君言之，非指臣言之，則首句内不當有「事」字，次句内亦不當有「敢」字，皆後人妄加之耳。下文曰：「蔽壅障逆之君者，不敢杜其門而守其户也。爲賢者之不至，令之不行也。」首句無「事」字是也。次句「敢」字亦後人所加。羣書治要引作「不杜其門而守其户也」，「不」下無「敢」字，是其證。上文曰：「滅絶侵壅之君者，非杜其門而守其户也，爲政之有所不行也。」首句無「事」字，次句亦無「敢」字，此尤其明證矣。（明法解曰「夫蔽主者，非塞其門，守其户也，然而令不行，禁不止，所欲不得者，失其威勢也」，文義亦與此同。）　翔鳳案：「者」指其人，牽瑕壅蔽之人，加「事君」二字爲形容詞，王以不類後代語法而改之，非是。

〔七〕安井衡云：「至」，古本作「臣」。　翔鳳案：「賢人不至」，爲有人蔽之。「不臣」，爲賢不肯出仕。古本非是。

〔八〕孫星衍云：治要引「用」作「至」。

〔九〕王念孫云：「敢」字衍，羣書治要引無「敢」字。　翔鳳案：牽瑕蔽壅，乃臣所爲，未有君自爲牽瑕蔽壅者。王認爲衍「事」字，而以指君，不類。既衍「事」字，不得不衍「敢」字，此王作藺自縛，非書誤也。

凡民從上也，不從口之所言，從情之所好者也。上好勇則民輕死，上好仁則民輕財。故上之所好，民必甚焉。是故明君知民之必以上爲心也，故置法以自治，立儀以自正也〔一〕。故上不行則民不從，彼民不服法死制，則國必亂矣。是以有道之君，行法脩制，先民服也。服，行也。先自行法以率人。凡論人有要。論人才行，各有綱要。矜物之人，無大士焉。大士不矜，謙以接物。彼矜者滿也，滿者虚也。所謂滿招損者也。滿虚在物，在物爲制也。既滿而虚，則制之在物。矜者，細之屬也。自矜者，小人之類。凡論人而遠古者，無高士焉〔二〕；高士必順考古道也。既不知古而易其功者，無智士焉。智士必知古而謹功也。德行成於身而遠古卑人也〔三〕，事無資遇時而簡其業者，愚士也。德行雖曰成，而乃遠古卑人，則是事無資禀。若遇有道之時，其業必見簡弃，如此者，可謂愚士。釣名之人，無賢士焉；賢士必脩實而成名。釣利之君，無王主焉。王主必度義而取利。賢人之行其身也，忘其有名也；王主之行其道也，忘其成功也。賢人之行，王主之道，其所不能已也。不能已而後動。明君公國一民，以聽於世；賢明之君，必公誠於國，以一其民人之心。忠臣直進，以論其能。忠臣必直道而求進。明君不以祿爵私所愛，唯賢是與。忠臣不誣能以干爵禄。量能而受①禄也。君不私國，臣不誣能，行此道者，雖未大治，正民之經也。治雖未大，足成正民之經。今以誣能之臣，事私國之君，而能濟功名者，古今無之。誣能之人易知也。誣能之人，功名所以不濟，易可知，起下文也。臣度之先王者〔四〕，臣，管氏自稱也。舜之有天下也，禹爲司空，契爲司徒，皋陶爲李，古治獄之官，作此李官。后稷爲田。此四士者，天下之賢人也，猶尚精一德，謂各精一事也。以事其君。今誣能之人，服事任官，皆兼四賢之能，自此觀之，功名之不立，亦易知也。結上文也。故列尊禄重，無以不受也；德不足以與其位也。勢利官大，無以不從也〔五〕。直以勢利官大，故每舉必從之。以此事君，此所謂誣能篡利之臣者也。世無公國之君，則無直進之士；無論能之主，則無成功之臣。昔者，三代之相授也，安得二天下而殺之？三代無能授於有能，桀、紂失之，湯、武得之。今之天下即古之天下，豈有二天下而行其刑殺哉。貧民、傷財，莫大於兵；危國、憂主，莫速於兵。此四患者明矣，古今莫之能廢也。兵當廢而不廢，則古今惑也；兵有四患，則當廢也。五材並用，則不當廢。廢興之理難明，故惑也。此二者不廢而欲廢之，則亦惑也〔六〕。二者，謂廢與不廢。既不廢矣，

①「受」字原作「必」，據補注改。

又欲廢之，則亦惑也。此二者傷國一也。廢之，則寇來無以禦，固①傷國也。不廢，則費財憂主，亦傷國也，故曰一也。**黄帝、唐、虞，帝之隆也，資有天下，制在一人，**資，用也。率土之賓，莫非王臣，故曰制在一人。**當此之時也，兵不廢。今德不及三帝，天下不順，**三帝之時，天下皆服，不須用兵。**而求廢兵，不亦難乎！故明君知所擅，知所患。國治而民務積，此所謂擅也**〔七〕；擅，專也。君之所專爲，在於國家②治民務積聚也。**動與靜，此所患也。**動靜失宜，則患生也。**是故明君審其所擅，以備其所患也。**

〔一〕孫星衍云：羣書治要引「儀」作「義」。

〔二〕張文虎云：尹注云「高士必順考古道也」，疑正文「遠」字當作「違」。翔鳳案：「遠」即「遠佞人」之「遠」，去也，不必改爲「違」。論人而不以古爲則，與「度之先王」相反。

〔三〕俞樾云：尹注以「遠古卑人」連讀，非也。上文云「凡論人而遠古者，無高士焉」，則此文當以「德行成於身而遠古」爲句。句末亦當有「者」字，今奪之耳。「卑人也」三字爲句，與「無高士焉」義正相應，猶下文「愚士也」與上文「無智士焉」義亦相應也。翔鳳案：上下文有「大士」、「高士」、「愚士」、「賢士」。如俞說當爲「卑士」而非「卑人」也。房讀不誤。此指有德無

① 「固」字原作「則」，據校正改。
② 「家」字原作「而」，據補注改。

材之人，故謂之愚。説文：「愚，戇也。」論語「不違如愚」，疏：「不達之人。」謂戇直不達世務，非謂其蠢也。

〔四〕何如璋云：管子全書無文内自稱臣者。子政校書時有「臣富參書四十一篇」，文殆富參所著，雜入管書者。翔鳳案：下文「今德不及三帝」，「彼智者知吾情僞」，知此篇爲奏進之文，故自稱「臣」，與諸篇作普通論文者不同。韓非存韓即爲上書，難言、有度諸篇亦有「臣」字，何獨疑於管子？樞言「行年六十而老吃」，亦管子自稱也。

〔五〕翔鳳案：廣雅釋詁三：「以，予也。」詩江有汜「不我以」，箋：「猶與也。」不自量其能，無予而不受，是誣能也。

〔六〕王念孫云：此文本作「兵當廢而不廢，則惑也。不當廢而欲廢之，則亦惑也」。今本「古今」二字，涉上文「古今」而衍。「此二者」三字，涉下文「此二者」而衍。「不廢而欲廢之」，「不」下又脱「當」字。尹注非。翔鳳案：兵有四患，古今俱遲疑而不廢。「二者」指「古今」言。古今俱不廢，而我今欲廢之，是亦惑也。無誤字。

〔七〕王念孫云：「此所謂擅也」，「謂」字後人所加。「所擅」、「所患」，皆承上文而言，則「擅」上不當有「謂」字。尹注曰「擅，專也。君之所專爲，在於國家治民務積聚也」，則無「謂」字明矣。翔鳳案：樞言：「王主積于民，霸主積于將戰士，衰主積于貴人，亡主積于婦女珠玉。」房注：「動靜失宜，則患生也。」「患」爲易知，而「積」則有四種，惟王主獨能積於民，此明君之所謂「擅」，非其人不知。「謂」字不可省。

猛毅之君，不免於外難；懦弱之君，不免於内亂。猛毅之君者輕誅，輕誅之流，道正者不安〔一〕，輕誅則乖正，故道正之士不安。道正者不安則材能之臣去亡矣。彼智者知吾情僞，爲敵謀我，則外難自是至矣〔二〕。智者，即①道正之士。從此亡之敵國，既知我情，必爲敵謀我，所以外難至也。故曰：猛毅之君不免於外難。懦弱之君者重誅，難爲誅罰。重誅之過，行邪者不革，行邪者久而不革則羣臣比周，羣臣比周則蔽美揚惡，蔽君美，揚君惡。蔽美揚惡則内亂自是起矣。故曰：懦弱之君不免於内亂。明君不爲親戚危其社稷，社稷戚於親；不爲君欲變其令，令尊於君；不爲重寶分其威，威貴於寶；不爲愛民虧其法，法愛於民。

〔一〕翔鳳案：家語觀周「夫説者流於辯」，注：「猶過也，失也。」孟子「從流下而忘反謂之流」，即放失不知收斂之意。

〔二〕陶鴻慶云：上文云：「道正者不安，則材能之臣去亡矣。」此云「彼」者，即指材能之臣言，不當復有「智者」二字。疑本作「彼智吾情僞」，「智」與「知」同，後人誤讀爲智慧之智，輒增「者

① 「即」字原作「則」，據補注改。

知」二字耳。翔鳳案：材臣去亡，未必敵國重用，「智者」指敵國謀臣，陶説非是。

兵法第十七

外言八

明一者皇，察道者帝，通德者王，一者，氣質未分，至一者也。道者，物由以生者也。德者，物由以成者也。夫皇帝王道，隨世立名者也，其實則一也。謀得兵勝者霸。所謀必得，用兵必勝，故霸。故夫兵雖非備道至德也，然而所以輔王成霸。兵者，不祥之器，不得已而用之，故於道則未備，於德則未至。然用之上可以輔王，下可以成霸。今代之用兵者不然，不知兵權者也。權者，所以知輕重。既不知兵權，則失輕重之節。故舉兵之日，而境内貧，行師十萬，日費千金。戰不必勝，勝則多死〔一〕，雖今得勝，死者已多。得地而國敗。雖復得地，既貧且死，所以國敗。此四者，用兵之禍者也。四者，謂内貧、不勝、多死、國敗也。四禍其國，而無不危矣。一舉兵而國四禍，則何爲而不危哉！大度之書曰〔二〕：謂大陳法度之書。「舉兵之日，而境内不貧，戰而必勝，勝而不死，得地而國不敗。」爲此四者若何？四者，謂不貧、得勝、不死、不敗也。舉兵之日而境内不貧者，計數得也。戰而必勝者，法度審也。勝而不死者，教器備利而敵不敢校也。得地而國不敗者，因其民。因其民則號制有發也〔三〕，號令制度，因彼而發。教器備利則有制也，有制則能備利。法度審則有守也，有所守，則法度審。計數得則有明也。有明則計數得。治衆有數，自治其軍，有數存焉。勝敵有理。勝於敵國，有理存焉。察數而知理，審器而識勝，器備利，則敵可勝也。明理而勝敵〔四〕。勝敵者，在於明理也。定宗廟，寇寧則宗廟定。遂男女，人安則男女遂。官四分，既定且寧，則四分官以守之。則可以定威德，制法儀，出號令，然後可以一衆治民。兵無主則不蚤知敵，兵無主，則人懷苟且，故不能知敵。野無吏則無蓄積，野無田吏，則人惰本業，故無蓄積。官無常則下怨上，官無常，則徵賦不節，故下怨上。器械不巧則朝無定〔五〕，器械不巧，則寇敵見凌，故朝無定。賞罰不明則民輕其産〔六〕。賞罰不明，則人無聊生，故輕其産。故曰：早知敵而獨行〔七〕，有蓄積則久而不匱，器械巧則伐而不費〔八〕，賞罰明則勇士勸也。

〔一〕丁士涵云：疑當作「勝而多死」，與上文「舉兵之日而竟内貧」，下文「得地而國敗」一例。下文「大度之書曰：勝而不死」，亦作「而」，此言兵禍之足以危國，謂有勝而多死者是用兵之禍，非謂勝則必多死也。翔鳳案：管子用兵，未嘗大戰，恐勝則多死，未有不死而能勝者。若作「勝而多死」，則有勝而不死者，非是。

〔二〕翔鳳案：墨子天志下：「於先王之書，大夏之道然。」兼愛下：「先王之所書，大雅之所道。」

「大夏」即「大雅」。古人引書，格式與今異，「大度」非人名。白虎通亦引「大度」。此文用「大度」證上文，非引文則複。

〔三〕翔鳳案：國策齊策「王何不發將而擊之」，注：「遺也。」説文：「敗，毁也。」用兵得地，而不受損失，因敵人之民而遺發之，有所補充，故不敗也。幼官「發之以力」，義與此同。

〔四〕張佩綸云：三「理」字皆誤。唐諱「治」爲「理」，「察數而知理」，幼官及圖皆作「治」。「察數而知治」承上「治衆有數」。「審器而識勝」承上「勝敵有理」，則「理」當作「器」。「明理」，據幼官及圖均作「明謀」。又幼官下有「通德而天下定」句。翔鳳案：「治衆」有理，唐本當作「理」，已改爲「治」。「察數而知治」，則幼官已改而兵法未改，偶未察耳。此承上「治衆有數」。「明理而勝敵」亦承上「勝敵有理」，不當改爲「器」。

〔五〕孫星衍云：「巧」當作「功」，「定」當作「政」，七法篇「器械不功朝無政」，其證也。功、巧字形相似。「政」作「正」，與「定」字相近，因譌。若奇巧之器，則當爲朝所禁。尹注非。丁士涵云：「常」讀爲長，「則下怨上」，「則」字當在下句首，誤脱于此。「巧」爲「功」字之誤。「則朝無定」，「則」字衍，「定」爲「正」字之誤。正、政通。下又脱「則賞罰不明」五字，當據七法篇補正。下文曰「器械功，（「功」今亦誤「巧」，七法篇不誤。）則伐而不費；賞罰明，則勇士勸也」，即承此文言之。翔鳳案：荀子王制「辨功苦」，注：「功謂器之精好者。」即從工巧得義。周禮肆師「凡師不功」，故書「功」爲「工」。莊子徐无鬼「有一狙焉，見巧乎王」，崔本

「巧」作「工」。漢書韋玄成傳集注：「『功』字或作『攻』。」廣韻：「山海經曰：『義均始爲巧，倕作百巧也。』」「功」、「巧」相通，非誤字。

〔六〕翔鳳案：說文：「産，生也。」

〔七〕翔鳳案：四句中三句用「則」，此獨用「而」。「而」同「如」。詩都人士「垂帶而厲」，箋：「『而』亦如也。」

〔八〕翔鳳案：說文：「伐，擊也。」牧誓「不愆於四伐、五伐、六伐、七伐」，傳：「『伐』謂刺擊。」

三官不繆，五教不亂，九章著明，則危危而無害，窮窮而無難，危危、窮窮，皆重有其事。故能致遠以數，縱彊以制〔一〕。有數則遠可致，有制則强可縱。三官：一曰鼓。鼓所以任也〔二〕，任，猶載也，謂令①之俶裝也。所以起也，所以進也。二曰金。金所以坐也，所以退也，所以免也。三曰旗。旗所以立兵也，所以利兵也〔三〕，所以偃兵也。此之謂三官。有三令而兵法治也。五教：一曰教其目以形色之旗，五色之旗，各有所當，若春尚青、夏尚赤之類。二曰教其身以號令之數〔四〕，謂坐起之數。三曰教其足以進退之度，四曰教其手以長短之利，長兵短兵，各有所利，遠用長，近用短也。五曰教其心以賞罰

---

① 「令」字原作「今」，據補注改。

之誠。貪賞畏罰，士乃自厲。五教各習，而士負以勇矣。負，恃也。恃其便習而勇也。九章：一曰舉日章則晝①行，二曰舉月章則夜行，三曰舉龍章則行水，四曰舉虎章則行林，五曰舉鳥章則行陂〔五〕，六曰舉蛇章則行澤，七曰舉鵲章則行陸，八曰舉狼章則行山，九曰舉韓章則載食而駕〔六〕。韓，韜也。謂韜其章而舉之，則載其所食而駕行矣。九章既定，而動靜不過。三官、五教、九章，始乎無端，卒乎無窮。無端、無窮者，出敵不意，彼不能測知也。始乎無端者，道也。卒乎無窮者，德也。道不可量，德不可數也。故不可量則衆彊不能圖，不可數則僞詐不敢嚮。兩者備施，則動靜有功。徑乎不知，徑，謂卒然直指，故敵不知。發乎不意。徑乎不知，故莫之能禦也。發乎不意，故莫之能應也。故全勝而無害〔七〕，因便而教，准利而行。

〔一〕俞樾云：尹注曰「有制則强可縱」，「縱」字殊爲無義，當讀爲從。襄十年左傳「從之將退」，杜注曰：「從，猶服也。」「從强以制」，謂有制則强可服也。古字「縱」與「從」通。論語八佾篇「從之」，何晏集解曰：「『從』讀曰縱。」人知從之可讀縱，而不知縱之可讀從，斯莫得其解矣。翔鳳案：俞説費周折。王鳴盛蛾術編：「古以『縱』爲『蹤』。漢伍被傳『縱蹟如此』，南

① 「晝」字原作「畫」，據補注改。

監板作『蹤』。張敞傳：『賊縱跡皆入王宮。』縱彊以制，追蹤彊敵，有以制之也。」說文有「縱」無「蹤」，玉篇始收「蹤」字。

〔二〕江瀚云：「任」，當也。春秋傳所云「一鼓作氣」也。

〔三〕陶鴻慶云：「利兵」二字無義。「利」當作「制」，隸書「制」或作「利」，故誤爲「利」。制，裁也，謂左右進退之也。與「立兵」、「偃兵」各成一義。翔鳳案：左傳「曹劌曰：『吾視其轍亂，望其旗靡。』」兵敗則旗靡，故立旗有利於戰鬥，非誤字。

〔四〕洪頤煊云：「身」當作「耳」。號令之數，耳所聽也。因字形似而譌。尹注非。翔鳳案：身之進退左右有數，聽者耳，而服習則身也，非誤字。

〔五〕翔鳳案：詩六月：「織文鳥章，白旆央央。」「鳥」非誤字。書君奭「我則鳴鳥不聞」，鄭注：「謂鳳也。」周禮司尊彝「鳥彝」，注：「刻爲鳳凰之形。」堯典「日中星鳥」，傳：「南方朱鳥七宿。」鶡冠子「鳳，鶉火之禽，陽之精也」，即「朱鳥」。「鳥」專指鳳。

〔六〕王念孫云：「韟」本作「皋」，即「櫜」字也。詩彤弓、時邁傳竝曰：「櫜，韜也。」莊十年左傳正義曰：「樂記云：『倒載干戈，包之以虎皮，名之曰建櫜。』鄭玄以爲：『兵甲之衣曰櫜。』櫜，韜也，其字或作『建皋』。」是「櫜」、「皋」古字通，故尹注云：「皋，韜也。」今本作「韟」者，因「韜」字而誤加「韋」耳。白帖五十八引此已誤。考說文、玉篇、廣韻皆無「韟」字，唯集韻云「『櫜』或作『韟』」，則爲俗本管子所惑也。翔鳳案：「皋」即「臭」。說文：「皋，氣皋白之進也。」

从夲从白。」「臭，大白澤，从大从白。古文以爲『澤』字。」二字僅差一「十」字，古文則合爲一字而用之矣。軒轅記：「帝於恒山得白澤神獸，能言萬物之情，因問天地鬼神之事，令寫爲圖，作祝邪之文以祝之。」先天記：「黄帝巡狩，東至海，登恒山，於海濱得白澤神獸，能言，達於萬物之情，因問鬼神之事。自古精氣爲物，游魂爲變者，凡萬一千五百二十種，令以圖寫之，以示天下。」石鼓文第二鼓：「其籩又旆，□□臭□。」「旆」從「㫃」，申聲，則亦以「臭」爲章矣。「臭」訓大白澤，段玉裁以爲白澤無大小，不知「大白」爲名詞，即皓氣也。唐六典「旂制三十二，白澤其一也」，則沿用久矣。

〔七〕丁士涵云：據幼官篇，則「故」上當有脱文。翔鳳案：「故」字貫下三句。

教無常，教既因便，故無常也。行無常，行既準利，故亦無常也。兩乃備施，動乃有功。兩者，謂教與行。器成教施，追亡逐遁若飄風，擊刺若雷電，絶地不守，謂孤絶之地，無險固可恃，故不守。恃固不拔〔一〕，拔恃固之守，必多費而無功也。中處而無敵，令行而不留。用兵之道，常能處可否之中，則彼遠避而不能敵，有令必行而不留也。器成教施，散之無方，聚之不可計。教器備利，進退若雷電，而無所疑匱〔二〕。匱，竭也。一氣專定，則傍通而不疑〔三〕；精一其氣，專而且定，故不疑。厲士利械，則涉難而不匱。士既厲，械又利，故不匱。**進無所疑，退無所匱，敵乃爲用**〔四〕。既無疑匱，敵乃服從而爲己用。**凌山阬**①**不待鈎梯**〔五〕，習山故也。**歷水谷不須舟檝**，習水故也。歷，謂遠②歷而渡。**徑於絶地，攻於恃固，獨出獨入，而莫之能止。**見其隙故。**寶不獨入**〔六〕，**而莫之能止；**俘厥寶玉，必選精勇與俱，故曰不獨入也。**寶不獨見，**與精勇俱見之。**故莫之能斂**〔七〕。寶玉所以禮神，使無水旱之災，故取之不嫌也。**無名之至盡**〔八〕，其取寶玉也，潛伏不名，至能盡獲而不匱也。**盡而不意，故不能疑神**〔九〕。既盡寶玉，皆非彼所意，故不能疑度，謂之爲神。**畜之以道則民和，養之以德則民合。和合故能諧，諧故能輯，諧輯以悉，莫之能傷。**我之軍士，悉以諧輯，故敵不能傷也。

〔一〕豬飼彦博云：「不拔」當爲「必拔」。

〔二〕丁士涵云：「匱」皆「潰」字之假借。左氏文三年傳：「凡民逃其上曰潰。」戴望云：「疑」當爲「礙」之省字，說文：「礙，止也。」章炳麟云：尹注：「匱，竭也。」戴氏望曰：「『疑』當爲『礙』字之省字。說文：『礙，止也。』」丁云：「『匱』乃『潰』之借。左氏文三年傳：『凡民逃其上曰潰。』」今謂戴說「疑」字義得之。然荀子解蔽云「無所疑止之」，鄉射禮「賓升西階上

① 「阬」字原作「阢」，據補注改。
② 「遠」字原作「凌」，據補注改。

疑立」，注：「疑，止也。」釋言「疑，戾也」，注：「『疑』者亦止。」是「疑」本有止義，不必借爲「礙」也。至「匱」字，則尹丁皆失之。「匱」亦止也，字借爲「讀」。說文：「讀，中止也，從言貴聲。」司馬法曰：「師多則人讀，讀，止也。」，是師不行曰讀，與民逃之潰異。「疑讀」並言者，猶詩「靡所止疑」，亦以同訓字竝言耳。

〔三〕丁士涵云：「定」當爲「意」。「一氣專意」，猶君臣篇云「專意一心」也。「專」、「一」同義。說文：「壹，專壹也。」儀禮鄭注：「古文『壹』皆爲『一』。」內業篇云「摶氣如神」，謂一氣也。「一氣專意」與下「厲士利械」對文。　俞樾云：「疑」當讀爲礙，廣雅釋言曰：「礙，閡也。」旁通而不礙，言無隔礙也。　尹注曰：「精一其氣，專而且定，故不疑。」以本字讀之，則與旁通之義不貫矣。　翔鳳案：大學「靜而後能定」，「定」字不誤。「疑」於音理可通「礙」，然古籍未見。荀子解蔽「可以知物之理而無所疑止」，注：「『疑』或爲『凝』。」易坤「陰始疑也」，釋文：「疑，荀、虞、姚本作『凝』。」易繫辭：「旁行而不流。」則「疑」即「凝」矣。

〔四〕張佩綸云：言敵適爲我用也。原注「服從」，非。　翔鳳案：此句總結上文，張說是也。

〔五〕張佩綸云：「阬」，說文：「閬也。」土部：「塹，阬也。」詩曰：「皋門有伉。」此言城外之阬。「塹」，元本作「險」，非。

〔六〕劉績云：「寶」疑「實」字之誤。謂雖曰獨入，實與衆俱入，非獨也，故不能止。下放此。翔鳳案：左莊公六年「齊人來歸衛寶」，公羊作「衛俘」。齊人以「寶」爲俘。輕重甲「仰傳戟之寶」，「寶」亦俘，非誤字。

〔七〕丁士涵云：「見」乃「出」字誤。姚永概云：此言得敵之寶與衆共之，不私入己，故士用命，莫之止耳。破敵之時，凡其所寶，人共見之，莫能私斂藏耳。尹注誤以「獨入」與上文「獨入」同解，故不得其説，從爲之辭。翔鳳案：俘獲敵人財産人畜也。

〔八〕翔鳳案：周禮小祝故書作「銘」，今書或作「名」，「名」同「銘」。釋文：「銘，名也，記名其功也。」不以俘獲爲己功，至盡而止。

〔九〕俞樾云：此本作「故能疑神」。疑神，猶言如神也。形勢篇曰「無廣者疑神」，是其證也。「盡而不意，故能疑神」，與下文「和合故能諧，諧故能輯」一律。後人不達「疑神」之義，而妄增「不」字。尹注曰「皆非彼所意，故不能疑度，謂之爲神」，則「神」字與「不能疑」不相連屬，其不辭甚矣。翔鳳案：房注二「盡」字分屬二句是也。「疑」同「凝」，見上。

定一至，行二要，縱三權，施四教，發五機〔一〕，設六行，論七數，守八應〔二〕，審九器，章十號〔三〕，自「一至」已下，管氏不言其數，無得而知也。故能全勝。大勝全勝，謂全我而勝彼。大勝，謂遍服諸國。無守也，故能守勝〔四〕。無守，謂不守一數，故能常守其勝也。數戰則士罷，數勝則君驕。夫以驕君使罷民，則國安得無危！故至善不戰，服之以德。其次一之。雖勝不驕。破大勝彊，一之至也。不以勝爲勝，故能破大勝彊也。亂之不以

變，亂敵不設變計也。**乘之不以詭，**乘敵不以詭計①。**勝之不以詐，**勝敵不以詐謀。**一之實也。**凡此皆至一之實也。**近則用實，遠則施號。**謂十號。**力不可量，彊不可度，氣不可極，德不可測，一之原也。**原，本也。凡此，皆我守其一，彼不能知。**衆若時雨，寡若飄風，一之終也**〔五〕。用衆貴詳審，故若時雨之漸。用寡貴機速，故若飄風之卒至。此亦以一爲本，故能終致此道。**利適，器之至也。**兵刃利而適者，其器得宜之至。**用適，教之盡也。**士卒用命而適者，則教練之盡。**不能致器者不能利適，不能盡教者不能用敵。**器既不利，教又不盡，敵則不服，豈能用之哉！**不能用敵者窮，**既不能用敵，敵則反侵，故窮也。**不能致器者困**〔六〕。既不能致器，則無以應敵，故困也。**遠用兵而可以必勝**〔七〕，兵遠用，所以絶②其反顧之心，故必勝。**出入異塗則傷其敵**〔八〕。出入異塗，或有所傷也。有迷而失道，故爲敵所傷也。**深入危之則士自脩**〔九〕，深入敵國，其處又危，所謂置之死地，故士自脩以求生也。**士自脩則同心同力。善者之爲兵也，使敵若據虛，**居常畏懼。**若搏景。**擊③無所獲。**無設無形**

① 「計」字原作「故」，據補注改。
② 「絶」字原作「紀」，據補注改。
③ 「擊」字原作「繫」，據補注改。

焉，無不可以成也。無策可以設，無形可以尋，所向皆無，故不可以成功也。無形無爲焉，無不可以化也〔一〇〕。無形可以覩，無計可以爲，所在皆無，故不可以變化也。此之謂道矣。無形迹可尋詰者，道之謂。若亡而存，若後而先，威不足以命之。善①用兵者，體道以爲變化者也，故若亡者而乃存，若後者而乃先。今以威武命之，去之遠矣。

〔一〕張佩綸云：「四教」、「五機」當作「五教」、「四機」。「四機」見幼官，「五教」見本篇。

〔二〕張佩綸云：「六行」、「七數」、「八應」均見幼官。

〔三〕張佩綸云：「九器」當作「九章」，見本篇。「器」乃「昚」（慎）之誤。「動慎十號」見幼官。

〔四〕丁士涵云：「無」，語詞，言惟守故能以守取勝，承上「全勝大勝」而言。下文言數戰數勝之足以危國，明戰勝之不如守勝也。張佩綸云：「故能全勝」句，「大勝」下有闕文，以幼官及此互補當作「無不勝也，故能大勝。無不守也，故能守勝」。翔鳳案：能大勝則敵無能守之者，故敵能守而我仍能勝之矣。幼官「攻不守則拙者巧」，即此義，非有闕文。

〔五〕翔鳳案：孟子：「有如時雨化之者。」荀子正名注：「化者，改舊形之名。」我士卒多於敵，則包圍誘降而改編之；少於敵，則迅速出奇以制勝。故曰「衆若時雨，寡若飄風」。一字不誤。

〔六〕陳奂云：「適」，古「敵」字。「至」，古「緻」字。下文「不能致器者困」，「致器」二字當作「利

① 「善」字原作「魯」，據補注改。

適」。「不能用適者窮」承「不能用敵」句，「不能利適者困」承「不能利適」句，「利適」猶勝敵耳。言勝敵由於器之緻，用敵由於教之盡。器不緻，不能勝敵，教不盡，不能用敵。不能用敵者終窮，不能勝敵者必困也。尹注讀「適」如字，誤。俞樾云：諸「敵」字並當作「適」。「利適器之至也，用適教之盡也」，尹注曰「兵刃利而適者，其器得宜之至，士卒用命而適者，則教練之盡」，是其所據本作「用適」，不作「用敵」也。「不能致器者不能利適，不能盡教者不能用適」，即承上二句爲文。乃「用適」誤作「用敵」，尹注遂曰：「器既不利，教又不盡，敵則不服，豈能用之哉。」望文爲説，而不一檢上文，何也？今本因下作「用敵」，遂并「用適教之盡也」亦改作「用敵」，則又非尹氏所據之舊矣。宋本尚不誤。翔鳳案：「利適」、「用敵」凡二見，則「適」非誤字。説文：「適，之也，宋、魯語。」韻會引作「齊、魯語」。齊用殷文化，齊、宋無區別。書盤庚「民不適有居」，可以爲證。「利適」者，所往皆利，爲器之至。「致」同「至」。能用敵爲教之盡。下文分承。

〔七〕張文虎云：「遠」疑當作「速」。所謂兵貴神速，即上風雨雷電之喻是也。「速」譌爲「遠」，猶孟子「舜、禹、益相去久速」，誤爲「相去久遠」也。翔鳳案：能利適用敵，雖遠用兵而可以必勝，近者無論矣。此句屬上。

〔八〕俞樾云：「出入異塗」，即所謂多方以誤之也，故足以傷敵。尹注反云「爲敵所傷」，誤矣。翔鳳案：俞説是。

〔九〕丁士涵云：「脩」疑當爲「備」，「備」與敵、力爲韻。　翔鳳案：此處非韻文。

〔一〇〕安井衡云：古本作「無設無爲焉，無不可以化也」，無「無形」至「無形」十一字。　戴望云：王氏經傳釋詞云：「焉，發語詞。」當屬下讀。　吕覽君守篇「至大無形而萬物以成，至精無象而萬物以化」，「象」亦當作「爲」。　老子曰：「道常無爲而無不爲，侯王若能守，萬物將自化。」又曰：「我無物而民自化。」莊子天地篇曰：「無爲而萬物化。」「形」、「成」爲韻，「爲」、「化」爲韻。　陶鴻慶云：尹注云「所向皆無，故不可以成功。所在皆無，故不可以變化」，是讀正文「無」字爲句，義殊難通。兩「無」字皆屬下爲句，言無形者可以成功，無爲者可以變化也，故曰「此之謂道」。　翔鳳案：四句承上「據虛」、「搏影」來。　説文：「設，施陳也。」廣雅釋詁三：「形，見也。」樂記「然後心術形焉」，注：「形，猶見也。」未見者不施陳之，未有動作不顯露之。四字非平列，則「焉」不屬下讀矣。本文非韻文。

管子校注卷第七

大匡第十八 謂以大事匡君。

内言一

翔鳳案：莊子内篇在先，爲旨趣所在。孟子外篇已亡，趙岐謂不能宏深。現存七篇，亦爲内篇。外篇在内篇之後。管子則外言在先，内言在後，「言」非篇也。其經言類莊、孟之内篇，内言、外言則類莊、孟之外篇。外言用以輔經，内言多叙雜事，藏於宫内，不公之於外。所謂「内言不出於閫」，「閫以内寡人制之，閫以外將軍制之」。管子原爲兵書，有此分別。君臣上「爲人君者，修官上之道，而不言其中。爲人臣者，比宫中之事，而不言其外」，是也。「匡」之或體作「筐」。詩采蘋「維筐及筥」，傳：「方曰筐，圓曰筥。」筐爲長方形之竹籃，簠爲外方内圓，皆中空。郭沫若謂假「匡」爲「簿」，而簿非中空之物。專爲六寸簿，一曰紡專，今作磚，用作算籌。段引蜀志秦宓「以簿擊頰」，手版也，形質不類。周書卷一、卷四均有大匡解。卷一大匡解：「唯周王宅程三年，作大匡以詔牧，其方三州之侯咸率。曰：不穀不德，政事不時，國家罷病，不能胥匡，二三子不尚助不穀。信誠匡助，以補殖財。」卷四大匡解云：「唯十有三祀，王在管，管叔自作殷之監，東隅之侯，或受賜於王，王乃旅之以上陳誥，用大匡，順九則八宅六位（孔鼂注言大匡有此法）。大官備武，小官承長。大匡封攝，外用和大（和平大國）。中匡用均，勞故禮新（士大夫乃賓客）。小匡用惠，施舍靜衆（靜，安也）。」「三匡」之義，叙述分明。論語：「管子相桓公，霸諸侯，一匡天下。」參患：「小征而大匡。」霸言：「等列諸侯，賓屬四海，時匡天下，大國小之，曲國正之。」「匡」訓助訓正。管書「三匡」，沿用周書舊義，房注大匡「以大事匡君」不誤，特中匡、小匡不能言之具體耳。匡非簡書，大中小各有意義，周書是其確證，按之管書悉合，異義所未聞也。

齊僖公生公子諸兒、公子糾、公子小白。使鮑叔傅小白，鮑叔辭，稱疾不出。管仲與召忽往見之，曰：「何故不出？」鮑叔曰：「先人有言曰：『知子莫若父，知臣莫若君。』今君知臣之不肖也，是以使賤臣傅小白也，鮑叔以小白年幼，又不肖而賤，故難爲之傅也。賤臣知棄矣。」召忽曰：「子固辭無出，吾權任子以死亡〔一〕，必免子。」任，保也。君若有疑，我當保子以疾困，至於死亡，此可以免子之身。鮑叔曰：「子如是，何不免之有乎？」言必免也。管仲曰：「不可。以召忽言非。持社稷宗廟者，不讓事，不廣閒〔二〕。社稷宗廟至重，故不可讓難事而廣求閑安。將有國者，未可知也。於三公子未可的知其人。

子其出乎！」召忽曰：「不①可。吾三人者之於齊國也，譬之猶鼎之有足也，去一焉則必不立矣。言三人不可異其出處。吾觀小白必不爲後矣。」管仲曰：「不然也。夫國人憎惡糾之母，以及糾之身，而憐小白之無母也。諸兒長而賤，事未可知也。夫所以定齊國者，非此二公子者，將無已也〔三〕。二公子，謂諸兒、子糾。言二子既不能定齊國，而又不立小白，即是將更無所用。謂小白必得立矣。小白之爲人，無小智，惕而有大慮〔四〕。言雖無小智，能惕懼而有大慮。非夷吾莫容小白〔五〕，小白既無小智，必乖迕於俗人，故非夷吾莫能容。天不幸降禍加殃于齊，糾雖得立，事將不濟。非子定社稷，其將誰也？」糾既不濟，次在小白，輔小白而定社稷者，非子而誰？子謂召忽。召忽曰：「百歲之後，吾君卜世〔六〕，犯吾君命而廢吾所立，奪吾糾也，雖得天下，吾不生也，吾君卜世，謂僖公之子小白等也。君命，謂僖公之命使立子糾。今而奪焉，我當致死。兄與我齊國之政也〔七〕。受君令而不改，奉所立而不濟，是吾義也〔八〕。」召忽稱管仲爲兄。與我齊國之政，謂使知政也。今受君令而立子糾，不改其所奉，更有所立，不濟而死，是爲臣之義也。管仲曰：「夷吾之爲君臣也〔九〕，言已立君臣之義，與召忽異。將承君命，奉社稷以持宗廟，豈死一糾哉！言當爲宗

① 「不」字原無，據補注增。

廟社稷致死，不死於一糺。夷吾之所死者，社稷破，宗廟滅，祭祀絶，則夷吾死之。非此三者，則夷吾生。夷吾生則齊國利，夷吾死則齊國不利。」鮑叔曰：「然則奈何？」管子曰：「子出奉令則可。」子出奉令，則小白有所依，故曰可。鮑叔許諾，乃出奉令，遂傅小白。

〔一〕翔鳳案：言當冒險進諫。房注「任，保也。君若有疑，我當保子以疾困，至於死亡」，非是。

〔二〕俞樾云：「廣」者「曠」之假字。荀子王霸篇「人主胡不廣焉」，楊倞注曰：「『廣』或讀爲曠。」列子湯問篇「不思高林廣澤」，釋文曰：「廣，一本作『曠』。」是其證也。「不廣閒」者，不曠閒也。詩何草不黄篇毛傳曰：「曠，空也。」「空」與「閒」義正相近。尹注曰「廣求閒安」，則增出「求」字矣。張佩綸云：「廣」讀爲曠。「不讓事」，言不宜辭傅。「不曠閒」，言不宜稱疾。舊注「廣求閒安」，非是。

〔三〕劉績云：「二公子」指糾、小白也。「已」、「以」同，言定齊必此二人也。俞樾云：尹注：「二公子，謂諸兒、子糾。」然上文曰：「夫國人憎惡糾之母以及糾之身，而憐小白之無母也，諸兒長而賤，事未可知也。」既云「事未可知」，安知齊國之必屬諸兒、子糾哉？「二」疑「三」字之誤，齊僖公止此三子，更無異人，故曰「非此三公子將無已也」。蘇輿云：「二」字不誤，指糾與小白言之。呂覽不廣篇作「夫有齊國必此二公子也」，是其證。（見管子集解稿本，下同。）翔鳳案：蘇説是也。韓非説林下「管仲、鮑叔相謂曰：齊國之諸公子，其可輔者，非公子糾則小白也」，是其證。然召忽語意未完。不廣「召忽曰：吾三人之於齊國也，譬之若鼎之有足，去一焉則不成。且小白必不立矣，不若三人佐公子糾」，是大匡「吾觀小白必不爲後」之同義語，而不廣較顯。

〔四〕王念孫云：尹訓「惕」爲「惕懼」，與「有大慮」義不相屬，非也。「惕」當爲「愓」，字之誤也。說文：「愓，放也。」今通作「蕩」。言小白之爲人，跌蕩而有大慮也。跌蕩則爲人所不容，故下句即云「非夷吾莫容小白也」。下文曰「臣聞齊君惕而亟驕」，「惕」亦當爲「愓」。荀子榮辱篇曰「愓悍憍暴」，是也。「憍」與「驕」同。又下文「吾君惕」，「惕」亦當爲「愓」。安井衡云：諸本作「惕」，獨古本作「愓」。下文「愓而亟驕」同。張佩綸云：吳語「一曰惕，一曰留」，韋注：「惕，疾也；留，徐也。」「惕而有大慮」，言桓公性疾而有大慮。下文伐宋，伐魯，諫而不聽，皆其性疾而有大慮之證。翔鳳案：「惕」即「愓」，非誤字。隸書易、昜不別。漢韓勑碑「陽」作「陽」，曹全碑「楊」作「楊」，魏樂全王元緒墓誌「錫」作「錫」，皆其證。二字並不通假。華嚴經音義上引說文：「愓，放恣也。」漢書東方朔傳「指意放蕩」，又作「婸」，爲淫戲貌。小匡「桓公曰：寡人不幸而好田」，「寡人不幸而好酒」，「寡人有汙行，不幸而好色，而姑姊有不嫁者」，則非跌蕩而爲放蕩。王說修正，張說誤。

〔五〕陶鴻慶云：「容」讀爲用也，言非夷吾莫能用其才智也。尹注解爲莫容於俗人，失之。姚永概云：莊子「容成氏」，六韜作「庸成氏」。「容」、「庸」古通。庸，用也。翔鳳案：小白放浪而有大慮，非夷吾莫能涵容之，二説俱誤。

〔六〕俞樾云：「卜世」疑「下世」之誤。翔鳳案：説文以三十年爲一世，引申則畢身爲一世。秦策：「負芻必以魏没世事秦。」國家立君，每世必卜。左傳：「卜世三十，卜年七百，天所命也。」「卜世」爲立新君，故下文云「廢吾所立」，即承「卜世」言之。改「卜」爲「下」，誤甚。

〔七〕劉績云：「兄」，故「況」字。別本注：「雖許我齊國之政，然受君令而立子糾，若不濟，以死繼之，是爲臣之義。」王念孫云：困學紀聞諸子類引張嵲讀管子曰「兄，古『況』字」，而注乃謂「召忽稱管仲爲兄」，陋矣。翔鳳案：自張嵲以「兄」爲「況」之後，舉世無異詞，王念孫且以房注爲陋。雖然，有問題在。説文：「兄，長也。」「況，寒水也。」詩常棣「況也永歎」，釋文本作「兄」，傳：「兹也。」仍有「兄」之本義。孟子：「而況不爲管仲者乎？」「而況於王乎？」「況於爲之强戰。」「況廣天下之廣居者乎？」凡「況」皆爲進一步之詞，由「滋」義引申。召忽謂：「犯吾君命而廢吾所立，奪吾糺也，雖得天下，吾不生也，況與我齊國之政也。」語氣相合，張嵲之言可信。以「兄」爲「況」，又見於侈靡「交觶者不處，兄遺利」。是本書有直接之證。然若作另一解釋，論語「惟我與女有是夫」，以「與」爲「許」；「子張問十世可知也」，以「也」爲「耶」。則其義爲：「兄許我齊國之政耶！」與上文「定社稷」鍼鋒相對，口氣尤合。然則房注非誤矣。「兄」之作兄長或語詞，其音不異。釋名「兄，荒也。荒，大也。故青徐人謂兄爲荒也」。朱駿聲謂浙江杭州人呼「兄」爲「阿況」或「況」，則又非張、王之所知也。

〔八〕俞樾云：「奉所立而不濟」，安得云「是吾義也」？尹注曰「更有所立，不濟而死」，則增出「死」字矣。疑管子原文本作「奉所立而不廢」。上文云：「犯吾君命而廢吾所立，奪吾糺也。雖得天下，吾不生也。」此即所謂「奉所立而不廢」，涉上文「事將不濟」句而誤。作「不濟」，則不可通矣。翔鳳案：廣雅釋詁一：「濟，憂也。」方言一「濟，憂也。宋、衛曰或謂之慎，或謂之⿰目朁；陳、楚或曰溼，或曰濟」，郭注：「失意潛沮之名。」「濟」者沮喪之意，奉所立而不沮喪以變其節，故曰「是吾義也」。

〔九〕陳奐云：「爲君臣」當作「爲人臣」，此涉上文「君命」而誤。下文「管仲曰：爲人臣者，不盡力於君，則不親信」，義正相同。俞樾云：兩「君」字並指僖公言，夷吾爲君之臣，則將承君之命爲社稷宗廟之計，不爲子糺一人死也。尹注曰「言已立君臣之義」，誤以「君臣」連讀，失之。翔鳳案：「君」字泛指。「爲君臣」，爲人君之臣。

鮑叔謂管仲曰：「何行？」問其事君當何所行。管仲曰：「爲人臣者，不盡力於君，則不親信。不爲君親信。不親信，則言不聽。言不聽，則社稷不定。夫事君者無二心。」此事君之所行。鮑叔許諾。僖公之母弟夷仲年生公孫無知，有寵於僖公，衣服禮秩如適〔一〕。言無知之寵與適子同。僖公卒，以諸兒長得爲君，是爲襄公。襄公立后，絀無知，無知怒。公令連稱、管至父戍葵丘〔二〕，曰：「瓜時而往，及瓜時而來。」期戍，公問不至〔三〕，請代不許，故二人因公孫無知以作亂。魯桓公夫人文姜，齊女也。公將如齊，與夫人皆行〔四〕。公，謂桓公。申俞諫曰：「不可〔五〕。申俞，魯大夫也。女有家，男有室，女有夫之家，男有妻之室。無相瀆也，謂之有禮。」公不聽，遂以文姜會齊侯於濼。文姜通於齊侯〔六〕，桓公聞，責文姜。文姜告齊侯，齊侯怒，饗公，使公子彭生乘魯侯，脅之〔七〕，乘，謂扶公①升車。拉其脅而殺之。公薨于車。豎曼曰：豎曼，齊大夫也。「賢者死忠以振疑，百姓寓焉〔八〕。振，救也。賢者死於忠義，以救當時之疑，故百姓有所託焉。寓，寄託也。智者究理而長慮，身得免焉。智者既盡理，而謀慮又長，故免於危亡。今彭生二於君〔九〕，不以正道輔君，而從之於昏，故曰二。無盡言而諛行，以戲我君，使我君失親戚之禮命〔一〇〕，無盡言，謂不忠諫。襄公通其妹，故曰失親戚之禮命。又力成吾君之禍，以搆二國之怨，恃其多力，拉殺魯君，故曰力成吾君之禍。彭生其得免乎，禍理屬焉！禍敗之理，屬於彭生。夫君以怒遂禍，君怒魯桓，彭生則遂成其禍。不畏惡親，聞容昏生，無醜也〔一一〕，君而通妹，是謂惡親。不畏此事遠聞，而容忍之，然此昏愚之生於不識其類，故曰昏生無醜。醜，類也。豈及彭生而能止之哉！及，如也。禍由彭生，則彭生力能之。今而成禍，故當誅之。魯若有誅，必以彭生爲說。」二月，魯人告齊曰〔一二〕：「寡君畏君之威，不敢寧

① 「公」字原作「力」，據補注改。

居，來脩舊好，禮成而不反，無所歸死〔一三〕，請以彭生除之。」齊人爲殺彭生，以謝于魯。五月，襄公田于貝丘〔一四〕，見豕彘〔一五〕。從者曰：「公子彭生也。」公怒曰：「公子彭生安敢見〔一六〕！」射之，豕人立而啼〔一七〕。公懼，墜於車下，傷足亡屨。反，誅屨於徒人費〔一八〕，不得也，誅，責。鞭之見血。費走而出，遇賊於門，脅而束之。費袒而示之背，賊信之，使費先入，伏公而出，鬭死于門中。石之紛如死于階下。孟陽代君寢于牀，賊殺之，曰：「非君也，不類。」見公之足于户下，遂殺公，而立公孫無知也。

〔一〕翔鳳案：儀禮士喪禮「死於適室」，注：「正寢之室也。」段玉裁云：「嫡庶字古祇作適，適者之也，所之必有一定也。」詩「天位殷適」，傳曰：「紂居天位，而殷之正適也。」凡經傳作「嫡」者皆不古。

〔二〕翔鳳案：此齊之葵丘，在山東臨淄縣西。若桓會諸侯，則宋之葵丘，今河南東仁縣境。古本疑爲會諸侯之葵丘而删「丘」字，其謬如此。

〔三〕翔鳳案：説文「問」訓爲「訊」，然此爲恤問，與訊有别。

〔四〕李哲明云：「皆」讀爲偕，古字通用。書湯誓「予及女皆亡」，孟子作「偕亡」，此類正多。

〔五〕尹桐陽云：申俞，魯大夫，左傳作申繻。繻、俞聲轉通用，古今人表有「魯申嬬」。

〔六〕尹桐陽云：詩序：「南山刺襄公也。鳥獸之行，淫乎其妹。」考諸禮記檀弓云「齊襄夫人，魯莊外祖母」，則文姜乃齊襄女，「淫妹」之説，胡自而來？諸侯夫人一嫁而不復歸母家者，防其曳漏國情也。此云「通於齊侯」，謂文姜以魯國機務而告於其父耳，非淫通謂也。翔鳳案：公子糾之母爲魯女，齊、魯互通婚姻，不止一代。輩行不齊，不能證明文姜爲襄公之女。此事左傳、史記無異詞，尹持異説，不必辨矣。申俞之諫曰：「女有家，男有室，謂之有禮。」曳漏國情，非無禮之謂，謬矣。

〔七〕王引之云：彭生之殺魯侯，固由斷其脅骨，然「脅之」之「脅」，則非謂脅骨也。「脅」即「拹」字之假借。説文：「拹，摺也，一曰拉也。」「摺，敗也。」「拉，摧也。」「摧，折也。」玉篇「拹」音呂闔、虚業二切。虚業切之音，正與「脅」同，故借「脅」爲「拹」。莊元年公羊傳説此事曰「拹幹而殺之」，何注曰：「拹，折聲也，以手折拹其幹。」釋文：「拹，本又作『搚』，亦作『拉』。」然則「脅之」者，以手摧折之也。若以爲匈脅之脅，則當云「折其脅」，不得云「脅之」矣。蘇輿云：揚子法言重黎篇叙伍子胥事，云「卒眼之」，謂以眼置吴東門也。與此「脅之」句法相例。

〔八〕俞樾云：「振」通作「挋」，儀禮士喪禮：「挋用巾。」古文「挋」作「振」，是也。爾雅釋詁：「挋，拭刷，清也。」是「挋」與「拭刷」同義。此云「挋疑」，謂拭刷其疑也。作「振」者，假字。尹注曰「振，救也」，未得其旨。陶鴻慶云：「百姓寓焉」義不可曉。尹注云：「賢者死於忠義，以救當時之疑，故百姓有所託焉。」此曲説也。「百姓」疑當作「身如」。「身」字隸書作「身」，上半與「百」相似；「如」字偏旁與「姓」相同，故「身如」誤爲「百姓」。「賢者死忠以振（俞氏云

「振」爲「拒」之借字，與拭刷義同。）疑，身如寓焉」，言賢者死忠，視身如寄也，與下文「智者究理而長慮，身得免焉」，文義相對。翔鳳案：説文：「寓，寄也。」「寄，記也。」言爲百姓所寄託也。穀梁僖十年傳：「以重耳爲寄矣。」孟子：「士之不託於諸侯。」房注不誤。

〔九〕俞樾云：「二」當爲「貳」。禮記坊記篇「唯卜之日稱二君」，鄭注曰：「『二』當爲『貳』。唯卜之時，辭得曰『君之貳某』爾。」然則「彭生貳於君」，謂彭生爲君之貳也。彭生爲公子，故云然。尹注曰：「不以正道輔君，而從之於昏，故曰『二』。」夫從君於昏，非有二心之故，安得云「二於君」乎？

〔一〇〕翔鳳案：周禮小宰「五曰聽禄位以禮命」，注：「禮命，禮之九命之差等。」

〔一一〕戴望云：「惡親」指魯言，「聞容」當爲「閈咎」，字之誤。廣雅釋詁：「閈，加也。」「昏」讀爲泯。「生」讀爲姓。毛傳曰：「泯，滅也。」廣雅曰：「醜，恥也。」言君以怒成二國之禍，不畏魯之加咎，（下文曰「禮成而不反，無所歸咎」，即加咎也。）由其滅姓，無恥之甚。謂公與文姜淫，播其惡于萬民。翔鳳案：「昏」與「泯」通者，惟釋名釋天：「昏，損也。陽精損滅也。」與「滅」不同。戴説非是。「昏」爲「婚」之本字，儀禮有士昏禮。於昏時與行，引申爲昏亂，左昭十四年傳「己惡而掠美爲昏」，注：「亂也。」「昏生」指淫亂性生活。聞我容許此人爲無恥，不必改字。

〔一二〕蘇輿云：上未敘年，忽出「二月」，不合。二字當衍。翔鳳案：齊、魯不同曆，説見幼官。

此當爲齊之二月，此文與左傳、史記互異者多，所見所聞，有所不同也。

〔一三〕王念孫云：「無所歸死」，當依左傳作「無所歸咎」，字之誤耳。翔鳳案：「咎」與「死」形相似，有誤寫可能。然「歸死」二字自通，謂事未弄清，不能歸葬於魯也。「死」即「屍」，詳侈靡。

〔一四〕尹桐陽云：後漢書郡國志「博昌有貝中聚」，注引左傳「齊侯田于貝丘」杜預曰：「博昌縣南有地名貝中聚。」京相璠曰：「博昌南近澠水，水側有地名貝丘。」在今山東博興縣南五里。史記齊世家作「沛丘」。「沛」、「貝」聲轉而通用。

〔一五〕丁士涵云：「豕」下不當有「彘」字，蓋後人旁注以「豕」爲「彘」，因而誤衍。翔鳳案：説文「豕」讀與「豨」同，豕走豨豨。走而豨豨之彘，非複也。

〔一六〕張文虎云：「公子」二字涉上而衍。翔鳳案：「公子彭生」爲名詞，襄公發怒，銜口而出，神情如見，減二字反不合矣。

〔一七〕洪頤煊云：荀子禮論篇注引「啼」作「諦」，楊倞曰：「古字通用。」

〔一八〕王引之云：「徒人費」本作「侍人費」，此後人據誤本左傳改之。辯見經義述聞。

鮑叔牙奉公子小白奔莒，管夷吾、召忽奉公子糾奔魯〔一〕。九年，公孫無知虐於雍廩〔二〕，雍廩殺無知也。桓公自莒先入，魯人伐齊，納公子糾，戰於乾時，管仲射桓公中鈎。魯師敗績〔三〕。桓公踐位，於是劫魯，使魯殺公子糾。劫，謂興兵脅之。

〔一〕翔鳳案：左莊公八年傳：「初，襄公立，無常。鮑叔牙曰：『君使民慢，亂將作矣。』奉公子小白出奔莒。亂作，管夷吾、召忽奉公子糾來奔。」是小白先奔，亂尚未作。

〔二〕安井衡云：春秋魯莊公「九年春，齊人殺無知」，則「九年」者，魯莊公之九年也。齊人著書當用齊國紀年，而今用魯紀者，蓋此篇成於丘明傳春秋之後，記無知之亂，襲其文而删節之，遂并用魯莊紀年不自喻耳。吴汝綸云：此「九年」字採左氏而失删者。尹桐陽云：「雍廩」，史記作「雍林」，賈逵曰：「渠丘大夫。」索隱引左傳「雍廩殺無知」，杜預曰：「雍廩，齊大夫。」史記云：「遊雍林，雍林人嘗有怨無知，遂襲殺之。」蓋以雍林爲邑名，其地有人殺無知。賈言「渠丘大夫」者，蓋以雍林爲渠丘大夫也。左昭十一年傳「齊渠丘實殺無知」，則賈説是矣。水經注：「時水西北逕西安縣故城南，本渠丘，齊大夫雍廩邑。」今山東臨淄縣西蘧丘里是。古今人表云：「雍人廩」，是又以「雍」爲官名，「廩」爲人名者。

〔三〕翔鳳案：史記齊世家：「小白自少好善大夫高傒。及雍林殺無知，亦發兵送公子糾，而使管仲別將兵遮莒道，射小白中鉤，小白佯死。管仲使人馳報魯，魯送糾者行益遲。六月至齊，小白已入，高傒立之，是爲桓公。桓公中鉤佯死以誤管仲，已而載温車中馳行，亦有高、國内應，故得先入之。發兵距魯，戰於乾時。」則戰乾時在射公中鉤之後。此事管仲受騙，故管書諱之而用曲筆，抑由此可見小白之有大慮也。

桓公問於鮑叔曰：「將何以定社稷？」鮑叔曰：「得管仲與召忽，則社稷定矣。」

公曰：「夷吾與召忽，吾賊也。」鮑叔乃告公其故圖。故圖，謂管仲本使鮑叔傅小白，將立之。公曰：「然則可得乎？」鮑叔曰：「若亟召則可得也。不亟，不可得也。夫魯施伯知夷吾爲人之有慧也，其謀必將令魯致政於夷吾。夷吾受之，則彼知能弱齊矣〔一〕。夷吾不受，彼知其將反於齊也，必將殺之。」既不受魯政而反於齊，恐其將爲魯害，故殺之。公曰：「然則夷吾將受魯之政乎，其否也？」鮑叔對曰：「不受。夫夷吾之不死糾也，爲欲定齊國之社稷也。今受魯之政，是弱齊也。夷吾之事君無二心〔二〕，雖知死，必不受也。」君，謂桓公。公曰：「其於我也曾若是乎？」曾，則也。則能無二心如是乎？鮑叔對曰：「非爲君也，爲先君也。其於君不如親糾也，言管仲親糾多於小白也。糾之不死，而況君乎！親尚不死，疏則可知。君若欲定齊之社稷，則亟迎之。」管仲既志在定齊社稷，故須急迎之。公曰：「恐不及，奈何？」鮑叔曰：「夫施伯之爲人也，敏而多畏。多畏則念慮深。公若先反，恐注怨焉〔三〕，必不殺也。」若先反管仲，而施伯殺之，齊必注怨，故不敢。公曰：「諾。」從鮑叔之言也。施伯進對魯君曰：「管仲有急，其事不濟〔四〕。今在魯，君其致魯之政焉。有急難之事，與小白爭國。其事既不濟，故來在魯，可因此事而致政。若受之，則齊可弱也。若不受，則殺之。殺之以説於齊也。與同怒，尚賢於已。」施伯恐管仲反齊爲害，欲殺之。有若與齊同怒，如此猶賢於不殺也。君曰：「諾」。魯未及致政，而齊之使至，曰：「夷吾與召忽也，寡人之賊也。今在魯，寡人願生得之。若不得也，是君與寡人賊比也。」魯君問施伯，施伯曰：「君與之。臣聞齊君惕而亟驕，雖得賢，庸必能用之乎？庸，猶何也。及齊君之能用之也，管子之事濟也〔五〕。及，猶就也。就令能用之，管子之事必濟也。夫管仲，天下之大聖也。今彼反齊，天下皆鄉之，豈獨魯乎！今若殺之，此鮑叔之友也，鮑叔因此以作難，君必不能待也〔六〕，齊國强，鮑叔賢，故不能待。待，猶擬。不如與之。」魯君乃遂束縛管仲與召忽。管仲謂召忽曰：「子懼乎？」召忽曰：「何懼乎？吾不蚤死，將胥有所定也〔七〕。胥，待。令既定矣，謂小白已定齊。令子相齊之左，必令忽相齊之右〔八〕。雖然，殺君而用吾身，是再辱我也。君，謂子糺①。子爲生臣，忽爲死臣。生則定社稷，死則顯忠義。忽也知得萬乘之政而死，公子糺可謂有死臣矣。子生而霸諸侯，公子糺可謂有生臣矣。死者成行，死成忠義之行。生者成名。生定社稷之名。名不兩立，既成生名，不可又成死名。行不虛至。必致身受命，乃謂之行也。子其勉之，死生有分矣。」乃行，入齊境，自刎而死。管仲遂入。君子聞之曰〔九〕：「召忽之死也，賢其生也。召忽之生，不能霸諸侯。管仲之生

①「糺」字原作「也」，據補注改。

也，賢其死也。」管仲之死，不成九合之功。

〔一〕王念孫云：「彼知能弱齊」，本作「彼能弱齊」，「彼」謂魯也，小匡篇作「則魯能弱齊矣」，是其證。「彼」下「知」字，涉下文「彼知」而衍。

〔二〕李哲明云：此鮑叔言夷吾素行事君無二心而已。時仲未歸桓，「君」字係泛言。且下云：「公曰：其於我也曾若是乎？鮑叔對曰：非爲君也。」此「君」不指桓公，明甚。注非。

〔三〕張文虎云：「反」疑「及」字之誤，對上文「恐不及」而言。俞樾云：「反」乃「彼」之壞字。當以「公若先」爲句，「彼恐注怨焉」爲句，「彼」謂施伯也。尹注云「若先反管仲」，是其所據本已誤。翔鳳案：房注自通，何必改字？史記趙世家：「反高平、根柔於魏。」正義：「反，還也。」即此「反」之義也。

〔四〕陶鴻慶云：「急」當爲「慧」字之誤。上文「鮑叔對桓公曰：夫魯施伯知夷吾爲人之有慧也」，是其證。翔鳳案：問篇「舉知人急，則衆不亂」，注：「謂困艱也。」指子糾之難。子糾已死，故云「其事不濟」。

〔五〕王念孫云：尹未曉「及」字之義，「及」猶若也，言若齊君能用之，則管子之事必濟也。樂記曰：「樂極則憂，禮粗則偏矣。及夫敦樂而無憂，禮備而不偏者，其唯大聖乎！」「及夫」，若夫也。中庸曰：「今夫天，斯昭昭之多，及其無窮也，日月星辰繫焉，萬物覆焉。」「及其」，若其也。（言自其一處言之，則唯此昭昭之多；若自其無窮言之，則日月星辰萬物皆在其中。

下文「及其廣厚」、「及其廣大」、「及其不測」，竝同此意，非謂天地山川之大，由於積累也。）老子曰：「吾所以有大患者，爲吾有身，及吾無身，吾有何患。」言若吾無身也。又曰：「取天下常以無事，及其有事，不足以取天下。」言若其有事也。翔鳳案：說文：「及，逮也。」有從後及前，從彼及此之意。「逮」字本作「隶」，从又，从尾省，及也，口語作「到」。此與禮記中庸、老子各「及」字，皆用本義，王改爲「若」，爲假設之解，語氣不合，非是。

〔六〕王引之云：尹訓「待」爲「擬」，於義無取。今案「待」者，禦也。言鮑叔作難，君必不能禦之也。魯語曰「帥大讎以憚小國，其誰云待之」，楚語曰「其獨何力以待之」，韋注竝曰：「待，禦也。」昭七年左傳曰：「晉師必至，吾無以待之。」墨子七患篇曰：「桀無待湯之備，故放；紂無待武之備，故殺。」孟子梁惠王篇曰：「諸侯多謀伐寡人者，何以待之？」是「待」爲「禦」也。禦敵謂之「待」，故爲宮室以禦風雨，亦謂之「待」。「重門擊柝，以待暴客；上棟下宇，以待風雨」，其義一也。墨子辭過篇「宮室足以待雪霜雨露」，節用篇「待」作「圉」，「圉」與「禦」同。又制分篇曰「故莫知其將至也，至而不可圉；莫知其將去也，去而不可止；敵人雖衆，不能止待」，「止待」，即止禦也。「止」字承上「不可止」而言，「待」字承上「不可圉」而言。尹以「待」字下屬爲句，大謬，劉已辯之。

〔七〕翔鳳案：趙本改楊本之「肙」爲「胥」，是也。然以「肙」爲誤字則非是。漢韓勑碑「胥」作「肙」，梁蕭憺碑作「肙」。魏張猛龍碑「緝」作「絹」，「胥」與「肙」隸相混而非「咠」字。戒篇「賓胥無」，一作「賓胥無」，其非誤字明甚。楊本保存隸書真蹟，沿漢、唐之舊而未改。趙本一切改爲楷字，有時謬誤，予一一著之。予校書至此，悟及宋本保存隸書别體，爲校勘創一新條例，凡指爲誤者，渙然冰釋矣。

〔八〕翔鳳案：齊承殷俗尚左，見宙合。

〔九〕翔鳳案：此與左傳「君子曰」同，乃當時士大夫之輿論也。

或曰〔一〕：明年集書者更聞異説，故言「或曰」。明年，襄公立之明年也。襄公逐小白〔二〕，小白走莒。三年，襄公薨，公子糾踐位，國人召小白〔三〕。鮑叔曰：「胡不行矣？」小白曰：「不可。夫管仲知，召忽强武，雖國人召我，我猶不得入也。」鮑叔曰：「管仲得行其知於國，國可謂亂乎〔四〕？管仲得行其智於國，國則不亂。今亂，是不得行其智。召忽强武，豈能獨圖我哉？」國人既召小白，則不與召忽圖我。小白曰：「夫雖不得行其知〔五〕，豈且不有焉乎〔六〕？直是智不行，不得言無智。召忽雖不得衆，其及①豈不足以圖我哉〔七〕？」召忽雖不得衆，若及獨能圖我。鮑叔對曰：「夫國之亂也，智人不得作内事，智人作内事，則其國理。朋友不能相合摎〔八〕，而國乃可圖也。」摎，交入也。朋友不能相交

①「及」字原作「反」，據補注改。下注文同。

合，則黨與弱，故乃可圖。乃命車駕〔九〕，鮑叔御，小白乘而出於莒。小白曰：「夫二人者奉君令，吾不可以試也。」二人，謂管仲、召忽。奉君令，則致死拒我，故不可試也。乃將下。鮑叔履其足曰：「事之濟也在此時，事若不濟，老臣死之，公子猶之免也〔一〇〕。」鮑叔言事若不濟，則己致死，公子猶可得免脱。乃行，至於邑郊，鮑叔令車二十乘先，十乘後。二十乘先，鮑叔欲與之入國。十乘後，令衛公子。鮑叔乃告小白曰：「夫國之疑二三子，莫忍老臣〔一一〕，二三子，謂從小白者。不忍違老臣，故相從，中心實疑。事之未濟也，老臣是以塞道〔一二〕。」以事未濟，故以二十乘先行塞道。鮑叔乃誓曰：「事之濟也，聽我令。事之不濟也，免公子者爲上，死者爲下。吾以五乘之實距路。」鮑叔於前二十乘，更將五乘先行距路，不令子糾之黨得及小白。鮑叔乃爲前驅，遂入國，逐公子糾。管仲射小白中鉤。管仲與公子糾、召忽遂走魯。桓公踐位，魯伐齊，納公子糾而不能。

〔一〕翔鳳案：用「或曰」者爲寫書者，非校書之劉向。此人非必在管仲之後，可以與之同時，親見其事。然而用「或曰」作爲疑詞者，凡歷史有爲執政所諱言，用曲筆以愚人，知者不敢直言，而用「或曰」。史記老子列傳即用此法。而如韓非用異聞述前代事，則又爲一例矣。

〔二〕張文虎云：尹注「襄公立之明年」，案據下入國之文則非襄公立之明年矣，蓋異聞之誤。（觀後叙宋夫人事，可知其謬。）安井衡云：按左傳、史記襄公以魯桓公十五年即位，莊八年爲公孫無知所弒，在位十二年。下文云「小白走莒，三年襄公薨」，則「明年」者别有所指，然今不可考。　翔鳳案：左傳言鮑叔知亂將作，奉小白奔莒，則所謂「明年」者，乃小白奔莒之明年，其事在襄公八、九年。另有傳説，則非小白自出奔，而爲襄公逐小白，其事甚明，何云「不可考」乎？　此事桓公諱言，故記以「或曰」存疑。

〔三〕翔鳳案：「國人」爲隱語，指高、國二卿，高傒爲内應，陰召小白，前已言之，非普通之國人所能爲力也。

〔四〕安井衡云：「謂」當爲「以」，聲之誤也。　吴汝綸云：「謂」疑當作「得」。　翔鳳案：鮑叔言管仲不得行其知。若得於國中，國可謂亂乎？　説文：「謂，報也。」段注：「㚔部曰：『報，當罪人也。』」蓋刑與罪相當謂之報，引伸凡論人論事得其實謂之報，如論語「子謂仲弓」、「其斯之謂與」是也。亦有借爲「曰」字者，如左傳「王謂叔父」，即魯頌之「王曰叔父」也。「可謂亂乎」，即事得其實之謂，諸人但知「謂」訓曰，認爲不可通而改字，謬矣。

〔五〕翔鳳案：「夫」猶彼也。　論語：「夫人不言，言必有中。」

〔六〕俞樾云：「且」乃語詞，「豈且不有焉乎」，猶云豈不有焉乎。故尹注云：「直是智不行，不得言無智也。」莊子齊物論篇「誰獨且無師乎」，又曰「果且有彼是乎哉，果且無彼是乎哉」，呂氏春秋無義篇「豈且忍相與戰哉」，並用「且」字爲中語助，説見王氏引之經傳釋詞。　翔鳳案：釋言樊孫本曰：「將，且也。」墨子經説：「自前曰且，自後曰已。」「豈且」猶豈將。左昭二十年傳「是不有寡君也」，杜注：「有，相親也。」詩葛藟：「亦莫我有。」「有」從又，古「侑」字，言豈將不助之乎。俞認爲有無之有，「且」字亦未質言，俱莫能明也。

〔七〕翔鳳案：説文：「及，逮也。」釋名：「急，及也，操切之使相逮及也。」「急」從及聲，「及」同「急」，急則圖我。

〔八〕尹桐陽云：「摎」同「勠」，并力也。翔鳳案：説文「摎，縛殺也」，段注：「今之絞罪，即古之所謂摎也。」廣雅釋詁三：「摎，束也。」言不能合而絞束小白也。

〔九〕翔鳳案：「駕」爲動詞，孟子：「今乘輿已駕矣。」趕大車者，促馬走則呼曰「駕」，今停止則呼曰「喻」（馭）。駕馭英雄，乃其引伸義也。

〔一〇〕翔鳳案：「猶之免也」與「猶免之也」同，古今語法異也。郊特牲：「天子樹瓜華，不斂藏之種也。」吕氏春秋愛類：「匡章曰：公取之代乎？其不歟？」「之」字倒用，古人有此語法。

〔一一〕翔鳳案：「夫國」，彼國也。「忍」假爲「認」。古「認」字作「仞」，漢書儒林傳「喜因不肯仞」，卓茂傳「有人認其馬」，則變「仞」爲「認」矣。承認者以言，其本字爲「忍」。無極山碑：「浚谷千刃。」則「仞」之本字亦作「刃」。「刃」訓刀堅，孳乳爲「忍」。地員「淖而不肕」，注：「堅也。」即「忍」之變而近於「仞」。

〔一二〕翔鳳案：「是以」者，因是而作也。「塞道」，緩其來攻之路。

桓公二年，踐位入國二年，方得踐位。**召管仲**〔一〕。**管仲至，公問曰：「社稷可定**

乎？」管仲對曰：「君霸王，社稷定。君不霸王，社稷不定。」公曰：「吾不敢至於此其大也，定社稷而已。」管仲又請，君曰：「不能〔二〕。」管仲辭於君曰：「君免臣於死，臣之幸也。然臣之不死糺也，爲欲定社稷也。社稷不定，臣祿齊國之政而不死糺也，臣不敢〔三〕。」既不死糺，空①食齊政之祿，而不定社稷，臣則不敢。言將致死。乃走出。至門，公召管仲。管仲反，公汗出曰②：「勿已，其勉霸乎〔四〕！」必欲令霸王而不已，我將勉力而求霸也。管仲再拜稽首而起，曰：「今日君成霸，臣貪承命〔五〕。」趨立於相位，君既許霸，臣貪於承命，故趨立相位。乃令五官行事。

〔一〕王念孫云：「桓公踐位」已見上文，此自謂桓公二年召管仲耳。「踐位」二字，乃涉上文而衍。尹氏不察，而云「入國二年，方得踐位」，謬矣。陳奐云：「二年」當是「一年」之誤。桓公入國之一年召管仲也。小匡篇及春秋内外傳皆桓公入國之年召管仲，下文曰「二年，桓公彌亂」，桓公入國之二年也。下文言「二年」，則知此爲一年矣。尹注誤。翔鳳案：中庸：「踐其位，行其禮。」「踐位召管仲」五字爲句，桓公立君位而召管仲也。「位」古作「立」。周禮小宗伯「掌建國之神位」，注云：「古者『立』、『位』同字。古文春秋經『公即位』爲『公即立』。」

① 「空」字原作「室」，據補注改。
② 「曰」字原無，據補注增。

「踐位」，踐立也。非以「二年踐位」四字斷句。凡新君接位，有時即改元，有時待至次年改元。按文意，此爲公子糺之二年，當時無年號，合併計算。此「踐位」與上文「踐位」稍殊，諸人自不解耳。

〔二〕丁士涵云：上下文皆作「公曰」，此「君」字亦當作「公」，蓋涉上下有君字而誤。翔鳳案：稱「公」爲史臣追述，此乃管仲面對，稱「君」爲是。言各有當，丁説非是。

〔三〕俞樾云：「禄」讀爲録，謂領録其政也。尚書堯典篇「納于大麓」，今文家讀「麓」爲録，故劉昭注後漢書百官志引新論曰：「昔堯試于大麓者，領録天子事，如今尚書官矣。」鄭君注尚書大傳亦云：「堯聚諸侯，命舜陟位居攝，致天下之事，使大録之。」與史記堯使舜入山林川澤之説不合。然管子書已云「禄齊國之政」，則其義古矣。尹注不知「禄」爲「録」之假字，而云「空食齊政之禄」，夫食齊政之禄，不可言「禄齊國之政」，足知其非也。翔鳳案：孝經援神契：「禄者，録也。取上所以敬録接下，下所以謹録事上。」「禄」即「録」，俞不知也。

〔四〕翔鳳案：此省「曰」字。管子省「曰」字者，見前後各篇。

〔五〕陳奂云：「貪」讀爲欽，假借字也。「貪承命」，言欽承君命也。大雅皇矣篇「無然歆羨」，毛傳曰「無是貪羨」，謂「歆」爲「貪」之假借字。古「歆」、「欽」、「貪」聲同，「欽」之爲「貪」，猶「貪」之爲「歆」矣。尹注非。翔鳳案：説文：「貪，欲物也。」莊子漁父：「專加擅事，侵人自用謂之貪。」謙言己之材不稱，猶今人言「僭」也。左傳：「天王使宰孔賜祚，桓公曰：小白余敢貪天子之命！」太炎謂「余」同「啥」，何物也，亦謙詞。

異日，公告管仲曰：「欲以諸侯之間無事也，小脩兵革〔一〕。」管仲曰：「不可。百姓病，公先與百姓而藏其兵〔二〕。百姓困病，當先賦與之，而兵事且可藏。與其厚於兵，不如厚於人。人厚兵自强。齊國之社稷未定，公未始於人而始於兵，外不親於諸侯，內不親於民。」公曰：「諾。」政未能有行也，二年，桓公彌亂〔三〕，不盡行夷吾之言，故彌亂。又告管仲曰：「欲繕兵。」管仲又曰：「不可。」公不聽，果爲兵。桓公與宋夫人飲舡中〔四〕，夫人蕩舡而懼公，公怒出之。宋受而嫁之蔡侯。明年，公怒告管仲曰：「欲伐宋。」管仲曰：「不可。臣聞內政不脩，外舉事不濟。」公不聽，果伐宋。諸侯興兵而救宋，大敗齊師。公怒，歸告管仲曰：「請脩革〔五〕。吾士不練，吾兵不實，諸侯故敢救吾讎。內脩兵〔六〕。」管仲曰：「不可。齊國危矣。內奪民用，士勸於勇外，亂之本也〔七〕。脩兵則用廢，故曰奪人用。士所勸者唯勇，則輕敵故爲外亂之本也。外犯諸侯，民多怨也。外犯必多殘害，故爲人所怨。爲義之士，不入齊國，君爲不義，故義士不歸也。安得無危？」鮑叔曰：「公必用夷吾之言。」公不聽，乃令四封之內脩兵〔八〕，關市之征侈之。侈，謂過常也。謂重其税賦。公乃遂用以勇授禄。士勇則與之禄。鮑叔謂管仲曰：「異日者，公許子霸，今國彌亂，子將何如？」管仲曰：「吾君惕〔九〕，其智多誨。智多則可試誨之也。姑少胥，其自及也〔一〇〕。」胥，待也。待其自能及道。鮑叔曰：「比其自及也，國無闕亡乎？」管仲曰：「未也。國中之政，夷吾尚微爲〔一一〕，焉亂乎？尚可以待。國政微爲，則未至亂，可待君自及。外諸侯之佐，既無有吾二人者，未有敢犯我者。」諸侯之佐，既無有如我二人，故不敢犯我。明年，朝之爭禄相刺，裚領①而刎頸者不絕〔一二〕。裚，謂掣斷之也。鮑叔謂管仲曰：「國死者衆矣，毋乃害乎？」管仲曰：「安得已然！此皆其貪民也。貪人爭禄自殘，亦未能自爲害也。夷吾之所患者，諸侯之爲義者莫肯入齊，齊之爲義者莫肯仕。此夷吾之所患也。有義之士，内外不歸，亂亡立至，故可患也。若夫死者，吾安用而愛之？」貪人自相殺傷，吾何能惜之！公又内脩兵。

〔一〕翔鳳案：「兵」爲戟盾等，「革」爲皮幹筋骨，細觀全書可見。輕重九府，筋角出於幽都，齊國所出不多。初作小規模之準備，故云「小脩兵革」。下文所云「内修兵」而不言革，以革須用現金向外購買，措資不易，故用「内」字。「欲繕兵」、「果爲兵」，均無「革」字，原因在此。下文「請修革」無「兵」字，「内修兵」無「革」字，各有深意。趙本二句均作「兵革」，謬矣。

〔二〕安井衡云：古人與君言，未有稱君曰「公」者，此「公」當爲「君」。蘇輿云：「與」，親也。

① 「領」字原作注文「子計」二字，據補注改。

下云「内不親於民」，承此言之。本書如霸言篇「諸侯之所與之」，形勢篇「見與之交」，注訓「親」。

〔三〕丁士涵云：疑當作「桓公又告管仲曰」，傳者誤移置上文耳。翔鳳案：周禮小祝：「彌烖兵。」襄公二十五年左傳：「兵其少弭矣。」「彌」假爲「弭」，止也。「桓公彌亂」爲「桓公止亂」。

〔四〕劉績云：左傳作「蔡姬」，蕩舟事亦不同。何如璋云：據左傳是蔡姬，此云「宋受而嫁之蔡侯」，不知所據。且是桓二十九年事，此云「二年」，大誤。翔鳳案：下文伐魯爲其救宋，作「蔡姬」則伐魯不能解釋。本宋女，晚嫁蔡而誤傳。説文無「舡」字，史記項羽紀「皆湛船」，宋本亦作「舡」，爲宋本特點。隸書口、厶不分，「船」作「舩」，如「鉛」與「鈆」、「沿」與「沿」，是其例。再寫爲「舡」，説文「舩」字，廣韻作「舡」，可證。史記佞幸列傳「鄧通以濯舩爲黄頭郎」，古今人表「晉舡人固來」，皆即「船」字。

〔五〕翔鳳案：古本加「兵」字，謬。理由見前。

〔六〕翔鳳案：「内修兵」不能有「革」字，趙本謬，理由見前。

〔七〕王念孫云：「外亂之本也」，本作「亂之本也」，「亂」上「外」字，涉下文「外犯諸侯」而衍。「内奪民用，士勸於勇」，其事皆在内而不在外，下文「外犯諸侯」，乃始言外事耳。尹注非。翔鳳案：「勇外」爲勇於對外，「外」非誤字。王不解也。

〔八〕張佩綸云：此「修兵」二字羨，因上下均有「内修兵」而衍。　翔鳳案：上文「内修兵」爲意圖，此則實行，非羨文。

〔九〕王念孫云：「惕」當爲「愓」。愓，放也。説見前「惕而有大慮」下。　安井衡云：諸本作「惕」。古本脱「吾君」至「鮑叔」十六字。然上二「惕」字古本並作「愓」，則此亦當同。　翔鳳案：「愓」即「惕」，非誤字，見前。

〔一〇〕孫星衍云：「誨」當作「悔」，謂其多悔，故少胥其自及。下文「成而不悔爲上舉」，宙合篇「故政事不悔」，其證也。尹注非。　王引之云：「智」與「知」同。（説見法法篇「不智下」。）「誨」與「悔」同。（繫辭傳「慢藏誨盜，冶容誨淫」，釋文：「誨，虞作『悔』，謂悔恨。」論語述而篇「吾未嘗無誨焉」，釋文：「魯讀爲『悔』字。」）「及」當爲「反」，字之誤也。（下同。）管仲言吾君之爲人惕，及自知其過，則必多悔，悔則必能自反，故曰：「姑少胥其自反也。」而鮑叔則曰：「比其自反也，國無闕亡乎？」尹注非。　陶鴻慶云：「智」當讀如字，言其智足以自鏡，正以平日之多悔也。小匡篇云：「夫鮑叔之忍，不僇賢人，其智稱賢以自成也。」與此文語意正同。　翔鳳案：國語晉語「往言不可及」，注：「追也。」「自及」爲自追悔，王改「反」字，非是。

〔一一〕陶鴻慶云：「微爲」，言陰爲之地也。説文「微，隱行也」，是其義。　尹注未晰。

〔一二〕丁士涵云：「裚」，「折」之俗字。説文：「折，斷也。」

三年，桓公將伐魯，曰：「魯與寡人近，謂國相隣。於是其救宋也疾，疾，謂先諸侯至。寡人且誅焉。」管仲曰：「不可。臣聞有土之君，不勤於兵，不忌於辱，不輔其過，則社稷安。勤於兵，忌於辱，輔其過，則社稷危。」公不聽，興師伐魯。造於長勺，魯莊公興師逆之，大敗之。桓公曰：「吾兵猶尚少，吾參圍之，安能圉我？」吾以三倍之兵圍之，則何能圉我！

四年，脩兵，同甲十萬，同甲，謂完堅齊等。車五千乘〔一〕。謂管仲曰：「吾士既練，吾兵既多，寡人欲服魯。」管仲喟然嘆曰：「齊國危矣，君不競於德，而競於兵！人君當以德義服遠，不當競於兵也。天下之國，帶甲十萬者不鮮矣。吾欲發小兵以服大兵，欲以齊國服諸侯而致霸王，故曰：以小兵而服大兵也。內失吾衆。謂數摇動之，則衆疲而散。諸侯設備，數見侵伐，故設備。吾人設詐〔二〕，力不足，則詐以繼之。國欲無危，得已乎？」公不聽，果伐魯。魯不敢戰，去國五十里而爲之關。更立國界，而爲之關。魯請比於關內〔三〕，以從于齊，齊亦毋復侵魯。魯請從服於齊，供其徵求，比於齊之關內。桓公許諾。魯人請盟，曰：「魯，小國也，固不帶劍。今而帶劍，是交兵聞於諸侯。君不如已，若以交兵聞於諸侯，不如止而不盟也。請去兵。」桓公曰：「諾。」乃令從者毋以兵。管仲曰：「不可。諸侯加忌於君，君如是以退，可。忌，怨也。諸侯欲以結盟致怨於君，今請不盟，從此即退可也。君果弱魯君〔四〕，諸侯又加貪於君，若果弱魯，諸侯又以貪名加君。後有事，小國彌堅，大國設備，既有貪忌之名，故皆設備。非齊國之利也。」桓公不聽。管仲又諫曰：「君必不去魯，胡不用兵？曹劌之爲人也，堅强以忌〔五〕，不可以約取也。」不可以盟取信也。桓公不聽，果與之遇。莊公自懷劍，曹劌亦懷劍。踐壇，莊公抽劍其懷，曰：「魯之境，去國五十里，亦無不死而已。」左椹桓公，右自承，曰：「均之死也，戮死於君前。」左手舉劍，將椹桓公，且以右手自承而言曰：「齊迫魯境亦死，今殺君亦死。同是死也，將殺君，次自殺。」故曰「均之死也，戮死於君前」。管仲走君，曹劌抽劍當兩階之間，曰：「二君將改圖，無有進者。」拔劍當階，所以拒管仲。言魯、齊二君將欲改先者之所圖，今不當有進者也。管仲曰：「君與地，以汶爲竟。」桓公許諾，以汶爲竟而歸。桓公歸而脩於政，不脩於兵革，自圉辟人，以過弭師〔六〕。既不脩其兵革，故出入自圉辟其人。以先者之過，故弭息其師。

〔一〕惠棟云：「同甲」者，均服之謂也。（見左傳補注。）宋翔鳳云：「同」，合也。攷工記「合甲壽三百年」，合甲十萬，則他兵之脩可知已。王引之云：下文：「桓公築緣陵以封杞，予車百乘，甲一千；築夷儀以封邢，予車百乘，卒千人。」又曰：「大侯車二百乘，卒二千人，小侯車百乘，卒千人。」皆車一乘，甲十人。此文「車五千乘」，則當云「甲五萬」，今作「十萬」

者，因下文「帶甲十萬」而誤也。下文「天下之國，帶甲十萬者不鮮矣」，其數多於桓公之甲，故曰：「吾欲發小兵以服大兵，……國欲無危，得已乎？」　王紹蘭云：尹注謂「『同甲』謂完堅齊等」，按「同」不訓「完堅」，「甲」亦不能「齊等」。「同」當爲「仝」，「仝」即全字。說文：「仝，完也。全，篆文『仝』，從玉。純玉曰全。」蓋舊本作「仝甲」，傳寫者以「仝」爲俗「同」字，因改爲「同」耳。攷工記：「函人爲甲，犀甲七屬，兕甲六屬，合甲五屬。」十萬之甲，三等皆備，安得齊同。說文：「同，合會也。」若以「合甲」解之，則帶甲十萬皆五屬下等之甲，而無犀、兕，於義難通。「仝甲」謂完堅之甲，犀、兕、合三者皆合，而五行篇「命左右司馬全組甲」，是其證矣。（今本全譌衍，據類聚所引訂正。）史記衛將軍驃騎列傳、漢書霍去病傳，皆用「全甲」之文，即本此也。　翔鳳案：下文「車百乘，甲五千」，並非一比十也。所云「帶甲十萬者不鮮」，指與齊同等大國，非有多數大國兵力二倍於齊也。王說誤。

〔二〕劉績云：「詐」，一本作「誑」。　安井衡云：「吾人」，「吾民」也，疑唐人避諱，而後人未改也。　翔鳳案：公羊僖二十三年傳「詐戰不日」，注「詐，卒也，齊人語也。」月令「毋或作爲」，注：「今作『詐僞』。」「詐」音同作，即同乍。金文以「乍」爲「作」。「設詐」謂倉卒應戰。房注誤解爲詐僞，一本訛爲「誑」矣。

〔三〕俞正燮云：呂氏春秋貴信篇云：「魯請比關内侯以聽。」國皆有關，如言封内食采耳，非如漢人說關内侯爲崤函也。　尹桐陽云：言與齊内臣等也。呂覽貴信「内」下有「侯」字，則爲爵名。小匡篇曰：「執玉以見，請爲關内之侯。」墨子號令：「封城將三十里爲關内侯。」韓非顯學：「關内之侯雖非吾行，吾必執禽而朝。」魏策：「王不若與竇屢爲關内侯。」則春秋戰國已有關内侯，非自秦始有矣。

〔四〕安井衡云：古本作「若魯弱於君」。翔鳳案：「君果弱魯君」，謂國弱君不弱，不能以魯君爲懦柔無勇氣也。若如古本，則是魯國弱於君，文意全非。魯比於關内侯，不敢戰，魯弱明矣。

〔五〕丁士涵云：「忌」與「惎」同，說文：「惎，毒也。」翔鳳案：丁說是也。泰誓「未就予忌」，說文引作「惎」。

〔六〕張佩綸云：「自圉」，即詩之「我圉」，左傳之「聊以固吾圉」，言慎守邊圉也。「辟人」，理人也。「以」通作「已」，止也。「已過」，止過也。「弭師」，弭兵也。舊注大誤。翔鳳案：爾雅釋詁「圉，垂也」，郭注：「守圉在外垂也。」「辟人」，避人也。言不與衝突，張說非是。孟子：「行辟人可也。」荀子榮辱：「不辟死傷。」古籍無以「辟」訓理者。

五年，宋伐杞。桓公謂管仲與鮑叔曰：「夫宋，寡人固欲伐之，無若諸侯何！無若諸侯救宋何。夫杞，明王之後也。杞，夏之後。今宋伐之，予欲救之，其可乎？」管仲對曰：「不可。臣聞内政之不脩，外舉義不信。君將外舉義，以行先之，以内行先之。則諸侯可令附。」桓公曰：「於此不救，後無以伐宋。」今不救杞，後無辭以伐宋。管仲曰：「諸侯之君，不貪於土。貪於土必勤於兵〔一〕，勤於兵必病於民，民病則多詐。夫詐，密而後動者勝，密，靜。詐則不信於民。夫不信於民則亂内動，則危於身〔二〕。是以古之人聞先王之道者，不競於兵。」兵者凶器，競之則危。桓公曰：「然則奚若？」管仲對曰：「以臣則不，以臣之意，則不與君同。而令人以重幣使之〔三〕。以重幣使宋，令罷杞兵。使之而不可，謂宋不從令。君受而封之。」受杞告命而建封之。桓公問鮑叔曰：「奚若？」鮑叔曰：「公行夷吾之言。」公乃命曹孫宿使於宋，宋不聽，果伐杞。宋果伐杞。桓公築緣陵以封之，緣陵，杞城。予車百乘，甲一千。謂與杞也。明年，狄人伐邢，邢君出致於齊〔四〕。致命於齊以告急。桓公築夷儀以封之，夷儀，邢城。予車百乘，卒千人。明年，狄人伐衛，衛君出致於虚。虚，地名。詩所謂「升彼虚矣，以望楚矣」。桓公且封之。隰朋、賓胥無諫曰：「不可。三國所以亡者，絶以小〔五〕。小國之亡，理則然矣，不當封也。今君簕封亡國，國盡若何〔六〕？」國之車盡於封亡國，其若之何？桓公問管仲曰：「奚若？」管仲曰：「君有行之名，安得有其實〔七〕。既有行封之名，則當虚國而爲之，安得有其富實乎？君其行也。」公又問鮑叔，鮑叔曰：「君行夷吾之言。」桓公築楚丘以封之，與車三百乘，甲五千〔八〕。

〔一〕張文虎云：此言諸侯之君不貪於土則已，若貪於土，則必勤於兵也。檀弓「伯氏不出而圖吾君，伯氏苟出而圖吾君，申生受賜而死」，句法正同。或改「不」字作「必」，非也。

〔二〕戴望云：當讀「民病則多詐，詐則不信於民，夫不信於民則亂，内動則危於身」，「夫詐密而後動者勝」句當在下，此「詐」字當爲「計」字之誤也。「計密而後動者勝」，即老氏「不敢爲天下先」之意，故下文遂云：「是以古之人聞先王之道者，不競於兵。」今本倒亂其文，又誤「計」爲「詐」，而遂不可讀矣。　何如璋云：「夫不信於民則亂」句，「内動則危於身」句，尹注「亂内」爲句，誤。　翔鳳案：「夫詐」二字一頓。詐之術，要密，要後動。「亂内動」指民，兩「則」字蟬聯而下。

〔三〕安井衡云：古本作「以臣則不然，若令人以重幣使之」。　俞樾云：此十二字當作一句讀，古「而」、「如」通用，「不而」即不如也。言以臣之意，則不如令人以重幣使之也。　翔鳳案：説文「否，不也」，段注：「不者，事之不然也。否者，説事之不然也。故音義皆同。孟子：『咸丘蒙問：「舜南面而立，瞽叟亦北面而朝之。」孟子曰：「否。」』注：『言不然也。』」「不」讀否，與不然同，古本不知而妄加「然」字。

〔四〕姚永概云：「致」當讀至，「致」與「至」本通，又可訓至。下文「衛君出致於虛」同。　翔鳳案：廣雅釋詁一：「致，至也。」姚説是。

〔五〕姚永概云：「絶」，止也。三國之亡，止以小故耳。

〔六〕孫星衍云：「⿱竹靳」當作「靳」，求也，言三國所以亡者，以土地小不足自存。今君求封亡國，是自盡其國也。尹注非。

〔七〕陶鴻慶云：尹注云：「既有行封之名，則當虛國而爲之，安得有其富實乎？」文義俱未安。疑「行之」二字當在「君」字之上，其文曰「君行之」句，「有名安得有實，君其行也」，語氣上下相應。桓公與管仲問答，曰何行，曰行之，曰既行之，篇中屢見，此亦其例。宙合篇云：「夫名實之相怨久矣。是故絶而不交，惠者知其不可兩守，乃取一焉，故安而無憂。」中匡篇云：「桓公曰：『君人者名之爲貴，財安可有？』管仲曰：『此君之明也。』」皆所謂「有名安得有其實」也。翔鳳案：「安」在句首同「乃」。下文「安以其餘修兵革」。有存亡繼絶之名，乃得有霸諸侯之實。古本誤以「安」訓何而「名」、「實」互易，非是。

〔八〕王引之云：「三」乃「五」之誤。每車一乘，甲十人。甲五千，則車五百乘，不得云「三百」也。霸形篇云「車五百乘，卒五千人，以楚丘封衛」，是其證。翔鳳案：車與甲之比率，非固定不可移易者，王氏每好作此無謂之計算，不知包含有輜重工程也。

既以封衛，明年，桓公問管仲：「將何行？」更問以所行之政也。管仲對曰：「公内脩政而勸民，可以信於諸侯矣。」君許諾。乃輕稅，弛關市之征〔一〕，爲賦禄之制。既已，謂已行上事。管仲又請曰：「問病臣，臣有病者，君當慰問之。願賞而無罰〔二〕，五年諸侯可令傅。」行此五年，可令諸侯親附。公曰：「諾。」既行之，管仲又請曰：「諸侯之禮〔三〕，請諸侯交聘之禮。令齊以豹皮往，小侯以鹿皮報。齊以馬往，小侯以犬報。」往重報輕，所謂大國善下小國則取小國。桓公許諾，行之。管仲又請賞於國，以及諸侯。君曰：「諾。」行之。管仲賞於國中，君賞於諸侯。諸侯之君，有行事善者，以重幣賀之。從列士以下有善者，衣裳賀之。列士，謂齊之列士。管仲自以衣裳賀之。凡諸侯之臣，有諫其君而善者，以璽問之，以信其言。謂桓公以璽問之，以信驗其所諫之言爲善。公既行之，又問管仲曰：「何行？」管仲曰：「隰朋聰明捷給，可令爲東國。東國，謂自齊東之國。令隰朋理之。賓胥無堅强以良，可以爲西土。西土，齊西之土。令胥無之國與士交兵。衛國之教，危傅以利〔四〕。謂其教既高危，且相傅以利，謂以利成俗。公子開方之爲人也，慧以給，不能久而樂始，可游於衛。其人性輕率，不能持久，所謂「靡不有初，鮮克有終」，故曰樂始。使此人游於衛，誘動之，令歸於齊也。魯邑之教，好邇而訓於禮〔五〕。既訓學於禮，禮者所以飾貌，故曰好邇。邇，近也。季友之爲人也〔六〕，恭以精，博於糧〔七〕，多小信〔八〕，可游於魯。博於糧，謂多委積。楚國之教，巧文以利，不好立大義，而好立小信〔九〕。蒙孫博於教〔一〇〕，而文巧於辭〔一一〕，不好立大義，而好結小信，可游於楚。小侯既服，大侯既附，厚往輕報，所以服小侯。游三人於三國，所以附大侯。夫如是，則始可以施政矣。」君曰：「諾。」乃游公子開方於衛，游季友於魯，游蒙孫於楚。

〔一〕翔鳳案：事類賦七七卷「㢮」作「弛」，「弛」爲正字。然「㢮」見周禮小宰、文選西京賦、廣雅釋詁四，則漢隸用之久矣。

〔二〕俞樾云：尹注於「臣」字絶句，解曰：「臣有病者，君當慰問之。」夫慰問病臣，雖亦盛德事，然何與霸業乎？且病臣又何罰之有？此文「問」字疑「國」字之誤。山權數篇「君不高仁則國不相被」，宋本「國」誤作「問」，即其例也。當讀「國病」爲句，「臣願賞而無罰」爲句，言國家罷病，臣願有賞無罰以寬之也。下文：「管仲又請賞於國以及諸侯，君曰：『諾。』行之。管仲賞於國中，君賞於諸侯。」按「賞於國」者，承此文而言也；「賞於諸侯」者，承下文諸侯之禮而言也。蓋此兩節國與諸侯分言，下又合并而言之耳。　翔鳳案：入國之「問病」爲國內，此爲鄰國。鄰國之民不能盡問，問其臣耳，如此則諸侯可令附矣。「賞而無罰」，即下文「列士以下有善者」。

〔三〕戴望云：元刻「諸」上有「請」字。

〔四〕丁士涵云：「危」，「恑」之假字。説文「恑，變也。」「傳」乃「轉」之誤，中匡篇作「巧轉而兑利」。「恑」與「巧」皆兼變詐之義，「變轉」即「巧轉」也。　俞樾云：「危」當讀爲詭。漢書天文志「司詭星出正西」，史記天官書「詭」作「危」。淮南説林篇「尺寸雖齊必有詭」，文子上德篇「詭」作「危」，是古字通也。「衛國之教危」，謂其政教詭譎。尹注以「高危」釋之，非是。　翔鳳案：開方巧轉而兑利，含義由比對可得。漢書陳湯傳「萬年自詭」，注：「責也。自以爲憂責也。」京房傳、趙充國傳同有「自詭」之文，與「恑」之訓變詐者稍殊，俞訓未析。「傳」讀曰附，漢書此義最多。詭附而趨利。

〔五〕丁士涵云：「邇」乃「學」之誤。漢書地理志「魯民好學上禮義」，又云「好學猶愈於它俗」，是其證。戴望云：「魯邑」當作「魯國」，「邇」乃「遜」之誤，小匡篇曰：「公子舉爲人博聞而知禮，好學而辭遜，請使遊於魯。」「遜」、「邇」形相近，此當作「好遜」明矣。張文虎云：「邇」當如戴説作「遜」，「訓」當讀爲馴。俞樾云：「邇」當讀爲爾，説文㸚部「爾，麗爾，猶靡麗也」。然則魯國好爾，謂麗爾也，正靡麗之意。尹注曰「邇，近也」，未得其義。

〔六〕梅士享云：「季友」，小匡一曰「季勞」，一曰「公子舉」。

〔七〕劉績云：小匡作「公子舉博聞而知禮，好學而辭遜，請使游於魯」，疑即一人。「糧」乃「禮」字誤也。翔鳳案：「糧」爲「禮」之誤，無據。周禮廩人注：「行道曰糧。」莊子逍遥游：「適百里者宿舂糧，適千里者三月聚糧。」其遠近有量。「糧」從「量」得聲義，爲「量」之借，或爲其隸書之别體。月令「審五庫之量」，注謂「物善惡之舊法也」，其義相合，則「糧」即「量」矣。

〔八〕丁士涵云：上文言「季友恭以精，博於禮」，承上「好學訓禮」言之，乃云「多小信」，恐非文義。小匡篇亦不言「季友多小信」，此必涉下文兩言「小信」而衍無疑。翔鳳案：「小信」與善惡之法相應，非誤字。

〔九〕張文虎云：下二句涉下文而衍，上衛魯二國皆只一句，此當一律。翔鳳案：品評非必一律，張説非是。

〔一〇〕劉績云：「蒙孫」，小匡作「曹孫宿」。　孫星衍云：小匡篇作「曹孫宿」，「蒙」、「曹」聲相近。毛詩還「遭我乎猺之間兮」，漢書地理志「猺」作「嶩」。爾雅釋言「懵，慮也」，釋文云：「『懵』本作『悰』。」皆聲近之證。　王念孫云：隸書「蒙」字或作「蒙」，其上半與「曹」相似，故「曹」譌作「蒙」。孫謂「曹」、「蒙」聲近而字通，非也。「博於教」當作「博於斅」，「斅」與「學」同。（見説文及漢外黄令高彪碑。）「斅」、「教」字相似，又涉上文「楚國之教」而誤。　張文虎云：當由「曹」與「瞢」相似，初誤作「瞢」，又聲誤爲「蒙」耳。　章炳麟云：小匡「蒙孫」作「曹孫宿」，淵如謂「曹」、「蒙」聲近而字通，于音理固不合。王懷祖謂：「隸書『蒙』字或作『蒙』，其上半與『曹』相似，故『曹』譌作『蒙』。」然細按「蒙」、「曹」上體實不相類，況下體尤遠，無緣致誤。此蓋孟仲、士范之類，一人二氏者也。　翔鳳案：人名無理論可言，范蠡、陶朱，張禄、范睢，若非史有明文，誰知其爲一人者？證形證音之説，有時而窮。

〔一一〕安井衡云：古本「文」作「又」。　張佩綸云：「文」字涉上「巧文」而衍。　翔鳳案：「文巧」原就工藝言，此借用。古本誤。

五年，諸侯附，狄人伐〔一〕。謂入伐齊。桓公告諸侯曰：「請救伐。」諸侯許諾。大侯車二百乘，卒二千人；小侯車百乘，卒千人，諸侯皆許諾。齊車千乘，卒可致緣陵，先者使卒戍緣陵，今有狄難，故致之。戰於後故〔二〕，敗狄。後故，地名。其車甲與貨，小侯受之。謂敗狄所得車甲及貨，盡與小侯。大侯近者，以其縣分之，不踐其國。近齊之大侯，則以齊縣分之，終不踐其國以侵之。北州侯莫來，謂不來救齊北州。謂北之州，即幽州、營州等。桓公遇南州侯於召陵，謂伐楚，盟於召陵也。曰：「狄爲無道，犯天子令，以伐小國〔三〕。小國，齊自謂。以天子之故，敬天之命，令以救伐〔四〕。言諸侯以敬順天命，救齊伐狄。北州侯莫至，上不聽天子令，下無禮諸侯，寡人請誅於北州之侯。」諸侯許諾。桓公乃北伐令支，令支，國名。下鳧之山〔五〕，斬孤竹〔六〕，孤竹，國名。斬其君。遇山戎〔七〕。顧問管仲曰：「將何行？」管仲對曰：「君教諸侯爲民聚食，諸侯之兵不足者，君助之發，如此則始可以加政矣。」既使諸侯足食足兵，然後可以加之政也。桓公乃告諸侯，必足三年之食安，有三年食，然後可安。以其餘脩兵革〔八〕。兵革不足以引其事〔九〕，告齊，齊助之發。諸侯兵之不足，當引其事之闕者以告齊，齊當發卒以助之也。既行之，公又問管仲曰：「何行？」管仲對曰：「君會其君臣父子，會，謂考合其君臣父子之宜。則可以加政矣。」公曰：「會之道奈何？」曰：「諸侯無專立妾以爲妻，毋專殺大臣，無國勞，毋專予禄。於國無勞者，不得專予禄。士庶人毋專棄妻，毋曲隄，所謂無障谷也。毋貯粟，毋禁材，山澤之材，當與人共之也。行此卒歲，則始可以罰矣。」行之終歲，而有不從者，可以加刑罰。君乃布之於諸侯，諸侯許諾，受而行之。卒歲，吳人伐穀。穀，齊之下都，後以封管仲。桓公告諸侯未徧，諸侯之師竭至，以待桓公。竭至，言其盡來。桓公以車千乘會諸侯於竟，都師未至，吳人逃，齊都之師尚未至，而吳人逃也。諸侯皆罷。桓公歸，問管仲曰：「將何行？」管仲曰：「可以加政矣。」諸侯服從如此，故可以加之政。曰：「從今以往二年，適子不聞孝，不聞愛其弟，不聞敬老國良〔一〇〕，其老者，國之賢良也。三者無一焉，可誅也。無一尚可誅，況無三乎。諸侯之臣及國事，三年不聞善，可罰也。及國事，預知國政。三年不聞善，則不賢也，故可罰。君有過，大夫不諫，士庶人有善，而大夫不進，可罰也。士庶人聞之吏，賢孝悌可賞也。」士庶人有賢孝悌聞之於吏，則可賞也。桓公受而行之，近侯莫不請事〔一一〕。近齊之諸侯，皆請齊徵賦之事。兵車之會六，兵車之會，謂興兵有所伐。乘車之會三〔一二〕，乘車之會，謂結好息人之會也。饗國四十有二年。

〔一〕張文虎云：據尹注「入伐齊」，則「人」乃「入」字之誤。張佩綸云：當作「狄人伐杞」，以下「緣陵」及「伐小國」定之。翔鳳案：狄稱「人」，賤之也，春秋通例，非誤。張謂「伐杞」，以上文「宋伐杞，桓公築緣陵以封之」而定。緣陵，房注爲「杞城」。然桓公築夷儀封邢，春秋謂邢遷夷儀，則夷儀非邢地，賓胥無謂「國盡若何」，則緣陵、夷儀均爲齊地，否則不能謂「國盡」也。且齊車「卒可致緣陵」，「卒」謂倉卒，若在杞，不可卒至，知張説之非。公羊莊二十八年傳「伐者爲客，伐者爲主」，注：「伐人者爲客，讀『伐』長言之。見伐者爲主，讀『伐』短言之。皆齊人語也。」段謂短言讀房越切，長言爲房廢切。此短言，不必有賓語，乃齊言也。

若魯之春秋，則書「狄人伐我」矣。諸人不知此種分別，「狄人伐」乃伐齊也。房注「小國，齊自謂」，此亦自謙之通語。此「伐」字以無賓詞而有爭論，皆誤會也。

〔二〕豬飼彦博云：「卒」下脱「萬人」二字。孫星衍云：「戰於後」三字爲句。以「卒先致緣陵」，故稱「後」。尹注非。俞樾云：「卒」下有闕文，據上文「大侯車二百乘，卒二千人，小侯車百乘，卒千人」，則齊「車千乘」，當言「卒萬人」矣。「先致」者，先至也。「致」與「至」通。「戰」上闕「諸侯」二字，上文齊請救於諸侯。而齊車卒先致緣陵，故諸侯之師戰於後也。「後」字正對上「先」字而言。尹注誤以「後故」連讀，解爲地名，非是。張佩綸云：「後故」即「緣陵」之壞。翔鳳案：食貨志「行西踰隴，卒」，注：「倉卒也。」辛慶忌傳「則亡以應卒」，注：「謂暴也。」諸人誤認爲士卒。説文：「致，送詣也。」「卒可致」爲可卒送致。趙本改「可」爲「先」，謬。諸説均非。「後故」當爲地名。

〔三〕張佩綸云：「小國」指杞。舊注「小國，齊自謂」，非是。翔鳳案：張説非是，見前。

〔四〕張佩綸云：「令」當作「合」。翔鳳案：「以天子之故，敬天之命，令以救伐」，天子本無令，託之於天，天不言而無令，又申言「以天子之故」，左支右絀之外交辭令，肺肝如見，「令」字不誤。

〔五〕張佩綸云：「皃之山」或「揭石山」，「皃之」、「揭石」形近。劉師培云：書鈔一百十四引「下皃」作「不臯」，未知孰誤。翔鳳案：地員「觳土之次曰五皃」，皃者言山之形狀，「臯」

乃誤字。

〔六〕俞樾云：「斬」讀爲摲。文選長楊賦「麾城摲邑」，李善引倉頡篇曰：「摲，拍取也。」「摲孤竹」猶取孤竹。尹注「謂斬其君」，則當云斬孤竹之君矣。翔鳳案：禮記檀弓「可以爲棺椁者斬之」，注：「伐也。」俞誤。

〔七〕安井衡云：古本「遇」作「過」。陶鴻慶云：「遇」字無義，疑爲「遏」字之誤。國語齊語「北伐山戎」，韋注云：「以其病燕，故伐之。」又令支、孤竹，山戎之與也。然則上之「北伐令支，下鳧之山，斬孤竹」，皆所以止山戎之内侵也。翔鳳案：春秋隱四年：「公及宋公遇於清。」公羊傳：「遇者何？不期也。」桓公伐孤竹，不期而與山戎遇，諸説均誤。

〔八〕王念孫云：尹注以「必足三年之食安」爲句，甚爲不詞。此當讀「安以其餘脩兵革」爲句。「安」，語辭，猶乃也。必足三年之食，乃以其餘脩兵革也。内業篇曰「精存自生，其外安榮」，言精生於中，其外乃榮也。（尹訓「安」爲「靜」，非是。）山國軌篇曰「民衣而繇，下安無怨咎」，言下乃無怨咎也。安井衡云：「安」助字，同「焉」，荀子作「案」。

〔九〕蘇輿云：「引」與「益」同義。本書小匡篇「是以國家不日益」，齊語「益」作「引」，是其證。

〔一〇〕戴望云：「國」疑「圖」之誤字。爾雅釋詁曰：「圖，謀也；良，善也。」尹注非。張佩綸云：「不敬老及國之良臣也。」翔鳳案：大學「老吾老以及人之老」，第一「老」字有敬義。

〔一一〕翔鳳案：論語：「雍雖不敏，請事斯語矣。」請，力行也。

〔一二〕尹桐陽云：史記齊世家、封禪書均云「兵車之會三，乘車之會六」，與此互異。惟國語云「桓公兵車之會六，乘車之會三」，文全同管，蓋均以大概言之。穀梁傳：「衣裳之會十有一，未嘗有歃血之盟也，信厚也。兵車之會四，未嘗有大戰也，愛民也。」會數雖殊，然其分兵車乘車則一矣。

桓公踐位十九年，弛關市之征〔一〕，征，賦也。五十而取一，取其貨賄五十之一。賦祿以粟，案田而稅，案知其壤墒而稅之。二歲而稅一。率二歲而一稅之。上年什取三，中年什取二，下年什取一，歲飢不稅〔二〕。歲飢，謂時歲總飢，故不稅。歲飢弛而稅〔三〕。此歲飢，謂有飢者，有不飢者，故弛飢而稅不飢。桓公使鮑叔識音志。君臣之有善者〔四〕，晏子識不仕與耕者之有善者，不仕，謂餘子未仕者。高子識工賈之有善者。國子爲李，李，獄官也。隰朋爲東國，賓胥無爲西土，弗鄭爲宅〔五〕。爲宅，掌脩除宮室。凡仕者近公〔六〕，仕者有公事，職務故近公。不仕與耕者近門，不仕與耕者，當出入田野，故近於外門。工賈近市，三十里置遽委焉，有司職之。遽，今之郵驛也。委，謂當有儲擬，以供過者，立官以主之。從諸侯欲通，謂從諸侯欲通於齊。吏從行者，令一人爲負以車〔七〕，其吏從行而來者，遽之有司，當令一人以車爲負載其行裝。若宿者，令人養其馬，食其委〔八〕。其客若宿，即以所委食之。客與有司別契，別契，謂分別其契，以知真僞也。至國八契，自郊至國八契，則二百五十里之郊地，相距爲五百里，此周之大國也。費義數而不當，有罪〔九〕。義，謂供客之禮。徒費義數，而於事不當者，罪之。凡庶人欲通，鄉吏不通，七日囚。庶人有所陳訴通於君，鄉吏抑而不通，事經七日者，則囚其吏，鞫劾其所以也。出欲通，吏不通，五日囚〔一〇〕。出，謂欲適他國。貴人子欲通，吏不通，三日囚。凡縣吏進諸侯士而有善，觀其能之大小，以爲之賞，有過無罪。賞雖過能，亦不罪也。令鮑叔進大夫，勸國家，升進大夫，令之勉營國家之事。得之成而不悔爲上舉〔一一〕。得此大夫，故有成功。終然允當，無有可悔。如此者舉，善之上。從政治爲次。所進大夫，從政而能理者，次上成功也。野爲原，又多不發，起訟不驕，次之〔一二〕。所進大夫，有能勸勉農人，開闢荒野，皆爲原田。又教之和通，不相告發。雖有起而訟者，莫不恭恪，不爲驕傲。此又其次也。勸國家，得之成而悔，從政雖治，而不能野原，又多發，起訟驕，行此三者爲下〔一三〕。令晏子進貴人之子，晏子，平仲之先。出不仕，不仕，則樂道深。處不華，不華，則無過失。而友有少長〔一四〕，友有少長，則遵禮經。爲上舉，全此三者，故爲上。得二爲次，得二，三之二也。得一爲下。士處靖，靖，卑敬皃。敬老與貴，敬老近於親，敬貴近於君。交不失禮，行此三者爲上舉，得二爲次，得一爲下。耕者農農用力〔一五〕，勤而不惰。應於父兄，孝且義。事賢多，擇善而從，故能多。行此三者爲上舉，得二爲次，得一爲下。令高子進工賈，應於父兄，事長養老，承事敬，承奉君敬而從之也。

行此三者爲上舉，得二者爲次，得一者爲下〔一六〕。令國子以情斷獄，定罪罰者，貴得其情。三大夫既已選舉〔一七〕，使縣行之。三大夫，謂鮑叔、晏子、高子。管仲進而舉言，上而見之於君〔一八〕，見三大夫所選舉者。此言選舉者，國子主斷獄，故不在三大夫之數。以卒年君舉。卒年，謂終年如此。管仲所進者，君舉用之也。管仲告鮑叔曰：「勸國家不得成而悔，從政不治，不能野原，又多而發，言相告發。訟驕，既訟而驕。凡三者有罪無赦。」告晏子曰：「貴人子處華，下處華屋之下，則淫泆。交，好飲食〔一九〕，重交好，則挾朋黨。嗜飲食，則道情薄。行此三者，有罪無赦。士出入無常，不敬老而營富，行此三者，有罪無赦。耕者出入不應於父兄，用力不農，不事賢〔二〇〕，行此三者，有罪無赦。」告國子曰〔二一〕：「工賈出入不應父兄，承事不敬，而違老治危〔二二〕，危，傾險也。行此三者，有罪無赦。凡於父兄無過，州里稱之，吏進之，君用之。無過於父兄，見稱於州里，吏進此人，君必用之。有善無賞，有過無罰，吏不進，廉意〔二三〕。有善不能賞，有過不能罰，吏則苟免而已，故不進，廉意也。於父兄無過，於州里莫稱，吏進之，君用之。善，爲上賞；不善，吏有罰。」雖無過於父兄，而州里不稱，吏進此人，君承用之，其人善則吏受上賞，不善則吏當罰。君謂國子：「凡貴賤之義，入與父俱，父貴而子賤也。出與師俱，師貴而資賤也。上與君俱，君貴而臣賤。凡三者遇賊不死，不知賊，則無赦。言人於此三者所在當致死，所謂在三如一。今賊將害此三者，遇之而不能死，有賊而又不知，則不臣不子也，故無赦也。**斷獄情與義易，義與祿易，**凡斷獄者，所以止罪邪。止罪邪，所以興禮義。今犯罪者，非以乖僻易義，則以姦僞易祿也。**易祿可無斂，有可無赦**〔三四〕。」姦僞易祿者，既當罰其罪，可無斂其祿，然今所有罪必無赦之也。

〔一〕翔鳳案：「㢮」即「弛」之隸書別體。

〔二〕安井衡云：古本「飢」作「饑」。俞樾云：此即什一之法而變通之，仍是什而取一也。蓋雖有「取三」、「取二」、「取一」之不同，然三歲一稅，假令六年之中，上年三，中年二，下年一，則通三二一之數而適得六，是即歲取其一也。翔鳳案：説文：「飢，餓也。」「饑，穀不熟爲饑。」二字多混用而義有別。詩衡門「可以樂飢」，箋：「飢者，不足於食也。」案文義當作「飢」，古本不知其異。飢可弛而饑則不可弛。

〔三〕蘇輿云：㢮，緩也，解也。「而」與「則」同。言俟歲飢已解則稅之。

〔四〕王引之云：「君」當爲「羣」，羣臣大夫也。下文云「令鮑叔進大夫」，是也。晏子識不仕者之善，鮑叔則識已仕者之善。下文曰「凡仕者近宮，不仕與耕者近門，工賈近市」，仕者即羣臣矣。又案問篇「君臣有位而未有田者幾何人」，「君」亦當爲「羣」，下文「羣臣有位事官大夫者幾何人」，是也。俞樾云：王氏念孫讀書雜志曰「『君』當爲『羣』」，其説非也。乘馬篇曰：「士聞見博，學意察，而不爲君臣者。」又云：「賈知賈之貴賤，日至於市，而不爲官賈者，工治容貌功能，日至於市，而不爲官工者。」「君臣」與「官賈」、「官工」竝稱，則「君臣」猶言公臣耳。襄二十九年傳：「公臣不足，取於家臣。」古「君」、「公」通稱，則「公臣」、「君臣」亦得通稱。又問篇曰「君臣有位而未有田者幾何人」，義亦同此。古蓋自有「君臣」之稱，未可臆改也。

翔鳳案：白心「君親六合」，「君」亦「羣」也。王説是。

〔五〕安井衡云：左昭三年傳：「使宅人反之。」齊有是官，掌分賦宅地。

〔六〕翔鳳案：小匡：「公立三官之臣，市立三鄉，工立三族，澤立三虞，山立三衡。」「公」爲首都辦公處。「官」即館，見幼官。宮則朝會祭享之處。趙本不知其義，改「公」爲「宮」，謬矣。

〔七〕俞樾云：尹注曰：「當令一人以車爲負載其行裝。」然正文明言「人爲負」，注乃云「車爲負」，義不可通。尹氏特疑車非人所能負，故曲爲是説耳。今按「車」乃「連」字之誤。海王篇「行服連」，注曰：「輂名，所以載作器，人挽者。」然則此云「負連」，猶云「服連」，「負」、「服」古通用。淮南子人閒篇「負輂載粟而至」，御覽治道部「負輂」作「服摙」，是其證也。連本人挽者，故可以一人負之。下文云「若宿者令人養其馬」，然則彼從諸侯來者，固自有車馬，必令一人負以連者，當是分載其囊橐耳。

翔鳳案：「通」字斷句，俞説是。

〔八〕安井衡云：古本「其」作「以」。「食以委」，以委積食之也。

〔九〕丁士涵云：「別」讀如小宰「傅別」之「別」。司農注：「傅別，謂券書也。別，別爲兩，兩家各得一也。」康成注：「傅別，謂爲大手書於一札中字別之。」又士師注：「傅別，中別手書也。」

問篇云「問人之貸粟米有別券者幾何家」，尹注：「別券，謂分契也。」「八契」當爲「入契」之誤。客與有司別契書，遽委所供之數，有司入於國，得以徵驗開除供客之用。「義」、「儀」古同字。「費」讀爲悖，「悖儀數而不當」者，則「有罪」也。禮有大賓客、小賓客之儀數，或薄或厚，皆謂之「不當」，非「徒費義數」，如尹注所云也。張佩綸云：說文：「八，別也。」「八契」即是「別契」。「費」謂所用之財。「義」爲待客之儀。「數」，鈎考也。「不當」，或省或豐，似較該括。翔鳳案：「有司」爲來客之司事者。「別契」爲契名，至國則驗其契而別之，張說是。「義」訓儀，如丁說。

〔一〇〕劉績云：「出」疑「士」字誤。王引之云：劉說是也。「士」在「貴人子」與「庶人」之間，猶下文「選舉之事」，「士」在「貴人子」與「農工賈」之間也。隸書「出」字或省作「士」，（若「敖」省作「敖」，「賣」省作「賣」，「款」省作「款」之類。）故諸書中「士」、「出」二字多相亂。（荀子大略篇「以其教士畢行」，今本「士」譌作「出」。又「習容而後出」，今本「出」譌作「士」。史記吕后紀「齊内史士」，徐廣曰：「一作『出』。」）翔鳳案：此亦隸書之别體，非譌字也。

〔一一〕陶鴻慶云：尹注云：「升進大夫，令之勉營國家之事。」「得此大夫，故有成功，終然允當，無有可悔，如此者舉，善之上。」是以「得之」爲鮑叔得此大夫，大誤。「勸國家得之成而不悔」，與下文「勸國家得之成而悔」，兩「之」字皆衍文。「勸國家得成而不悔」者，謂所進大夫勸勉於國事，既得成功，而又無後悔也。下文管仲告鮑叔曰「勸國家不得成而悔」云云，是其明證。

翔鳳案：廣雅釋詁二：「勸，助也。」王氏疏證：「盤庚云『女誕勸憂』，君奭云『在昔上帝割申勸寧王之德』，皆『助』之義也。」「得之」之「之」指人，非衍文。周禮司書「及事成」，注：「猶畢也。」公羊襄二十九年傳「尚速有悔於予身」，注：「咎也。」

〔一二〕王引之云：「爲次」二字，涉下文「得二爲次」而衍。「次之」二字，總承上文「從政治」以下四句而言，則不當更有「爲次」二字。且「從政治，野爲原，又多不發起，訟不驕」，正對下文之「從政雖治，而不能野原，又多發起，訟驕」而言。若有「爲次」二字，則既於本文不協，又與下文不對矣。洪頤煊云：「發」讀爲廢，謂開辟荒野爲原田，又教以樹藝之功，不廢其地利。「發」、「廢」古字通用。「起訟」，謂民起而相訟者。「不驕」，謂聽之無驕矜之色。尹注非。俞樾云：尹注曰：「又教之和通，不相告發，雖有起而訟者，莫不恭恪，不爲驕傲。」此於句讀未審也，當以「起」字絶句。「多」字衍文，涉下文「又多發起」句而衍。七臣七主篇曰「然彊敵發而起，雖善者不能存」，即可證此文「發起」之義。上云「野爲原」，謂能辟草萊也。此云「又不發起」，謂能治盜賊也。又云「訟不驕」，謂能聽獄訟也。「驕」讀爲矯。國語周語曰「其刑矯誣」，韋注曰「以詐用法曰矯」，是其義也。下文云「又多發起，訟驕」，亦當以「起」字絶句。其下又云「又多而發訟驕」，則誤衍「而」字，奪「起」字。翔鳳案：大夫僅能理政，無大助於國家者次之，此句上屬，「爲次」二字不誤。「野爲原」，多闢水源也，此本義。洪訓「發」爲「廢」，是也。莊子列禦寇「曾不發藥乎」，釋文：「發，司馬本作『廢』。」「訟」，說文訓「事」。易序卦「飲食必有訟」，鄭注：「猶諍也。」諸人解爲訟獄，誤矣。

〔一三〕王引之云：「行此三者」四字，因下文而衍。「勸國家得之」以下，優劣相間，凡五事，不得云「行此三者」也。孫蜀丞云：「行此三者」四字，當在下文「爲上舉」之上，誤竄于此。

〔一四〕翔鳳案：說文：「仕，學也。」桂氏義證：「書、周官學古入官，議事以制，政乃不迷。」論語：「學而優則仕，仕而優則學。」左襄三十一年傳：「子皮欲使尹何爲邑。」「使夫往而學焉，夫亦愈知治矣。」「仕」猶今之見習。郭沫若解爲宦，而改「仕」作「狂」，非是。

〔一五〕王引之云：此文多一「農」字，後人所加也。「耕者農用力」，此「農」字非謂農夫。廣雅曰：「農，勉也。」言耕者勉用力也。下文云「耕者用力不農」，亦謂用力不勉也。呂刑曰「稷降播種農殖嘉穀」，言勉殖嘉穀也。（說見經義述聞。）襄十三年左傳曰「君子上能而讓其下，小人農力以事其上」，言勉力以事其上也。（「農力」猶努力，語之轉耳。）後人不知「農」訓爲勉，而誤以爲農夫之農，故又加一「農」字，不知「耕者」即是農夫，無煩更言「農」也。郭沫若云：「農農」猶濃濃、重重、沖沖。重一「農」字，正見其非農夫之農。「農」字重文，不應刪。

〔一六〕王念孫云：兩「者」字，因上「者」字而衍。「得二爲次，得一爲下」，上文凡三見，皆無「者」字。翔鳳案：說文訓「者」爲別事之詞，口語作「這」，有衆寡之別。論語「子見齊衰者」，「見冕者與瞽者」。此爲工賈，上文爲貴人之子及士，固有別也。兩「者」字不當衍。

〔一七〕安井衡云：「舉」，古本作「得」。

〔一八〕陶鴻慶云：「舉」讀爲與，「管仲進而舉言」爲句，三大夫既已選舉，管仲則進其人而考之以言，然後上而見之於君也。翔鳳案：陶説是也。周禮師氏「王舉則從」，注：「故書『舉』爲『與』。杜子春云：當爲『與』。」

〔一九〕劉績云：「處華」句，照上「處不華」。「下交」，謂以貴陵人，使友居下也，照「友有少長」。「好飲食」照「出不仕」。何如璋云：劉讀「處華」句，「下交」句，是。注非。劉以「下交」爲「以貴陵人，使友居下」，亦非。此殆言其瀆也。金廷桂云：此謂居處奢華，下交輕薄子弟，好酒食游戲，是貴人子通病，與上文「處不華，友有少長」正相反，故罪之無赦也。

〔二〇〕戴望云：詩北山傳曰：「賢，勞也。」此「賢」字當訓爲勞。上文「事賢多」，亦謂服勞多也。御覽資産部二引作「農不事賢行」，誤連下文「行此三者」「行」字爲句，又衍一「農」字。翔鳳案：上文「事賢多」，則「賢」爲老農有材藝者。

〔二一〕何如璋云：當作「高子」，此應上文。涉下「君謂國子」而誤。陶鴻慶云：下言工賈之事，「國子」當爲「高子」。

〔二二〕蘇輿云：「危」與「詭」同聲通用。漢書天文志「司詭星」，史記天官書作「危」；淮南説林訓「尺寸雖齊必有詭」，文子上德篇作「危」。翔鳳案：以「危」爲「詭」是也，而未盡其義。説文：「詭，責也。」責，古「債」字。左成十八年傳：「施舍已責。」國策齊策：「馮煖收責於薛。」後漢書梁冀傳注：「詭億，一曰射意，一曰射數，即攤錢也。」易於負債，故「詭」訓爲責。

違背老者之教而賭博，此工賈子所常見者，張、蘇之説，非實義也。

〔二三〕翔鳳案：漢書何武傳「廉得其罪」，注：「察也。」吏不進，則察其意是否挾私。

〔二四〕王念孫云：當依上文作「有罪無赦」，今本涉上句「可無斂」而誤，尹注可證。丁士涵云：「獄情」，謂兩造之實也。「義」如「鴟義姦宄」之「義」。（廣雅曰「俄，衺也」，「義」與「俄」同。）「禄」，善也（爾雅文）。「斷獄情」爲句。「與義易義」，「與禄易禄」，二句對文，衍一「易」字耳。謂獄之情實，一邪一善。斷者與邪，則民易爲邪。與善，則民易爲善。蘇輿云：如丁説，則「無斂」句無義。余謂「情與義易，義與禄易」者，言斷獄當準人情，情之無可原者則以義斷之，義之無可寬者則以禄贖之。易繫辭「理財正辭，禁民爲非曰義」，大戴禮盛德篇「司寇之官以成義」，即此「義」字之旨，所謂以法濟情之用也。「禄」亦貨寶之通詞，謂甲盾金矢之屬，隨法輕重以爲之差，而以其所屬之物移諸甲兵（具見小匡篇），所謂「易禄無斂」也。「有可」，當如王説作「有罪」。本書法法篇「赦者小利而大害者也，故久而不勝其禍」，蓋即斯旨。言不當以贖論者，亦不可概爲寬宥。此通論斷獄之法，不與上文相蒙。翔鳳案：周禮大宰「四曰禄位，以馭其士」，注：「若今月俸也。」斷獄以義爲主，「義」如蘇説。不大違於義，可以禄贖。説文：「斂，收也。」若不義而專以禄則不收。有禄以贖，亦可以無赦矣。一字不衍，一字不誤。

管子校注卷第八

中匡第十九

內言二

翔鳳案：「中匡」，房氏無注。郭沫若以爲一尺二寸簡書，長爲大匡之半。周書大匡解：「中匡用均，勞故禮新。」篇中管仲會國用，桓公致仲父，其義恰合。郭説誤。

管仲會國用〔一〕，三分二在賓客，二以供賓客。其一在國，管仲懼而復之〔二〕。復，白也。以賓客之費太半，故白之。公曰：「吾子猶如是乎〔三〕？以吾子爲賢，當以供賓之義爲急務，尚懼而白之乎？四鄰賓客，入者説，出者譽，入見禮而悦者，出必爲延譽也。光名滿天下。入者不説，出者不譽，汙名滿天下。壤可以爲粟，播壤則生粟。木可以爲貨〔四〕。破木成器則貨。粟盡則有生，貨散則有聚。君人者，名之爲貴，財安可有〔五〕？」有財則失名，故不可有。管仲曰：「此君之明也。」公曰：「民辦軍事矣，則可乎〔六〕？」對曰：「不可。甲兵未足也，請薄刑罰以厚甲兵。」於是死罪不殺，刑罪不罰，使以甲兵贖。有罪使出甲兵以贖之也。死罪以犀甲一戟，刑罰以脅盾一戟〔七〕，脅盾也，既出盾又令出一戟也。過罰以金，過誤致罰，出金以贖之。軍無所計而訟者，成以束矢〔八〕。不計於軍事，而以私訟者，令出束矢，以平其罪。成，平也。公曰：「甲兵既足矣，吾欲誅大國之不道者，可乎？」對曰：「愛四封之内，而後可以惡竟外之不善者〔九〕。先施愛於四封之内，則士致死，故可以惡竟外之不善。安卿大夫之家，而後可以危救敵之國〔一〇〕。卿大夫家安，則大臣盡力，故以危救敵之國。賜小國地，而後可以誅大國之不道者。舉賢良，而后可以廢慢法鄙賤之民。是故先王必有置也，而後必有廢也；必有利也，而后必有害也〔一一〕。」

桓公曰：「昔三王者既弒其君〔一二〕，今言仁義，則必以三王爲法度，不識其故何也？」對曰：「昔者，禹平治天下，及桀而亂之，湯放桀以定禹功也。湯平治天下，及紂而亂之，武王伐紂以定湯功也。且善之伐不善也〔一三〕，自古至今，未有改之，君何疑焉！」公又問曰：「古之亡國其何失？」對曰：「計得地與寶而不計失諸侯，計得財委而不計失百姓，計見親而不計見棄。三者之屬，一足以削，遍而有者亡矣。古之隳國家、隕社稷者，非故且爲之也〔一四〕，必少有樂焉，不知其陷於惡也。」

〔一〕翔鳳案：周禮司會「以歲會考歲成」，注：「歲計曰會。」合言之曰會計。孟子：「會計當而已矣。」合市之人則爲儈。史記貨殖列傳「子貸金錢千貫，節駔會」，漢書「會」作「儈」。

〔二〕翔鳳案：房注：「復，白也。」「復」音轉爲「白」，如「扶服」轉爲「匍匐」也。

〔三〕翔鳳案：儀禮士冠禮「願吾子之教之也」，注：「吾，我也。」又云：「吾子，相親之詞。」海王「吾子食鹽二升少半」，注：「謂小男小女也。」三者不同。實則「吾子」即娃子，爲長輩對晚輩親愛之詞，轉爲長官對部屬。訓「吾」爲「我」，作爲我天子，此臆説也。

〔四〕翔鳳案：侈靡「諸侯之化，幣也」，「化」即「貨」。今存齊之刀幣，有「化」字可證。幣有金玉，有帛，有皮。魚鹽非幣。司馬遷謂：「仲以區區齊在海濱，通貨積財。」貨於海有關，然鹽鐵論輕重篇謂管仲總一鹽鐵，既有鐵，則不得專言水矣。國蓄：「春賦以斂繒帛。」當時無棉，繒帛以蔴爲之。「蔴」從林，即二朮，匹刃切，非莫卜切之「木」也。篆作「朩」，隸書與「木」無別。王筠謂：「造字之始，必先有林，而後省之爲木。蓺之比如櫛，疏則無用，林象其密也。」「林」爲匹卦切，與「貝」同音，二者音轉「幣」。用「朩」爲「林」，猶用「屮」爲「艸」。下文「貨散則有聚」，「散」本作「㪚」，知其於「幣」有關矣。「木」爲匹卦切之木，郭沫若疑「木」作「水」，非是。

〔五〕翔鳳案：謂不私爲己有也。即下文「計得財委而不計失百姓」之意，房注未析。

〔六〕戴望云：元刻「辦」作「辨」。陶鴻慶云：桓公之問，不知何指，「則可乎」上當有脱句。下文云：「公曰：甲兵既足矣，吾欲誅大國之不道者，可乎？」疑「吾欲誅大國之不道者」九字，本在此文「民辦軍事矣」句下，故管仲以甲兵未足止之。小匡篇云：「桓公曰：卒伍定矣，事已成矣，吾欲從事於諸侯，其可乎？管子對曰：未可，若軍令則吾既寄諸内政矣。夫齊國寡甲兵，吾欲輕重罪而移之於甲兵。」文義與此節相近，可證此文之誤。下文本作「公曰：甲兵既足矣，可乎」，則蒙此句而言。小匡篇：「公曰：民安矣，其可乎？」又：「公曰：外内定矣，可乎？」皆其例也。傳寫於此誤奪，校者又誤補於下耳。翔鳳案：承上「國用」言之。國用有軍有政。管子所用在政，桓公則就軍言之，謂舊例軍由民辦也。

〔七〕王引之云：「刑罰」當爲「刑罪」。「死罪以犀甲一戟」，是承上「死罪不殺」而言。「刑罪以脅盾一戟」，是承上「刑罪不罰」而言。齊語作「重罪贖以犀甲一戟，輕罪贖以鞼盾一戟」，「重罪」即「死罪」，「輕罪」即「刑罪」也。今作「刑罰」者，涉上文「薄刑罰」而誤。尹桐陽云：淮南汜論：「齊桓公將欲征伐，甲兵不足。令有重罪者出犀甲一戟，有輕罪者贖以金分，訟而不勝者出一束箭。」翔鳳案：説文：「刑，剄也。」「㓝，罰辠也。」此爲自剄之刑，次於死一等。吕氏春秋仲秋「行罪無疑」，注：「罰也。」「刑罪不罰」之「罰」訓爲撻。周禮司救「三讓而罰」，注：「撻擊之也。」

〔八〕王引之云：「軍」當爲「鈞」，「鈞」、「軍」聲相亂，又涉上文「軍事」而誤。「過罰以金鈞」者，謂過失之罰令出金一鈞也。小匡篇作「小罪入以金鈞」，是其證。若無「鈞」字，則所罰之金無定數矣。下文「無所計而訟者」，别是一事。小匡篇作「無坐抑而訟獄者」，句法亦相同。尹以「軍」字屬下讀，謂「不計於軍事而以私訟者」，非也。此是獄訟之事，與軍事無涉。何如璋云：「訟者成以束矢」，即秋官大司寇「以兩造禁民訟，入束矢於朝，然後聽之」之義。淮南氾論作「訟而不勝者出一束箭」，是也。蘇輿云：「無所計」於義無取。「計」當作「抑」，言無所屈抑而輒訟也。小匡篇作「無坐抑」，「抑」字不誤，而「坐」當爲「所」。「坐」、「所」聲近，「抑」、「計」形近，可以互訂。翔鳳案：承上「民辨軍事」言。民問計劃不足而爭訟，雖非個人犯罪，而於軍事進行有損，故罰以束矢。房訓「成」爲「平」，謂平議也。淮南氾論「贖以金分」，爲小匡之文。

〔九〕翔鳳案：「竟」即「境」，見前。

〔一〇〕王引之云：「救敵」與「仇敵」同。集韻：「仇，讎也，一曰匹也，或作『⿰求九』。」方言「⿰求九，仇也」，（今本「⿰求九」譌作「朹」，據集韻引改。）郭璞曰：「謂怨仇也。」太玄内初一「謹于⿰求九嬰」，范望曰：「⿰求九，匹也。」釋文曰：「『嬰』與『妃』同。『⿰求九』音仇，一作『救』。」「嬰⿰求九」即「妃仇」。（桓二年左傳：「嘉耦曰妃，怨耦曰仇。」）而「⿰求九」又作「救」，是「仇」、「⿰求九」、「救」古字通也。小問篇作「先定卿大夫之家，然後可以危鄰之敵國」，是其證。翔鳳案：列國並峙，用兵之難，不在敵國，而在救敵之國。大匡「公不聽，果伐宋，諸侯興兵而救宋，大敗齊師」，此一例也。左傳、國策，事例隨處可見。王不顧事理而求之於字形，非是。

〔一一〕王念孫云：兩「而後」下，皆不當有「必」字，此涉上文而衍。小問篇云「是故先王必有置也，然後有廢也，必有利也，然後有害也」，是其證。安井衡云：古本「廢」作「發」，假借字。翔鳳案：「必」字可省，然兩篇非必一致，不可據彼改此。一篇之中，作者每有增删，王氏此種主觀校勘法，給後世之不良影響甚大。

〔一二〕翔鳳案：白虎通引春秋讖曰：「弑者，試也。欲言臣子殺君父，不敢卒。候間司事，可稍稍試之。」「弑」，石經公羊作「試」。管子用齊言，當作「試」，非徒以近古也。

〔一三〕翔鳳案：齊法懃禪師塔銘「代」作「伐」。此隸書之别體也。霸言「伐不謂貪者」，「伐」即「代」字。

〔一四〕翔鳳案：楚語「夫其有故」，注：「猶意也。」淮南氾論訓「勒問其故」，注：「意也。」口語爲「故意」。

桓公謂管仲曰：「請致仲父〔一〕。」仲父者，尊老有德之稱。桓公欲尊事管仲，故以仲父之號致之。公與管仲父而將飲之〔二〕，行飲酒禮以尊顯之。掘新井而柴焉〔三〕。新井而又柴蓋之，欲以潔清，示敬之。十日齋戒，召管仲。管仲至，公執爵，夫人執尊，觴三行，管仲趨出〔四〕。公怒曰：「寡人齋戒十日而飲仲父，寡人自以爲脩矣〔五〕。仲父不告寡人而出，其故何也？」謂不辭而出，所以怒。鮑叔、隰朋趨而出，及管仲於途，曰：「公怒。」管仲反，入，倍屏而立，公不與言。少進中庭，公不與言。少進傅堂〔六〕，公曰：「寡人齋戒十日而飲仲父，自以爲脱於罪矣。仲父不告寡人而出，未知其故也。」對曰：「臣聞之，沉於樂者洽於憂〔七〕，樂過則憂慱。厚於味者薄於行，慢於朝者緩於政，害於國家者危於社稷。臣是以敢出也。」公遽下堂曰：「寡人非敢自爲脩也〔八〕，仲父年長，雖寡人亦衰矣，吾願一朝安仲父也。」言俱至於衰老，故欲一朝樂飲而爲安。對曰：「臣聞壯者無怠，老者無偷，順天之道，必以善終者也。三王失之也，非一朝之萃〔九〕，其所由來者漸矣，非一朝萃集也。君奈何其偷乎！」管仲走出，君以賓客之禮再拜送之。

〔一〕俞樾云：「請致仲父」者，欲仲父就己飲酒也。仲父猶仲甫，夷吾之字耳。尹注曰「仲父者，尊老有德之稱，桓公欲尊事管仲，故以仲父之號致之」，此説非是。蓋自毛公解尚父爲「可尚可父」，鄭君亦以尚父爲尊稱，後人因疑仲父之稱猶尚父之比，故有此説。不知尚父亦字也，初非尊號。説詳羣經平議。蘇輿云：史記呂不韋傳「尊呂不韋爲相國，號稱仲父」，正義：「效齊桓公以管仲爲仲父。」又秦王賜書曰「君何親于秦？號稱仲父。」尹氏之説未爲無本。但「致」非致號之謂耳。翔鳳案：説文：「致，送詣也。」臣子於君則上尊號，君於臣則爲送致。古人之字，亦爲尊長送致，故儀禮有士冠禮。韓非子外儲説左：「齊桓公將立管仲，令群臣曰：『寡人將立管仲爲仲父，善者入門而左，不善者入門而右。』」又云：「管仲相齊，曰：『臣貴矣，然而臣貧。』桓公曰：『使子有三歸之家。』曰：『臣富矣，然而臣卑。』桓公使立於高、國之上。曰：『臣尊矣，然而臣疏。』乃立爲仲父。」是「致仲父」爲送以榮譽之號，猶清代之稱「相公」、「公祖」，近時之稱「老」，何諸人之不考乎？説文「甫，男子之美稱也」，段注：「春秋：『公及邾儀父盟於蔑。』穀梁傳曰：『儀，字也。父猶傅也，男子之美稱也。』」

士冠禮：「字辭曰：伯某甫，仲叔季，惟其所當。」詩之祈父、仲山甫皆王室老臣，其稱爲人送致，非若後世之自號。俞字蔭甫，日日自稱而不覺，且以疑及古人。蘇知吕不韋之故事，而又謂非致號，真牴牾之尤。「仲」且非字，而況「仲父」乎？齊之姜太公、管仲父，皆非字也。

〔二〕俞樾云：「與」讀爲預，一切經音義卷六曰「預，古文作『與』」，是也。「公預管仲父而將飲之」，猶襄十四年左傳曰「衛獻公戒孫文子、寧惠子食也」，「戒」與「預」其義相近。劉師培云：尹注云「行飲酒禮以尊顯之」，蓋讀「與」爲舉。「舉」、「與」古通。翔鳳案：論語「惟我與爾有是夫」，皇疏：「與，許也。」桓公許夷吾以仲父之尊而將飲之，否則「而」字無意義。俞説不可通，劉訓爲「舉」亦不切。

〔三〕戴望云：「柴」字於義無取。「柴」當爲「突」，古「深」字，隸變作「罙」，因誤爲「柴」耳。輕重甲篇「請以令高杠柴池」，「柴」亦「突」字之誤。劉師培云：「柴」與「棧」通。謂以木闌井，禁他汲，以保絜清也。

〔四〕劉師培云：册府元龜二百四十一引作「大夫執尊」。考輕重丁篇云「請以令召稱貸之家，君因酌之酒，太宰行觴」，或册府元龜所引非訛。翔鳳案：立政：「天子服文章，夫人不敢以燕以饗廟。」管子未過三爵，不可謂沈於樂，蓋不滿於夫人執爵，不敢顯言之。

〔五〕劉師培云：「脩」疑「備」訛。（荀子勸學篇「聖心備焉」，俗本亦訛作「脩」，是其例。）翔鳳案：禮運「義之修而禮之藏也」，注：「『修』猶飾也。『義』即『儀』。」桓公亦知管仲之意，自謂飾於禮儀，非慢也。一「脩」字含意躍然，劉氏不知。

〔六〕翔鳳案：左隱十一年傳「傅於許」，注：「傅于許城下。」

〔七〕安井衡云：「沈」、「淫」通。「治」，沾漬也。

〔八〕劉師培云：「脩」字亦當作「備」。「自」下脱「以」字，元龜引有「以」字。翔鳳案：「脩」義見前。説文無「偷」字。人部：「佻，偷也。」「佻」即「恌」。詩鹿鳴「視民不恌」，張衡西京賦作「示民不偷」。「偷」有輕佻之意，君臣問答，各有隱情。

〔九〕丁士涵云：「萃」讀爲卒。史記索隱引廣雅曰：「卒，暴也。」俞樾云：「萃」當讀爲猝，言由來者漸，非起於一朝之猝然也。尹注讀如本字，而訓爲「萃集」，非是。

明日，管仲朝，公曰：「寡人願聞國君之信。」對曰：「民愛之，鄰國親之，天下信之，此國君之信。」公曰：「善。請問信安始而可？」對曰：「始於爲身，中於爲國，成於爲天下〔一〕。」公曰：「請問爲身。」對曰：「道血氣以求長年，長心，長德〔二〕，長心，謂謀慮遠也。長德，謂恩施廣也。此爲身也。」公曰：「請問爲國。」對曰：「遠舉賢人〔三〕，慈愛百姓，外存亡國，繼絶世，起諸孤，孤，謂死王事者子孫。薄税斂，輕刑罰，此爲國之大禮也〔四〕。法行而不苛〔五〕，刑廉而不赦〔六〕，有司寬而不淩〔七〕，不虐惸獨。菀濁困滯，皆法度

不亡，菀①濁，謂穢塞不潔清者也。困滯，謂疲羸微隱者也。有如此者，皆以法度加之，不令有所失亡也。**往行不來**〔八〕**，而民游世矣**〔九〕，其行法度者，但往行而進，不却來而退，而人以此自得行於世也。**此爲天下也。**」

〔一〕翔鳳案：孝經開宗明義章「夫孝，始於事親，中於事君，終於立身」，此「成」當訓「終」之證。

〔二〕于省吾云：「長心長德」與「長年」之「長」不應同訓。「長」宜讀爲養。書大誥「民養其勸弗救」，漢書王莽傳作「民長」。夏小正「執養宮事」，傳：「養，長也。」「長心長德」即養心養德。

翔鳳案：一字二音，如好惡、美惡之類，古人無是也。于之讀非而訓則是。

〔三〕郭嵩燾云：下文「外存亡國」，則此當云「内舉賢人」，「遠」字疑誤。張佩綸云：「遠舉」疑「選舉」之誤。論語：「湯有天下，選於衆，舉伊尹，不仁者遠矣。」翔鳳案：「遠舉」，即不專用近臣之謂。左定六年傳「用好遠人」，注：「異族也。」其義更廣。張未達而改爲「選」，非是。

〔四〕張佩綸云：「之大體」三字疑衍。上曰「此爲身也」，下曰「此爲天下也」，此不應獨增三字，羣書治要無之。翔鳳案：「大禮」猶今言大體，不舉細節也。淮南齊俗訓：「禮者，體也。」易繫辭「以行其典禮」，釋文：「禮，姚本作『體』。」張以爲衍文，非是。

---

① 「菀」字原作「鬱」，據補注改。

〔五〕張佩綸云：依上文例，句首當有「公曰：請問爲天下，對曰」九字，傳寫失之。翔鳳案：天下信之，不待桓公問而補出，若必補此九字，反呆滯矣。

〔六〕丁士涵云：「赦」當爲「忮」；忮，很也。「不忮」與上文「不苛」同意。說文「玉」下曰：「廉而不忮，絜之方也。」水地篇曰：「廉而不劌。」張佩綸云：丁説非也。「不赦」，乃管仲明刑之意，詳見法法篇。釋名釋言語：「廉，斂也，自檢斂也。」大匡篇「平禄無苛，廉斂，有苛無赦」，所謂「斂有苛」，即此之所謂「廉」也。廉自不苛，不必改「赦」爲「忮」。姚永概云：言刑雖廉潔而不妄赦。廉，不濫也。周禮小宰注：「廉者潔，不濫濁也。」翔鳳案：廣雅釋言：「廉，棱也。」管子以赦爲久而不勝其害。此國之法，有司善用之，寬而不凌，義相反而實相成，張、姚二説近之，丁則誤矣。

〔七〕王念孫云：「凌」者，嚴急之意，字或作「陵」。荀子致士篇曰：「凡節奏欲陵，而生民欲寬。」富國篇曰：「其於貨財取與計數也，寬饒簡易，其於禮義節奏也，陵謹盡察。」是「凌」與「寬」正相反也。尹注非。姚永概云：文選難蜀父老注：「『陵夷』即陵遲也。」後漢儒林傳論「朝綱日陵」，注：「陵遲也。」漢書成紀注：「『陵夷』言其頽替。」尹注「謂不虐惸獨」，則與寬不別。王氏又訓「陵」爲嚴急。皆未思法行易於苛，故以「不苛」爲美，刑廉易於赦，故以「不赦」爲美，有司寬則易於陵遲，故以「不陵」爲美也。翔鳳案：「凌」從仌，有棱角而寒。廣雅釋言：「凌，暴也。」莊子徐无鬼「察士无凌誶之事」，注：「謂相凌轢。」皆引申義。

〔八〕安井衡云：「菀」猶屈也；「濁」猶辱也；「困」，窮；「滯」，淹也。四者皆窮民無告者，亦皆有法度而安之，不使之喪亡。張文虎云：「皆」下脱一字，屬上爲句，蓋謂「菀濁困滯」皆疏決也。「來」疑「爽」字之誤，（爾雅釋鳥「鶆鳩」誤爲「鶆鳩」，是其證），與「法度不亡」爲韻。尹注本已脱誤。張佩綸云：「菀濁」即「煢獨」之壞。原文當作「煢獨困滯，皆有法度行之」，下注「行法度」是其證。「亡」乃「出」之誤。詩：「哀此惸獨。」洪範：「無虐煢獨。」周禮大司寇鄭注：「無兄弟曰惸，無子孫曰獨。」晉語「救乏振滯，匡困資無」，韋注：「振滯，振淹困之士，正窮困之人。」翔鳳案：「菀」同「鬱」。詩都人士「我心菀結」，箋：「猶積也。」張說誤。「皆法度不亡」，謂不失法度。爾雅釋詁釋文：「來，本又作『勑』。」釋文條例「『來』旁作力，俗以爲『約勑』字，説文以爲『勞倈』字，經典多省作『來』」，則「來」、「勑」爲古今字。

〔九〕俞樾云：「世」讀爲泄，「游」、「泄」皆和樂之意。戴望云：當作「游於世」，「游」下脱「於」字。張佩綸云：莊子山木篇：「人能虚己以游世，其孰能害之？」此即上所謂「獨與道游于大莫之國」。翔鳳案：「泄」從世聲，義得相假。然「泄」之本字作「洩」，古無「世」、「泄」互假之例，俞説無據，張説爲妥。不必加「於」字，戴説非。

小匡第二十

翔鳳案：周書大匡解「小匡用惠，施舍靜衆」，注：「靜，安也。」篇中提出「惠」字，「衆」則兼内外言之，「大」、「中」、「小」各有義。

桓公自莒反于齊，使鮑叔牙爲宰。鮑叔辭曰：「臣，君之庸臣也。君有加惠於其臣〔一〕，使臣不凍飢〔二〕，則是君之賜也。若必治國家，則非臣之所能也，其唯管夷吾乎！臣之所不如管夷吾者五：寬惠愛民，臣不如也。治國不失秉〔三〕，臣不如也。秉，柄也。柄所操以作事。國柄者，賞罰之紀要也。忠信可結於諸侯〔四〕，臣不如也。制禮義可法於四方，臣不如也。介胄執枹，立於軍門，使百姓皆加勇〔五〕，臣不如也。枹，擊鼓槌。夫管仲，民之父母也〔六〕。將欲治其子，不可棄其父母。」公曰：「管夷吾親射寡人，中鉤〔七〕，殆於死，今乃用之，可乎？」鮑叔曰：「彼爲其君動也〔八〕，君若宥而反之，其爲君亦猶是也。」公曰：「然則爲之奈何？」鮑叔曰：「君使人請之魯。」公曰：「施伯，魯之謀臣也。彼知吾將用之，必不吾予也。」鮑叔曰：「君詔使者曰：『寡君有不令之臣在君之國，願請之以戮羣臣〔九〕。』戮以徇羣臣。魯君必諾。且施伯之知夷吾之才，必將致魯之政。既知其材，故授以國政。夷吾受之，則魯能弱齊矣。夷吾不受，彼知其將反於齊，必殺之。」公曰：「然則夷吾受乎？」鮑叔曰：「不受也。夷吾事君無二心。」公曰：「其於寡人猶如是乎？」對曰：「非爲君也，爲先君與社稷之故。君若欲定宗廟，則亟請之。不然，無及也。」公乃使鮑叔行成，成，平也。與魯平。曰：「公子糾，親也，請君討之。」魯人爲殺公子糾。又曰：「管仲，讎也，請受而甘心焉〔一〇〕。」魯君許諾。施伯謂魯侯曰：「勿予。非戮之也，將用其政也〔一一〕。用之使知政。管仲者，天下之賢人也，大器也。在楚則楚得意於天下，在晉則晉得意於天下，在狄則狄得意於天下。今齊求而得之，則必長爲魯國憂〔一二〕。君何不殺而受之其屍〔一三〕？」魯君曰：「諾。」將殺管仲。鮑叔進曰：「殺之齊是戮齊也，言戮以徇齊也。殺之魯是戮魯也。戮之以誡羣臣。以誡羣臣。弊邑寡君願生得之〔一四〕，以徇於國，爲羣臣僇。若不生得，是君與寡君賊比也〔一五〕。言親吾賊。非弊邑之君所謂也〔一六〕，使臣不能受命〔一七〕。」於是魯君乃不殺，遂生束縛而柙以予齊。柙，檻。鮑叔受而哭之，三舉，三舉其聲，僞哀其將死也。施伯從而笑之，笑其僞也。謂大夫曰：「管仲必不死。夫鮑叔之忍不僇賢人，言多所容忍，必不僇賢人。其智稱賢以自成也〔一八〕。稱，舉也。鮑叔相公子小白，先入得國。得國人心。管仲、召忽奉公子糾，後入，與魯以戰，能使魯敗〔一九〕。與魯師與齊戰，能使魯敗而齊克也。功足以得天與失天，其人事一也〔二〇〕。管仲本圖將立小白，今能敗魯而勝齊，是其功也。故於齊爲得天，於魯爲失天，至於能成人事則一。今魯懼，殺公子糾、召忽，因管仲以予齊，鮑叔知無後事，既得管仲，則知後無禍難之事也。必將勤管仲以勞其君〔二一〕，必探管仲本敗魯勝齊之意，以成其功，勤而慰勞其君也。願以顯其功〔二二〕。衆必予之願君試用管仲，以顯其定齊之功。如此，衆必與之。與，許也。有得。力死之功，猶尚可加也〔二三〕。顯生之功，將何如？是假令管仲力死成功，但一時之事耳，猶尚可加，況不恥垢辱，忍而生全，齊將得之而霸，以顯其本謀之功，何善如之乎！言不可加也。昭德以貳君也〔二四〕。言昭管仲之德，以爲君之副貳。鮑叔之知不是失也。」以鮑叔之智，能及此圖，必不失也。至於堂阜之上，堂阜，地名。鮑叔祓而浴之三〔二五〕，祓，謂除其凶邪之氣。桓公親迎之郊。管仲詘纓捷衽〔二六〕，示將就戮。使人操斧而立其後。操斧者，將受斧鉞之誅也。公辭斧三，然後退之。退操斧者。公曰：「垂纓下衽，寡人將見。」管仲再拜稽首，曰：「應公之賜〔二七〕，殺之黄泉，死且不朽。」言君賜之死，尚感恩不朽，況生之乎！公遂與歸，禮之於廟，三酌而問爲政焉。

〔一〕孫星衍云：文選陸厥答内兄詩注引「加」作「嘉」，左氏莊九年正義引無「其」字。翔鳳案：「其」通訓爲彼，此處同「爾」。墨子明鬼「御非爾馬之政」，書甘誓作「其」。「其臣」猶言你的臣，親切之稱，齊語不知其義而誤删。

〔二〕孫星衍云：治要引「飢」作「餒」，左氏正義作「餒」。翔鳳案：「飢」訓餓，與「饑」不同，前文已指出。「餒」即「飢」之異文，非二字也。

〔三〕孫星衍云：治要引「秉」作「柄」。戴望云：齊語與治要同。翔鳳案：詩：「秉國之鈞。」「柄」爲後出字。

〔四〕丁士涵云：齊語「諸侯」作「百姓」。翔鳳案：論語：「言忠信，行篤敬，雖蠻貊之邦行矣。」作「諸侯」爲是。左傳：「忠於民而信於神。」齊語不合。

〔五〕孫星衍云：左氏正義引「加」作「知」。蘇輿云：齊語亦作「加」，韋注：「加，益也。」未可據後來之本改之。翔鳳案：左傳：「夫戰，勇氣也，一鼓作氣。」執枹以鼓爲「加勇」，非「知勇」之時，此義極淺。

〔六〕劉師培云：左傳莊九年疏及治要並引「仲」作「子」。

〔七〕翔鳳案：鈎有多種，此帶鈎也。晉語「申孫之矢，集於桓鈎」，注：「帶鈎也。」中鈎，幾於洞穿腹部，故曰「殆於死」。

〔八〕孫星衍云：齊語「夫爲其君動也」，羣書治要引此無「動」字，非。左氏正義引作「勤」。洪頤煊云：「勤」字是。左氏僖二十八年傳「令尹其不勤民」，周語「不侫以勤叔父」，又楚語「是勤民以自封也」，爾雅：「勤，勞也。」杜預曰：「盡心盡力、無所愛惜爲『勤』。」今本與齊語作「動」，皆誤。　翔鳳案：易繫辭「效天下之動者也」，虞注：「發也。」合乎發矢之義。洪説非。

〔九〕王念孫云：「戮羣臣」，當從朱本作「戮於羣臣」。「戮於羣臣」者，下文曰「願生得之，以徇於國，爲羣臣僇」，是也。脱去「於」字，則義不可通。左傳正義引此正作「願請之以戮於羣臣」，齊語作「欲以戮之於羣臣，故請之」。　翔鳳案：下文「殺之齊是戮齊也，殺之魯是戮魯也」，通例皆無「於」字，非省之也，古今語法不同也。此處決不能有「於」字。王氏不知古今語法之異，誤矣。

〔一〇〕王念孫云：左傳正義引作「請受而戮之」，是也。下文施伯曰「非戮之也」，正對此句而言，則本作「請受而戮之」明矣。今作「請受而甘心焉」者，後人依左傳改之，而不知與下文不合也。且是書之文，不必皆與左傳同也。　翔鳳案：「甘心」有報讎之意，外交辭令，不得不如是。下文「非戮之也」，施伯減輕其語氣，以明施伯之知。王氏書生氣太重矣。

〔一一〕翔鳳案：用其爲政，省「爲」字，與上下文省「於」字同。

〔一二〕安井衡云：古本無「魯」字。　丁士涵云：「今」當作「令」。齊語曰「令彼在齊，則必長爲魯國憂矣」，語意正同。　翔鳳案：「今」字指鮑叔言，「今齊求」與「令彼在齊」語意不同，丁説誤。

〔一三〕劉績云：一作「殺之而授其屍」。　孫星衍云：左氏正義引「受」作「授」，無「之」字。

戴望云：齊語作「殺而以其屍授之」。翔鳳案：説文：「受，相付也。」此義正合。「授，予也」，爲後出字。嚴格言之，「受」從爪，其「爪」與「又」均爲「手」，再加「手」爲「授」，與加「手」爲「採」同，乃俗字矣。知古本改「受」爲「授」之非。若其改「屍」爲「政」，則謬極。既殺而死矣，可授以政乎？

〔一四〕翔鳳案：「敝邑寡君願生得之」，爲君願得之，古本以下文有「賊」字而加「之賊」二字，此句無主詞，不可通也。

〔一五〕戴望云：左氏正義引「寡君」下有「之」字，元刻同。翔鳳案：此又省「之」字。「比」，親也。

〔一六〕王念孫云：「謂」當爲「請」，字之誤也。左傳正義引作「非弊邑之所請也」，齊語作「若不生得以戮於羣臣，猶未得請也」。上文「請」字凡五見，皆其證。翔鳳案：説文：「謂，報也。」「報，當罪人也。」段注：「刑與罪相當謂之『報』，引申凡論人論事得其實謂之『報』。謂者，論人論事得其實也。」意謂非使臣所論之實，王改爲「請」，誤。

〔一七〕孫星衍云：左氏正義引「能」作「敢」。翔鳳案：「能」字語氣較硬，魯爲戰敗之國，鮑叔有要挾之意，志在生得。作「敢」字不合。

〔一八〕洪頤煊云：尹注言「多所容忍，必不僇賢人」，其義甚迂。左氏正義引作「鮑叔之不忍僇賢人，其知知稱賢以自成也」，義勝於今本。下句上「知」字音智，下「知」字如字。今本删一

「知」字，俱誤。王念孫云：「夫鮑叔之不忍僇賢人」語意亦未了，當作「夫鮑叔之仁，不忍僇賢人；其智，知稱賢以自成也」，「仁」與「智」正相對。正義所引脱「仁」字，尹本則大誤矣。尹注亦非。張文虎云：「忍」當作「忎」，古「仁」字也。左傳正義引作「不忍」，蓋所見本已誤。

俞樾云：釋名釋言語曰：「仁，忍也，好生惡殺，善含忍也。」然則「鮑叔之忍」猶云「鮑叔之仁」。下云「其智」，正以「仁」、「智」並言也。左傳正義引作「鮑叔之不忍戮賢人」，蓋後人不達「忍」字之義而妄改之，不足爲據。翔鳳案：「夫鮑叔之忍」，謂鮑叔請戮於齊，似爲忍人，然其心不戮賢人也。

〔一九〕俞樾云：「與」、「以」二字，傳寫互誤，當作「以魯與戰」，言以魯國之師與齊戰也。「能」字義不可通，管仲以魯師與齊戰，豈反使魯敗乎？「能」當讀爲「乃」，以魯與戰，乃使魯敗，明是天意，非人力所爲也。「能」與「乃」聲近，故得通用。淮南人間篇「此何遽不能爲福乎」，藝文類聚禮部「能」作「乃」。漢書匈奴傳「東援海代，南取江淮，然後乃備」，漢紀「乃」作「能」，並其證也。翔鳳案：「與魯以戰」，爲語法不同。「能」同「乃」，俞説是。

〔二〇〕俞樾云：「足」乃「定」字之誤。言鮑叔相小白而得國，管仲奉公子糾，以魯與齊戰而敗，此非人事有優劣，乃由小白得天，而公子糾失天也。功之成不成，定以得天與失天，若以人事論，則一而已矣。「定」與「足」字，形相似而誤。君臣上篇「朝有足度衡儀」，「足」亦「定」字之誤，宋本正作「定」，可證也。若依尹注説此文，違戾甚矣。張佩綸云：「功足以」三字衍。

尹注亦非。言鮑叔得天，管仲失天，而其人事則一。　翔鳳案：「以」爲「已」之變形，屢見前文。

〔二一〕安井衡云：「勤」當爲「勸」，字之誤也。　翔鳳案：晉語「秦人勤我矣」，注：「助我也。」「勤」訓助，非誤字。

〔二二〕翔鳳案：「願」爲將來，承上「將」字。郭沫若説當作「顧」，非是。

〔二三〕劉績云：言常人有爲君得曾力死爲國者，功猶可貴；今鮑叔爲桓得生仲者，則功無以加矣。　丁士涵云：當讀「衆必予之有得」爲句。「力死之功」與下「顯生之功」對文，「加」與「嘉」通。　戴望云：朱本「得」作「德」。「予」讀曰「與」，「衆必予之有德」者，謂衆以有德之名與之也。尹注非。　張佩綸云：「力」字涉「功」而衍。「有得死之功」謂殺子糺，「顯生之功」謂薦管仲，言殺子糺爲微功，生管仲爲大功。　翔鳳案：左哀二十四年傳「得太子適郢」，注：「相親説也。」今人尚謂朋友相親爲相得。「有得」斷句。大臣「老臣死之」，是鮑叔曾有力死之功矣。

〔二四〕王念孫云：「將何如」爲句，「是昭德以貳君也」爲句。尹以「是」字上屬，非是。

〔二五〕戴望云：「浴」者，謂以香熏草藥沐浴之。國語曰：「三釁三浴之。」　翔鳳案：吕氏春秋贊能桓公「祓以爟火，釁以犧猳焉」，與古俗合。蓋除其穢氣，與祓除不祥同意。

〔二六〕劉績云：「插」，一本作「攝」。弟子職所謂「攝衽盥漱」。　王念孫云：「插」，當從宋本作

「捷」。「捷」，古「插」字也。（小雅鴛鴦篇「戢其左翼」，韓詩曰：「戢，捷也，捷其噣於左也。」士冠禮注：「扱柶於醴中。」鄉射禮注：「搢，插也。」大射儀注：「搢，扱也。」內則注：「『搢』猶扱也。」釋文「插」、「扱」二字竝作「捷」。淮南泰族篇「捷吻而朝天下」，「捷吻」即插笏。）今作「插」者，後人所改耳。太平御覽服章部三引此正作「捷」。

〔二七〕王念孫云：廣雅：「應，受也。」桓公郊迎管仲而禮之，故仲稱「受公之賜，死且不朽」。尹以「賜」爲賜死，大謬。翔鳳案：檀弓「申生受賜而死」，此「賜」爲恩賜，王說是也。然房注「君賜之死」亦不誤。帝制時代，固以賜死爲君恩也。古本改「賜」爲「死」，謬。

曰：「昔先君襄公，高臺廣池，湛樂飲酒，田獵罼弋〔一〕，不聽國政，卑聖侮士，唯女是崇〔二〕。九妃六嬪，九妃，謂諸侯所娶九女。天子九嬪，諸侯六也。陳妾數千〔三〕，食必粱肉，衣必文繡，而戎士凍飢〔四〕。戎馬待游車之弊〔五〕，游車弊然後以爲戎車。戎士待陳妾之餘，陳妾食餘，然後以食戎士。倡優侏儒在前，而賢大夫在後〔六〕。是以國家不日益，不月長，吾恐宗廟之不埽除，社稷之不血食。敢問爲之奈何？」管子對曰：「昔吾先王周昭王、穆王〔七〕，世法文、武之遠迹〔八〕，以成其名。合羣國，比校民之有道者〔九〕，設象以爲民紀〔一〇〕，校試其人有道者，與之設法象而爲人紀。式美以相應，比綴以書，原本窮末〔一一〕，其所用美事，必令始終相應，然後次比緝綴，書之簡策，故能原其本，窮其末，無不錯綜也。

勸之以慶賞，糾之以刑罰，糞除其顛旄〔二〕，顛，謂高之頂，人或不墾闢。旄者，所以誓勸兵士。言能務農息兵，故糞其顛而除其旄。賜予以鎮撫之，以爲民終始〔三〕。

〔一〕張佩綸云：說文繫傳「隿，繳射飛鳥也」，臣鍇曰：「管子曰『田獵畢隿』，『隿』今作『弋』。」是小徐所見管書古本作「隿」。翔鳳案：「畢」爲田網，再加网，隸書別體也。古本作「畢」不誤，然不如楊本之近古也。

〔二〕尹桐陽云：漢書地理志：「桓公兄襄公淫亂，姑姊妹不嫁。於是令國中民家長女不得嫁，名曰巫兒，爲家主祠。嫁者不利其家。」「唯女是崇」，由此引申而說也。翔鳳案：本篇：「桓公曰：『寡人不幸而好色，姑姊有不嫁者。』」此種汚行，桓公與襄公同。則「唯女是崇」，乃指「九妃六嬪，陳妾數千」，而非姑姊妹之引申，明矣。丁山謂「殷有族内婚姻」，齊承殷俗，不以爲非。漢人指爲淫亂。

〔三〕張佩綸云：齊語「千」作「百」。韋注：「陳，列也。」翔鳳案：「戎馬待游車之弊，戎士待陳妾之餘」，「游車」、「陳妾」同爲名詞，韋注不大合。李斯上始皇書「所以飾後宮，充下陳」，注：「猶後列也。」則「陳」雖訓列，而「陳妾」爲「下陳之妾」之省稱。否則，「列妾」爲不詞矣。

〔四〕翔鳳案：「飢」訓餓，「餒」爲「飢」之孳乳字，前已言之。「饑」爲穀不熟，古本作「饑」，謬。

〔五〕王念孫云：「戎馬」，當依齊語作「戎車」，據尹注亦作「戎車」。翔鳳案：詩六月「元戎十乘」，小戎「小戎俴收」，皆以「戎」爲兵車，不加「車」字。「戎馬」爲戎車之馬，車不貴，所貴在駕車之馬，王説誤。

〔六〕翔鳳案：春秋時，大夫爲諸侯大臣，士非其比。士大夫並言，在春秋以後。古本於「賢」下加「士」字，非是。

〔七〕張佩綸云：「周」字淺人妄加，齊語無「周」字。翔鳳案：管蔡世家「封叔鮮於管」，杜預謂在滎陽。水經濟水注：「滎城城内有管叔冢。」叔鮮死而國亡，管仲即爲其後，故韋昭云：「姬姓之後，管嚴之子敬仲也。」昭王、穆王與管子同祖，周乃姬姓，同一祖先，故用「周」字。張不知而以爲淺人妄加，非是。

〔八〕陳奐云：齊語「迹」作「績」，韋注：「績，功也。」據管子，則齊語當是「蹟」字。説文：「迹，道也。」「蹟」，「迹」之或字。下文亦云「以遂文武之迹於天下」。翔鳳案：孟子「王者之迹息而詩亡」，「迹」謂歷史記載。作「績」非是。

〔九〕安井衡云：「國」，當依齊語爲「叟」。張佩綸云：「合羣」爲句，「國比」爲句，周禮鄉師之職「各掌其所治鄉之教而聽其治，以國比之法以時稽其夫家衆寡，辨其老幼貴賤廢疾」。翔鳳案：齊語韋注訓「校」爲考舍，乃「覈」之借。「國」同「域」，亦可釋爲城市。説文：「國，邦也。」「或，邦也。」「或」變爲「域」。考工匠人「國中九經九緯」，注：「城内也。」諸人異説紛紜，由於不識「國」字耳。

〔一〇〕劉績云：「設象」，即周禮所謂「縣治象之法於象魏」是也。董增齡云：尹注：「校試其人有道者與之設法象而爲人紀。」案成十五年傳「善人，國之紀也」，言取有道之人，使民法而象之，故下言「班叙顛毛，爲民統紀」，則「設象」指人，非指書。知章此注，似合傳義。（見國語正義，下同。）

〔一一〕劉績云：「本」謂上之所設，「末」謂下之所行。　翔鳳案：爾雅釋言：「式，用也。」詩民勞：「式遏寇虐。」不當改。

〔一二〕劉績云：「糞」，分也。孟子「百畝之糞」，王制作「分」，是也。「旄」，老人也。國語作「班序」。言合羣叟比校民之有道者，必先設象刑以爲民法，其從而相應者，比合連綴於書，推象刑之意而究其是非，合則勸以慶賞，違則糾以刑罰，於中又分異其老而「賜予以鎮撫之」，猶勞之來之之意也。　宋翔鳳云：國語作「班序顛毛」，「班」，列也，謂以頂髮色列序之，使有長幼。「班」與「糞」，「除」與「序」，並聲之轉。「糞除」當讀爲「班序」，「旄」與「毛」通。　俞樾云：尹注解「顛旄」之義，殊不可通。據國語作「班序顛毛」，韋昭注曰：「顛，頂也；毛，髮也。言次列頂髮之白黑，使長幼有等。」然則此文「糞」字，疑「𦋻」字之誤。「糞」，篆文作「䕭」，與「𦋻」字相似，故誤也。「𦋻」即今所用頒賜字，亦或以「班」爲之。是故管子書以「𦋻」爲「班」，亦猶他書之以「班」爲「𦋻」也。「除」乃「叙」字之誤。「叙」與「序」通。「𦋻叙」即「班序」也。「𦋻」誤作「糞」，後人乃改「叙」爲「除」，以求其義，而不知其不可通矣。　王紹蘭云：齊語作「班序顛毛」。「班」，說文作「班」，解云「分瑞玉」，是「班」有分義。「分」、「糞」古通用，王制「百畝之分」，孟子作「糞」，「糞」猶「分」也。「序」，正字當作「叙」，傳寫者因字皆從「余」，又見上有「糞」字，遂改作「除」。「旄」借燕毛之毛，然則故書本當作「叙其顛旄」，謂分次頂髮之白黑，故下云「賜予以鎮撫之」，證以齊語及韋注，其義甚明。尹注「糞顛除旄」，語難通曉。蓋唐本「叙」久譌「除」，致有此誤耳。翔鳳案：「顛旄」承上「有道」而言。說文：「除，殿陛也。」引申爲叙用。漢書景帝紀：「初除之官。」諸家俱有所得。射義「旄期稱道不亂」，「旄」即「耄」也。

〔一三〕劉績云：「終始」猶言常行也。張佩綸云：齊語「終始」作「統紀」，無「賜予以鎮撫之」。

公曰：「爲之奈何？」管子對曰：「昔者，聖王之治其民也，參其國而伍其鄙，定民之居，成民之事，以爲民紀，謹用其六秉，如是而民情可得，而百姓可御。」桓公曰：「六秉者何也？」管子曰：「殺、生、貴、賤、貧、富，此六秉也。」桓公曰：「參國奈何？」管子對曰：「制國以爲二十一鄉，商工之鄉六，士農之鄉十五。公帥十一鄉〔一〕，高子帥五鄉，國子帥五鄉，參國故爲三軍。公立三官之臣〔二〕，謂三軍之官也。市立三鄉〔三〕，工立三族，澤立三虞，山立三衡。自三鄉已下，每皆置其官。制五家爲軌〔四〕，軌有長。十軌爲里，里有司。四里爲連，連有長。十連爲鄉，鄉有良人〔五〕。三鄉一帥〔六〕。」桓公曰：「五鄙奈何？」管子對曰：「制五家爲軌，軌有長。六軌爲邑，邑有司。十邑爲率，率有長。十率爲鄉，鄉有良人。三鄉爲屬，屬有帥。五屬一大夫〔七〕，武政聽屬，以武爲政者聽於屬。文政聽鄉，各保而聽，鄉屬之聽，各自保之。毋有淫泆者〔八〕。」桓公曰：「定民之居，成民之事奈何？」管子對曰：「士農工商，四民者，國之石民也〔九〕，四者國之本，猶柱之石也，故曰石也。不可使雜處。雜處則其言哤〔一〇〕，其事亂。哤，亂也。是故聖王之處士必於閒燕〔一一〕，處士閑燕，則謀議審。處農必就田壄，處工必就官府，處商必就市井。立市必四方，若造井之制，故曰市井。今夫士，羣萃而州處，閒燕〔一二〕，每州之士，羣萃共處。閒燕，謂學校之處。則父與父言義，子與子言孝，其事君者言敬，長者言愛，幼者言弟，旦昔從事於此，旦昔，猶朝夕也。以教其子弟。少而習焉，其心安焉，不見異物而遷焉。異物，謂異事，非其所當習者。是故其父兄之教，不肅而成。其子弟之學，不勞而能。夫是，故士之子常爲士〔一三〕。今夫農，羣萃而州處，審其四時權節〔一四〕，於四時中，又權量其節之早晚。具備其械器，用械器皆謂田器。比耒耜穀芨〔一五〕。比偶其耒耜及穀芨。穀芨小於耒耜，一人執之，以隨耒耜之後，重治其闕遺。芨音揷。及寒，擊槀除田，以待時乃耕〔一六〕。冬寒之月，即擊去其草之槀者，修除其田，以待春之耕也。深耕均種疾耰，耰，謂復種。既已均種，當疾耰之。先雨芸耨，以待時雨。時雨既至，挾其槍刈耨鎛，在掖曰挾。槍，摏也。刈，鐮也。耨，鎡錤也。鎛，鉏也。以旦暮從事於田壄，稅衣就功，脫其常服，以就功役，便事而省費。別苗莠，列疏遬〔一七〕，遬，密也，謂苗之疏密①當均列之。首戴苧蒲〔一八〕，苧，蔣也。編苧與蒲以爲笠。身服襏襫〔一九〕，襏襫，謂麤堅之衣，可以任苦著者也。沾體塗足，暴其髮膚，盡其四支之力，以疾從事於田野〔二〇〕。少而習焉，其心安焉，不見異物而遷焉。是故其父兄之教，不肅而成。其子弟之學，不勞而能。是故農之子常爲農。樸野而不慝，農人之子，朴質而野，不爲姦慝。其秀才之能爲士者〔二一〕，則足賴也。農人之子，有秀異之材可爲士者，即所謂生而知之、不習而成者也，故其賢足可賴也。故以耕則多粟，以仕則多賢，是以聖王敬畏戚農〔二二〕。有司見之而不以告，其罪五，有司已於事而竣〔二三〕。以農民能致粟，又秀材生焉，故聖王敬畏農而戚近之。今夫工，羣萃而州處，相良材，審其四時，辨其功苦〔二四〕，功，謂堅美。苦，謂濫惡。權節其用，論比計制，斷器尚完利〔二五〕。裁斷爲器，貴於完利。相語以事，相示以功，相陳以巧，相高以知事〔二六〕。以其能知器用之事相高。且昔從事於此，以教其子弟。少而習焉，其心安焉，不見異物而遷焉。是故其父兄之教，不肅而成。其子弟之學，不勞而能。夫是，故工之子常爲工。今夫商，羣萃而州處，觀凶飢，審國變，察其四時，而監其鄉之

① 「密」字原作「者」，據補注改。

貨，監，視也。以知其市之賈。負任擔荷，服牛輅馬〔二七〕，以周四方，料多少，計貴賤，以其所有，易其所無，買賤鬻貴。是以羽旄不求而至，竹箭有餘於國，奇怪時來，珍異物聚〔二八〕。旦昔從事於此，以教其子弟。相語以利，相示以時，相陳以知賈〔二九〕。賈知物價，相與陳説。少而習焉，其心安焉，不見異物而遷焉。是故其父兄之教，不肅而成。其子弟之學，不勞而能。夫是，故商之子常爲商。相地而衰其政〔三〇〕，則民不移矣。相地沃瘠，以差其政，則人安其沃瘠而不移。衰，差也，音楚危反。正旅舊，則民不惰〔三一〕。國之軍旅，正之以從舊貫，則稟令而不惰。山澤各以其時至，則民不苟。苟，謂非時入山澤也。陵陸丘井田疇均，則民不惑〔三二〕。無奪民時，則百姓富，犧牲不勞，則牛馬育〔三三〕。」過①用謂之勞。

〔一〕孫蜀丞云：「十一鄉」，當依齊語作「五鄉」。工之鄉不從戎役，此言三軍，故「公帥五鄉，高子帥五鄉，國子帥五鄉」，蓋專指士農之鄉也。後人强合於二十一鄉之數，故改爲「十一」，其實非也。　翔鳳案：孫依國語韋注爲説。工鄉不服役，於史無徵。下文「爲三軍」，「立三官」，有農工賈，工官即管工之服役者，孫説之謬立見。周禮族師「相保以役國事」，即「工立

①「過」上原衍「注」字，據補注删。

三族」之「族」。説文：「族，矢鋒也。」今作「鏃」，乃工之事。

〔二〕劉績云：「官」，官府也。此言士之鄉。董增齡云：吕氏春秋上農篇「民自七尺以上屬諸三官」，高注：「三官，農、工、賈也。」六韜曰：「大農、大工、大商謂之三寶。農一其鄉則穀足，工一其鄉則器足，商一其鄉則貨足，無亂其鄉，無亂其俗。」則「三寶」即「三官」。六韜雖非太公書，然管子此制實與之同。下即言工、商、山、澤，可知「三官」爲工商農。翔鳳案：「官」同「館」，見幼官。「三官」即「三館」。大匡「仕者近公」，「公」爲首都辦公處，各本誤作「宫」。

〔三〕王引之云：「鄉」亦官名，與「族」、「虞」、「衡」同例。淮南時則篇「三月官鄉」，高注曰：「三月料民户口，故官鄉也。」翔鳳案：「鄉」即鄉辦公處，「族」、「虞」、「衡」同義。

〔四〕翔鳳案：「軌」從几旁，説文「軌」從九聲，「軓」從凡聲，無從几聲者，此乃「軓」之變形。

〔五〕王紹蘭云：「鄉有良人」，齊語作「鄉有鄉帥」。蘇輿云：齊語韋注：「賈侍中云：『良人，鄉士也。』昭謂：『良人，鄉大夫也。』」汪遠孫云：司馬法天子之義篇：「國曰元戎，先良也。」爾雅：「良，首也。」廣雅：「良，長也。」並與此「良人」之「良」義同。翔鳳案：詩與孟子均以婦人之夫爲良人，通作「郎」。與漢之郎官略同。

〔六〕安井衡云：古本「三鄉」作「五鄉」，下文及齊語亦作「五鄉」。丁士涵云：五鄉萬家，家出一人，爲萬人也。下文曰：「五鄉一師，故萬人一軍，五鄉之師率之。」翔鳳案：下文

「鄉有良人，三鄉爲屬，屬有帥」，則作「三」者是。古本改「三」爲「五」，因上文「帥五鄉」而改之，不知「帥五鄉」之「帥」爲帥領，「屬有帥」爲官，義不同。此又古本之妄。

〔七〕劉績云：齊語作「制鄙，三十家爲邑，邑有司，十邑爲卒，卒有卒帥，十卒爲鄉，鄉有鄉帥，三鄉爲縣，縣有縣帥，十縣爲屬，屬有大夫。五屬，故立五大夫，各使治一屬焉」。案後「屬退而脩連，連退而脩鄉，鄉退而脩卒，卒退而脩邑」，則「三鄉」下缺「爲連連有帥十連」七字，但國語以「連」爲「縣」耳。王念孫云：「十邑爲率」，「率」當依齊語作「卒」（下同）。下文「鄉退而脩卒」，亦與齊語同也。隸書「率」字或作「[illegible]」（見漢韓勑造孔廟禮器碑），形與「卒」相似，故「卒」誤爲「率」。「屬有帥」當作「屬有大夫」，此涉上文「連有帥」而誤。「五屬一大夫」，「一」當爲「五」。下文云「正月之朝，五屬大夫復事於公，擇其寡功者而譙之曰，列地分民者若一，何故獨寡功」，是每屬有一大夫，故齊語云「五大夫各治一屬」，不得言「五屬一大夫」也。王紹蘭云：「十邑爲率，率有長，十率爲鄉」，三「率」字齊語作「卒」。此下云「屬有帥」，「帥」與「率」同，明「率」當作「卒」。且下云「鄉退而修卒，卒退而修邑」，正作「卒」字。「卒有長」，齊語作「卒有卒帥」。「三鄉爲屬，屬有帥，五屬一大夫」，齊語作「三鄉爲縣，縣有縣帥，十縣爲屬，屬有大夫，五屬，故有五大夫」。

〔八〕翔鳳案：說文：「泆，水所蕩泆也。」書酒誥：「淫泆于非彝。」左隱三年：「驕奢淫泆。」

〔九〕孫星衍云：文選陸士衡挽歌詩注、揚雄劇秦美新注引作「國之正民」。「正民」對「閒民」而言，作「石」字非。稽叔夜絶交書注、陳孔璋檄吳將校文注、白帖八十三引俱作「石民」。孫詒讓云：注説迂繆，不足據。「石」當與「碩」通。詩邶風簡兮毛傳云：「碩人，大德也。」文選阮瑀爲曹操與孫權書云「明棄石交」，李注云：「『碩』與『石』古字通。」陸士衡挽歌詩及揚子雲劇秦美新注引此「石」竝作「正」者，乃不得其説而臆改。（稽叔夜絶交書、陳孔璋檄吳將校文注引仍作「石」，與今本同。）孫校從之，非也。劉師培云：今考文選藉田賦注亦引作「正民」，永平十一年策秀才文注又引作「右」。竊以「正」即「定」字，對下「不使雜處，不遷異物」言，其義較長。作「右」亦通，「右」爲上誼，「石」即「右」訛。翔鳳案：四民之重要，非因其碩大，乃因其爲基本民衆，所謂國以民爲本也。書大傳「大夫有石材，庶人有石承」，注：「石材，柱下質。石承，當柱下而已。」説文：「礎，礩也。」「質」同「礩」。一切經音義卷十八引許叔重曰：「楚人謂柱碣爲礎。」墨子備城門：「柱下傅舄。」「舄」同「碣」，爲石之轉音也。諸説均誤。

〔一〇〕翔鳳案：説文：「哤，哤異之言也，一曰雜語。」「尨」爲犬之毛亂，從口則爲言亂矣。

〔一一〕張佩綸云：「於」，當從齊語作「就」。郭沫若云：以「處農必就田野，處工必就官府，處商必就市井」例之，「閒燕」二字不類。韋昭國語注訓爲「清淨」，固未深考；尹知章於下「羣萃而州處閒燕」，則解爲「謂學校之處」，亦僅以意爲説。余疑乃「閭黄」之誤。「黄」假爲「黌」，後漢書儒林傳「順帝感翟酺之言乃更修黌宇」，注引説文曰：「黌，學也。」『黌』與『横』

同。」（今本說文奪此字。）同書鮑昱傳「德乃修起横舍」，注：「横，學也，字又作『黌』。」「横」既可假爲「黌」，則「黄」亦可假爲「黌」矣。五比爲閭，計二十五家。「閭黄」猶言鄉校。後人不解「閭黄」之意，以下文有「閒燕」字而改易之耳。國語蓋誤於先，管子則據改於後，故同誤。

翔鳳案：禮記有仲尼燕居、仲尼閒居。釋文：「退燕避人曰閒居。」目録：「退朝而處曰燕居。」大戴保傅「七月而就燕寢」，注：「夾室，次於寢也。」「閒燕」指處所，在都市之内，與官府相類，與田野市井稍别。當時貴族世襲，士即世襲之貴族。農爲農奴，當時謂之甿，奴隸非永爲奴隸，雖爲世襲，但其才能傑出者，亦能成爲士。工商則自由民，但其才能傑出者能否成爲士，則未言及。

〔一二〕安井衡云：此「今夫」古本作「令夫」，與齊語同，餘亦作「令夫」。丁士涵云：「令」當依齊語作「令」。「閒燕」亦當如齊語屬下讀。董增齡云：王制鄭注「連屬卒州猶聚也」，孔疏「州者聚居」，是也。翔鳳案：「今夫」猶言現在這些。中庸「今夫天」、「今夫地」、「今夫水」、「今夫山」連用。侈靡：「今夫政則少。」改「今」爲「令」，非是。訓「州」爲「聚」，爲「匊」之借。然説文謂「水中可居曰州，周繞其旁」，則「州處」謂環繞而居，諸説均非。

〔一三〕劉師培云：周禮大司徒疏引「常」作「恒」，引下三「常」字同。此乃唐末避諱所更。翔鳳案：廣雅釋地「恒山」謂之「常山」，漢書地理志注謂避文帝諱改，則在寫漢隸時已改之，劉説誤。

〔一四〕劉績云：當作「權節其用，備其械器」，乃字誤亂。注皆非。齊語作「權節其用」，是也。張佩綸云：管書本作「備其械器」，校者據齊語改之，遂致複沓。觀尹注「械器皆謂田器」，不注「用」字，則上文注爲「四時中量其早晚」，僞房誤改入「權節」字，以致支離。翔鳳案：房注以「權節」二字屬上句，是也。「用」字屬下爲句，無誤字。二説均非。

〔一五〕孫星衍云：「穀茇」，當依齊語作「耞芟」，宋本「穀」作「殺」，即「耞」字之壞。王紹蘭云：「耒耜穀茇」，齊語作「耒耜耞芟」，韋注曰：「耞，拂也，所以擊草也。芟，大鐮，所以芟艸也。」「芟」本刈草之稱，用鐮芟草，因即呼鐮爲芟，猶下文「刈」亦芟艸之稱，用鐮刈艸，因又呼鐮爲刈耳。此文「茇」即「芟」之譌，「穀」蓋「椴」之譌，説文：「椴，橦樓也，一曰燒麥柃椴。」齊語自作「耞」，管書自作「椴」，無妨各異。至「穀茇」，則古田器中罕聞此名，且四器並列，今以「穀茇」配「耒耜」，文亦不詞。翔鳳案：釋名：「殳，殊也。長丈二尺而無刃，有所撞挃於車上，使殊離也。」用爲農器，從耒作殺，其音近拂，與枷同類。黄梅有此器，名曰連枷，用以擊麥穀使脱粒者。故古本誤作「穀」。「穀」從殼，亦謂以殳脱其殼也。齊語作「枷」，管子作「殺」，名異而器同。「茇」爲藥名，不可通。爲「芟」之隸變，隸書未見「芟」字，而隋常景墓誌「投」作「投」，隋元君墓誌銘「役」作「伇」，知「芟」隸變作「叏」，其形近「茇」，非誤字也。「芟」爲大鐮，「椴」亦爲撞擊之器，王説近之。

〔一六〕俞樾云：「時」字絶句，「乃」當作「及」，字之誤也。「及耕」二字屬下爲義。齊語作「及耕深耕而疾耰之」，是其證。惟齊語「時」下有「耕」字，似爲衍文，當據此删。翔鳳案：「乃耕」，然後耕也。時未至不耕，作「及」字反不合。

〔一七〕翔鳳案：「遬」、「數」古字通。呂氏春秋辯土篇「慎其種，勿使數，亦無使疏」，疏數即疏密也。

〔一八〕戴望云：齊語「苧」作「茅」。段玉裁云：作「苧」是也。今俗云馬苧，可以爲蓑笠。

〔一九〕韋昭云：「襏襫」，蓑薜衣也。董增齡云：小雅無羊毛傳：「蓑所以避雨。」上文言「時雨既至」，則「襏襫」當爲蓑衣，不當爲布衣。尹知章之説非也。翔鳳案：「襏襫」二字見廣韻注，云：「雨衣也。」俗以小兒能抵抗寒暑易生長者爲「潑匹」，與「襏襫」同音，則此乃衣名，房注未可非也。

〔二〇〕丁士涵云：「疾」字涉上文「疾耰」而衍。張佩綸云：「從事於田野」上下複見，依士工商，當云：「旦昔從事於此，以教其子弟。」翔鳳案：「疾」爲快速，承上文。

〔二一〕陶鴻慶云：此二句文義相屬，惟其樸野不慝，故其才足賴也。下文又云「以仕則多賢」，正指此言。尹注未得其旨，其解下句云「所謂生而知之，不習而成」，尤非。金廷桂云：「秀才」二字始見于此。日知録以史記賈生傳「吳廷尉聞其秀才」，謂爲「秀才」二字之始，疏矣。翔鳳案：合下文「敬畏戚農」，「教士三萬人」，此「士」爲軍士。

〔二二〕王念孫云：「敬畏戚農」當作「敬農戚農」，言農民耕則多粟，仕則多賢，是以聖王敬之親之也。「農」與「畏」字形相近而誤，尹注非。翔鳳案：「戚農」未聞。檀弓「畏厭溺」，王肅

注：「犯法獄死謂之畏。」白虎通：「畏者，兵死也。」兵死之説與侈靡「次祖」相近。「畏」爲農之服兵役而死者，故先王敬之。

〔二三〕張佩綸云：「有司見之」三句涉下而衍，韋解齊語亦未訂正。翔鳳案：兵役農耕爲立國基本，故多此三句，趙本不知而誤删之。

〔二四〕戴望云：「苦」讀爲「盬」，詩傳曰：「盬，不堅固也。」字亦作「沽」，周官司兵「辨其物」，注：「謂功沽。」亦作「楛」，見荀子。

〔二五〕王引之云：「計」當作「汁」，字形相似而誤。「汁」與「協」通。（周禮大行人「協辭命」，故書「協」作「汁」，大戴禮朝事篇譌作「計」。史記曆書「祝犂協洽」，單行索隱本「協」作「汁」，譌作「計」。）「汁」下當有「材」字。齊語正作「論比協材」，韋注曰：「協，和也，和其剛柔也。」翔鳳案：公羊莊二十四年傳「斷修云乎」，釋文：「『斷』本作『腶』。」朱駿聲謂「段」之借。「腶修」，即穀梁莊二十四年之「鍛」。「斷」同「鍛」，與「尚完利」合看，知「斷器」爲軍也。

〔二六〕陶鴻慶云：「事」字不當有，涉上文「相語以事」、下文「旦夕從事」而誤衍也。「知」讀爲智。考工記云「智者創物，巧者述之」，智固工所尚也。「相高以智」，與上文「相語以事，相示以功，相陳以巧」句法一律。翔鳳案：工巧以器言。制器爲事。「相語以事」爲舊知識，「相高以知事」爲新創造，去「事」字則「知」字落空。陶説誤。

〔二七〕劉績云：「輅」，一作「軺」。戴望云：古無「輅」字。「輅」必「軺」字之誤，齊語正作「軺」。

姚永概云：「輅」字不可通，當讀爲「絡」。文選景殿賦注：「『絡』與『落』古字通。」莊子秋水篇「落馬首」，即「絡馬首」也。字又作「雒」。莊子馬蹄篇「刻之雒之」，釋文：「雒，謂羈雒其頭也。」　顏昌嶢云：文選解嘲注引應劭云：「輅，謂以木當胸以輓車也。」

〔二八〕俞樾云：「物」當爲「總」，言珍異總聚也。若作「物聚」，則不詞矣。因俗書「總」字作「揔」，其上半與「物」相似而誤。　翔鳳案：左昭九年傳「事有其物」，注：「類也。」「物聚」猶繫辭之「方以類聚」，非誤字。

〔二九〕丁士涵云：齊語及此文竝衍「知」字。「賈」，讀如平市賈之賈。「相陳以賈」，與上文二句對文。　姚永概云：此與上論工中「相語以事，相示以功，相陳以巧，相高以知」文正相對，不應此獨少「相高」一句，疑本作「相陳以賈，相高以知」也。工以巧爲重，商以賈爲重，「相高以知」句不變者，工與商均非知不可也。　翔鳳案：「賈」即「價」。白虎通商賈篇「論語曰：『沽之哉，沽之哉，我待價者也。』」「價」字漢始有之，管書自作「賈」。

〔三〇〕劉師培云：「政」字，齊語作「征」。九章算術六李籍音義云「衰，次也，不齊等也，管子曰『相地衰征』」，是管子古有作「征」之本。

〔三一〕劉績云：當從齊語作「政不旅舊，則民不偷」。「旅舊」，棄故舊不用如旅也。或疑乃「施」字誤，所謂「故舊不遺，則民不偷」。　姚永概云：劉説是也。論語「故舊不遺，則民不偷」，正同此義。但「旅」乃謂使之失所，旅寄他方也。旅「小亨」疏：「失其本居而寄他方曰旅。」

翔鳳案：「相地」句指農，「山澤」句指工，此句指商。呂氏春秋仲秋「來商旅」，注：「旅者，行商也。」周禮遺人「以待羇旅」，注：「過行寄止者。」周禮宰夫「歲終則令群吏正歲會」，注：「『正』猶定也。」法法：「正也者，所正定萬物之命也。」此「正旅舊」，乃安定來客，姚誤爲旅寄他方。

〔三二〕安井衡云：「慼」，諸本作「惑」，古本作「惐」，乃「慼」之壞字，今從之。「慼」，古「憾」字，齊語作「憾」。丁士涵云：「井」與「陵」、「陸」、「丘」三者不類。「井」當爲「阜」。地圖篇曰「陵、陸、丘、阜之所在」，説苑辨物篇曰「山川汙澤，陵陸丘阜，五土之宜，聖王就其勢，因其便，不失其性，高者黍，中者稷，下者秔，蒲葦菅蔽之用不乏，麻麥黍粱亦不盡」，即此所謂「陵陸丘阜田疇均」。齊語作「陵阜陸墐井田疇均」，「井」字衍。「不慼」，齊語作「不憾」，誤。翔鳳案：曲禮「不斬於丘木」，注：「壟也。」丘爲壟墓所在，井爲飲水及灌溉之用，非誤字。

〔三三〕王念孫云：尹説非也。「勞」讀爲撈。方言曰：「撈，取也。」（廣雅同。）古無「撈」字，借「勞」爲之。齊語作「犧牲不略，則牛馬遂」，韋注曰：「略，奪也。」「略」與「勞」一聲之轉，皆謂奪取也。「無奪民時」，不輕用民也。「犧牲不勞」，不妄取於民也。今俗語猶謂略取人物曰「撈」矣。翔鳳案：書微子「今殷民乃攘竊神祇之犧牷牲用」，「攘竊」即掠也。犧牲用作祭祀祈福，畜牧時即祈神而求牲畜之蕃育，含有迷信在内。

桓公又問曰：「寡人欲脩政以干時於天下〔一〕**，其可乎？」**干，求也。時時見曰會。

欲求天下諸侯脩時見之會。管子對曰：「可。」公曰：「安始而可？」管子對曰：「始於愛民。」公曰：「愛民之道奈何？」管子對曰：「公修公族，家修家族，使相連以事，相及以禄，則民相親矣。相連以事則人慣狎，相及以禄則恩情生，故有親也。放舊罪，修舊宗，立無後，則民殖矣。放舊罪則全人命，修舊宗則收散親，立無後則繼絶世，故人殖。殖，生也。省刑罰，薄賦斂，則民富矣。鄉建賢士，使教於國，則民有禮矣。出令不改，則民正矣。此愛民之道也。」公曰：「民富而以親〔二〕，則可以使之乎〔三〕？」管子對曰：「舉財長工，以止民用〔四〕。工能積財，舉而長之，民則慕而不費用矣。陳力尚賢，以勸民知〔五〕。賢能陳力而崇上之，民則勸而學智矣。加刑無苛，以濟百姓。行之無私，則足以容衆矣。出言必信，則令不窮矣。此使民之道也。」

〔一〕翔鳳案：公羊定四年傳「以干闔廬」，注：「不待禮見曰干。」廣雅釋言：「時，伺也。」論語：「孔子時其亡也，而往拜之。」「時」同「伺」，「干時」二字連用，房注小誤。

〔二〕張佩綸云：「以」字衍。翔鳳案：「以」同「已」，見前，張不知而以爲衍。

〔三〕翔鳳案：管子有「甚富不可使」之言，桓公疑富不可使，故問。郭沫若釋「可」爲「何」，非是。

〔四〕王念孫云：「止」當爲「足」，尹注非。章炳麟云：「止」，待也，訓見釋詁。論語之「齊景公待孔子」，孔子世家「待」作「止」，此「待」、「止」聲義同之證。周禮「外府掌邦布之入出，以共百物，待邦之用」，注：「『待』猶給也。」此「止民用」，與彼文義正同。「待」又通「偫」，説文：「偫，待也。」引申爲備具之義。周語：「偫而畚挶。」羽獵賦：「儲積共偫。」「止民用」亦即偫民用也，不必如雜志以「止」爲「足」之奪誤。翔鳳案：檀弓「吉事雖止不怠」，注：「止，立俟時事也。」則「止」之訓待，爲當時常語。「止」即「趾」，與「足」同訓，見士昏禮鄭注，然非「充足」之「足」。

〔五〕張佩綸云：「知」當爲「和」，尹注非。翔鳳案：論語：「陳力就列，不能者止。」賢乃有能者，知人善任。公羊宣六年傳「趙盾知之」，注：「由人曰知之，自己知曰覺。」此齊人之界説，謂了解賢人也。張改爲「和」，誤。

桓公曰：「民居定矣，事已成矣，吾欲從事於天下諸侯，其可乎？」欲從會事。管子對曰：「未可。民心未吾安。」公曰：「安之奈何？」管子對曰：「脩舊法，擇其善者，舉而嚴用之〔一〕。慈於民，予無財〔二〕，貧無財者，當施與之。寬政役〔三〕，敬百姓，則國富而民安矣。」公曰：「民安矣，其可乎〔四〕？」管仲對曰：「未可。君若欲正卒伍〔五〕，修甲兵，則大國亦將正卒伍，修甲兵。君有征戰之事，則小國諸侯之臣有守圉之備矣。然則難以速得意於天下。公欲速得意於天下諸侯，則事有所隱，而政有所寓。」不顯習其兵事，故曰事有所隱。軍政寓之田獵，故曰政有所寓。公曰：「爲之奈何？」管子對曰：「作内政而寓軍令焉〔六〕。爲高子之里，爲國子之里，爲公里。三分齊國，以爲三軍。擇其賢民，使爲里君。每里皆使賢者爲君。鄉有行伍卒長，則其制令，且以田獵〔七〕，因以賞罰，因田獵之功過行賞罰。則百姓通於軍事矣。」桓公曰：「善。」於是乎管子乃制五家以爲軌〔八〕，軌爲之長。十軌爲里，里有司。四里爲連，連爲之長。十連爲鄉，鄉有良人。以爲軍令。是故五家爲軌，五人爲伍〔九〕，軌長率之。十軌爲里，故五十人爲小戎，里有司率之〔一〇〕。四里爲連，故二百人爲卒，連長率之。十連爲鄉，故二千人爲旅，鄉良人率之。五鄉一師〔一一〕，故萬人一軍，五鄉之師率之。三軍：故有中軍之鼓，中軍則公之里卒也。有高子之鼓，有國子之鼓。春以田曰蒐，振旅。因寓軍政，而且整旅。秋以田曰獮，治兵。順殺氣，因治兵。是故卒伍政定於里，軍旅政定於郊〔一二〕。内教既成，令不得遷徙。故卒伍之人，人與人相保，家與家相愛〔一三〕，少相居，長相游，祭祀相福〔一四〕，死喪相恤，禍福相憂〔一五〕，居處相樂，行作相和，哭泣相哀。是故夜戰其聲相聞，足以無亂。晝戰其目相見，足以相識。驩欣足以相死。是故以守則固，以戰則勝。君有此教士三萬人，以横行於天下〔一六〕。教士，謂先教習之士。誅無道，以定周室。天下大國之君，莫之能圉也。

〔一〕安井衡云：「嚴」猶尊。　張佩綸云：詩殷武「下民有嚴」，傳：「嚴，敬也。」

〔二〕戴望云：齊語作「遂滋民，與無財」，韋注：「遂，育也；滋，長也。貧無財者振業之。」王氏經義述聞曰：「遂，語詞，猶言因也。『滋』即『慈』之借。慈者，愛也，卹也。『與無財』，則所以卹之也。大戴禮記少閒篇『制典慈民』，墨子非儒篇『不可使慈民』，皆謂惠卹其民也。」

〔三〕安井衡云：「政」讀爲征。　翔鳳案：周禮閭胥「凡春秋之祭祀役政喪紀之數」，杜子春讀「政」爲征，此其證也。

〔四〕翔鳳案：承上文省「從事」二字。

〔五〕洪頤煊云：「正」當作「定」。漢書刑法志引此作「定」。下文「卒伍政定於里，軍旅政定於郊」，「桓公曰：卒伍定矣」，皆作「定」字。　翔鳳案：「卒伍政定於里」，再訓「政」爲「定」，是可通乎？詩皇矣「爰整其旅」，所謂整軍經武。「正」借爲「整」。說文：「整，齊也。從攴從束從正，正亦聲。」周禮大司馬「賊殺其親則正之」，注：「正之者，執而治其罪，與『整』同義。」

〔六〕劉師培云：周禮天官冢宰先鄭注云：「因内政寄軍令。」疏云：「此管子文，彼云『作内政』，司農云『因内政』者，讀字不同。」據疏說似以先鄭所據本作「因」。又天官宰夫疏、地官小司徒疏、夏官序官疏引管子並作「因内政寄軍令」，蓋從先鄭。　翔鳳案：說文：「寓，寄也。」方言：「齊、衛、宋、魯、陳、晉、汝、潁之間曰庇，或曰寓。」管用齊之方言。

〔七〕孫星衍云：「其」字誤。通典一百四十八引此作「有」。　翔鳳案：「則其制令且以田獵」

八字爲句，謂以田獵爲掩護。孫説非是。

〔八〕翔鳳案：「以」訓用，非虚字，軌爲基本，故以後不用「以」字。

〔九〕戴望云：齊語無「是故」二字，此文衍。「五人爲伍」上，當依下句例補一「故」字。翔鳳案：上文「五家以爲軌」云云乃法令，至是實行，當有「是故」二字。戴不知此意而衍之補之，俱誤。

〔一〇〕陶鴻慶云：當作「里司率之」。翔鳳案：「有司」二字爲一名詞。廣雅釋詁一：「有司，官也。」論語、三禮屢見，下文六用「有司」。「司」但訓主，非官名，陶説非是。

〔一一〕王念孫云：「師」，皆當依齊語、通典作「帥」。上文「三鄉一帥」，即其證。王紹蘭云：「五鄉一師，故萬人一軍，五鄉之師帥之」，二「師」字齊語皆作「帥」。翔鳳案：周禮地官序注：「『師』之言帥也。」族師注同。漢書鼂錯傳注：「師，字或作『帥』。」借用管子，則管子作「師」不誤。作「帥」者，後人以通語改之耳。

〔一二〕王念孫云：通典作「卒伍定於里，軍政定於郊」（「政」當爲「旅」），齊語作「卒伍整於里，軍旅整於郊」。案：「政」即「正」字也，「正」與「定」古字亦通。（堯典「以閏月定四時」，史記五帝紀「定」作「正」。齊語「正卒伍」，漢書刑法志「正」作「定」。）今「政定」竝出者，一本作「政」，一本作「定」，而後人誤合之也。齊語作「整」，「整」與「政」、「定」聲亦相近。任林圃云：王念孫言通典引此文與本文有出入，然今本通典卷一百四十八全引此節，此句與今本同，亦作

「是故卒伍政定於里，軍旅政定於郊」，未知王氏何據。或後人據今本管子以改通典者與？翔鳳案：本作「正」，與「整」通，説見上。

〔一三〕丁士涵云：「愛」當爲「受」。周禮大司徒職曰「令五家爲比，使之相保，五比爲閭，使之相受」，注曰：「受者，宅舍有故，相受寄託也。」五家爲比，故五人爲伍。五比爲閭，故五伍爲兩。大司徒會萬民之卒伍而用之，管子因之作内政而寓軍令，是卒伍之人即比閭之人也。鶡冠子王鈇篇「家與家相受，人與人相付」，與管子同。翔鳳案：丁説有理。魏樂安王元緒墓誌、魏寇憑墓誌「愛」字均無「心」，「愛」、「受」相混也。

〔一四〕翔鳳案：周禮膳夫「凡祭祀之致福者」，注謂：「諸祭祀，進其餘肉，歸胙於王。」然胙有限，鄭注祭統云：「世所謂福者，謂受鬼神之佑助。」此義最廣。

〔一五〕安井衡云：「福」，當依齊語作「災」。

〔一六〕戴望云：「横」讀曰「旁」，「旁」猶普也，徧也。齊語作「方」。蘇輿云：漢書武五子傳「非教士不得從徵」，與此義同。呂覽簡選篇「齊桓公教卒萬人以爲兵首，横行海内」，即此事也。翔鳳案：堯典「光被四表」，「光」即「廣」。漢書王莽傳作「横」。

正月之朝，鄉長復事，復，白也。公親問焉，曰：「於子之鄉，有居處爲義好學，聰明質仁〔一〕，慈孝於父母，長弟聞於鄉里者〔二〕，有則以告。有而不以告，謂之蔽賢〔三〕，其罪五。」謂其罪當入於五刑而定其罰。有司已於事而竣。既畢於上事而竣退。公又問焉，曰：「於子之鄉，有拳勇股肱之力，筋骨秀出於衆者〔四〕，有則以告。有而不以告，謂之蔽才〔五〕，其罪五。」有司已於事而竣。公又問焉，曰：「於子之鄉，有不慈孝於父母，不長弟於鄉里，驕躁淫暴，不用上令者，有則以告。有而不以告，謂之下比，下與有罪者比而掩蓋之。其罪五。」有司已於事而竣。於是乎鄉長退而脩德進賢明。公親見之〔六〕，遂使役之官〔七〕。謂授之官而役之，所以歷試其材能。公令官長期而書伐以告，伐，功也。且令選官之賢者而復之。曰：「有人居我官，有功，休德維順，端愨以待時使，以愨善待時，待可用之時而使之①也。使民恭敬以勸〔八〕。其稱秉言〔九〕，則足以補官之不善政。」謂此人所稱柄之言，可以補不善之政。公宣問其鄉里，而有考驗，宣，遍也。遍問其鄉里之人，以考其所行皆有事驗。乃召而與之坐，省相其質，以參其成功成事。既有考驗，召而與坐，更省視其質體，以參驗其所成功之事也。可立而時〔一〇〕，設問國家之患而不肉〔一一〕，其人既可，將立之，又時設問國家之患，以知智謀之深淺，不直相其骨肉而已。肉者，所謂皮相也。退而察問其鄉里，以觀其所能，而無大過，登以爲上卿之佐。爲卿大夫之佐。名之曰三選〔一二〕。名此人曰三大夫所選。高子、國子退而脩鄉，朝事既畢，二大夫又如前退

---

① 「而使之」三字原無，據補注增。

脩於鄉。鮑叔在朝，故不言。鄉退而脩連，連退而脩里，里退而脩軌，軌退而脩家。是故匹夫有善，故可得而舉也。匹夫有不善，可得而誅也〔一三〕。政既成，鄉不越長，朝不越爵。罷士無伍，罷，謂乏於德義者。周禮所謂罷人不義之衆，恥以爲伍也。罷女無家。罷女，猶罷士，衆恥娶之，故無家。士三出妻，逐於境外。三出妻，所謂「士也罔極，二三其德」。爲政者之所忌，故逐於境外也。女三嫁，入於舂穀〔一四〕。三見出而嫁，是不貞順者也，故入於舂穀。是故民皆勉爲善〔一五〕。士與其爲善於鄉，不如爲善於里。與其爲善於里，不如爲善於家。家善則鄉善矣，所謂居家治理，可移於官。是故士莫敢言一朝之便，皆有終歲之計。莫敢以終歲爲議，皆有終身之功。脩政則人無苟且。正月之朝，五屬大夫復事於公，擇其寡功者而譙之，曰：「列地分民者若一〔一六〕，何故獨寡功？何以不及人〔一七〕？教訓不善，政事其不治〔一八〕。一再則宥，三則不赦。」公又問焉，曰：「於子之屬，有居處爲義好學，聰明賢仁，慈孝於父母，長弟聞於鄉里者，有則以告。有而不以告，謂之蔽賢，其罪五。」有司已事而竣〔一九〕。公又問焉，曰：「於子之屬，有拳勇股肱之力，秀出於衆者，有則以告。有而不以告，謂之蔽才，其罪五。」有司已事而竣。公又問焉，曰：「於子之屬，有不慈孝於父母，不長弟於鄉里，驕躁淫暴，不用上令者，有則以告。有而不以告者，謂之下比，其罪五。」有司已事而竣。於是乎五屬大夫退而脩屬，屬退而脩連，連退而脩鄉，鄉退而脩卒，卒退而脩邑，邑退而脩家。是故匹夫有善，可得而舉。匹夫有不善，可得而誅。政成國安，以守則固，以戰則彊。封內治，百姓親，可以出征四方，立一霸王矣〔二〇〕。可謂一霸王之功也。

〔一〕翔鳳案：論語：「質直而好義。」又曰：「文質彬彬。」文選大將軍讌會詩「遺華反質」，注：「淳樸也。」「質」爲鄉民本色。

〔二〕王念孫云：上言「慈孝於父母」，則下當言「長弟於鄉里」，「於」上不當有「聞」字（下文「長弟聞於鄉里」同），此後人據齊語加之也。（齊語作「有居處好學，慈孝於父母，聰惠質仁，發聞於鄉里者」，文與此異，不得據彼以改此。）墨子非命篇曰「入則孝慈於親戚，出則弟長於鄉里」，文義正與此同。下文云「不慈孝於父母，不長弟於鄉里」，尤其明證也。翔鳳案：慈孝行於一家，而長弟不能偏接於鄉里。有親受之者，有聞之者。「聞」字不可省，王說非是。

〔三〕戴望云：齊語「賢」作「明」。翔鳳案：「賢」指下層，「明」屬於上，管書義勝。

〔四〕董增齡云：「拳」，說文引作「捲」，氣勢也。文選七命張銑注：「秀，特也。」李善注：「秀出於衆。秀，出貌也。」翔鳳案：「秀」從禾，苗之榮而實者，「出」爲其引申義。

〔五〕戴望云：齊語「才」作「賢」。翔鳳案：勇力爲才，非德與智，可知齊語之不當也。

〔六〕翔鳳案：「明」承上「聰明」言之。本篇一事另述用「桓公」，接述但用「公」字。

〔七〕張佩綸云：周禮瞽矇「以役太師」，注：「役，爲之使。」菙氏「遂役之」，注：「役之，使助之。」此「役之官」，乃在官助使，非官之也。

〔八〕劉績云：「順」，一作「慎」。　王念孫云：上「使」字因下「使」字而衍。尹注曰「待時，待可用之時也」，則無「使」字明矣。（今本注文「可用之時」下，有「而使之」三字，乃後人所加，宋本無。）　張佩綸云：「待」、「使」二字竝衍，當作「以時使民」爲句，「恭敬以勸」爲句，齊語及韋解亦衍「待」字。　翔鳳案：易坤卦傳「蓋言順也」，「順」即「慎」。「維順」上屬，無衍字。

〔九〕戴望云：齊語作「綏謗言」。　案：「稱」，「綏」之誤。「秉」與「謗」古同部字，音相近。　王紹蘭云：「稱秉言」，齊語作「綏謗言」。（韋注：「綏，止也。」）凡從「秉」之字，多與「丙」通，「丙」與「方」通，「方」與「旁」通。（説文「棅」爲「柄」之或字，「倂」爲「仿」之別文；春官「八枋」即「八柄」；左氏「防田」，公、穀作「邴田」；尚書「方施」作「旁施」，「方行」作「旁行」，此類多矣。）「秉」當依齊語讀爲謗。「稱」即「偁」之借字。説文：「偁，揚也。」謂揚其謗言令上聞也，猶晉語云「問謗譽於路」矣。（左氏襄十四年傳：「庶人謗。」）齊語之「綏」，蓋與「稱」形近而譌。（篆文「綏」作「[illegible]」。）韋注以「止」釋「綏」，止謗言事同弭謗，非其義也。以此證之，「稱」字爲長，當作「稱謗言」。　翔鳳案：荀子禮論「貧富輕重，皆有稱者也」，注：「謂各當其宜。」説文：「稱，詮也。」爾雅釋詁：「秉，執也。」品論人而執言。「秉」通「丙」，未聞再轉「旁」者。王訓轉折太多，古無其例。

〔一〇〕王念孫云：「可立而時」，齊語作「誠可立而授之」。韋注曰：「言可立以爲大官而授之事也。」此作「可立而時」者，「之」、「時」古字通（古「時」字作「旹」，以「㞢」爲聲，故二字可以通用。吕氏春秋胥時篇「事在當時」作「事在當之」，漢書張蒼傳「草立土德時曆制度」，史記作「草土德之曆制度」），又脱去「授」字耳。尹注非。王紹蘭云：齊語作「訾相其質，足以比成事，誠可立而授之」。以此校之，此文「功」當爲「事」（今本「事」字錯在下「成」字之下，則「成成」連文，不得不於上「成」字下增「功」字矣），下「成」字當爲「誠」之壞字。「時」當爲「授」（「授」譌爲「持」，又譌「持」爲「時」）。翔鳳案：論語：「成事不説。」易歸妹「遲歸有時」，象傳作「有待」。「時」，待也。「成功成事」爲句。本文自通，何必比附齊語？

〔一一〕劉績云：齊語作「設之以國家之患而不疚」，則「肉」乃「疚」之誤。王念孫云：尹解「肉」字甚謬。劉依齊語，以「肉」爲「疚」之誤，是矣，而未盡也。「肉」與「疚」形不相近，若本是「疚」字，無緣誤爲「肉」，蓋其字本作「㝌」，隸書或從篆作「」，形與「肉」相似，因誤爲「肉」。説文：「㝌，貧病也，從宀久聲。詩曰：『煢煢在㝌。』」今詩「㝌」作「疚」，未必非後人所改。此「㝌」字若不誤爲「肉」，則後人亦必改爲「疚」矣。王紹蘭云：齊語作「設之以國家之患而不疚」，韋注：「疚，病也，預設以國家之患難問之，不病不罷也。」以此校之，此文「肉」當爲「疚」（「疚」譌爲「灸」，「灸」又壞而爲「肉」）。何如璋云：「肉」乃「内」之譌。言設辭問以國家之患而直陳不吶也。張佩綸云：劉王改「肉」爲「㝌」，泥齊語，非是。韋解「不疚」爲「不病」、「不能」，亦牽强。「肉」乃「向」之誤。論語包咸注：「訥，遲鈍也。」漢書鮑宣傳：「吶鈍于辭。」言不遲鈍，而行又無大過，故可以爲卿佐。翔鳳案：「不病不罷」、「不吶」、「吶鈍」，皆與「國家之患」不相應，「不窮」似矣。然隸書方整，無依篆作「」者，此乃王氏臆説。玉篇引説文「月見東方謂之縮朒」，九章算術有「盈朒」。漢書五行志：「『朔而月見東方謂之仄慝，仄慝則侯王其肅。』肅者，王侯縮朒不任事。」安徽秋浦讀「肉」如朒。「不肉」謂非縮朒不任事者，語意正合，「肉」字不誤。唐齊士員造象記「肉」作「宍」，與「宂」形近，此乃齊語誤「肉」爲「宂」。「宂」不能誤爲「肉」，王校適得其反。

〔一二〕陶鴻慶云：尹注云「名此人曰三大夫之選」，此臆説也。「三選」皆見上文：「令官長選官之賢者而復之」，一也。「公召而與之坐，省相其質，以參其成功成事」，二也。「退而察問其鄉里以觀其所能，而無大過」，三也。蘇輿云：韋昭注：「鄉長所進，官長所選，公所訾相。」尹注非。

〔一三〕王念孫云：下兩「故」字，皆涉上「故」字而衍，齊語無。下文「匹夫有善，可得而舉，匹夫有不善，可得而誅」，亦無兩「故」字。翔鳳案：墨子經上：「故，使爲之也。」趙本「可」上有「故」字。

〔一四〕張佩綸云：「穀」當作「槀」，字之誤也。周禮大司寇司厲「其奴男子入于罪隸，女子入于舂槀」，是其證。鄭司農云：「舂人，槀人之官也。」翔鳳案：漢書惠帝紀：「舂者皆耐爲鬼薪白粲。」「春穀」即得白粲，「穀」非誤字。

〔一五〕陶鴻慶云：此承上文「士女」言之，句末不當有「士」字。齊語云「夫是故民皆勉爲善」，無「士」字。　翔鳳案：下文「是故士莫敢言一朝之便」，即承此言之。陶説誤。

〔一六〕蘇輿云：「者」衍字，齊語作「制地分民如一」。　翔鳳案：「寡功」指人，「者」字不當衍。

〔一七〕張佩綸云：齊語無此句，此乃尹氏「寡功」之注，誤作大字。　翔鳳案：加一句重其事，不必與齊語相同。

〔一八〕戴望云：「其」字衍，册府元龜引無。　翔鳳案：史記高祖本紀「其以沛爲朕湯沐邑」，「其」用於發聲，似將非將也，非衍文。

〔一九〕張佩綸云：「已事」，依上當作「已於事」。　劉師培云：元龜二百三十九引作「已於事」。

〔二〇〕翔鳳案：言可以建立一霸王。

桓公曰：「卒伍定矣，事已成矣，吾欲從事於諸侯，其可乎？」管子對曰：「未可。若軍令則吾既寄諸内政矣。夫齊國寡甲兵，吾欲輕重罪而移之於甲兵〔一〕。」公曰：「爲之柰何？」管子對曰：「制：重罪入以兵甲犀脅二戟〔二〕，輕罪入蘭盾鞈革二戟〔三〕，蘭，即所謂蘭錡，兵架也。鞈革，重革，當心著之，所以禦矢。小罪入以金鈞，三十斤曰鈞。分宥薄罪入以半鈞〔四〕，分宥，謂從坐者分其首犯而寬宥之。無坐抑而訟獄者〔五〕，正三禁之而不直，則入一束矢以罰之〔六〕。謂其人自無所坐，而被抑屈爲訟者，正當禁之三日，得其不直者，則令入東矢也。美金以鑄戈劍矛戟，試諸狗馬。惡金以鑄斤斧鉏夷鋸欘〔七〕，試諸木土。」夷，鋤類也。鋸欘，钁類也。桓公曰：「甲兵大足矣，吾欲從事於諸侯，可乎？」管仲對曰：「未可。治內者未具也，爲外者未備也。」故使鮑叔牙爲大諫〔八〕，所以諫正君。王子城父爲將，弦子旗爲理〔九〕，理，獄官。甯戚爲田〔一〇〕，教以農事，自此已上理內，已下理外。隰朋爲行，行，謂行人也，所以通使諸侯。曹孫宿①處楚〔一一〕，商容處宋〔一二〕，季勞處魯〔一三〕，徐開封②處衛〔一四〕，匽尚處燕〔一五〕，審友處晉。令此諸賢，各處諸侯之國者，所以諷動之，令歸齊也。又游士八千人〔一六〕，奉之以車馬衣裘，多其資糧，財幣足之，使出周游於四方，以號召收求天下之賢士。飾玩好，使出周游於四方，鬻之諸侯，以觀其上下之所貴好。擇其沈亂者而先政之〔一七〕。以政正也。公曰：「外內定矣，可乎？」管子對曰：「未可。鄰國未吾親也。」公曰：「親之奈何？」管子對曰：「審吾疆埸〔一八〕，反其侵地，正其封界，毋受其貨財，而美爲皮幣〔一九〕，以極聘頫於諸侯〔二〇〕。以安四鄰，則鄰國親我矣。」桓公曰：「甲兵大足矣，吾欲南伐，何主？」謂以頫，見也。

---

① 「孫宿」二字原作「宿孫」，據補注乙。

② 「開」字原作「閑」，據補注改。

何國爲征伐之主也。管子對曰：「以魯爲主。反其侵地常、潛〔二一〕，常、潛，地名。使海於有弊〔二二〕，或遇水灾，教令泄於海，使有弊盡也。渠彌於有陼〔二三〕，復教之穿渠，彌亘於河陼。綱山於有牢〔二四〕。」教之立國，城必依山以爲綱紀，而有牢固。桓公曰：「吾欲西伐，何主？」管子對曰：「以衛爲主。反其侵地吉臺、原姑與柒里〔二五〕，皆地名。使海於有弊〔二六〕，渠彌於有陼，綱山於有牢。」桓公曰：「吾欲北伐，何主？」管子對曰：「以燕爲主。反其侵地柴夫、吠狗，亦地名也。使海於有弊，渠彌於有陼，綱山於有牢。」四鄰大親，既反其侵地，正其封疆，地南至于岱陰〔二七〕，謂岱山之北。西至於濟，北至於海，東至于紀隨〔二八〕，紀隨，地名。地方三百六十里。三歲治定，四歲教成，五歲兵出，有教士三萬人，革車八百乘〔二九〕。諸侯多沈亂，不服於天子，於是乎桓公東救徐州，分吳半，分吳地之半。存魯蔡陵〔三〇〕，蔡陵，地名。割越地。南據宋、鄭，既割越地，又據宋、鄭之國，以爲親援也。征伐楚〔三一〕，濟汝水，伐楚時渡汝水。踰方地〔三二〕，謂方城之地。望文山〔三三〕，楚山也。使貢絲于周室，使貢楚絲，即所謂檿絲者也。堪爲琴瑟絃。成周反胙於隆嶽，周室有事，歸胙於齊。齊，太嶽之後，故言隆嶽。荆州諸侯，莫不來服〔三四〕。中救晉公，禽狄王，敗胡貉，破屠何〔三五〕，屠何，東胡之先也。而騎寇始服〔三六〕。北狄以騎爲寇。北伐山戎，制泠支〔三七〕，斬孤竹，而九夷始聽。海濱諸侯，莫不來服。西征，攘白狄之地，遂至于西河。謂龍門之西河。方舟投柎〔三八〕，乘浮濟河〔三九〕。至于石沈，石沈，地名。縣車束馬〔四〇〕，踰大行。與卑耳之貉〔四一〕，拘秦夏〔四二〕。與卑耳之貉共拘秦夏之不服者。西服流沙西虞，西虞，國名。而秦戎始從。故兵一出而大功十二。自救徐州已下有十二也。故東夷、西戎、南蠻、北狄、中國諸侯，莫不賓服。與諸侯飾牲爲載書，書，謂要盟之辭，載之於策。以誓要于上下，薦神〔四三〕，謂以上下之神祇爲盟誓，又以其牲薦之於神。然後率天下定周室，大朝諸侯於陽穀。故兵車之會六，乘車之會三，九合諸侯，一匡天下〔四四〕。甲不解壘，兵不解翳〔四五〕，翳所以蔽兵，謂脅盾之屬。不解甲於壘，不解兵於翳，言不用也。弢無弓，服無矢，弢，弓衣也。無弓無矢，亦言不用也。寢武事，行文道，以朝天子。

葵丘之會，天子使大夫宰孔致胙於桓公，曰：「余一人之命〔四六〕，有事於文、武，有祭事於文王、武王之廟也。使宰孔致胙。」且有後命曰：「以爾自卑勞，以爾自卑而勞弊。實謂爾伯舅，毋下拜。」桓公召管仲而謀。管仲對曰：「爲君不君，君命臣無下拜，是不君也。爲臣不臣，臣承命而不讓，是不臣也。亂之本也〔四七〕。」桓公曰：「余乘車之會三，兵車之會六，九合諸侯，一匡天下。北至於孤竹、山戎、穢貉〔四八〕，拘秦夏〔四九〕，西至流沙、西虞，南至吳、越〔五〇〕、巴、牂柯〔五一〕、⿰瓜長、不庾〔五二〕、雕題、黑齒〔五三〕，皆南夷之國號也。荆夷之國，莫違寡人之命，而中國卑我。中國之人，不尊崇樂推，使居臣位，是卑我也。昔三代之受命者，其異於此乎？」管子對曰：「夫鳳皇鸞鳥不降，而鷹隼鴟梟豐。庶神不格，庶神不至，則未歆其祭享。守龜不兆，守龜，國之守龜。不兆，謂不以信誠告之。握粟而筮者屢中。長者不告而短者告，是德之不至。傳曰：「龜長筮短。」詩曰：「握粟出卜。」時雨甘露不降，飄風暴雨數臻。五穀不蕃，六畜不育，而蓬蒿藜藋徒弔反。竝興〔五四〕。夫鳳皇之文，前德義，後日昌〔五五〕。前包德義，後有日昌，明先德義，乃可以日昌也。昔人之受命者，龍龜假，假，至也。河出圖，雒出書，地出乘黃。乘黃，神馬也。坤利牝。馬之貞，故從地出，若漢之渥洼神馬之比。今三祥未見有者，三祥，謂龜龍、圖書、乘黃也。雖曰受命，無乃失諸乎？」桓公懼，出見客曰：「天威不違顏咫尺，小白承天子之命，而毋下①拜，恐顛蹶於下，以爲天子羞。」遂下拜，登受賞。服大路，龍旗九游〔五六〕，渠門赤旂〔五七〕。渠門，旗名。天子致胙於桓公而不受，天下諸侯稱順焉〔五八〕。

〔一〕翔鳳案：重罪不死，減輕而以甲兵贖，是「輕重罪」。

〔二〕張佩綸云：「犀脅」，齊語作「犀甲」，中匡有「脅盾犀脅」，注：「未詳。」詩小戎「游環脅驅」，箋：「脅驅者，著服馬之外脅，以止驂之入。」「犀脅」，以犀革爲脅驅也。蘇輿云：齊語、

① 「下」字原作「不」，據補注改。

淮南氾論訓並云「出犀甲一戟」。「犀脅」疑「犀盾」之誤，釋名：「以犀皮作之曰犀盾」。翔鳳案：越語「水犀之甲」，注：「水犀有珠甲，山犀則無。」吳都賦「户有犀渠」，注：「楯也，犀皮爲之。」犀皮堅，可以爲甲，亦可以包盾。「犀脅」乃以犀護脅，與甲相類。今婦女所服之馬甲，小如背心，當爲古之遺制。犀皮貴，小則省料，名爲犀甲，實犀脅也。

〔三〕劉績云：齊語作「制：重罪贖以犀甲一戟，輕罪贖以鞼盾一戟」也。劉師培云：荀子議兵篇楊注引同。白帖四十七、五十八兩引此文，兩「二」字並作「一」（合上「重罪」而言），以中匡篇及齊語證之，似以作「一」爲允。翔鳳案：房注：「蘭」即所謂蘭錡，兵架也。鞈革，重革，當心著之，所以禦矢。」蘭錡當爲以織蘭之繒帛裹之（見輕重丁）。鞈革類犀革，惟以牛皮爲之，價賤。知犀脅亦以禦矢，其義更明。

〔四〕董增齡云：淮南氾論訓高注「以金分出金，隨罪輕重有分兩也」，即管子小匡篇「小罪入以金鈞，分宥薄罪入以半鈞」也。張佩綸云：齊語作「小罪讁以金分，宥閒罪」，淮南氾論篇作「有輕罪者贖以金分」，高注：「輕，小也；以金分出金，隨罪輕重有分兩也。」疑古本管子亦作「金分」，下文「分宥薄罪」之「分」字是其證。屬下讀非。「宥薄罪」爲句，「入以半鈞」衍，「宥」則不必入金，明甚。翔鳳案：鈞以外之零數，多少不一，董、張之説是也。

〔五〕俞樾云：「坐」當爲「挫」，言人有挫折屈抑，則宜訟，若無是而訟，是好訟也，故必有以禁之。尹注「謂其人自無所坐，而被抑爲訟者」，非是。蘇輿云：「獄」字衍。周禮秋官「以兩造禁民訟，入束矢於朝」，鄭注：「訟，以貨財相告者。」又「以兩劑禁民獄」，注云：「獄，相告以罪名者。」是訟、獄相對爲文，此不當有「獄」字。中匡篇作「無所計而訟者」，亦無「獄」字，是其證。　翔鳳案：釋名：「坐，挫也，骨節挫詘也。」安徽宿松讀「坐」如挫。俞謂當爲「挫」，尚隔一層。

〔六〕劉績云：「正」如春秋傳「正直爲正」之「正」，言罪於刑本無所坐，屈抑訟獄者，君爲之正，先已三禁之，不從，成獄，不直，則入束矢以罰其誣。齊語作「索訟者三禁而不可，上下坐成以束矢」。　董增齡云：周禮大司寇「禁民訟，入束矢」，惠士奇曰：「矢取其直，不直者入束矢。」束矢以示罰也。　張佩綸云：「正三禁」之「正」，涉「三」而衍。　尹桐陽云：「禁」，臨問也。周禮大司寇：「以兩造禁民訟。」又：「以兩劑禁民獄。」　翔鳳案：禮記王制：「史以獄成告於正。」爾雅：「正，長也。」劉、張未得其義。

〔七〕張佩綸云：「夷」，周禮薙氏「夏日至而夷之」，鄭注：「夷之，以鉤鐮迫地芟之也，若今取茭矣。」據此，則「夷」即鉤鐮之屬。原注非。　翔鳳案：周禮故書「夷」作「薙」，「雉」今作「剃」。説文：「鐵，古文作『銕』，從夷。」鐵從𢧜聲，𢧜從戜聲。説文：「戜，利也，一曰剔也。」「剔」同「剃」同「夷」。然則夷爲犀利之戈屬，今已變形爲鉤鐮矣。戈訓平頭戟，戟爲有枝兵，其上即有鉤矣。

〔八〕王念孫云：「鮑叔牙」本作「東郭牙」。下文「管仲曰：犯君顏色，進諫必忠，不辟死亡，不撓富貴，臣不如東郭牙，請立以爲大諫」，是其證。晏子春秋問篇、呂氏春秋勿躬篇、韓子外儲說左篇、新序雜事篇並同。世人多聞鮑叔牙，寡聞東郭牙，故以意改之耳。張佩綸云：齊桓初政，諫官之任，自當屬之鮑叔。東郭鞅乃智士，亦不足副犯顔進諫之稱。王氏改此從彼，非也。疑東郭牙即鮑叔牙之別名，如東里子産之類。

〔九〕尹桐陽云：呂覽、說苑作「弦章」，韓子作「弦商」，商、章聲轉。此云「子旗」，其字與？

〔一〇〕尹桐陽云：「戚」，呂覽作「遬」，韓子作「武遬。」「遬」、「戚」聲轉，甯之名也。武，其謚。淮南道應云「衛人」。

〔一一〕孫星衍云：大匡篇并此篇下文俱作「曹孫宿」。

〔一二〕尹桐陽云：淮南繆稱：「老子學商容，見舌而知守柔。」說苑敬慎作「常摐」，疑即此人。

〔一三〕劉績云：前作「季友」。宋翔鳳云：「季勞」即下文「季友」，說文古文「友」字作「𦫳」，故誤爲「勞」。

〔一四〕王念孫云：「徐」當爲「衛」，字之誤也。「開封」當爲「開方」，聲之誤也。開方，衛人也，故曰衛開方。大匡篇曰「游公子開方於衛」，故曰「衛開方處衛」。宋翔鳳云：「開封」即下文「開方」，「方」與「封」聲之轉。

〔一五〕孫星衍云：「匽尚」，蓋即大匡篇「晏子」。

〔一六〕王引之云：「八千人」爲數太多，當從齊語作「八十人」。韋昭注曰「州十人，齊居一州」，爾雅曰「齊曰營州」，是也。「又」讀曰有，古字「又」與「有」通（周語「是三子也，吾又過於四之無不及」，「又」與「有」同）。齊語作「爲」，「爲」亦「有」也（說見釋詞）。劉師培云：元龜引「千」作「十」，與齊語合。

〔一七〕安井衡云：「沈」、「淫」古通用。淮南子「瓠巴鼓琴而淫魚出聽」，是也。「正」、「政」、「征」三字古通用，此「政」讀爲征。齊語作「征」。翔鳳案：「政」通「征」，證見前。

〔一八〕戴望云：宋本作「疆埸」。安井衡云：「場」當爲「埸」，字之誤也。「疆埸」，邊境也。翔鳳案：本文「審吾疆場，反其侵地，正其封界」，則所指爲邊境。穀梁昭元年傳：「疆之爲言猶竟也。」「竟」即「境」，義正合。說文：「埸，疆也。」左成十二年作「疆埸」。趙本作「埸」是也，然楊本作「場」亦非誤字。隸書「易」、「昜」不分，如大臣之「惕」即「愓」，是其例矣。管書原文當作「易」。荀子富國「至於疆易」，漢書食貨志「殖於疆易」，皆作「易」，不作「埸」，可證也。安井說是。

〔一九〕翔鳳案：皮幣選文采者，是之謂美。下文「文飾虎豹皮」，是其證。

〔二〇〕陶鴻慶云：「極」讀爲亟，數也，齊語作「驟」。小爾雅廣言「驟，數也」，與「亟」義同。翔鳳案：「極」假爲「急」。淮南精神訓「隨其天資而安之，不極」，注：「急也。」說文：「諸侯三年大相聘曰頫。」

〔二一〕戴望云：齊語「常」作「棠」。董增齡云：春秋隱五年杜注：「棠，高平方與縣北有武唐亭、魯侯觀魚臺。」即今濟寧州魚臺縣魚亭山。惠棟左傳補注：「『堂』與『棠』古通，字見魯峻碑。」「堂」又與「常」通。詩魯頌：「居常與許，復周公之宇。」言「復」，則桓以義返之也。春秋隱二年杜注：「潛，魯地。」蓋近戎之地，當在今兖州府西南境。張佩綸云：魯頌「居常與許，復周公之宇」，毛傳：「常、許，魯南鄙西鄙。」箋：「『常』或作『嘗』，在薛之旁。春秋莊公三十一年『築臺于薛』，是歟？周公有嘗邑，所由未聞也。六國時，齊有孟嘗君食邑于薛。」佩綸謂：詩言魯僖「復周公之宇」，即指齊反侵地言。常爲魯南鄙，毛公所據何書，且不能詳。鄭氏以孟嘗之薛混之，非是。齊語作「棠」，以爲即「公矢魚于棠」之棠。「潛」見春秋杜注：「潛，魯地。」

〔二二〕安井衡云：「於」，爰也。「弊」讀爲蔽。張佩綸云：齊語「弊」作「蔽」。翔鳳案：國策秦策「南陽之弊幽」，注：「隱也。」同「蔽」。

〔二三〕趙用賢云：國語作「弭」。「渠彌」，裨海之名。言齊有高山大海，軍士可依之爲險阻。董增齡云：韋注「渠弭，裨海也」者，淮南墬形訓「東方曰大渚，曰少海」，高注：「水中可居者曰渚。東方多水，故曰少海，亦澤名也。」裨海即少海之義。管子小匡篇尹注「教之穿渠，彌亘於河陼」，非行軍之事，其説非也。

〔二四〕王念孫云：「綱山」，齊語作「環山」，韋注曰：「環，繞也。」後漢書馬融傳注引齊語「繯於山有罕」，賈注曰：「繯，還也。」是賈本作「繯山」，與韋異也。今管子作「綱山」者，蓋俗書「綱」字作「緦」，與「繯」字相似，「繯」譌爲「緦」，又譌爲「綱」耳。尹注皆非。翔鳳案：王説「綱」爲「繯」之誤，是也，然以爲俗書則非。魏司空穆泰墓誌「綱」作「緦」，水經濟水注「京城北有檀山罡」，則齊人書「岡」爲「罡」久矣。

〔二五〕劉績云：「柒」，齊語作「漆」。王念孫云：「吉」字，疑即「臺」字之誤而衍者也。齊語作「臺原姑與漆里」，韋注曰：「衛之四邑。」無「吉」字。戴望云：册府元龜引無「吉」字。翔鳳案：地名無考者，無法訂正，亦可云齊語奪「吉」字，王説不可信也。

〔二六〕何如璋云：「海」當作「河」，以齊衛界無海也。齊語亦誤。翔鳳案：古代洪水，群居高丘，有四海之名，山海所記是也。水退而名稱不改，左傳楚屈完謂：「君處北海，寡人處南海。」楚固無海，何説陋矣。

〔二七〕尹桐陽云：「岱陰」，泰山北也。公羊桓十六年傳「越在岱陰」。齊語作「餉陰」，謂定陶之陰也。翔鳳案：「地」對「海」而言，非虚設。

〔二八〕尹桐陽云：「隨」，腄也。前漢書地理志東萊郡有腄，在今山東文登縣西七十里。齊語作「紀鄰」，以鄰爲紀邑耳。

〔二九〕王引之云：「八」當爲「六」，上文云「五十人爲小戎」，積而至於三萬人，則六百乘矣。齊語作「八百乘」亦誤，説見韋注。翔鳳案：「小戎」爲基本單位，尚有工兵輜重，則非六百乘矣。王好作此無謂之計算，不止一次，書生之見也。

〔三〇〕俞樾云：地無名「蔡陵」者。據下文云「築蔡鄢陵」疑此文「蔡」上奪「築」字，「陵」上奪「鄢」字。存魯爲一事，築蔡鄢陵又爲一事。戴望云：册府元龜作「有魯茶陵」。張佩綸云：「蔡陵」當作「陵蔡」，即僖四年侵蔡事。一切經音義三引三蒼：「陵，侵陵也。」廿四引倉頡：「陵，侵犯也。」書大傳：「侵，陵也。」原注非。翔鳳案：此指桓公東征事，蔡不在東，張説謬。

〔三一〕陶鴻慶云：此以七字爲句，言據二國以伐楚也。霸形篇言「楚欲吞宋、鄭，桓公興兵而南存宋、鄭，與楚王遇於召陵，因以鄭城與宋水爲請」，即其事也。尹讀「南據宋鄭」爲句而解之云「據宋鄭以爲親援也」，非當時事實也。

〔三二〕劉績云：「地」乃「城」字誤，後亦作「方城」。王念孫云：齊語及御覽治道部七引並作「方城」，尹注非。翔鳳案：屈完謂：「楚國方城以爲城，漢水以爲池，雖衆無所用之。」齊未嘗踰方城也。後文「門傅方城」，乃迫近之義。非一處，諸説俱誤。

〔三三〕安井衡云：古本「文」作「汶」。「汶」音珉，即岷山也。黄丕烈云：戰國策言「三苗之居文山在其南者」，即此。

〔三四〕宋翔鳳云：國語作「使貢絲於周而反，荆州諸侯莫敢不來服」。後於「西服流沙西吳」下作「南城於周，反胙於絳，嶽濱諸侯莫敢不來服」。國語當采自管子，而文多異。管子傳本脱誤，惟小匡一篇首尾完善，似勝國語。「濱」，水厓。「嶽」不得言「濱」。此漢人整齊國語之文，遂效上文「海濱」作「嶽濱」。今定「嶽」字當連上讀，「反胙於絳嶽」猶言「歸胙於齊侯」，即後文宰孔致胙事。舊注以「太嶽」訓「隆嶽」，是也。國語「反胙於絳」，賈、唐紛紛之説並非也。四嶽於古爲方伯，於成周言「隆嶽」者，言天子以桓公爲方伯矣。

〔三五〕尹桐陽云：「屠何」，東胡之先，漢爲徒河縣，屬遼西郡。故城在今錦縣西北。劉恕通鑑外紀：「周惠王三十三年齊桓公救燕，破屠何。」墨子作「不著何」。

〔三六〕宋翔鳳云：此知騎戰春秋時已有，然非中土制，故經傳罕言。後趙武靈王云：「變服騎射以備燕三胡秦韓之民。」此騎射亦習北俗，非刱爲也。

〔三七〕董增齡云：史記齊世家「北伐山戎離枝孤竹」，集解引地理志曰：「令支縣有孤竹城。」疑「離枝」即「令支」，「令」、「離」聲相近。應劭曰「『令』音鈴」，「鈴」、「離」聲亦相近。管子亦作「離字。」俞樾云：「制」乃「㓞」字之誤。齊語作「㓞令支」，韋注曰：「㓞，擊也。」翔鳳案：「制」字自通，「㓞」字希用，不必用齊語改本文。

〔三八〕孫星衍云：「投」，當依齊語作「設」，因字形相近而譌。安井衡云：古本「投」作「設」。董增齡云：荀子子道篇「不放舟，不避風，則不可涉」，楊注：「『放』讀爲方。」漢書酈食其傳「蜀漢之粟，方船而下」，顔注：「方，併也。」詩釋文引郭璞云：「木曰簰，竹曰筏，小筏曰泭。」翔鳳案：「柎」同「泭」。古音「束」讀投，同音假借。「束泭」與「方舟」對文。

〔三九〕翔鳳案：柎以木爲之，因其浮於水而名之曰「浮」。趙本作「桴」，爲後起字。

〔四〇〕孫星衍云：北堂書鈔一百十四引作「乘馬」。　翔鳳案：「乘馬」與「懸車」，不相容，此亦類書不可信之一證矣。

〔四一〕王念孫云：「貉」當爲「谿」，字之誤也。齊語作「辟耳之谿」，「辟」、「卑」古字通。鈔本北堂書鈔武功部二引此正作「卑耳之溪」。（明陳禹謨本依今本管子改「溪」爲「貉」。）小問篇亦云：「未至卑耳之溪十里。」尹注非。　董增齡云：史記封禪書作「卑耳之山」，集解引韋昭曰：「卑耳，即齊語所謂『辟耳』。」索隱：「卑耳，山名，在河東太陽。」水經濡水注引管子：「齊桓公二十年，征孤竹，未至卑耳之谿十里。」案傳以孤竹屬北伐，以辟耳之谿屬西征，今酈氏合爲一地，各記所傳聞，不必盡符合也。　翔鳳案：「貉」爲種族名，字亦作「貊」，即下之「穢貉」也。海内西經：「貊國在漢水東北。」房注「與卑耳之貉共拘秦夏之不服者」，其言是也。卑耳之谿別在一處，王説非是。

〔四二〕丁士涵云：「秦夏」疑「泰夏」之誤。「泰」與「大」同。　戴望云：封禪篇「西伐大夏，涉流沙」，則大夏蓋國名。「拘」者，謂係累其君而歸也。　翔鳳案：戴説是也，然非誤字。事語篇之「泰夏」亦作「秦夏」，則「秦」乃隸書別體也。

〔四三〕劉績云：「薦」，當依齊語作「庶」。　王念孫云：尹注曰：「謂以上下之神祇爲盟誓，又以其牲薦之於神。」劉曰：「薦，當依齊語作『庶』。」念孫案：劉説是也。下文「庶神不格」，即其證。「誓要」當爲「要誓」，齊語作「約誓」，「約」亦「要」也。謂以盟載之詞，要誓於上下衆神也。尹不知「薦」爲「庶」之譌，而以「薦神」二字别爲句，謬矣。翔鳳案：以誓於神爲約束，作「誓要」爲是。易豫：「殷薦之上帝。」房注「薦之於神」不誤，省「於」字耳，本書省字者多。下文「庶神」即所薦之神，齊語不足據也。「薦神」二字句。

〔四四〕韋昭云：「兵車之會」，謂魯莊十三年會於北杏，十四年會于鄄，十五年復會于鄄，魯僖元年會于檉，十三年會于鹹，十六年會于淮。「乘車之會」，僖三年會于陽穀，五年會于首止，九年會于葵邱。九會也（見國語齊語注）。王紹蘭云：「六」、「三」互譌。史記齊世家作「兵車之會三，乘車之會六」。正義引「左傳魯莊十三年會北杏以平宋亂，僖四年侵蔡遂伐楚，六年伐鄭圍新城，是兵車會三也」。又引「左傳魯莊十四年會于鄄，十五年又會鄄，十六年同盟于幽，僖五年會首止，八年會于洮，九年會葵丘，是乘車會六也」。本書封禪篇正同。然則此誤明矣。大匡篇誤與此同。穀梁莊二十七年傳曰「衣裳之會十有一，未嘗有歃血之盟也」，范甯云：「十三年會北杏，十四年會鄄，十五年又會鄄，十六年會幽，二十七年又會幽，僖元年會檉，二年會貫，三年會陽穀，五年會首戴，七年會寧母，九年會葵丘。」傳又曰「兵車之會四，未嘗有大戰也」，范甯云：「僖八年會洮，十三年會鹹，十五年會牡丘，十六年會淮。」紹蘭案：論語「桓公九合諸侯不以兵車」，則「衣裳之會」當有九，不得有十一之數。故穀梁疏引鄭釋廢疾云：「自柯之明年，葵丘以前，去貫與陽穀，固已九合矣。」如鄭所言，柯盟在莊十三年冬，北杏之會在是年春，則鄭不數北杏矣。其明年爲莊十四年，今自十四年會鄄始，至僖九年會葵丘止，中間去貫與陽穀。鄭意謂衣裳之會：莊十四年會鄄，一也；十五年又會鄄，二也；十六年會幽，三也；二十七年又會幽，四也；僖元年會檉，五也；五年會首止，六也；七年會甯母，七也；八年會洮，八也；九年會葵丘，九也。正符「九合諸侯不以兵車」之數。

〔四五〕王念孫云：「壘」，當依宋本、朱本、齊語作「纍」，韋注曰：「纍，所以盛甲也。」補音：「纍，律追反。」戴望云：說文：「纍，大索也。」「医，藏弓弩矢器也。」「翳」爲「医」之假字。

〔四六〕王引之云：「之命」二字，蓋因下文「天子之命」而衍。齊語同。僖九年左傳云「天子有事於文武」，無「之命」二字。翔鳳案：下文「且有後命」，則其前有命，非衍文。

〔四七〕丁士涵云：「亂之本也」下，當依齊語接「桓公懼」云云，中閒「九合」、「一匡」諸語，皆是桓公侈大之辭。考左傳、史記之言，勤遠略乃在復會葵丘時，鳳皇鸞鳥一節，是管子諫止封禪之意，以史記所載封禪篇文參觀之，疑其篇未嘗亡佚，特錯簡於斯，以致前後文多脱落耳。翔鳳案：君不君，臣不臣，爲亂之本，乃擬議之辭，桓公何至於懼？懼者，懼其德不足以致祥瑞耳。齊語缺此一段不合，丁説非是。

〔四八〕張佩綸云：説文：「貉，北方豸種，孔子曰：貉之謂言惡也。」周禮職方「八貉」，鄭司農曰：「北方曰貉。」孟子「子之道，貉道也」，趙注：「貉在荒服者也。」漢書武紀「東夷獩君南閭等」，注：「服虔曰：獩貊在辰韓之北，高句驪沃沮之南，東窮于大海。」翔鳳案：此爲西北之貉，與東北之貉同名而異地。史記匈奴傳「以臨胡貉」，索隱：「貉，即穢也。」其地在漢水附近，故與胡合言之。穢貉與秦夏近，爲卑耳之貉加一確證矣。

〔四九〕李哲明云：「秦夏」，當從丁氏作「泰夏」，即大夏也。此句統以「北至於」三字，祇就其地言，不應有「拘」字。校者例以上文臆補之。此「拘」字當衍。翔鳳案：與穢貉同拘秦夏，非僅至其地而已。非衍文。

〔五〇〕張佩綸云：春秋左氏桓九年傳：「巴國在巴郡江州縣。」

〔五一〕張佩綸云：漢書地理志「牂柯郡，武帝元鼎六年開。莽曰同亭。有柱蒲關。屬益州。」應劭曰：「臨牂柯江也。」十三州志「江中山名」，水經注「江中兩山名」，左思賦「吐浪牂柯」，是也。華陽國志：「楚頃襄王時，遣莊蹻伐夜郎，以且蘭有椓船牂柯處，乃改其名曰牂柯。」歷考諸説，齊桓之迹，無至牂柯理。翔鳳案：文意但言莫違其命，非親至其地也。

〔五二〕張佩綸云：「𤬪」，字書無之。「不庾」，未詳。疑「𤬪不」乃「髳」之壞，「庾」乃「庸」之誤，蓋襲牧誓「庸、蜀、羌、髳」之文。髳者，後漢書西羌傳：「武王克商，羌髳率師會牧野。」字與「髦」通。詩角弓「如蠻如髦」，傳曰：「髦，夷髦也。」箋曰：「髦，西夷別名。」庸者，文十六年左氏傳云「庸人率羣蠻以叛楚」，又云「楚師滅庸」，杜注：「今上庸縣，屬楚小國。」尹桐陽云：「𤬪」從長瓜，字書所無。蓋「長瓜」即長沙之聲轉，合形而爲𤬪。「不庾」即北朐，海内南經雕題國、北朐國皆在鬱水南。翔鳳案：「𤬪」即「髟」，隸書左右易形，如「和」即「咊」，乃一字。與「髼」同。古無輕脣音，「髟」讀髼，即湖南之苗族也。「不庾」即北朐，用尹說。「庾」與「庸」不相似，又加「不」字，非「庸」可知也。

〔五三〕安井衡云：雕題，交趾也。黑齒者，嶺南之人食檳榔，其齒變黑，因以名其國耳。 張佩綸云：禮記王制篇「南方曰蠻，雕題交趾，有不火食者矣」，鄭注：「雕文，謂刻其肌以丹青涅之。」孔疏：「題，謂額也，謂以丹青刻其額。」史記趙世家：「黑齒雕題，却冠秫絀，大吳之國也。」集解劉逵曰：「以草染齒，用白作黑。」 尹桐陽云：海外東經：「黑齒國爲人黑齒。」淮南墬形：「有黑齒民。」呂覽求人：「禹東至黑齒之國。」東夷傳：「倭國東四千餘里有裸國，裸國東南有黑齒國，船行一年可至。」逸周書王會：「黑齒、白鹿、白馬。」

〔五四〕俞樾云：「蘿」乃「欏」字之誤，即「藋」字也。莊子徐无鬼篇「藜藋柱乎鼪鼬之徑」，釋文曰：「藋，本或作『蘿』。」 翔鳳案：說文：「藋，釐艸也。」徒弔切，從「翟」得聲正合，特其字不見於說文也。

〔五五〕丁士涵云：「日昌」與「德義」文不相對。「日」者，「明」之壞字，「明昌」猶昌明也。大戴禮虞戴德篇曰：「天事曰明，地事曰昌。」誥志篇曰：「天曰作明，地曰作昌。」天地之事曰「明昌」，天地之文亦曰「明昌」，鳳皇之文，法天地也。楚語「天明昌作」，注：「昌，盛也。」廣雅：「昌，光也。」 尹桐陽云：南山經曰：「鳳皇，首文曰德，翼文曰義，背文曰禮，膺文曰仁，腹文曰信。」其所記略與此殊。

〔五六〕劉師培云：書鈔一百二十引「游」作「旒」。玉海八十三引國語「龍旂九旒」，自注曰「管子九斿」，與書鈔所據本異。翔鳳案：晏子春秋：「景公望游而馳。」齊人作「游」，不作「旒」。

〔五七〕宋翔鳳云：齊語韋昭注：「渠門，兩旂所建以爲軍門，若今牙門也。」按「牙」古音如吾，與「渠」音近，亦爲一物。考工記「車人」，鄭司農注：「『渠』謂車輮，所謂牙渠門，即轅門。」穀梁昭八年傳「置旃以爲轅門」，范甯注：「轅門，卬車以其轅表門也。」有轅必有渠，故「轅門」亦爲「渠門」。桓受天子賞，不以旃而置交龍之旂也。

〔五八〕陳奂云：「不」乃「下」之誤。下受，承「下拜登受」而言。陶鴻慶云：「致胙」當爲「致命」，謂天子致「無下拜」之命，而桓公不受也。齊語「諸侯稱順矣」，韋注云：「下拜順於禮也。」明「稱順」指不受致命言之。若作「致胙而不受」，則情事乖違矣。

桓公憂天下諸侯。魯有夫人慶父之亂〔一〕，而二君弑死，慶父通莊公夫人姜氏，弑子般，又弑閔公。國絶無後。桓公聞之，使高子存之。男女不淫，淫，亂雜也。馬牛選具〔二〕，選擇其善者以成具，凡欲以貢齊也。執玉以見，請爲關内之侯，請爲齊關内之侯。而桓公不使也。狄人攻邢，桓公築夷儀以封之。男女不淫，馬牛選具，執玉以見，請爲關内之侯，而桓公不使也。狄人攻衛，衛人出旅於曹〔三〕，旅，客也。客居曹也。桓公城楚丘封之，其畜以散亡〔四〕，故桓公予之繫馬三百匹，謂馬在閑廄繫養之，言其良也。天下諸侯稱仁焉。於是天下之諸侯知桓公之爲己勤也，是以諸侯之歸之也譬若市人。桓公知諸侯之歸己也，故使輕其幣而重其禮，故使天下諸侯以疲馬犬羊爲幣〔五〕，疲，謂瘦也。齊以良馬報。諸侯以縷帛布鹿皮四分以爲幣〔六〕，謂四分其鹿皮。齊以文錦虎豹皮報。諸侯之使，垂橐而入，稛丘粉反。載而歸〔七〕。垂橐，言其空也。稛，收拾也。故鈞之以愛〔八〕，致之以利，結之以信，示之以武。是故天下小國諸侯既服桓公，莫敢之倍而歸之〔九〕，喜其愛而貪其利，信其仁而畏其武。桓公知天下小國諸侯之多與己也，於是又大施忠焉〔一〇〕。可爲憂者爲之憂，可爲謀者爲之謀，可爲動者爲之動，伐譚、萊而不有也〔一一〕，諸侯稱仁焉。通齊國之魚鹽東萊〔一二〕，自東萊通魚鹽於諸侯。使關市幾而不正〔一三〕，壥而不税，幾，察也。察其姦非，而不征①税。以爲諸侯之利，諸侯稱寬焉。築蔡、鄢陵、培夏、靈父丘〔一四〕，皆邑名。以衛戎狄之地〔一五〕，所以禁暴於諸侯也。築五鹿、中牟、鄴蓋與社丘〔一六〕，以衛諸夏之地，所以示勸於中國也。教大成。是故天下之於桓公，遠國之民望如父母，近國之民從如流水。故行地茲遠〔一七〕，得人彌衆，是何也？懷其文而畏其武。故殺無道，定周室，天下莫之能圉，武事立也。定

① 「征」字原作「王」，據補注改。

三革〔一八〕，車、馬、人皆有革甲，曰三革。偃五兵，朝服以濟河，而無怵惕焉，謂乘車之會，朝服濟河，以與西諸侯盟也。文事勝也。是故大國之君慙媿，小國諸侯附比。是故大國之君事如臣僕，小國諸侯驩如父母。夫然，故大國之君不尊，不以國大加其尊禮。小國諸侯不卑。不以國小而卑其敬。是故大國之君不驕，小國諸侯不懾。於是列廣地以益狹地〔一九〕，損有財以與無財。周其君子，不失成功。周給君子，得其力用，故不失成功也。周其小人〔二〇〕，不失成命。周給小人，懷德而歸，故不失成命也。夫如是，居處則順，出則有成功，不稱動甲兵之事〔二一〕，以遂文、武之近於天下〔二二〕。既以朝服濟河，故不稱甲兵，文德成也。大國畏威，事如臣僕，武功立也。桓公能假其羣臣之謀，以益其智也。其相曰夷吾，大夫曰甯戚、隰朋、賓胥無、鮑叔牙。用此五子者何功言何功而不成。度義〔二三〕，光德繼法，紹終以遺後嗣。貽孝昭穆〔二四〕，大霸天下，名聲廣裕，不可掩也。則唯有明君在上，察相在下也。

〔一〕劉師培云：元龜「有」作「自」，義較長。　翔鳳案：「有」字是。「自」爲叙述長期歷史，於此不合。

〔二〕韋昭云：「淫」，見淫略也。　王引之云：「選」亦「具」也，古人自有複語耳。說文：「僎，具也。」又云：「巽，具也。」「僎」、「選」與「巽」古竝同聲。「牛馬選具」者，謂牲畜皆全，不見掠奪也。墨子號令篇：「所居之吏，上數選具之。」「選具」猶齊備也。恐其不全，故選具之也。韋注訓「選」爲「數」，「數具」連文則不詞矣。尹注亦以迂回失之。張佩綸云：「男女不淫，馬牛選具」二句與下複，疑衍文。原注以爲「貢齊」，尤誤。翔鳳案：大匡：「魯請比於關内。」存亡繼絶，安定人畜爲要着，魯、邢相同，何爲複加而衍之？

〔三〕董增齡云：大雅公劉「於時廬旅」，毛傳：「廬，寄也。」管子小匡篇「狄人攻衛，衛人出旅於曹」，故詩序亦言「東徙渡河，野處漕邑」。載馳毛傳：「漕，衛東邑。」

〔四〕翔鳳案：古本「丘」下有「以」字。下「以」同「已」，前文屢見。

〔五〕丁士涵云：上文云「故使輕其幣而重其禮」，此承上言之，當作「故天下諸侯」，不當有「使」字，齊語無。翔鳳案：諸侯不以疲馬犬羊爲幣，齊之所使也。「使」字不可少，否則諸侯無禮矣。

〔六〕王念孫云：「縷帛布」本作「縵帛」。説文：「縵，繒無文也。」韓子十過篇曰「縵帛爲茵」，「縵帛」與「文錦」正相對。霸形篇曰「以虎豹皮文錦使諸侯，諸侯以縵帛鹿皮報」，文義正與此同，則本作「縵帛」明矣。今本作「縷帛」者，後人以齊語改之也。（齊語作「縷纂以爲奉」，韋注曰「縷纂以縷織纂，不用絲」，則非謂帛明矣。不得據彼以改此。）其「布」字，則因「帛」字而誤衍耳。王引之云：「鹿皮四分」，「分」當爲「介」，「介」即今「个」字也。（古字有「介」無「个」，説見經義述聞通説「个」字下。）齊語作「鹿皮四个」，韋注曰：「个，枚也。」（宋庠本如是，明道本「个」譌作「分」，注内「枚」字又譌作「散」，辯見經義述聞通説。）「鹿皮四个」，即聘禮所謂「乘皮」。「個」字古書作「介」，廣韻云「介，俗作『分』」，形與「分」相似，因譌作「分」。尹謂四分其鹿皮，失之矣。　翔鳳案：「縷」字不誤，「帛布」爲二物，亦不誤。「分」爲「介」，王説是，然非誤字。隋造龍華碑「界」作「堺」，與「分」無別。傳本原是「介」字，房誤認耳。

〔七〕俞樾云：「⿰木麕」字當從禾，即「稛」字也，説文禾部：「稛，豢束也，從禾囷聲。」此作「攟」者，又變從麕聲。「麕」亦從囷得聲者，故其聲同也。傳寫誤從木，非是。　姚永概云：昌黎答竇秀才書云「稛載而往，垂橐而歸」，正用此語。彼注引此，亦作「垂槖」，蓋「橐」與「槖」本通，詩「載槖弓矢」，鹽鐵論引作「載橐弓矢」，故二字每互用也。「⿰木麕」字以韓文測之，則昌黎所見本作「稛」。

〔八〕安井衡云：古本「鈎」作「鈞」。鈎，取也。齊語作「拘」，義粗通。　翔鳳案：漢書律曆志：「鈞者，均也。」「拘」亦「均」之誤，若作「鈎」，則不能誤爲「拘」矣。

〔九〕張佩綸云：「而歸之」當從齊語删。　翔鳳案：「莫敢之」，趙本等均作「莫之敢」，此以近代語法改古書也。「倍」同「背」。「歸之」，歸於齊也。此三字不可少。

〔一〇〕劉師培云：元龜「忠」作「惠」。　翔鳳案：左傳：「忠於民而信於神。上思利民，忠也。」作「惠」者，不知其義而改之耳。

〔一一〕董增齡云：莊十三年春秋杜注：「譚國在濟南平陵縣西南。」郡國志：「東平陵有譚城，故譚國。」水經濟水注：「武源水經譚城東，俗謂之布城。」通典：「齊州全節縣，春秋時譚國城在縣西南，唐元和十五年省入歷城。」寰宇記：「譚城在歷城縣東南十里。」案今山東濟南府歷城縣東南七十里有譚城。　尹桐陽云：「譚」見左莊十年，杜注：「譚國，子爵。」今山東歷城縣東南七十里有譚城，爲齊所滅。　說苑正諫：「桓公曰：昔者吾圍譚三年，得而不自與者，仁也。」「萊」，夷國名，姜姓，子爵。今山東黄縣東南二十里萊子城是。左襄六年齊滅之。輕重乙曰：「桓公終舉兵攻萊，並其地，禽其君。」蓋後仍存之而不有其地，故延至襄六年而齊始滅之耳。　蘇輿云：「伐萊」未聞。齊語作「軍譚遂」。案滅譚在莊十年，滅遂在莊十三年。

〔一二〕安井衡云：古本「魚鹽」下有「于」字。　戴望云：劉本及齊語「魚鹽」下有「于」字。翔鳳案：此爲以近代語法改書最顯之例。

〔一三〕安井衡云：古本「正」作「征」。

〔一四〕張佩綸云：「培夏」即「負夏」。禮記檀弓「曾子弔於負夏」，鄭注：「負夏，衛地。」「靈父丘」疑即靈丘，趙岐孟子注：「靈丘，齊下邑。」　俞樾云：齊語作「負夏」，古字通也。尚書禹貢篇「至於陪尾」，史記夏本紀作「至于負尾」，即其例矣。

〔一五〕安井衡云：「衛」字不可通，齊語作「御」，當據正。　翔鳳案：說文「衛，宿衛也」，即戍守之意。安井誤解。

〔一六〕王引之云：地無名「社丘」者，當從朱本作「牡丘」，春秋僖十五年「公會齊侯、宋公、陳侯、衛侯、鄭伯、許男、曹伯盟于牡丘」，是其地也。齊語正作「牡丘」。

〔一七〕翔鳳案：説文艸部：「兹，艸木多益也。」水部：「滋，益也。」趙本作「滋」，古字通用。

〔一八〕戴望云：王煦國語釋文云：「革，甲也。」考工記函人「犀甲七屬，兕甲六屬，合甲五屬」，是謂三革。

〔一九〕翔鳳案：説文：「列，分解也。」

〔二〇〕安井衡云：「周」古「賙」字。「命」，令也。翔鳳案：論語：「君子周急不繼富。」説文無「賙」字。周禮鄉師「賙萬民之艱阨」，鄭司農云：「賙，讀爲周急之周。」雷浚云：「凡漢人讀爲皆易其字，則『賙』當爲『周』。」「周」以音理求之，即津貼、補貼之貼，故「賙」從貝。

〔二一〕蘇輿云：「稱」，舉也，下不當有「動」字。尹注言「不稱甲兵」，似所見無「動」字。

〔二二〕張佩綸云：「近」當作「迹」，篇首「法文武之遠跡」，是其證。翔鳳案：「近」者，「迒」之隸變。説文：「迒，古之遒人，以木鐸記詩言，讀與記同。」王筠句讀：「詩崧高『往近王舅』，箋云：『近，詞也，聲如彼記之子之記。』六經正誤謂『近』爲『迒』之譌。候人『彼其之子』，箋云：『其或作記。』此讀直可作丌，即由『亓』『其』一字知之。」「迒」或作「近」，而誤爲「近」，再誤爲「迹」。朱駿聲謂王者之迹息爲「迒」之誤字。

〔二三〕孫星衍云：「何」讀如擔荷之「荷」。易「何校滅耳」，毛詩「百禄是何」，廣雅釋詁曰：「何，擔也。」言此五子者擔何而成其功也。尹注非。俞樾云：尹注曰：「言何功而不成。」然正文止有「何功」二字，乃增益其文曰「何功而不成」，殆失之矣。據下文，管仲請立隰朋爲大行，甯戚爲大司田，王子城父爲大司馬，賓胥無爲大司理，東郭牙爲大諫，而繼之曰：「君若欲治國彊兵，則五子者在矣。若欲霸王，夷吾在此。」然則此文疑當作「甯戚、隰朋、王子城父、賓胥無、東郭牙」，所謂「五子」者，指此五人。不數夷吾，明桓公所以霸者，皆由其相夷吾之力。若止用此五人者，則何功之有？故下文曰：「則唯有明君在上，察相在下也。」正見齊桓明君，夷吾察相，兩相得而成霸功，非由此五大夫矣。傳寫奪「王子城父」，又誤「東郭牙」爲「鮑叔牙」，與後文五子不合，遂并數夷吾爲五子，而「何功」之義不可解矣。管子此篇多與齊語同，蓋本齊國史之文。齊語末云「惟能用管夷吾、甯戚、隰朋、賓胥無、鮑叔牙之屬而伯功立」，此自是當時公論。爲管氏之徒者，取其文入管子書，則獨歸功於管仲，而他人不與焉。以其書固管氏之書也。今本錯誤，大非其旨矣。姚永概云：俞謂當增「王子城父」，改「鮑叔牙」爲「東郭牙」，是也。但直謂五子何功之有，上文何必曰「假羣臣之謀」乎？「用此五子者何功」，乃設問之辭，故下以「度義光德」云云釋之。尹注固非，俞解亦太抹煞矣。尹桐陽云：「何功」，任事也。翔鳳案：孫説是。以俞氏之精，不識「何」字，可怪也。

〔二四〕翔鳳案：周禮小宗伯「辨廟祧之昭穆」，注：「父曰昭，子曰穆。」禮記祭統「昭穆者，所以別父子遠近長幼親疎之序而無亂也」，則「昭穆」包長幼輩行在內，與「貽厥孫謀」之「貽」不抵觸。

初，桓公郊迎管子而問焉。管仲辭讓，然後對以參國伍鄙，立五鄉以崇化，建五屬以厲武，寄兵於政，因罰備器械〔一〕，加兵無道諸侯，以事周室。桓公大説，於是齋戒十日，將相管仲。管仲曰：「斧鉞之人也，幸以獲生，以屬其腰領，屬，綴連也。臣之禄也。若知國政，非臣之任也。」公曰：「子大夫受政，寡人勝任。言子受政而輔我，我則勝君之任也。子大夫不受政，寡人恐崩。」管仲許諾，再拜而受相。三日，公曰：「寡人有大邪三，其猶尚可以爲國乎？」對曰：「臣未得聞。」公曰：「寡人不幸而好田，晦夜而至禽側，言夙興晦夜之時，已至禽之側畔也。田莫不見禽而後反〔二〕。其田必見禽，多獲而後反。諸侯使者無致〔三〕，百官有司無所復。」既專於田，故使者不得致命，有司不得白事。對曰：「惡則惡矣，然非其急者也。」公曰：「寡人不幸而好酒，日夜相繼，諸侯使者無所致，百官有司無所復。」對曰：「惡則惡矣，然非其急者也。」公曰：「寡人有汙行，不幸而好色，而姑姊有不嫁者〔四〕。」對曰：「惡則惡矣，然非其急者也。」公作色曰：「此三者且可，則惡有不可者矣！」此三者尚以爲可，豈更有不可於此者。對曰：「人君唯優與不敏爲不可。優，謂逶隨不斷。優則亡衆〔五〕，不敏不及事。」公曰：「善。

吾子就舍，異日請與吾子圖之。」對曰：「時可將與夷吾〔六〕，何待異日乎？」可言之時，正與夷吾，不可待他日。公曰：「奈何？」對曰：「公子舉，爲人博聞而知禮，好學而辭遜，請使游於魯，以結交焉。公子開方，爲人巧轉而兑利〔七〕，請使游於衛，以結交焉。曹孫宿，其爲人也，小廉而苛忕〔八〕，音逝。苛，密。忕，習也。言多所慣習也。足恭而辭結〔九〕，其辭能與人定交結。正荆之則也，言此人立行正與荆俗同，使之游荆，必得其歡心。上二人亦然。請使往游，以結交焉。」遂立行三使者而後退。使三使行出然後退。相三月，請論百官。公曰：「諾。」管仲曰：「升降揖讓，進退閑習，辨辭之剛柔，臣不如隰朋，請立爲大行。大行，大使之官。墾草入邑〔一〇〕，辟土聚粟，多衆〔一一〕，盡地之利，臣不如甯戚，請立爲大司田〔一二〕。平原廣牧，廣遠可牧之地。車不結轍，士不旋踵，鼓之而三軍之士視死如歸，臣不如王子城父，請立爲大司馬。決獄折中，不殺不辜，不誣無罪，臣不如賓胥無〔一三〕，請立爲大司理〔一四〕。犯君顔色，進諫必忠，不辟死亡，不撓富貴，臣不如東郭牙，請立以爲大諫之官。此五子者，夷吾一不如〔一五〕，於五子各不如其一。然而以易夷吾，夷吾不爲也。以五子之能，易夷吾之德，則夷吾所不能。君若欲治國彊兵，則五子者存矣〔一六〕。若欲霸王，夷吾在此。」桓公曰：「善。」

〔一〕陶鴻慶云：「因罰」當作「因刑罰」，中匡篇云「請薄刑罰，以厚甲兵」，是其證。

〔二〕戴望云：馬總意林引作「不幸好畋，晦夜從禽不反」。

〔三〕翔鳳案：説文「致，送詣也」，段注：「言部曰：詣，候至也。送詣者，送而至其處也。引申爲召致之致。」「無致」，無召問者。趙本作「無所致」，謬。

〔四〕孫星衍云：意林、白帖九十三引「姊」下有「妹」字。荀子仲尼篇「齊桓，五伯之盛者也，内行則姑姊妹之不嫁者七人」，何休公羊解詁「齊侯亦淫，諸姑姊妹不嫁者七人」，當有「妹」字。

翔鳳案：「姊」從女，市聲。六書正譌云：「姉，俗作『姊』。」漢武梁祠畫像題字「姊」作「姉」，此隷書正體。「妹」字可省，詩泉水「問我諸姑，遂及伯姊」，亦無「妹」字。

〔五〕宋翔鳳云：「僾」訓隱，言人君自隱其情，使不可知，則人不附之，故曰「僾則亡衆」也。注家疑「僾」爲「優」字之誤，遂以「逶隨不斷」釋之。（宋本注中「優」字亦作「僾」。）後校管子，竟改爲「優」。夫「逶隨不斷」，與「不敏」無異。翔鳳案：説文「僾，彷彿也。詩曰：僾而不見。」方言：「掩、翳，薆也。」郭注：「謂蔽薆也。詩曰：薆而不見。」所引爲韓詩。隷書艸、竹不分，即「⿱竹愛」。字作「曖」或「靉」。趙本作「優」，誤。

〔六〕翔鳳案：論語「惟我與爾有是夫」，皇疏：「許也。」報任少卿書：「而世俗又不與能死節者。」「與」訓許。

〔七〕惠士奇云：「兑」同「説」。顧廣圻云：「兑」即「鋭」，見荀子、韓詩外傳。丁士涵云：大匡篇曰「恑轉以利」，顧説近之。

〔八〕翔鳳案：詩蕩釋文、四月正義、左桓十三年傳正義皆引說文：「忕，習也。」是古本有「忕」篆，今奪。房用古義，不誤。詩關雎序「哀刑法之苛」，釋文：「苛，本作『荷』。」檀弓下「無苛政」，釋文：「苛，本亦作『荷』。」管子原文作「荷」，趙本以後世通用之字改爲「苛」。

〔九〕劉績云：大臣作「博於教而又巧於辭，不好立大義而好結小信」，則「辭結」當作「辭給」。

翔鳳案：廣雅釋詁二：「結，續也。」莊子徐无鬼「王射之，敏給」，注：「給，續括也。」二字相通，「結」假爲「給」，非誤字。論語：「禦人以口給。」

〔一〇〕丁士涵云：「入邑」，韓子外儲說作「仞邑」，新序雜事篇作「朸邑」，呂氏春秋勿躬篇作「大邑」。

翔鳳案：說文：「入，內也。」「內」爲古「納」字。秦策「入其社稷之臣於秦」，注：「納也。」此義至順。左成十七年傳：「凡諸侯去其國，國逆而立之曰『入』。」

〔一一〕翔鳳案：「多」字屬下爲句。五帝紀「與爲多焉」，索隱：「『多』猶大也。」呂氏春秋知度「其患又將反以自多」，注：「多，大。」

〔一二〕王念孫云：「大司田」本作「司田」，此因「大司馬」之文而誤衍也。羣書治要作「請立以爲司田」，無「大」字。（治要「立」下皆有「以」字，呂氏春秋、韓子、新序同。）丁士涵云：呂氏春秋勿躬篇、韓子外儲說皆作「大田」。晏子春秋問篇：「桓公聞甯戚歌，舉以爲大田。」淮南繆稱篇「甯戚擊牛角而歌，桓公舉以爲大田」，高注：「大田，田官也。」大田爲田官之長，與大行、大司馬、大理、大諫之官皆一例。「司」字蓋衍，不得據治要反改爲「司田」也。翔鳳案：立政篇有「由田」，即司田也。四「大」字皆爲衆官之長，不可省也。韓非、吕覽皆用「大」而省「司」，行文不同，不必據彼改此。

〔一三〕孫星衍云：「賓胥無」，韓非子外儲説作「弦商」，晏子春秋問上篇、吕氏春秋勿躬篇作「弦章」，雜事篇作「弦寧」，上文「弦子旗爲理」，即其字。王念孫云：「賓胥無」本作「弦章」，後人以上文云「其相曰夷吾，大夫曰甯戚、隰朋、賓胥無、鮑叔牙，用此五子者何功」，遂改「弦章」爲「賓胥無」，不知上文自謂用此五人而成霸功，不謂以賓胥無爲大理也。大匡篇曰「賓胥無堅强以良，可以爲西土」，則不使爲大理明矣。又上文云「使東郭牙爲大諫（今本作「鮑叔牙」，亦後人所改，辯見上）王子城父爲將，弦子旗爲理，甯戚爲田，隰朋爲行」，此文云「隰朋爲大行，甯戚爲大司田，王子城父爲大司馬，東郭牙爲大諫」，皆與上文同，而弦子旗即弦章之字，則爲大理者，乃弦章而非賓胥無矣。吕氏春秋、韓子、新序並云「以弦章爲大理」，即本於管子也。（韓子作「弦商」，「商」與「章」古字通。費誓「我商賚女」，「商」徐邈「音章」，荀子王制篇「審詩章」作「審詩商」，皆是也。新序作「弦寧」，即「弦章」之譌。）而困學紀聞乃謂「弦章在景公時，當以管子作『賓胥無』者爲正」，不知桓公時亦有弦章，不嫌與後人同名。且上文「弦子旗」即「弦章」之字，則此文當作「弦章」明矣。（上文是記事之詞，故稱弦子旗，此文是管仲告君之詞，故稱弦章。）而羣書治要所載亦作「賓胥無」，則唐初本已誤。張佩綸云：王伯厚（困學紀聞）之説爲確。諸書作「寍」，乃「賓」之誤文，作「章」、作「商」，乃「胥」

之壞文。懷祖執弦章字子旗爲説，不知「胥」有待訓，胥無之字子旗，猶巫馬施之字子期也。安知子旗非即賓胥無之字，弦非賓胥無之别邑，而必舉晏子時之弦章實之？ 若云「賓胥無爲西土」，即不得爲大理，則「隰朋爲東國」，又何以復爲大行？ 且大匡云「國子爲李」，而小匡云「弦子旗爲理」，又云「賓胥無爲大理」，一官頓有三人，必强正之，爲之説，不固即鑿矣。

翔鳳案：張説是。

〔一四〕孫星衍云：治要、長短經一引俱無「司」字。王念孫云：「大司理」本作「大理」，此因「大司馬」之文而誤衍也。羣書治要作「請立以爲大理」，無「司」字。吕氏春秋勿躬篇、韓子外儲説左篇、新序雜事篇皆作「大理」。

〔一五〕金廷桂云：大戴禮衛將軍文子篇「則一諸侯之相也」，盧注：「一，皆也。」謂五子已皆不如也，注非。

〔一六〕戴望云：「存」，一本作「在」。俞樾云：吕氏春秋勿躬篇作「則五子者足矣」，當從之。此作「在」者，涉下「夷吾在此」而誤。翔鳳案：論語「則有司存」，公羊隱三年傳「有天子存」，皆與此「存」字同一用法。何休注：「存，在也。」一本作「在」，可知其義。作「足」字反非齊人口氣，俞説非是。

王言第二十一 闕 內言四

管子校注卷第九

霸形第二十二 陳霸言之形容。 内言五

張佩綸云：下篇霸言篇第一句「霸王之形」，管子多以首句名篇，如牧民、山高之類，疑此篇乃霸言，而霸言篇乃霸形。翔鳳案：房注是也。篇首言救杞，救邢、衛，次言存宋、鄭，終之以九合諸侯，述其大略。其大體爲論霸者之形。下篇則論理而不述事矣，是爲霸言。題旨明白，不能以首句定之，張説非是。

桓公在位，管仲、隰朋見，立有閒〔一〕，有貳鴻飛而過之〔二〕。桓公嘆曰：「仲父，今彼鴻鵠有時而南〔三〕，有時而北，有時而往，有時而來，四方無遠，所欲至而至焉。非唯有羽翼之故，是以能通其意於天下乎〔四〕？」管仲、隰朋不對。桓公曰：「二子何故不對？」管子對曰：「君有霸王之心，而夷吾非霸王之臣也，是以不敢對。」桓公曰：「仲父胡爲然，盍不當言〔五〕，寡人其有鄉乎？何不陳當言，令寡人有所歸向。寡人之有仲父也，猶飛鴻之有羽翼也，若濟大水有舟楫也。仲父不一言教寡人，寡人之有耳，

將安聞道而得度哉〔六〕**？」**言何以自度得至於霸王哉。

〔一〕戴望云：御覽人事部百十五引作「管仲、隰朋侍，立有閒」。

〔二〕安井衡云：古本「貳」作「二」。

〔三〕戴望云：藝文類聚引無「鵠」字，御覽有。

〔四〕洪頤煊云：文義不應有「非」字。藝文類聚、太平御覽引俱無「非」字。翔鳳案：此常用語氣，洪疑之，可怪。易屯「匪寇婚媾」，詩氓「匪來貿絲」，「匪」假爲「非」。

〔五〕王念孫云：尹未解「當言」二字之義。「當言」，讜言也。讜言，直言也。蔡邕注典引曰：「讜，直言也。」皋陶謨「禹拜昌言」，孟子公孫丑篇注引作「禹拜讜言」。字亦作「黨」，逸周書祭公篇曰：「王拜手稽首黨言。」爾雅「昌，當也」，郭注曰：「書曰：禹拜昌言。」「昌」、「讜」、「黨」、「當」，竝聲近而義同。翔鳳案：王説是也。書益稷「亦陳當言」，釋文：「當，本作『讜』。」莊子天下「公而不當」，釋文：「當，本作『黨』。」舌上讀舌頭，「昌」讀當。

〔六〕張佩綸云：詩楚茨傳：「度，法度也。」原注非。翔鳳案：桓公引飛鴻、濟水兩事爲比，飛鴻承上，濟水開下，此「度」字承濟水而言，即「渡」也。漢書王莽傳「度百里之限」，注：「踰越也。」楚辭惜賢：「年忽忽而曰度。」皆借爲「渡」。書盤庚「度乃口」，釋文：「度，本作『渡』。」張不顧上下文釋爲「法度」，誤。

管子對曰：「君若將欲霸王，舉大事乎〔一〕**，則必從其本事矣**〔二〕**。」桓公變躬遷席，**

拱手而問曰：「敢問何謂其本？」管子對曰：「齊國百姓，公之本也。人甚憂飢，而稅斂重。人甚懼死，而刑政險。人甚傷勞〔三〕，而上舉事不時。公輕其稅斂，則人不憂飢。緩其刑政，則人不懼死。舉事以時，則人不傷勞。」桓公曰：「寡人聞仲父之言，此三者聞命矣。不敢擅也，將薦之先君。」不敢專擅，自發此命，將進之宗廟，告先君而後行。所謂以神道設教者也。於是令百官有司，削方墨筆，方，謂版牘也。凡此欲書其所定令也。明日皆朝於太廟之門。朝定〔四〕，令於百吏。因朝廟而定百吏之令也。使稅者百一鍾，假令百石而取一鍾。孤幼不刑，澤梁時縱，放人入，不設禁。關譏而不征，市書而不賦〔五〕。書，謂録其名籍。近者示之以忠信，遠者示之以禮義。行此數年，而民歸之如流水。

〔一〕翔鳳案：霸與王有別，然此處爲一名，猶言霸也。口語尚有霸王之稱。

〔二〕丁士涵云：「本事」之「事」，涉上文「大事」而衍。舉大事必從其本，不必加一「事」字。下文「何謂其本」、「公之本」，即承此「本」字言之。元本作「從其事」，亦非。陶鴻慶云：「本事」當爲「本始」，所謂物有本末，事有終始也。下文「桓公變躳遷席拱手而問曰：敢問何謂其本」，又曰「請問所始於國將爲何行」，「本」與「始」正承此言。「始」、「事」聲相亂，又涉上舉「大事」而誤。翔鳳案：「本事」猶言事之本，非誤字。侈靡「此謂本事」，可以爲證。

〔三〕張佩綸云：「人」字，治要作「民」。下同。

〔四〕丁士涵云：趙本「朝」字別爲句。案「門朝」即門廷，朝、廷一也。霸言篇：「門廷遠於萬里。」

翔鳳案：説文：「朝，旦也。」白虎通朝聘：「朝者，見也。因用朝時見，故謂之朝。」上「朝」字爲朝見。下「朝」字爲早，屬下爲句，即於早朝時決定而爲令也。門廷爲門與廷，而「門朝」則不詞，丁説誤。

〔五〕劉績云：「書」乃「廛」字誤。　張佩綸云：王制及五輔篇均作「關譏而不征，市廛而不税」，劉氏所本也。周禮「質人掌稽市之書契」，所謂書也；「廛人掌斂布」，所謂賦也。今但使質人書之，而不使廛人賦之，故曰「書而不賦」。劉氏强改之，非是。　翔鳳案：「廛」爲市居區域。給其居址而不納口税，此「廛」之義也。周禮大宰「以八則治都鄙。……五曰賦貢，以御其用」，注云：「口率出泉也。」廣雅釋言：「書，箸也。」左哀十五年傳「書社五百」，服注：「籍也。」市書其籍而不納口税，與「壥而不税」同意。

此其後〔一〕，宋伐杞〔二〕，狄伐邢、衛。桓公不救，裸體紉胷稱疾〔三〕。紉，猶摩也。自摩其胷，若有所痛患也。召管仲曰：「寡人有千歲之食，而無百歲之壽，今有疾病，姑樂乎？」管子曰：「諾。」於是令之縣鍾磬之榬〔四〕，于元反。榬所以嚴飾之。陳歌舞竽瑟之樂，日殺數十牛者數旬。羣臣進諫曰：「宋伐杞，狄伐邢、衛，君不可不救。」桓公曰：「寡人有千歲之食，而無百歲之壽，今又疾病，姑樂乎！且彼非伐寡人之國也，伐鄰國也，子無事焉。」宋已取相〔五〕，狄已拔邢、衞矣。桓公起行筍虡之閒〔六〕，管子從，至大鍾之西，桓公南面而立，管仲北鄉對之。大鍾鳴。桓公親管子曰〔七〕：「樂夫，仲父！」管子對曰：「此臣之所謂哀，非樂也。臣聞之，古者之言樂於鍾磬之閒者，不如此。言脱於口，而令行乎天下，脱，出也。游鍾磬之閒，而無四面兵革之憂。今君之事，言脱於口，令不得行於天下，在鍾磬之閒，而有四面兵革之憂。此臣之所謂哀，非樂也。」桓公曰：「善。」於是伐鍾磬之縣，伐，謂斫斷也。併歌舞之樂〔八〕，併，除也。宮中虛無人〔九〕。不令人掌守之。桓公曰：「寡人以伐鍾磬之縣，併歌舞之樂矣，請問所始，於國將爲何行？」管子對曰：「宋伐杞，狄伐邢、衞，而君之不救也，臣請以慶。以不救爲是，故慶之。臣聞之：諸侯爭於彊者，勿與分於彊〔一〇〕。若救三國，是分於彊。今君何不定三君之處哉〔一一〕？」三君既失國，當定其居處也。於是桓公曰：「諾。」因命以車百乘，卒千人，以緣陵封杞。車百乘，卒千人，以夷儀封邢。車五百乘，卒五千人〔一二〕，以楚丘封衞。桓公曰：「寡人以定三君之居處矣，今又將何行？」管子對曰：「臣聞諸侯貪於利，勿與分於利，君何不發虎豹之皮、文錦以使諸侯，令諸侯以縵帛、鹿皮報。」桓公曰：「諾。」於是以虎豹皮、文錦使諸侯，諸侯以縵帛、鹿皮報，則令固始行於天下矣〔一三〕。

〔一〕吴汝綸云：「此」皆當作「比」。　翔鳳案：「此」爲代名詞，與「行此數年」同義，且從上句而來，吴説非是。

〔二〕張佩綸云：春秋僖十有三年：「夏，公會齊侯、宋公、陳侯、衛侯、鄭伯、許男、曹伯於鹹。」十有四年：「春，諸侯城緣陵。」左氏傳：「會於鹹，淮夷病杞故，且謀王室也。」「十四年春，諸侯城緣陵而遷杞焉，不書其人，有闕也。」公羊傳：「諸侯城緣陵，孰城之？城杞也。曷爲城杞？滅也。孰滅之？蓋徐、莒脅之。」穀梁傳以鹹爲兵車之會，城緣陵爲桓德衰，而不言何國。案：左氏傳：「宋背北杏之會，諸侯伐宋，齊請師於周。單伯會之，取成于宋而還。」在魯莊十三四年，桓之四五年。其後齊、宋同盟，在桓之世安得有「宋伐杞」之事？「宋」當作「徐」。惟會鹹、城緣陵皆在管仲卒後，此自傳述謬誤，不足深求矣。　翔鳳案：史記宋世家：「桓公二年，諸侯伐宋，至郊而去。三年，齊桓公始霸。」其伐宋之先後，與本書合。杞世家但敘世次，不載一事。司馬遷謂杞微小，其事不足稱述。則城緣陵事不載，不足爲異，張説不足爲反證矣。

〔三〕洪頤煊云：楚辭離世篇「情素潔於紉帛」，王逸章句云：「紉，結束也。」謂以帛結束其胷而稱疾。左氏僖二十八年傳「魏犫束胷見使者」，即其證。尹注非。　翔鳳案：魏犫束胷爲受傷，與此不類。方言六：「擘，楚謂之紉。」房注訓「摩」，不誤。洪説非是。

〔四〕俞樾云：尹注曰「榱，所以嚴飾之」，此未得其義也。玉篇木部：「榱，禹煩切，絡絲籰也，或作『簑』。」説文無「榱」、「簑」二字，蓋即「繯」字。説文系部：「繯，落也。」「落」與「絡」通。廣雅釋器曰：「繯，絡也。」此文「榱」字，當訓爲「絡」。又下文兩言「鍾磬之縣」，疑此文本作「於是令之榱鍾磬之縣，陳歌舞竽瑟之樂」，故下文曰「於是伐鍾磬之縣，併歌舞之樂」，即承此文而言也。所謂「榱鍾磬之縣」者，鍾磬本在縣，更從而繫絡之，使牢固也。尹注「飾」字雖非，而「嚴」字則是。觀尹注以「嚴飾」爲解，疑其所據本正作「榱鍾磬之縣」，故解爲「嚴飾」。若如今本，則爲縣鍾磬之嚴飾矣，於義豈可通乎？　翔鳳案：釋名：「轅，援也，車之大援也。」「援」本作「爰」，同「瑗」，爲大孔壁與環。「榱」假爲「環」。

〔五〕翔鳳案：於相曰「取」，於邢、衛曰「拔」，則相爲杞之一邑，非拔其國也。或曰「杞」隸作「相」而寫爲「相」，亦通。

〔六〕張佩綸云：詩靈臺傳：「植者曰虡，横者曰栒。」檀弓上：「有鍾磬而無簨虡。」禮記明堂位注：「簨虡所以懸鍾磬也。」

〔七〕陳奐云：「親」，近也。言桓公就近管子而爲言也。　翔鳳案：陳説是也。趙本、古本作「視」，乃以意改之。

〔八〕安井衡云：「併」讀爲屏，荀子曰：「併己之私欲必以道。」

〔九〕張佩綸云：秦策「是日見范睢，見者無不變色易容者，秦王屏左右，宮中虚無人」，與此文同，原注非。　翔鳳案：房注「不令人掌守之」，是也。秦策謂無人侍立，情況不同。

〔一〇〕安井衡云：「彊」不可言分，讀當爲疆，形聲相涉而誤。翔鳳案：下文「分於利」與虎豹之皮、文錦有關，則「爭於彊」與居處有關，安井説是也。史記越世家「越王無彊」，即無疆。古籀補：「彊，古文以爲『疆』字。」下文「兵彊」亦作「彊」。

〔一一〕翔鳳案：「定其處」，言當安置於某處。桓公答詞，則其處已定而可居矣，前後淺深不同。

〔一二〕張佩綸云：此與大匡略同。左氏傳「車三百乘，甲士三千人伐曹」，大匡作「車三百乘，甲五千」，此皆作「五」，「五」乃「三」之誤也。

〔一三〕翔鳳案：論語「固天縱之將聖」，晉語「臣固聞之」，與此同意。「固」假爲「故」。

此其後，楚人攻宋、鄭。燒焫熯焚鄭地〔一〕，使城壞者不得復築也，屋之燒者不得復葺也，令其人有喪雌雄〔二〕，失男女之偶。居室如鳥①鼠處穴。要宋田夾塞兩川〔三〕，使水不得東流，楚人又遮取宋田，夾兩川築堤而壅塞之，故水不得東流。兩川，蓋睢、汴也。東山之西，水深滅埦〔四〕，埦，敗墻也。四百里而後可田也。楚欲吞宋、鄭而畏齊，曰思人衆兵彊能害己者必齊也〔五〕，於是乎楚王號令於國中曰：「寡人之所明於人君者，莫如桓公。所賢於人臣者，莫如管仲。明其君而賢其臣，寡人願事之。既以其君臣爲明

---

①「鳥」字原作「烏」，據補注改。

賢，故願事之。誰能爲我交齊者，寡人不愛封侯之君焉〔六〕。」於是楚國之賢士，皆抱其重寶幣帛以事齊。桓公之左右，無不受重寶幣帛者。於是桓公召管仲曰：「寡人聞之，善人者，人亦善之。今楚王之善寡人一甚矣，寡人不善，將拂於道，拂，違也。若不報善之，是違於道也。仲父何不遂交楚哉？」管子對曰：「不可。楚人攻宋、鄭，燒焫熯焚鄭地，使城壞者不得復築也，屋之燒者不得復葺也。令人有喪雌雄，居室如鳥鼠處穴。要宋田夾塞兩川，使水不得東流，東山之西，水深滅埦，四百里而後可田也。楚欲吞宋、鄭，思人衆兵彊而能害己者必齊也，是欲以文克齊，以寶幣賂齊，而齊自服，故曰以文克齊。而以武取宋、鄭也。楚取宋、鄭而不止禁〔七〕，是失宋、鄭也。禁之則是又不信於楚也。知失於內，兵困於外，非善舉也。」桓公曰：「善。然則若何？」管子對曰：「請興兵而南存宋、鄭。而令曰：無攻楚。言與楚王遇〔八〕，冬會曰遇。至於遇上〔九〕，而以鄭城與宋水爲請。楚若許，則是我以文令也。楚若不許，則遂以武令焉。」桓公曰：「善。」於是遂興兵而南存宋、鄭，與楚王遇於召陵之上，而令於遇上曰：「毋貯粟，毋曲隄，無擅廢適子，無置妾以爲妻。」因以鄭城與宋水爲請於楚。楚人不許，遂退七十里而舍。使軍人城鄭南之地，立百代城焉〔一〇〕。取其雖百代而無敢毀者也。曰：「自此而北，至於河者，鄭自城之」。而楚不敢隳也。東發宋田，夾兩川，使水復東流，而楚不敢塞也。遂南伐，及踰方城，濟於汝水，望汶山〔一一〕，汶音岷。岷山，江水所從出。南致楚、越之君〔一二〕，而西伐秦，北伐狄〔一三〕，東存晉公於南〔一四〕，自伐秦而遂存晉。於晉之南，故曰東存。北伐孤竹，還，存燕公。兵車之會六，乘車之會三，九合諸侯，反位已霸，修鍾磬而復樂。管子曰：「此臣之所謂樂也。」

〔一〕張佩綸云：戰國策：「秦且燒焫獲君之國。」郊特牲：「焫蕭合羶薌。」說文：「爇，燒也。」玉篇、廣韻：「『焫』同『爇』。」翔鳳案：說文：「熯，乾皃。」左昭二十七年傳：「遂令攻郤氏，且爇之。國人弗爇。令曰：『不爇郤氏，與之同罪。』或取一編菅焉，或取一秉秆焉。」「燒焫」爲以引火之物焚之，「熯焚」則因其乾燥而焚之也。

〔二〕戴望云：「有」與「又」同。翔鳳案：失配偶者，令其同居，「有」訓又。

〔三〕翔鳳案：房注「楚人又遮取宋田」，是也。孟子「使數人要於路」，即要遮之義。

〔四〕翔鳳案：房注訓「垝」爲敗牆，引詩「乘彼垝垣」爲證，非是。爾雅釋宮：「垝謂之坫。」壘土所築之堤，黃梅稱「垝」。

〔五〕陶鴻慶云：「曰」字衍文。下文「管仲之言曰：楚欲吞宋、鄭，思人衆兵彊而能害己者，必齊也」，是其證。翔鳳案：「曰」乃「日」字，非衍文。

〔六〕安井衡云：不愛惜封之爲有土之君。戴望云：「君」疑「賞」字誤。翔鳳案：儀禮喪服傳：「君，謂有地者也。」左傳：「諸侯縣君。」安井說是也。

〔七〕俞樾云：此本作「楚取宋、鄭而不止」，「止」即禁也，故下文曰「禁之，則是又不信於楚也」。後人因下文是「禁」字，遂改「不止」爲「不禁」，而傳寫者又或誤合之，故宋本作「楚取宋、鄭而不止禁也」。今本作「不知禁」，則又因「止禁」連文，於義重複，故易「止」爲「知」耳。夫「楚取宋、鄭而不止」者，非不知也，乃不能也。不曰「不能禁」，而曰「不知禁」，是可見其文之誤矣。下文曰「知失於内，兵困於外」，「知失於内」猶云計失於内，此「知」字乃智慮之智，非知識之知，不得因此而疑本文之非誤也。張佩綸云：春秋三傳，桓公之世無楚攻宋之事。翔鳳案：今人言「禁止」，古人言「止禁」。趙本作「知」，乃以「止禁」不習用而改之。以近代文辭仰範古人，何其謬也！

〔八〕張佩綸云：公羊隱四年「公及宋公遇于清」，傳：「遇者何？不期也，一君出，一君要之也。」此「遇」亦當如是，非「冬會」之遇也。舊注非。陶鴻慶云：「言」當爲「吾」字之誤。「無攻楚，吾與楚王遇」，皆預告宋、鄭之辭。翔鳳案：此桓公自令其軍也。「與楚王遇」不在令中。但聲言，使衆聞之，以便轉述於楚王耳。「言」改爲「吾」，則在令中，謬矣。

〔九〕安井衡云：「上」猶所也。翔鳳案：「遇上」猶會上，不能訓「所」。

〔一〇〕翔鳳案：「代」當爲「世」，避唐諱改。詩「本支百世」，此常語，猶言永久城，所以使楚不敢隳也。

〔一一〕安井衡云：「及」當爲「乃」，字之誤也。翔鳳案：「南伐」即伐楚。踰方城之後，折回而濟汝水，此「及」字決不誤。若作「乃」，則汝水在方城之南矣。一字之不同，方向遂變。

〔一二〕張佩綸云：「楚」，依小匡當作「吴」。翔鳳案：小匡吴在東，不合。汝水、岷山一帶，連方城在内，安得有吴？越亦因楚及之耳。

〔一三〕安井衡云：「北伐狄」三字衍。張佩綸云：小匡中擒狄王，蓋以王子城父獲長狄，如事屬之桓公時，疑但作「西伐秦狄」，「北伐」二字涉下而衍。翔鳳案：此秦、晉附近之狄也。

〔一四〕俞樾云：此承上「西伐秦，北伐狄」爲文。自秦而言，則晉在東矣。自狄而言，則晉在南矣。故曰「東存晉公於南」。尹注曰：「自伐楚而遂存晉，於晉之南，故曰東存。」此得「東」字之義，而未得「南」字之義。張佩綸云：當作「東還存晉君」，「於」字衍。下作「北伐孤竹，南還存燕君」，較安。翔鳳案：俞説明晰。張擅改古書，謬。

霸言第二十三 謂此言足以成霸道。　内言六

豬飼彦博云：疑當作「霸形」，篇首云「霸王之形」。蓋此篇舊名曰霸形，前篇曰霸言，後人互誤代之也。翔鳳案：本篇但言倡霸之理論，未嘗侈陳爭功，與前篇言形勢不同，非互誤也。

霸王之形，象天則地，謂象天明，則地義。化人易代〔一〕，謂美教化，移風俗。創制天下，與之更始。等列諸侯，列爵惟五，各得其宜。賓屬四海，賓禮四夷，以恩屬之。時匡天下。時一會而正之。大國小之，曲國正之，彊國弱之，重國輕之，亂國幷之，幷亂所以總其威權。暴王殘之。僇其罪，卑其列，維其民，然後王之。其王之凶暴者則殘滅之，於國則戮其首罪，卑其爵列，維持其人衆。夫豐國之謂霸〔二〕，但自豐其國者，霸也。兼正之國之謂王〔三〕。兼能正他國者王。夫王者有所獨明，德共者不取也，道同者不王也〔四〕。夫①能王天下者，必有獨見之明，羣物之所不違。若彼德與我共，彼道與我同，則不取而且不王。夫爭天下者，以威易危，暴王之常也〔五〕。若以兵威易彼危亂，此固暴王之常也，非霸王之道也。君人者有道，有常道也。霸王者有時。必遇其時，然後霸王。國修而鄰國無道，霸王之資也。我修而彼暴，可以取亂侮亡，故曰資也。夫國之存也，鄰國有焉。雖存而國小弱，必事鄰國以爲安，故曰鄰國有焉。國之亡也，鄰國有焉。因其亡而取之。鄰國有事，鄰國得焉。鄰國有征伐之事，因而敗績，故鄰國得焉。鄰國有事，鄰國亡焉。或有征伐之事，大勝而多獲，遂亡鄰國。天下有事，則聖王利也。必有非常之事，然後有非常之人。國危則聖人

① 「夫」字原作「大」，據補注改。

知矣〔六〕。懷獨見之明，故先知。夫先王所以王者，資鄰國之舉不當也。舉事皆當，則我無因爲功。舉而不當，此鄰敵之所以得意也〔七〕。不當所以資我，故得意也。

〔一〕安井衡云：「代」當作「世」，唐人避諱，改爲「代」耳。翔鳳案：「人」字亦避唐諱，當改「民」。學記「化民成俗」可證。

〔二〕翔鳳案：晉語「今晉侯不量齊德之豐」，「豐兄弟之國」。「豐國」爲當時常語，國力豐盛者霸。

〔三〕俞樾云：上「之」字疑「它」字之誤，「它」即「他」字也，故尹注曰：「兼能正他國者王。」翔鳳案：「正」者，政也。集政權於中央，是謂「兼正」。非以平等地位而兼正他國，此不可能也。「之」字不誤。

〔四〕張佩綸云：「不王」當作「不正」。翔鳳案：「取」比「正」更深一層，下句自以作「王」爲是。

〔五〕張佩綸云：注以「危」字絕句。疑當以「以威易危暴」絕句，否則「暴」當作「霸」。翔鳳案：惟其有威，是以稱暴。惟其暴，故易之而終危，非誤字。下文「君人者有道」，則易之而不危。此句承上，「霸王者有時」一句啓下。此「君人者」即霸王也。

〔六〕豬飼彦博云：言國之存亡係於鄰國之治亂强弱。下文「鄰國有事」四句，即覆說此義也。「鄰國有事」，「事」字謂舉動，不止征伐也。陶鴻慶云：此節之文，乃發明「霸王有時」之義也。物不兩盛，鄰國與我迭爲興廢，故曰「國之存也，鄰國有焉，國之亡也，鄰國有焉」。尹注非是。又案：「鄰國有事」四句，本作「鄰國有事，鄰敵得焉，鄰國有事，鄰敵亡焉」，此申言「國之存亡，鄰國有焉」之義。「鄰敵」者，鄰國之敵，質言之，即我國耳。下文云「舉而不當，此鄰敵之所以得意也」，尹注云「不當所以資我，故得意也」，正得其旨。今本「鄰敵」皆誤作「鄰國」，則文不可曉矣。又案：「國危則聖人知矣」，「知」讀爲智，言國將危亡而後見聖人之智也。下文云「國在危亡而能壽者，明聖也」，「能壽」猶言能保，見俞氏評議。「明」亦智也。尹注解「知」爲「先知」，殊不成義。翔鳳案：「事」字如豬飼說。舉事有得有失，「鄰國亡焉」之「亡」訓失。秦策「亡趙自危」，注：「失也。」穀梁定八年傳「非其所以與人而與人謂之亡」，注同。陶説誤矣。古本誤認「亡」字之義，改「焉」爲「乎」，爲無據自改之證。

〔七〕翔鳳案：凡「鄰國」皆有敵意，舉而不當，未有不幸災樂禍者。「鄰國」固通，「鄰敵」尤妙。

夫欲用天下之權者，必先布德諸侯。諸侯懷德而歸，欲求無權，其可得乎。是故先王有所取，有所與，所謂將欲取之，必姑與之。有所詘，有所信〔一〕，所謂尺蠖之屈，以求伸也。然後能用天下之權。妙於前四事，故能用天下之權。夫兵幸於權，權幸於地〔二〕。兵幸在於有權，權從在於得地。幸，猶勝也。故諸侯之得地利者，權從之。失地利者，權去之。夫爭天下者，必先爭人。人惟邦本。明大數者得人，審小計者失人。得天下之衆者王，得其半者霸。是故聖王卑禮以下天下之賢而王之〔三〕，均分以釣天下之衆而臣之〔四〕，既王有地，均分其禄，用此以引天下之衆，故可得而臣之也。故貴爲天子，富有天下，而伐不謂貪者，其大計存也〔五〕。得地均分，可以臣彼。地自利彼，於我何貪。此其大計也。以天下之財，利天下之人。以明威之振，利天下之人，還用天下之財，於我無所減削，更可以明威權之振，所謂惠而不費者也。合天下之權。以遂德之行，結諸侯之親。合天下之權，皆令在己。權總則德遂，德遂則親成也。以姦佞之罪，刑天下之心〔六〕。所謂懲一而勸百。因天下之威，以廣明王之伐。因天下所欲亡而亡之，則明王之伐自廣。攻逆亂之國，賞有功之勞，封賢聖之德，明一人之行〔七〕，而百姓定矣。賞加一人而天下勸，罰加一人而天下畏，故曰：明一人之行而百姓定矣。

〔一〕翔鳳案：房注「所謂尺蠖之屈，以求伸也」，「信」同「伸」。

〔二〕張佩綸云：「幸」當作「宰」，或作「執」，宰、執皆制也。舊注「『幸』猶勝也」，謬。翔鳳案：從幸之字，如「婞」如「緈」，皆不可通。然說文「㚔」讀若籋，即訓爲「籋」，「箝也」。字又作「鑈」，方言十二：「鑈，正也。」郭沫若讀「㚔」爲「埶」，訓「樹也」，極有理。

〔三〕張佩綸云：「王之」之「王」當作「上」，「下天下之賢而上之」，「上」、「下」對文。下「臣之」指衆言，則此不當言「王之」。翔鳳案：呂氏春秋下賢：「賢主，士雖驕而己愈禮之。王者，天下之往也。」王使士往也。「下賢」、「卑禮」同義，習用與王者相連。

〔四〕李哲明云：「均分」疑當作「均祿」，觀注「均分其祿」可證。

〔五〕王念孫云：尹注曰：「得地均分，可以臣彼，地自利彼，於我何貪。」案：如尹注，則「伐」字當爲「我」字之譌。「我不謂貪」，我不爲貪也。（古者「謂」與「爲」同義，說見釋詞。）安井衡云：「伐」當爲「世」，唐人避諱，易「世」爲「代」，遂譌爲「伐」耳。俞樾云：「伐」乃「代」字之誤，上文「化人易代」，宋本「代」誤作「伐」，即其例也。管子原文本作「世不謂貪」，言一世之人不以爲貪也。唐人避諱改「世」爲「代」，因又誤爲「伐」耳。郭嵩燾云：下文數言「先王之伐」，又云「一而伐之，武也」，「謂」與「爲」同誼，言有所攻伐而不爲貪也。若改「伐」爲「我」、爲「代」，則所謂貪者將何所指？有以知其不然也。翔鳳案：「伐」即「代」，見中匡。

〔六〕翔鳳案：漢書終軍傳「刑於宇內矣」，注「見也」，是其義。堯典「觀厥刑于二女」，「刑」與「形」通。

〔七〕李國祥云：古天子朝諸侯、分職、授政、任功，曰「予一人」。姚永概云：「一人」言天子也。左傳「稱一人，非名也」，注：「天子稱一人，非諸侯之名。」

夫先王取天下也術〔一〕。非術則無以取天下也。**術乎，大德哉！物利之謂也。**術可以取天下，故曰大德。然術之所歸，在於令物得利也。**夫使國常無患，而名利並至者，神聖也。**神聖則多所感致。**國在危亡，而能壽者，明聖也**〔二〕。明聖則不失事機。**是故先王**

之所師者，神聖也。其所賞者，明聖也〔三〕。賞，謂樂翫也。夫一言而壽用其言，故壽也。國，不聽而國亡。若此者，大聖之言也。

〔一〕豬飼彦博云：「術術」，贊道術之多方。　洪頤煊云：「術」當屬下句，讀作「術術乎大德哉，物利之謂也」。「術」古通作「遂」字，左氏文十二年「秦伯使術來聘」，公羊作「遂」，禮記樂記「術有序」，注：「『術』當爲『遂』，聲之誤。」爾雅釋訓「烝烝、遂遂，作也」，郭注：「皆物盛興作之貌。」尹注非。　王念孫云：上文云「以遂德之行，結諸侯之親」，「遂德」即此所云「術術乎大德」也。　安井衡云：「術」讀爲恤。恤恤，憂貌。　姚永概云：洪説以「術術」連讀，是也。但「術」本有大義，故以形容大德。説文：「術，邑中道也。」漢書刑法志注：「如淳曰：術，大道也。」不必通「遂」，訓物盛興作之貌。　翔鳳案：「德」同「得」。大得而物利，是術也。穀梁宣十五年傳：「滅國有三術。」鼂錯傳：「以知術數也。」本書有心術。樂記「然後心術形焉」，注：「所由也。」下文「視時而動，王者之術也」，其確證也。房讀不誤。「術術」連讀，則一言不能説矣。

〔二〕俞樾云：國語楚語「臣能自壽也」，韋注曰：「壽，保也。」然則「能壽」猶能保也。晏子春秋雜下篇「賴君之賜，得以壽三族」，「壽三族」，亦猶保三族也。説文土部：「壔，保也。」古「壽」字作「𠷎」，與「壔」字並從𠷎聲，故義亦得通矣。　戴望云：説文及廣雅釋詁竝云：「壽，久也。」　翔鳳案：訓「久」自通，何必訓「保」！

〔三〕丁士涵云：「賞」當讀尚，與「師」義同。荀子王霸篇「賞賢」，楊倞注：「『賞』當爲『尚』。」翔鳳案：「神聖」與「明聖」有別，則「賞」、「師」有別，若訓「尚」，是相同矣。「賞」即賞識之賞。

夫明王之所輕者馬與玉，其所重者政與軍。若失主不然，輕與人政，而重予人馬；輕予人軍，而重予人玉。重宮門之營，而輕四竟之守〔一〕，所以削也。夫權者，神聖之所資也。獨明者，天下之利器也。獨斷者，微密之營壘也。謂獨斷可以自營而即定，故曰營壘。此三者，聖人之所則也。聖人畏微，而愚人畏明。聖人能知吉凶之先見，故曰畏微。愚人近火方知熱，履冰乃知寒，故曰畏明也。聖人之憎惡也内，愚人之憎惡也外。聖人知心胷之姦謀，故憎惡内。愚人兵在頸方懼，故憎惡外也。聖人將動必知，愚人至危易辭〔二〕。聖人之動必闇知。愚者至危不知禍之將至，尚有慢易之辭。然後湯、武之師起也。聖人能輔時〔三〕，不能違時，聖人能因時來，輔成其事，不能違時而立功。不有桀、紂之暴，則無湯、武之功。知者善謀，不如當時。精時者，日少而功多。夫謀無主則困，事無備則廢。是以聖王務具其備，而慎守其時。以備待時，以時興事。時至而舉兵，絶堅而攻國〔四〕，其兵超絶而又堅利，故能攻國。破大而制地〔五〕，大本而小標〔六〕，標，末也。本大而末小，則難崩。埊近而攻遠〔七〕。所全之地近，故能攻遠而有歸。若高光之有關中、河内也。以大牽小，以彊使弱，以衆致寡。德利百姓，威振天下，令行諸侯而不拂。近無不服，遠無不聽。

〔一〕孫星衍云：八觀篇「宮營大而室居小」，此句不誤。羣書治要引「重宮闕之勞」，是俗人所改。王念孫云：羣書治要「宮門」作「宮闕」，於義爲長。陳奐云：王氏從治要作「宮闕」。案：王宮方三里，四面各距城三里。諸侯城闕南方。此就明王説宮制，故曰「宮門之營」，治要似不可從。張文虎云：説文「營，帀居也」，字通作「環」。厶部首引韓非曰「倉頡作字，自營爲厶」，今韓子作「環」。「宮門之營」，蓋所謂環列之，尹、王説恐非。張佩綸云：諸説皆泥。「門」、「闕」，「營」、「勞」，文異義同，兩本皆可通，言重臺榭而輕邊圉也。劉師培云：治要引作「重宮闕之勞」，「勞」字疑誤。此「營」字誼當訓治。墨子七患篇云「城郭溝池不可守而治宮室，一患也」，正與此同。「宮闕之營」猶彼文所云「治宮室」也。陳奐、張文虎二説求之於深，轉失此文之旨。翔鳳案：劉説是也。詩靈臺：「經之營之。」

〔二〕劉績云：聖人將動，先知其安危。若愚人則至危之時，方改易平素之言。翔鳳案：「必知」與「易辭」對，必知之反面爲不悟，非不改也。禮記表記：「故仁者之過易辭也。」「易辭」爲成語，房注「慢易之辭」不誤。紂謂「我生不有命在天」，王莽謂「天生德於予，漢軍其如予何」，皆其例也。

〔三〕何如璋云：吕覽召類「譬之若寒暑之序，時至而事生之。聖人不能爲時，而能以事適時。事適於時者，其功大」，即精時功多之義。張佩綸云：秦策三：「聖人不能爲時，時至而勿失。」易：「后以裁成輔相天地之宜。」呂氏春秋介立注：「輔，相也。」「輔時」，相時而動。翔鳳案：「輔時」，即易之「後天而奉天時」之意。

〔四〕姚永概云：此與下「破大而制地」句爲對，謂人堅而我能絶之，人大而我能破之也。

〔五〕翔鳳案：控制其地，問篇亦有「制地」。

〔六〕翔鳳案：「摽」，趙本作「標」。唐姚暢墓誌「標」作「摽」，唐侯君夫人墓誌作「摽」，非誤字，隸之别體也。

〔七〕孫星衍云：玉篇「埊」古「地」字。顔昌嶢云：尹注云「所全之地近，故能攻遠而有歸，若高光之有關中、河内」，則尹所據本作「全」，今作「埊」，傳寫誤也。翔鳳案：以上文「絶」、「攻」、「破」、「制」例之，「埊」爲動詞，若作「地」則爲名詞矣，不合。「埊」同「坴」。説文：「坴，土塊坴坴也，一曰坴梁。」始皇本紀作「陸梁」。易「莧陸夬夬」，釋文：「蜀才作『睦』。」堯典「九族既睦」，嚴舉碑「九族和陸」。是「坴」即「陸」，通「睦」。睦近攻遠，與秦之遠交近攻相反，然時勢不同，各有所宜，要不能同時並行也。

夫明王爲天下正理也〔一〕，修正理而動，故能成天下之功也。案彊助弱，按，抑也。圉暴止貪，存亡定危，繼絶世〔二〕。此天下之所載也〔三〕，德義如此，故爲天下所載。諸侯之所與也，與，親也。百姓之所利也。是故天下王之。天下樂推以爲王。知蓋天下，繼最一世〔四〕，其繼敗續亡，能成天下之功也。材振四海，王之佐也。千乘之國，可得其守〔五〕，諸侯可得而臣，天下可得而有也。萬乘之國失其守，國非其國也。天下皆理，己獨亂〔六〕，國非其國也。諸侯皆令，皆從霸者之令。己獨孤〔七〕，國非其國也。鄰國皆險，己獨易，易，平易，不牢固，謂無守禦之備也。國非其國也。此三者，亡國之徵也。夫國大而政小者，國從其政。小政蹶國，故國從其政。國小而政大者，國益大。大政開國，故國益大。大而不爲者復小，大而不爲則日損，故復小。彊而不理者復弱，彊而不理，則綱紀亂，故復弱也。衆而不理者復寡，衆而不理，則人散，故復寡。貴而無禮者復賤，貴而無禮，則位奪，故復賤也。重而凌節者復輕〔八〕，重而凌節，則威喪，故復輕。富而驕肆者復貧。富而驕肆，則財竭，故復貧也。故觀國者觀君，君爲化主。觀軍者觀將，將爲兵本。觀備者觀野。野有障塞，則國不侵。其君如明而非明也，外明而内暗。其將如賢而非賢也，外賢而内愚。其人如耕者而非耕也，雖耕而鹵莽。三守既失，國非其國也。三守，謂明賢耕。既失，謂是而非。地大而不爲，命曰土滿。謂土廣而功狹也。人衆而不理，命曰人滿。謂人多而政少。兵威而不止〔九〕，命曰武滿。謂人亢之爲言也，知進而不知退也。三滿而不止，國非其國也。三滿不止，敗亡立至。地大而不耕，非其地也。地大不耕則無所獲。卿貴而不臣，非其卿也〔一〇〕。卿貴不臣，化爲敵也。謂卿大夫。人衆而不親，非其人也。人衆不親，欲亡者也。夫無土而欲富者憂，無土欲富，猶緣木而求魚，故憂。無德而欲王者危，無德而王，猶欲進而却行，故危。施薄而求厚者孤。施薄求厚，人必不應，故孤。夫上夾而下苴，苴，苞，裹也。上既狹，故爲下所苞。國小而都大者弑〔一一〕。此二者，常有簒弑之禍。主尊臣卑，上威下敬，令行人服，理之至也。使天下兩天子，天下不可理也。一國而兩君，一國不可理也。一家而兩父，一家不可理也。凡此所謂兩雄①必爭，亂之本也。夫令不高不行，不摶不聽〔一二〕。摶，聚也。君命不高不聚而聽之。堯、舜之人，非生而理也〔一三〕。化之而理。桀、紂之人，非生而亂也。效之而亂。故理亂在上也。夫霸王之所始也，以人爲本。本理則國固，本亂則國危。故上明則下敬，政平則人安，士教和則兵勝敵〔一四〕，使能則百事理，親仁則上不危，任賢則諸侯服。霸王之形〔一五〕，説霸王之形容。德義勝之，智謀勝之，兵戰勝之，地形勝之，動作勝之，故王之。有此五勝，故可以王。夫善用國者，因其大國之重〔一六〕，以其勢小之。因彊國之權，以其勢弱之。因重國之形，以其勢輕之。凡大彊重，皆國之盈盛者也。然盛者有時而衰，盈者有時而息，故因其衰息之勢，大者小之，彊者弱之，重者輕之。弱國衆，合彊以攻弱〔一七〕，以圖霸。謂時彊國衆多，吾國雖彊，適可圖霸。彊國少，合小以攻大，以圖王。謂時彊國既少，我則合衆聚小，以攻彊大之

① 「雄」字原作「推」，據補注改。

國，如此者，可以圖王。非言王之時。彊國衆而言王勢者，愚人之智也。非施霸之時。彊國少而施霸道者〔一八〕，敗事之謀也。夫神聖視天下之形，知動静之時，視先後之稱〔一九〕，知禍福之門。彊國衆，先舉者危，後舉者利。彊國衆，先舉必爲彊者所圖，故危。彊國少，先舉者王，後舉者亡。戰國衆，後舉可以霸。戰國少，先舉可以王。夫王者之心方，而不最心雖方直，未爲其最。列，不讓賢雖列爵位，不讓賢俊。賢，不齒弟擇衆，雖稱爲賢，無優劣齒弟，又非選衆而舉也。是貪大物也〔二〇〕。大物，謂大寳之位。有此數者，是定貪大位之利，而無得位之實也。是以王之形大也。不可以小數得。夫先王之爭天下也以方心〔二一〕，心方而最，故可以爭天下也。其立之也以整齊，整而齊①之，故可立也。其理之也以平易。平而易之，故可理。立政出令用人道〔二二〕，政令須合人心。施爵禄用地道，地道平而無私。舉大事用天道。心應天時，然後可以舉大事。是故先王之伐也，伐逆不伐順，伐險不伐易，伐過不伐及〔二三〕。伐其太過者。四封之内，以正使之。以正使之，則人無怨。諸侯之會，以權致之。以權致之，則不敢不來。近而不服者，以地患之。侵削其地則自服。遠而不聽者，以刑危之〔二四〕。興師以征之。一而伐之，武也〔二五〕。守一不移，興師伐

①「而齊」二字原作「齊而」，據補注乙。

之，此其武也。**服而舍之，文也。**既服舍之，綏之以德，此其文也。**文武具滿，德也**〔二六〕。唯文教武①功可以滿其德。

〔一〕陶鴻慶云：尹注云「修正理而動，故能成天下之功」，以「正理」連讀，非也。此當以「正」字絕句。正，長也。言明王爲天下長也。「理也」二字爲句，言其理固然也。下文皆申言此義。

翔鳳案：「正理」即「正治」，此避唐諱而改也。

〔二〕張佩綸云：中匡篇「外存亡國，繼絕世」，此不應專以「繼絕世」爲句，非挩二字，即「存亡定危」當作「存亡國」。翔鳳案：「存亡」、「定危」、「繼絕」三種，一般合而爲二，行文不同，非有脱誤。

〔三〕戴望云：「載」與「戴」古通用。詩絲衣箋云：「『載』猶戴也。」

〔四〕王引之云：「繼」字義不可通，蓋「計」之譌，言計謀爲一世之最也。「知」、「計」、「材」相對爲文。「計」與「繼」同聲。又涉上文「繼絕世」而誤，尹注非。俞樾云：「繼」乃「彊」字之誤，草書「系」旁與「弓」旁相似，又涉上文「繼絕世」而誤耳。下文云「彊最一伐而天下共之，國必弱矣」，宋本作「彊最一代」，「代」即「世」也。然即此云「彊最一世」，彼云「彊最一代」，兩文正同。此「彊」字誤爲「繼」，彼「代」字誤爲「伐」，而兩句不可通矣。張佩綸云：「繼」

① 「教武」二字原作「德諸」，據補注改。

當爲「斷」，字之誤也。禮記儒行「不斷其威」，鄭注「『斷』或爲『繼』」，是其證。淮南說林訓「是而行之故謂之斷」，高誘注：「『斷』猶治也。」

〔五〕戴望云：宋本「得」上有「可」字，衍文。翔鳳案：「可」字承上兩層，非衍文。趙本以意删之。

〔六〕張佩綸云：「理」當作「治」，唐人諱。

〔七〕王念孫云：「令」當爲「合」，字之誤也。下文云「諸侯合則彊，孤則弱」，是其證。尹注非。翔鳳案：隸書口寫爲厶，故「合」寫爲「令」。「合」與「孤」對。

〔八〕翔鳳案：吕氏春秋論威「雖有江河之險則凌之」，注：「越也。」

〔九〕丁士涵云：上下文屢言「兵」，此言「止兵」，非文義。「止」當爲「正」，此涉下文「三滿而不止」而衍。下文曰「夫先王之爭天下也以方正」，又曰「正四海者不可以兵獨攻而取也」。翔鳳案：「不止」爲用兵不休，故曰「武滿」。丁誤解矣。

〔一〇〕丁士涵云：當從意林「臣」作「仁」。立政篇曰「大位不至仁，不可以授國柄」，又曰「卿相不得衆，國之危也」，又曰「故大位至仁，則操國得衆」，「大位」即卿相，故言「貴」也。張佩綸云：此承上「三滿」，「卿貴而不臣，非其卿也」句有誤。當作「兵威而不止，非其兵也」，觀注「化爲敵也」，乃解「非其兵」。若解「非其卿」，則無義。「謂卿大夫」乃僞房妄改。翔鳳案：「貴而不臣」，即不爲君用之意，故曰「非其卿」。諸説誤。

〔一一〕王念孫云：「夾」，當依尹注作「狹」。「苴」與「粗」同。（莊子讓王篇：「苴布之衣。」）「上狹而下苴」，謂上小而下大也。與下句文同一例。尹注非。翔鳳案：説文：「夾，盗竊褱物也。从亦。『陝』字从此。」「夾，持也。从大俠二人。」陝隘之陝從之。形近易混，此「夾」從二人。莊子讓王釋文「苴」本作「麤」，王説是也。

〔一二〕豬飼彦博云：「搏」當作「摶」，同「專」，謂命令專出於君也。翔鳳案：説文：「搏，索持也。一曰至也。」其義同迫切，急持之也。月令注「搏勞」，釋文本作「伯」，是「搏」同「迫」矣。義自通，不必訓「專」也。

〔一三〕戴望云：御覽治道部五引「人」作「民」、「理」作「治」，是也。今本係唐人避諱所改，下文同。翔鳳案：宋本藝文類聚五十二卷「人」皆作「民」、「理」皆作「治」，與御覽同。古本疑「人」字不合，改爲「人君」，誤。

〔一四〕戴望云：「士」當爲「土」，屬上讀，「人安土」與「兵勝敵」對文。翔鳳案：牧民「地辟舉則民留處」，即「安土」之義。呂氏春秋任地「子能使吾士靖而甽浴士乎」，注：「『士』當作『土』。」詩長發「相土」，周禮校人注引世本作「相士」，二字互誤久矣。

〔一五〕姚永概云：篇首「霸王之形」至此「霸王之形」，前後相應。本篇文疑即止此。「德義勝之」以下乃後人附益。後云「夫欲以（據注加「以」）臣伐君，正四海者，不可以兵獨攻而取也」，又云「令人主一喜怒者，謀也」，又云「故精於謀，則人主之願可得，而令可行也」，此皆人臣竊國之陰謀，與前所云「卿貴而不臣，非其卿也」正相背戾。或田氏之徒習管子者所爲，後人取以入書歟？　翔鳳案：此不知霸形、霸言之别，其説非是。

〔一六〕戴望云：元本、劉本無「其」字，當爲衍文。　俞樾云：「其」字衍文。下文「因彊國之權」，「因重國之形」，並無「其」字。　張佩綸云：當作「因大國之謀」，「其」乃「謀」之壞，「重」涉下「重國」而衍，下文「爭謀、爭形、爭權」是也。　翔鳳案：因人之勢而利用，「其」字不可少，下二句省之耳。張説不可從。

〔一七〕戴望云：宋本作「弱國衆」，是也。今本涉下文多言「彊國衆」而誤。　張佩綸云：「弱國衆」，各本均作「彊國衆」，據注及下文作「彊國衆」是。　翔鳳案：「攻弱」，即上文之「弱國」。若作「彊」則是「攻彊」，非圖霸之道。左傳：「兼弱攻昧，武之善經也。」戴説是。

〔一八〕丁士涵云：上文「勢」字亦衍，據尹注云「非言王之時」，則無「勢」字。又云「非施霸之時」，則無「道」字。　戴望云：「彊國少」當作「弱國少」，此涉下文「彊國少」而誤。唯其弱國少而欲施霸，則衆彊之國必不我與，故曰「敗事之謀也」。若作「彊國少」，則此句何解乎？下文「彊國衆，先舉者危，後舉者利；彊國少，先舉者王，後舉者亡」，不必承此文言也。　翔鳳案：彊國少可以圖之，僅施霸道，是自敗其事矣。更進一層，無誤字。彊國衆，僅可圖霸，不可言王。兩相對照，文義自明。

〔一九〕李國祥云：「稱」，去聲，謂不失先後之宜。　張佩綸云：「稱」即下文「權稱」。

〔二〇〕孫星衍云：「方」，大也。「最」，聚也。言心大而不知聚，故下文「夫先王之爭天下也以方心，其立之也以整齊」，「整齊」即聚之謂。尹注非。陳奐云：尹注不得其句讀，當以「王者之心方」爲句。此言夫王者居心執方而不知通變之權也。「而不最列」爲句。隱元年公羊傳曰『會』猶最也」，「不最列」，不會聚賢人於列位也。「不讓賢」，不敬讓賢人也。下「賢」字涉上文而衍。「齒弟」猶次弟，謂不能於衆人中次第以擇之也。此皆不願予人以爵禄，故曰「貪大物也」。尹注失之。安井衡云：「齒」，録也。「第」，諸本作「弟」，今從古本。第，但也。言有賢者而不録用，其用人但擇於衆人。翔鳳案：郭沫若解「夫王」爲「失主」，則「夫王者」爲「失主者」，不辭。陳解「方」爲「執方」，與「方心」不合。廣雅釋詁一：「方，正也。」侈靡云：「不方之政，不可以爲國。」説文「最，犯而取也」，與積聚之「冣」異。左僖二十五年「入而未定列」，注：「位也。」説文：「讓，責也。」謙讓爲「攘」之借。論語「賢賢易色」，猶尊賢也。周禮大司寇「不齒三年」，注：「不得以年次列於平民也。」説文：「弟，韋束之次弟也。」「第」爲隷書别體。凡此皆常義，年代久不易解，紛紛有異説，惟陳得其半耳。

〔二一〕王念孫云：「方心」當爲「方正」，隷書「正」、「心」二字相似，又涉上文「王者之心方而不最」而誤。「方正」、「整齊」、「平易」三者相對爲文。尹注非。翔鳳案：「方」訓正，改「心」爲「正」，謬。

〔二二〕丁士涵云：「人道」當作「人心」。尹注云「政令合人心」，尹所見本是「心」字。張佩綸云：「立政出令」當作「出政令」，「立」字涉上而衍。　翔鳳案：「立政出令」可通，何必整齊如現代文，迂矣！

〔二三〕戴望云：宋本、元本「及」上有「不」字。　丁士涵云：宋本是也。説苑指武篇太公望曰「臣聞之，先王伐枉不伐順，伐嶮不伐易，伐過不伐不及」，正與此同。　翔鳳案：「及」借爲「急」，見大匡，常用。

〔二四〕張佩綸云：「刑」當作「形」，以下「刑」皆「形」之借。　翔鳳案：易鼎「其刑渥」，集解今本「刑」作「形」。張説有據。然周禮秋官序言「以佐王刑邦國」，注：「刑，正人之法。」則「刑」本字可通也。

〔二五〕王念孫云：「一而伐之」，「一」當爲「二」，「二」與「貳」同。僖十五年左傳「貳而執之，服而舍之」，文義正與此同。尹注非。　翔鳳案：此言先王之伐，乃王而非霸。公羊「王者大一統」。孟子「定於一」，「武王亦一怒而安天下之民」。「一而伐之，武也」，即其義。「貳而執之」，爲霸者所爲，王未悉也。

〔二六〕王引之云：「文武具滿」，「滿」當爲「備」，字之誤也。（俗書「滿」字作「滿」，「備」字作「備」，右邊相似。）尹注非。　翔鳳案：説文訓「滿」爲盈溢，則「具滿」有完備充足之意，不必改字。古今習慣不同，今以「具備」爲常用詞，管仲時齊或以「具滿」爲常用詞也。

夫輕重彊弱之形，諸侯合則彊，孤則弱。驥之材而百馬伐之，驥必罷矣〔一〕。彊

最一伐而天下共之，國必弱矣。彊國得之也以收小，其失之也以恃彊。小國得之也以制節〔二〕，制度合節故得。其失之也以離彊。離彊，則乖節者也，故失。夫國小大有謀，彊弱有形。服近而彊遠〔三〕，謂用彊兵威遠國，故曰彊遠。王國之形也。合小以攻大，敵國之形也。以負海攻負海，謂以蠻夷攻蠻夷，蠻夷負海以爲固，故曰負海。中國之形也。折節事彊以避罪，小國之形也。自古以至今，未嘗有能先作難，違時易形，以立功名者，無有。言無有此事。常先作難，違時易形，無不敗者也〔四〕。夫欲臣伐君〔五〕，以臣伐君，若湯、武之於桀、紂也。正四海者，不可以兵獨攻而取也。謂當兼下事。必先定謀慮，便地形，利權稱，親與國。視時而動，王者之術也。夫先王之伐也，舉之必義，用之必暴〔六〕，其用師必加於暴亂。相形而知可，謂相其亂亡之形。量力而知攻，攻得而知時〔七〕。是故先王之伐也，必先戰而後攻，先攻而後取地〔八〕。故善攻者，料衆以攻衆，量吾衆寡，可敵彼衆，然後攻。餘倣此。料食以攻食，料備以攻備。以衆攻衆，衆存不攻。彼衆存，則我不能亡之，故不攻。以食攻食，食存不攻。以備攻備，備存不攻。釋實而攻虛，知其實而避之。釋堅而攻膬，釋難而攻易。夫搏國不在敦古〔九〕，在於合今時之宜，搏，聚也。理世不在善攻〔一〇〕，在於權宜。霸王不在成曲〔一一〕。在於全大體。夫舉失而國危，刑過而權倒〔一二〕，刑罰過理，則權柄倒錯。謀易而禍反〔一三〕，謀事數易，禍必反來。計得而彊信，音申。功得而名從，權重而令行，固其數也。數，猶理也。夫爭彊之國，必先爭謀，爭刑〔一四〕，爭權。先此三爭，然後爭彊。令人主一喜一怒者，謀也。謀得則喜，謀失則怒。令國一輕一重者，刑也。怒刑則重，喜刑則輕。令兵一進一退者，權也。權重則進，權輕則退。故精於謀，則人主之願可得，而令可行也。精於刑，則大國之地可奪，彊國之兵可圍也。精於權，則天下之兵可齊〔一五〕，諸侯之君可朝也。夫神聖視天下之刑，知世之所謀，知兵之所攻，知地之所歸，知令之所加矣。夫兵攻所憎而利之，此鄰國之所不親也。兵攻所憎之國，而以攻得爲利。德義不施，鄰國必怨而不親。權動所惡，而實寡歸者，彊〔一六〕。其威權能動移所惡，而德義之實少爲人所歸，如此但彊而已，不能至霸王也。擅破一國，彊在後世者，王。今能專破一國，常守其彊，傳之後世，如此者王也。擅破一國，彊在鄰國者，亡。既破一國，不能守彊，令鄰國得之，如此者亡也。

〔一〕豬飼彥博云：「百馬伐之」，「伐」當作「代」，言百馬錯代而馳。「彊最一伐」，「伐」亦當作「代」，謂强最於一世。「天下共之」，天下同力而伐之也。王念孫云：「百馬伐之」，「伐」當依宋本作「代」。代，迭也。言以驥之材，而百馬迭與之逐，則驥必罷也。「彊最一伐」，「伐」亦當依宋本作「代」。言彊爲一代之最，而天下共伐之，則國必弱也。「代」、「伐」字相似，又涉上文諸「伐」字而誤。丁士涵云：「共」當作「攻」，聲相近而誤也。書甘誓兩

「攻」字，墨子引作「共」，顏氏家訓云：「河北切『攻』字爲古琮，與『工』、『功』、『公』三字不同。」古琮切正與「共」聲近也。　翔鳳案：「伐」當爲「代」，豬飼説是也。然非誤字，乃隸書別體，前面已有證明。詩「克共明刑」，「靖共爾位」，傳並云：「共，執也。」爾雅釋詁：「拱，執也。」論語「衆星共之」，釋文：「鄭作『拱』。」「共」訓執持，不必作「攻」。

〔二〕王引之云：「制」讀爲折，廣雅曰「制，折也」，折之爲言卑詘相下也，廣雅曰：「折，下也。」又曰：「折，詘曲也，詘，曲折也。」「折節」者，卑詘其節，以事彊大之國。下文曰「折節事彊以避罪，小國之形也」，是也。古字「制」與「折」通。（呂刑「制以刑」，墨子尚同篇「制」作「折」。論語顏淵篇「片言可以折獄」，魯讀「折」爲「制」。）「離彊」者，謂不肯附於彊大之國也。尹注非。

〔三〕張佩綸云：「彊遠」當作「疆遠」。左成八年傳：「先王疆理天下。」　翔鳳案：「彊」作「疆」，本篇屢見。「服」即禹貢「侯服」、「甸服」之「服」。

〔四〕戴望云：宋本作「能先」，今本誤倒。　陳奐云：「無有」連下讀。「無有常先作難，違時易形」，即承上意而申言其義。尹注以「無有」連上讀，非。　張文虎云：「無不敗」之「無」，「而」字之誤，當連上讀，作「無有常先作難，違時易形，而不敗者也」。宋本亦誤作「無」。　張佩綸云：此當作「常先作難，違時易形，以成功名者，無有」。「未」、「有能」三字，淺人誤加。「常先作難，違時易形，無不敗者也」，乃尹注誤入正文，原注不應如此複沓。　翔鳳案：自古至今，未嘗有能先作難，其違時易形，因以立功名者，此決無有。何也？「常先作難，違時易形，無不敗者也。」一字不誤。「能先」者，能先爲之。「能先」與「常」相承，若「先能」則不相承也。若以「無有」連下，而改「無」爲「而」，則複矣。

〔五〕吳汝綸云：「伐」當作「代」，「代」本「世」字，避唐諱改。　翔鳳案：「臣伐君」，即中臣之「湯放桀」，「武王伐紂」。此處非「代」之別體，下文兩言「先王之伐」，非誤字也。

〔六〕張佩綸云：「暴」當作「恭」，甘誓：「今予惟恭行天之罰。」　陶鴻慶云：注云「用師必加於暴亂」，此臆說也。「暴」當爲「㬥」，說文：「㬥，疾有所趣也。」兵法云「衆若時雨，寡若飄風」，可釋此二句之義。

〔七〕安井衡云：「攻」讀爲攷，形聲相涉而誤。「得」、「德」通。考彼之德以知時可攻與否。　陶鴻慶云：「攻」當爲「政」，因與上句「知攻」連文而誤重也。本篇「理世不在善攻」，通典引作「治世不在善政」，即其例也。「政得」即「正德」，與上文「相形而知可，量力而知攻」句例同。　翔鳳案：「得」本作「㝵」。說文：「㝵，取也。」攻取知時，其義甚順，改字非是。

〔八〕張佩綸云：「地」涉上「也」字而衍。　翔鳳案：先野戰消滅實力，而後攻其所守。再先攻其所守，而後取其地。「地」字不誤。

〔九〕安井衡云：諸本「摶」作「搏」，注云「聚也」，則字當作「摶」，今據注訂正。　張佩綸云：「搏國」當作「摶國」。「敦」，詩閟宮箋：「治也。」言摶國不在治古事。　翔鳳案：左僖二十八年傳：「晉侯夢與楚子搏。」「搏」爲搏擊，承上攻國來，作「摶」者誤。

〔一〇〕王念孫云：「治世」與「善攻」兩不相涉。通典兵三引作「治世不在善政」，是也。「治世不在善政」，所謂有治人無治法也。故尹注云「在於權宜」。今本「政」作「攻」者，涉上文諸「攻」字而誤。翔鳳案：與人國相搏擊，不在拘守古法。治國尚文，而武次之，故曰「不在善攻」。一意相承，改字者誤。

〔一一〕俞樾云：尹注曰「在於全大體」。然「成曲」之義，殊有未安。「曲」疑「典」字之譌。「霸王不在成典」，言圖霸王者不必拘守成法也。「曲」與「典」形近而誤。國語周語「瞽獻曲」，注曰：「曲，樂曲也。」宋明道二年槧本如此，今本「曲」皆作「典」，是其例矣。翔鳳案：莊子天下「一鄉一曲」。「曲」爲小局面，霸王在顧全大體，不在裝飾小局面。

〔一二〕丁士涵云：王氏於下文「爭刑」讀爲形，此「刑」亦當讀形。上文云「相形而知可」。「形過」者，形失其可也。「過」猶失也。

〔一三〕陶鴻慶云：「易」，率易也。「反」當爲「及」字之誤，言謀事不精則禍及也。尹注云「謀事數易，禍必反來」，殊不成義。翔鳳案：論語子罕「偏其反而」，即此「反」字之義。

〔一四〕王念孫云：「刑」與「形」同。（「形」、「刑」古多通用，不煩枚舉。）上文云「夫國小大有謀，彊弱有形」，又云「必先定謀慮，便地形，利權稱」，故此文亦云「必先爭謀、爭刑、爭權」。自此以下，「刑」字凡四見，皆「形」之借字也。尹注非。

〔一五〕俞樾云：「齊」讀爲濟，詩載馳篇「不能旋濟」，毛傳曰：「濟，止也。」周易雜卦傳「既濟，定也」，「定」亦「止」也。天下之兵可濟，謂天下之兵可止也。上文云「彊國之兵可圉也」，「圉」亦有止義。翔鳳案：周禮亨人「以給水火之齊」，注：「齊，多少之量。」「兵可齊」，可調劑也。此權之作用。「權」爲權謀，非權力。

〔一六〕豬飼彦博云：實，利也。言所得之利寡也。未免利之，故其功止於强。張佩綸云：「寡」字衍。陶鴻慶云：尹注云「其威權動移所惡，而德義之實，少爲人所歸，如此但彊而已，不能至霸王也」，此未達「實」字之義。此承上文「兵攻所憎而利之，此鄰國之所不親也」而言，「實」亦利也。言不以利歸己也。宙合篇云：「夫名實之相怨久矣，是故絶而無交，惠者知其不可兩守，乃取一焉，故安而無憂。」大匡篇云：「君有行之名，安得有其實。」皆此旨也。

問第二十四　謂爲國所當察問者。　内言七

趙用賢云：此篇文法累變而不窮，真天下之奇也。翔鳳案：此爲當時之調查綱要，非有意爲文，而自多變化。

凡立朝廷，問有本紀。所問之事，必有根本綱紀。**爵授有德，則大臣興義**〔一〕。**禄予**

有功，則士輕死節〔二〕。上師士以人之所戴，則上下和〔三〕。上師其士所爲者，皆人之所戴仰，故上下和。授事以能，則人上功。有能然後得事，故人上功。審刑當罪，則人不易訟〔四〕。易，猶交也。所刑皆當其罪，故人不交相訟。無亂社稷宗廟，則人有所宗。社稷宗廟，各得其正，則人知所宗。毋遺老忘親，則大臣不怨〔五〕。大臣非國老，則君親令不遺忘，故不怨。舉知人急，則衆不亂〔六〕。行此道也〔七〕，急，謂困艱也。舉困難之事以示人，則人不復行此道。國有常經，人知終始，此霸王之術也。國有常經，則人知終始之所歸，如此者，霸王之術也。然後問事。事先大功，先問大功，則勞臣悅。政自小始。爲政先小，從微而至著。

〔一〕張佩綸云：「大」字衍。翔鳳案：白虎通攷黜：「爵者，尊號也。」「臣」爲貴賤之通稱。孟子：「在野曰草莽之臣。」此不能有爵者，「大」字不能衍。

〔二〕丁士涵云：「節」者士所最重，不可言「輕」，「節」字衍。「士輕死」，謂不惜死也。張佩綸云：「士輕死節」，一本作「士輕死」，一本作「士死節」，校者誤合之，復於「臣」上加「大」字以配之。「紀」、「義」、「死」韻，「節」亦與「紀」、「義」韻。翔鳳案：郭沫若云「謂視死節之事爲輕而易舉」，是也。呂氏春秋知接「桓公非輕難而惡管子也」，注：「輕，易也。」漢書賈誼傳注同。此常義而不解，可怪也。

〔三〕張佩綸云：「上下和」當作「上下和同」，「同」與「功」、「訟」、「宗」爲韻。翔鳳案：此篇非韻文。凡韻文爲經典格言，使人易記。若篇夾有韻語，爲歌、詩或古語。非此而指爲韻文，皆誤也。

〔四〕豬飼彦博云：「易」，輕易。陶鴻慶云：尹注云「所刑皆當其罪，故人不交相訟」，此未達「易」字之義。「易」讀爲難易之易，刑當其罪，則人不輕訟而訟自稀也。

〔五〕張文虎云：此則論語所謂「不弛其親，不使大臣怨乎不以也」，尹注不明析。

〔六〕俞樾云：尹解「舉知人急」爲「舉困難之事以示人」，則亦不然。牧民篇「地辟舉則民留處」，尹彼注曰：「舉，盡也。」此「舉」字義與彼同。「舉知人急」者，盡知人急難之事也。張佩綸云：「舉知人急」當作「舉人知急」。孟子曰：「知者無不知也，當務之爲急；仁者無不愛也，急親賢之爲務。堯舜之知而不徧物，急先務也；堯舜之仁而不徧愛人，急親賢也。」陶鴻慶云：俞氏正尹注之誤云：「舉，盡也，盡知人急難之事也。」然急難之事豈當知之而已乎？說亦未安。霸言篇云：「夫先王之所以王者，資鄰國之舉不當也。」彼注解爲「舉事」，正此「舉」字之義。舉事知人所急，則事有條理而衆不亂，所謂「務民之義」也。下文云「人知終始」，即其旨也。

〔七〕王念孫云：此總承上文以起下文也。尹連上文「則衆不亂」作一句讀，大謬。

問死事之孤，其未有田宅者有乎？未有則給與之。死事孤，謂死王事之子孫。問少仕而未勝甲兵者幾何人〔一〕？知其數，則預有所準。問死事之寡，其餼廩何如？寡，謂其妻。餼稟，言給其餼稟①。餼，生食。稟，米粟之屬。問國之有功大者，何官之吏也〔二〕？問何官之吏，欲知其材之所當。問州之大夫也，何里之士也？問何州里，欲知其風俗所好尚。今吏亦何以明之矣〔三〕？問吏所明，欲知其優賞厚薄。問刑論有常，以行不可改也〔四〕，今其事之久留也何若〔五〕？罪既論決，國有常科，當奉而行之。此不可改易者也。今乃久留其事，將如之何？問五官有度制，官都其有常斷，今事之稽也何待〔六〕？官都，謂總攝諸司者也。五官既各有制度，官都復自有常斷，今乃稽其事而不行，將何待乎？問獨夫、寡婦、孤寡、疾病者幾何人也〔七〕？知其人數，當有所稟餼。問國之棄人，何族之子弟也？棄人，謂有過不齒，投之四裔者也。問知其族，欲有所收也。問鄉之良家，其所牧養者幾何人矣〔八〕？良家，謂善營生以致富者。牧養，謂其人不能自存，良家全活之。知其所養之數，欲有所復除也。問邑之貧人，債而食者幾何家？債而食，謂從富者出息以供食。知其家數，欲有所矜免也。問理園圃而食者幾何家？人之開田而耕者幾何家？士之身耕者幾何家？問鄉之貧人，何族之別也〔九〕？知從何族而別，或從公族，當有所收恤也。問宗子之牧昆弟者，以貧從昆弟者幾何家〔一〇〕？以貧故從昆弟以求養者，與之從者各有幾家也。餘

① 「稟」字原無，據補注增。

子仕而有田邑，今入者幾何人〔一一〕？謂收入其稅者。子弟以孝聞於鄉里者幾何人？餘子父母存，不養而出離者幾何人〔一二〕？出離，謂父母在分居者。士之有田而不使者幾何人？吏惡何事〔一三〕？不使，謂不用。其吏不惡此等，當惡何事？士之有田而不耕者幾何人？身何事？既不耕，此人身爲何事？君臣有位而未有田者幾何人〔一四〕？外人之來從而未有田宅者幾何家〔一五〕？國子弟之游于外者幾何人？貧士之受責於大夫者幾何人〔一六〕？貧士無資而被大夫責者有幾人。官賤行書身士，以家臣自代者幾何人〔一七〕？其人居官，乃賤自行文書，身任士職，輒以家臣自代，亦須知其數也。官承吏之無田餼而徒理事者幾何人〔一八〕？承吏，謂攝官無餼而空理事。羣臣有位事官大夫者幾何人〔一九〕？羣臣自有位事，乃左官於大夫。外人來游在大夫之家者幾何人？外人，謂外國人。鄉子弟力田爲人率者幾何人？既自力田，又能率人。國子弟之無上事，衣食不節，率子弟不田弋獵者幾何人〔二〇〕？既無上事，乃率子弟不田農，但弋獵。男女不整齊，亂鄉子弟者有乎？謂不以禮交者。問人之貸粟米有別券者幾何家？別券，謂分契也。問國之伏利，其可應人之急者幾何所也〔二一〕？伏利，謂貨利隱蔽不見，若銅銀山及溝瀆可決而溉灌者。

〔一〕戴望云：宋本「壯」作「仕」，誤。翔鳳案：曲禮：「三十曰壯。」論語：「少之時，血氣未定，戒之在色。及其壯也，血氣方剛，戒之在鬭。」少、壯爲兩期，不能混同。説文：「仕，學也。」段注：「訓『仕』爲入官，此今義也。古義『宦』訓仕，『仕』訓學，故毛傳五言『士，事也』。而文王有聲傳亦言『仕，事也』。論語子張篇：『子夏曰：仕而優則學，學而優則仕。』以仕學分出處，起於是時也。」趙本不知古義，改「仕」爲「壯」，戴反以宋本爲誤，非是。

〔二〕張佩綸云：「功大」當作「大功」。

〔三〕陶鴻慶云：尹注云「問吏所明，欲知其優賞厚薄」，此説非也。「今吏」二字爲句。「吏」者，治事之通稱，即指州之大夫而言。「明」讀如「明試以功」之「明」。此與上文之問爲一事。試連上文讀之，云「問州之大夫也何里之士也？今吏（句）亦何以明之矣」，言其昔爲士而今得爲吏者，以何材能而登進也。蓋既詢其里居，又必知其行誼，若今之籍貫與履歷矣。下文云「餘子仕而有田邑，今入者幾何人」，文例與此同。

〔四〕吳汝綸云：「以」、「已」同字。張佩綸云：「以行」之「以」衍。翔鳳案：「以」同「已」，屢見前，吳説是也。

〔五〕丁士涵云：「事之久留」，乃有司之罪，不必問其「何若」，當問其所以久留之故。「若」當爲「居」字之誤。禮記檀弓注：「何居，怪之之詞，猶言何故也。」翔鳳案：「若」字不誤，問其久留之時，此調查之目，乃虚擬，何爲怪之乎？

〔六〕劉師培云：「其」字衍。「官都」即都官也。度地篇云「州十爲都」，乘馬篇曰「四鄉命之曰都」。又山國軌篇云「百都百縣」，山至數篇云「去其都秩與其縣秩」，均「都」、「縣」並文。揆度篇云「爲官都重門擊柝不能去（路史後紀十一引作「者」），亦隨之以法」，「官都」與「重門擊柝」並文，則「官都」確爲鄉官賤職。尹注以「總攝諸司」爲「官都」，俞氏平議襲其説，以淮南天文訓「中央曰都」相證。不知彼文之「都」乃司徒之職，「徒」、「都」古通，與此迥别。本篇下文云「問執官都者其位事幾何年矣」，使「官都」爲五官之總，則職與相同，奚有昧其莅事之年而轉待詢問者哉？　翔鳳案：「其」爲虚擬之詞，非衍文。「官都」有大小，房注不誤。

〔七〕張佩綸云：「孤寡」之「寡」複上，或「窮」字、「貧」字之誤。　翔鳳案：「獨夫」一種，「寡婦」一種，此單身之男女。「孤寡」又一種，乃幼孤而有寡母者。不明事理，任意改字，而不知其不誤也。

〔八〕豬飼彦博云：「牧」當作「收」。　張佩綸云：易鄭注：「牧，養也。」伊注作「收養」，非。入國所謂「鄉黨知識故人，養一孤，養二孤，養三孤者」，是。　翔鳳案：魏正平太守元仙墓誌「收」作「牧」，魏河間王元定墓誌作「収」。則「牧」爲「收」之别體，非訛字也。

〔九〕翔鳳案：「别」爲别子。禮記大傳：「别子爲祖，繼别爲宗。」下文即問宗子。房注「知從何族而别」固誤，而諸人皆未察覺也。

〔一〇〕陳奐云：宋本「收」作「牧」，非。禮記曰：「敬宗故收族。」　張佩綸云：「從」，去聲。當作「問宗子之收昆弟從昆弟者幾何家」，「者以貧」三字衍。　李哲明云：以注云「求養」推之，「收」字當作「牧」，亦形近而訛。宋本正作「牧」。翔鳳案：「牧」即「收」，不誤，見前。

〔一一〕豬飼彦博云：父在，餘子仕而有田邑。既而父歿，襲其禄，故今收入其田邑於官也。陶鴻慶云：尹注云：「謂收入其税者。」夫田邑有税，不獨「餘子」爲然，尹説非也。此當謂「餘子」在官以罪被黜而没收其田邑者。翔鳳案：孟子：「餘夫二十五畝。」其田在鄉村，仕則居邑，今邑中有餘子幾何人。諸説非是。

〔一二〕俞樾云：「離」讀爲儷。禮記月令篇「宿離不貸」，鄭注曰「離，讀如儷偶之儷」，是也。「不養而出離」，謂出而儷偶於他族，若後世贅壻矣。何如璋云：漢書賈誼傳：「秦人家富人壯則出分，家貧子壯則出贅。」「出」，出分也。「離」，出贅也。翔鳳案：廣雅釋詁一：「離，分也。」謂分居，非必出贅也。

〔一三〕丁士涵云：尹注曰：「不使，謂不用其吏。」疑本作「不吏」，謂不治吏事也。士有田，則已身爲官吏，故問其不治吏事者幾何人，幷問其所治者何事也。「惡」即何也，疑一本作「惡」，一本作「何」，寫者誤幷入之。「使何事」與下文「身何事」句法一例。張佩綸云：「吏惡何事」之「吏」，即上「使」之複。「惡」當作「志」。「有田而不使」，即乘馬篇「士聞見博學意察而不爲君臣者」，所謂「不可使」也。「有田而不使者」，有隱士亦恐有華士，故必問其所志爲何事。易：「不事王侯，高尚其志。」孟子：「王子墊問曰：士何事？孟子曰：尚志。」陶鴻慶云：尹注云「不使，謂不用。其吏不惡此等，當惡何事」，非也。此言士食公田之禄而不可任使，當問以何事見惡則處分之也。襄二十二年左傳「穆叔謂御叔不可使也。而敖使人，國之蠹也，今倍其賦」，正此類。翔鳳案：陶說是也。

〔一四〕豬飼彦博云：「君」當作「羣」。王引之云：「君」當讀爲羣，説見大匡篇。翔鳳案：「君」即「羣」，證已見前。

〔一五〕王引之云：「外人」，他國之人也。「從」當爲「徙」，字形相似而誤。他國之人來徙於齊，不可無田宅以安之也。王制曰「自諸侯來徙家，期不從政」，此「來徙」二字之證。翔鳳案：周禮「比長若徙於他」，注謂：「出居異鄉也。」孟子：「死徙無出鄉。」未見有以遷入爲徙者。孟子「姑舍爾所學而從我」，此「來從」之義。改「從」爲「徙」，誤。

〔一六〕陶鴻慶云：「責」與「債」同。上文云「問邑之貧人債而食者幾何家」，彼言受貸於私室，此則受貸於公家也。周官泉府有從官賒貸之法，漢王莽又放行之。

〔一七〕俞樾云：尹注曰：「其人居官乃賤，自行文書，身任士職，輒以家臣自代，亦須知其數也。」然身任士職以家臣自代，疑無是理。即有之，亦私事無從核其數也。「士」蓋「出」字之譌，言身出而以家臣自代也。隸書「出」字或似「士」，如「𧶠」之爲「賣」，「敖」之爲「敖」皆是。故古書「士」、「出」二字往往相亂。王氏引之經義述聞詳言之。吳汝綸云：「書」疑當爲「賈」。張佩綸云：說文：「書，著也。」官賤而行可書。或「書」乃「貴」之誤。「身」當作「貧」。翔鳳案：「官」即「館」，詳幼官篇。周禮天官序官「司書」，注：「主會計之簿書。」是即商賈之事，「書」乃今之賬簿也。

〔一八〕張佩綸云：「承吏」當作「丞史」。史記汲黯傳：「擇丞史而任之。」周禮小行人「爲承而擯」，鄭注：「『承』猶丞也。」儀禮聘禮「大夫爲承擯」，周書大匡「小官承長」，呂覽介立「爲之丞輔」，注：「丞，佐也。」「史」，掌書者，「丞史」謂官之屬。翔鳳案：張改「承」爲「丞」，「吏」爲「史」，「官丞史」三字不詞。説文：「承，奉也。」猶言奉官之吏，與近世承法吏義近，非官也。

〔一九〕吴汝綸云：「位」讀曰涖。江瀚云：「位」當作「涖」，周禮肆師「凡師甸用牲于社宗則爲位」，注曰：「故書『位』爲『涖』。」

〔二〇〕俞樾云：尹注曰：「既無上事，乃率子弟不田農，但弋獵。」此釋「率」字未得其義。小匡篇曰：「十邑爲率，十率爲鄉。」然則「率子弟」者，率之子弟也。下文曰：「男女不整齊，亂鄉子弟者有乎？」「鄉子弟」、「率子弟」，蓋當時有此名。尹氏不達，以謂由「國子弟」率之使然，非其義矣。「國子弟」與「率子弟」文正相對。張文虎云：兩「率」字義同。上謂率衆爲力田者，下謂率衆不耕而弋獵者。尹注不誤。或援小匡篇「十邑爲率」之文以解「率」字，殆非也。

〔二一〕翔鳳案：廣雅釋詁四：「伏，藏也。」此謂儲藏之利，故可應急也。

人之所害於鄉里者何物也〔一〕？人之爲害者害何物？**問士之有田宅，身在陳列者**

幾何人？餘子之勝甲兵，有行伍者幾何人？問男女有巧伎，能利備用者幾何人〔二〕？能利備器之用。處女操工事者幾何人？能操女工之事，謂綺繡之屬也。冗國所開口而食者幾何人〔三〕？言其不農作，直開口仰食。問一民有幾年之食也〔四〕？問兵車之計，幾何乘也？牽家馬、輗家車者幾何乘〔五〕？牽家馬，言直有馬。輗家車，言直有車。相配以成乘。處士修行，足以教人，可使帥衆莅百姓者幾何人？士之急難可使者幾何人？謂士之可以急難使者。工之巧，出足以利軍伍，處可以修城郭、補守備者幾何人？其人既有技巧，出用則能利軍，居處則可以修城補備也。城粟軍糧，其可以行幾何年也〔六〕？行，由經也。城粟，謂守城之粟。軍糧，謂出軍之糧。二者可經幾年？吏之急難可使者幾何人？大夫疏器，疏，謂飾畫也。甲兵、兵車、旌旗、鼓鐃、帷幕帥車之載幾何乘〔七〕？載，謂其車蓋。疏藏器〔八〕，疏畫而可以藏者。弓弩之張〔九〕，弓弩之可以張者。衣夾鋏，鋏，兩刃鈹也。衣夾，謂其衣也。鉤弦之造，鉤弦所以挽弦。戈戟之緊〔一〇〕，緊，謂其堅彊者。其厲何若？其淬厲可用何如？其宜修而不修者故何視？視，比也。其器物宜修者，於故物何比？而造修之官〔一一〕，出器處器之具，宜起而未起者何待〔一二〕？出器，謂可出用之器。處器，謂貯庫而爲備者。起，謂其材所經日月可起用者也。鄉師車輜造脩之具，其繕何若〔一三〕？輜，謂車之有防蔽可以重載者。工尹伐材用，毋於三時，羣材乃植，而造器定冬，兑良備用必足〔一四〕。工尹，工官之長。三時，謂春、夏、秋。此時木方生植，不堅，故不可伐材。其伐材必以冬也。人有餘兵詭陳之行，以慎國常〔一五〕。方戰，有餘兵不用，且詭而陳之，以爲行伍，當慎而聽命，遵國之常令也。時簡稽帥馬牛之肥膌，其老而死者皆舉之〔一六〕。軍之統帥，常時簡選稽考之，以知其能不，而有黜陟。至於馬牛肥膌，及老而死者，皆舉之，以知其數也。其就山藪林澤食薦者幾何？薦，草之美者。出入死生之會幾何？會，謂合其數。若夫城郭之厚薄，溝壑之淺深，門閭之尊卑，宜脩而不脩者，上必幾之。幾，察也。君必察知之。守備之伍，器物不失其具，淫雨而各有處藏〔一七〕。器物遇雨不藏，必致腐敗，故當有藏處。問兵官之吏，國之豪士，其急難足以先後者幾何人〔一八〕？官吏國豪，有急難可令之先後者，當知其數。相導前後曰先後。詩曰：「予曰有先後。」夫兵事者，危物也，不時而勝，不義而得，未爲福也。必合於時義然後爲福。失謀而敗，國之危也，慎謀乃保國〔一九〕。問所以教選人者何事？其教人及選人者，問以何事，欲知其勤，且觀其材用也。問執官都者，其位事幾何年矣〔二〇〕？執官都之職者，問其官位及執事，并建立之年數。所辟草萊有益於家邑者幾何矣？所封表以益人之生利者何物也？謂其事業最可以益人者，遂封表以示之，問知是何物也。所築城郭，脩牆閉，絕通道阨闕，深防溝，以益人之地守者何所也〔二一〕？牆閉，謂築牆有所遮閉，雖通路而爲妨礙者，絕塞之。阨闕，空之處亦當絕之。凡此，守地者所以省其功費，故曰益地守。所捕盜賊，除人害者幾何矣？

〔一〕翔鳳案：即下文「盜賊」。

〔二〕李哲明云：「技能」與「備用」對文。下云「備用必足」，即其證。荀子王制篇「便備用」，即此之「利備用也。」

〔三〕俞樾云：「宂」乃「問」字之誤，與上下文一律。尹注不釋「宂」字，則所見本未誤也。張佩綸云：當作「國所開口而宂食者幾何人」，周禮稾人「掌共外内朝宂食者之食」，鄭注：「宂食，謂留治文書，若今尚書之屬諸直上者。」翔鳳案：説文：「宂，㪔也，从宀，人在屋下，無田事。周書曰：宮中之宂食。」房注「不農作」即釋「宂」字，何云不釋乎？「宂國所開口而食者」，與孟子「遍國中無與立談者」句法相似，「宂」字不誤。

〔四〕翔鳳案：「一民」取其平均數，即耕三餘一，耕五餘二之意。上中下農食幾人，孟子亦有之，言其生産力，非儲備也。

〔五〕姚永概云：此言家私畜之車，家私畜之馬。欲知其數者，備兵事有緩急，可相配取用之。

〔六〕張佩綸云：「行」，周禮司爟鄭注：「用也。」

〔七〕吳汝綸云：「帥車」疑當作「師車」，即兵車。張佩綸云：儀禮有司徹「疏匕」，鄭注：「匕柄有刻飾者。」此舊注所本。文選東京賦注引蔡邕月令章句「疏，鏤也」，「疏器」即飾器。周禮掌固鄭注：「飾器，甲兵之屬。」「帥車之載」，言以車載各器共幾乘也。姚永概云：漢書「數疏克過失」，注：「疏，謂條録之。」此兩「疏」字應作「條録」解。尹訓爲「飾畫」，非。　顔昌嶢云：廣雅釋詁：「疏，識也。」説文言部：「記，疏也。」漢書賈誼傳「難偏以疏舉」，顔注：「言不可盡條記也。」原涉傳：「削牘爲疏，具記衣被棺木」。此言大夫疏記器具之數，即下文所舉甲兵諸物是也。「載」謂車之任載者也。　翔鳳案：左成十三年傳：「晉帥乘和。」「帥」字不誤，吳説非。

〔八〕張佩綸云：「疏藏器」當作「藏疏器」，言藏甲兵之屬也。　顔昌嶢云：「疏藏器」，疏記所藏之器具也。　翔鳳案：郭沫若云「『疏藏器』指兵器之衣被」，是也。

〔九〕張佩綸云：「張」當作「韔」，詩小戎「交韔二弓」，傳：「韔，弓室也。」説文：「韔，弓衣也。」鄭風大叔于田作「鬯」，小戎釋文作「暢」，檀弓釋文作「韔」，並字異音同。　翔鳳案：史記高祖紀「高祖復留止張」，假爲「帳」。釋名：「帳，張也，張施於牀上也。」以韋爲之則爲「韔」。

〔一〇〕丁士涵云：「緊」當作「繄」，戟衣也。　安井衡云：「造」、「簉」通。　張佩綸云：「衣夾鋏」，莊子説劍篇「鋏」正作「夾」。「鋏」當作「錟」，方言九「錟謂之鈹」，故注云：「錟，兩刃鈹也。」（文選注：「鈹，兩刃小刀也。」）「衣夾錟」當作「夾錟之衣」。少儀「加夫橈與劍焉」，鄭注：「夫橈，劍衣也。」注當作「夾鈹，兩刃鈹也。衣，謂其衣也」。韻府本引作「夾鋏之衣」，獨不誤。　翔鳳案：齊策「長鋏歸來乎」，注：「劍把也。」説文：「夾，持也。」「持鋏」與「鈎弦」對，不必改字。左傳昭二十四年釋文：「簉，本作『造』。」文選西京賦「屬車之簉」，薛注：

「副也。」淮南氾論訓：「又加轅軸其上以爲造。」鋏與弦本有套，又副其上而謂之「造」，安井説是也。戈戟大器，以繩緊束之。「緊」、「繫」聲遠，不能假借。戈爲平頭戟，戈戟有衣，仍當束之也。戈長六尺六寸，戟長丈六尺，非束之不可。

〔一一〕何如璋云：「視而造修之官」，「官」即製器之場。張佩綸云：釋名：「視，是也，察其是非也。」晉語韋注：「『視』猶相察也。」「視而造修之官」，謂察而造修之官也。翔鳳案：「官」讀館，同前。「故何視」，謂從前曾否視察也。

〔一二〕張佩綸云：廣韻：「起，作也。」姚永概云：「出器」謂行者所用，「處器」謂居者所用，「具」謂收藏之所。禮運疏：「『起』猶作也。」下文「器物不失其具，淫雨而各有處藏」，可證。

〔一三〕安井衡云：「師」當作「帥」，管子治齊，「五鄉爲帥」。張佩綸云：「鄉帥」各本作「鄉師」，「帥」與「率」同。小匡篇「十邑爲率」。翔鳳案：釋「師」爲「帥」有據。周禮族師注：「『師』之言帥也。」然以「帥」訓士，義亦可通。

〔一四〕吴汝綸云：「冬」疑誤字。（「皃」作「完」。）張佩綸云：「而造器」上脱一字，疑是「具」字，與「植」相似而誤合矣，上兩「具」字可證。「定冬」當作「正冬」，書「以正仲冬」。「皃良」，當從各本作「完良」，詩燕燕序、穀梁隱三年經「完」均作「皃」，是其證。翔鳳案：「三時不害」亦見左傳。造器定於冬季，「定」字不誤。隸書「完」作「皃」，隋張君妻蕭氏墓誌「浣」作「⿰氵皃」，可證。「皃」非誤字。

〔一五〕張佩綸云：「詭陳之行」當作「試之行陳」，言器當試之行陳，宜慎國之典常也。章炳麟云：説文：「詭，責也。」趙充國傳之「自詭滅賊」，薦禰衡表之「詭係單于」，義皆訓責。此言人有餘兵則責其陳之于行伍，不得私匿，「所以慎國常」也。陳之行伍，謂簡閱時，故下遂言「簡稽馬牛」。

〔一六〕陳奐云：「帥」當爲「師」字之誤。「師」下疑脱「田」字。周官冢宰：「聽師田以簡稽。」張佩綸云：周禮校人注：「鄭司農云：『養馬爲圉，故春秋傳曰：馬有圉，牛有牧。』玄謂帥，趣馬；馭夫、僕夫，帥之名也。」此「帥牛馬」指圉牧，不必改爲「師」、爲「師田」也。陶鴻慶云：尹注以「時簡稽帥」爲句，而解之云：「軍之統帥當時簡選稽考之，以知其能否而有黜陟。」以軍帥與馬牛並舉，甚爲不倫。「帥」疑「師」字之誤，連下文讀之。「師馬牛」所以備行師之用，猶周禮言「戎馬」、漢書「軍馬」矣。翔鳳案：「帥」謂帥領，如此則皆通矣。

〔一七〕李哲明云：依注文「故當有藏處」，似正文「處藏」本爲「藏處」，誤倒耳。「處」、「具」與上「伍」字韻叶。翔鳳案：「處藏」自通，非韻語。

〔一八〕安井衡云：「先後」猶輔佐也。翔鳳案：吏爲軍佐，非決勝所必需。「吏」同「使」，左襄三十年傳「使走問諸朝」，釋文本作「吏」。兵與官之奉令出發者爲「兵官之吏」。

〔一九〕張佩綸云：此數語與上雖同爲兵事，而意不相承，以「失謀而敗」句證之，當爲謀失篇殘簡，僞房以意厠此。翔鳳案：上文言軍備，然好兵非國家之福，乃以保護國事之有益者。

下文即承益言之，張未解其義。

〔二〇〕丁士涵云：「位」當作「涖」。周禮肆師注「故書位爲涖」，是其例也。

〔二一〕陳奐云：「牆閉」不屬，疑「牆」下脱一「垣」字。「闕」上脱「門」字，誤移于「牆」之下，而又改作「閉」也。「防溝」當作「溝防」。「築城郭，修牆垣，絶通道，阨門闕，深溝防」，皆三字句。月令「完隄防，謹壅塞，修宫室，環垣牆，補城郭」，又「築城郭，建都邑，穿竇窖，修囷倉」，文義略同。四時篇「修牆垣，周門閭」，輕重甲篇「立臺榭，築牆垣」，文句相同。吴汝綸云：「闕」當爲「關」。張佩綸云：「阨」當爲「阸」，字之誤也。「修阸牆」爲句，「閉絶通道」爲句，「闕深溝防」爲句。原注非。吴語「闕爲石郭陂漢」，注：「闕，穿也。」隱元年左傳：「闕地及泉。」翔鳳案：左襄三十一年傳「高其閈閎」，伏注：「閉也。」説文「閉」從才，段謂：「才不成字。攷王逸少書黄庭經，三用『閈』字，即今『閉』也。」二字相亂久矣，非誤也。説文：「阨，塞也。」其處有闕爲通道，無事則絶之。

制地〔一〕。**君曰，理國之道，地德爲首**〔二〕。當制地之時，君爲此言，故言曰：法地以爲政。故曰「地德爲首」。**君臣之禮**，地有高下，君臣之禮也。**父子之親**，高地下覆，下地上承，父子之親也。**覆育萬人**〔三〕，百貨出於地，人得以生焉，故曰覆育萬人。**官府之藏，彊兵保國，城郭之險，外應四極**。四極，謂國之四鄙也。自官府已下，非地則無所容居。**具取之地**，凡此皆因地而成，故曰具取之地。**而市者天地之財具也**，求天地之財，不登山，不入海，於市求而得之，故曰天地之財具。而萬人之所和而利也〔四〕，和，謂交易也。萬人因市交易而得利。正是道也〔五〕。言市正合道之理。民荒無苛〔六〕，人盡地之職。一保其國，欲理荒人，無得苛虐，但使盡地之職，自然齊一而保國也。各主異位〔七〕，毋使讒人亂普而德，營九軍之親〔八〕。自君以下，其位既異，當各主之，無使讒人交亂，普廢其德。如此，則九軍之親自營也。關者，諸侯之陬隧也，謂陬隅之道也。而外財之門户也，他國之財，因之而入。萬人之道行也〔九〕。謂因此出入。明道以重告之，當明道路之令，再重而告之。征於關者勿征於市，征於關，謂行商。征於市者勿征於關〔一〇〕，征於市，謂坐賈。虚車勿索，索虚車，益其煩擾。徒負勿入，徒負貨既寡，故勿令入其征。以來遠人，關政如此，可以來遠人。十六道同〔一一〕。齊國凡有十六道，皆置關，並同此令。身外事謹，則聽其名〔一二〕，謂出入於關者，身之外事既謹，而從令則當聽其名之真僞也。視其名〔一三〕，視其色，既知其名，又須視其色之是非。是其事〔一四〕，稽其德，既知其色，又須是正其事，以考合其德也。以觀其外，既知其德，又觀其外，以校量之。則無敦於權人，以困貌德〔一五〕，敦，猶厚也。校察如此，則權詐之人無以成其厚。校察行，則困厚姦非因而不生，故曰以困貌德。國則不惑，行之職也。國無姦人，所以不惑。凡此掌行者之職。問於邊吏曰〔一六〕，小利害信，小怒傷義，邊信傷德，邊人失信，故傷德也。厚和構四國，以順貌德，敦厚而和，可以構結四國。四國之來，皆以誠信，故曰以順貌德。后鄉四極〔一七〕。既結四國，然後向四極而撫安之。令守法之官曰，行又令守法之官，日行邊鄙與關塞。度必明，失經常〔一八〕。其巡行之時，必明其制度，無得失於經常。

〔一〕安井衡云：「制地」以下，古本無。何如璋云：「制地」二字是此文標目，與上段各問不相連屬，當别出自爲一篇。翔鳳案：山權數：「國無制，地有量。地無量，國無筴。」「制地」即定地之筴。説文：「地，萬物所陳列也。」包括田土關市在内，而制其筴。蓋調查問明之後，所以處置之也。明是一篇之總結，古本不明而删之，以爲别篇之誤入，則誤甚。

〔二〕安井衡云：「君」謂古之明君，一説「君」下當脱「子」字。翔鳳案：此制地之筴，假君之令以行。「制地」爲綱，「君曰」即下文所云。不曰「桓公」而曰「君」者，非桓公一人所行，乃通則也。「道」、「首」、「禮」韻，「親」、「人」韻，「國」、「極」、「地」韻，「地」讀遺。

〔三〕安井衡云：「人」當爲「民」，唐人避諱未訂耳。何如璋云：宜移下文「具取之地」句於此，而接「覆育萬人」句，則「親」與「人」叶。翔鳳案：管書「民」同「氓」同「萌」，作「民」則失韻，何不知韻，不必辨矣。

〔四〕張佩綸云：「而」字當作「夫」。顔昌嶢云：此二句當在下文「關者諸侯之陬隧也」句上，此錯簡。翔鳳案：五材生於地，市易之。爲承上，不誤。

〔五〕翔鳳案：論語：「正惟弟子不能學也。」今口語尚作「正」。「具」、「利」、「道」韻。

〔六〕張佩綸云：「民荒無苛」當作「無荒無苛」。尹桐陽云：「荒」，氓也。「苛」同「疴」，病也。

翔鳳案：詩閟宮「遂荒大東」，傳：「有也。」爾雅釋言：「荒，奄也。」民掩有其地也。說文：「苟，自急敕也。」爾雅釋詁：「亟，速也。」釋文：「『亟』字又作『苟』，居力反。」「苟」、「職」、「國」韻。非苛虐之「苛」，「苛」則失韻矣。

〔七〕張佩綸云：「各主異位」，周禮司市：「大市，日昃而市，百族爲主；朝市，朝時而市，商賈爲主；夕市，夕時而市，販夫販婦爲主。」翔鳳案：上市下闕，張說不誤。

〔八〕王念孫云：「普」當爲「暜」，（「普」本作「暜」，形與「暜」相似。）尹注「普廢其德」，「普」亦當爲「暜」，「暜」與「替」同，故注言「暜廢」。宋翔鳳云：注云：「自君以下，其位既異，當各主之，無使讒人交亂暜廢，其德如此，則九軍之親自營也。」據注意則「暜」音他計反。說文「暜，从竝，白聲。一从曰」，與从竝从日之「暜」相似而不同。朱長春讀爲「普遍」之「普」，非也。按：當以「毋使讒人亂暜」爲句，「而德營九軍之親」爲句，言毋使讒人擾亂暜廢其君之位，而其德足以營衛九軍相親之心也。（詩召旻「暜」與「引」韻，離騷「暜」與「艱」韻，是古音「暜」在真韻，與「親」字相協。）丁士涵云：當讀「毋使讒人」句。「使」，用也，言無用讒人也。「亂」，治也。「暜」，徧也。「而」猶乃也。出治天下，徧周乃德，足以營衛九軍之親。「九軍」尹無注。說文：「軍，圜圍也。」一切經音義引字林：「軍，圍也。」廣雅釋言同。「九軍」猶「九圍」，（詩長發傳：「九圍，九州也。」）指諸侯言之，此古義之僅存者。霸言篇曰「以遂德之行結諸侯之親」，文義正與此同。張佩綸云：呂覽貴因篇「讒慝勝良」，注：「讒，邪也。」周禮「胥師察其詐僞飾行儥慝者而誅罰之，肆長各掌其肆之政令，陳其貨賄，名相近者相遠也，實相近者相爾也，而平正之」，鄭司農云：「謂若珠玉之屬，俱名爲珠，俱名爲玉，而賈或百萬，或數萬，恐農夫愚民見欺，故別異令相遠，使賈人不得雜亂以欺人。」「普」當作「晉」，漢書王子侯年表注：「晉，古『僭』字。」説文：「僭，假也。」「九軍之親」當作「九軌之馗」。攷工記匠人：「營國中方九里，旁三門，國中九經九緯，經涂九軌。」爾雅：「九達謂之逵。」馗，古「逵」字。　李哲明云：「營」者，惑也。言無使讒人亂德，營惑九軍，致不親睦也。呂覽尊師「心則無營」，淮南原道「精神亂營」，注皆云「營，惑也」，是也。　翔鳳案：「普」即「替」，王、宋説是。「軍」訓「圍」，丁説是。廣雅釋詁三：「德，得也。」易「尚德載」，虞翻作「得」。「君子以順德」，姚信作「得」。亂替而得利。「人」、「親」韻。

〔九〕安井衡云：「道」，由也，所由而行也。　翔鳳案：爾雅釋宮：「行，道也。」指關言。下文「十六道」同意。「隧」、「户」、「告」韻，「告」讀鵠。

〔一〇〕惠士奇云：此周禮司關聯門市之法也。自外入者征於關，關移之門，門移之市。所謂「征於關者勿征於市」也。自内出者征於市，市移之門，門移之關，所謂「征於市者勿征於關」也。（見禮説。）　翔鳳案：此二句「市」「市」、「關」「關」本身爲韻。

〔一一〕張佩綸云：「十六道」當作「十八道」。匠人「國中九經九緯徑涂九軌」，鄭注：「經、緯，謂涂也。」孔正義：「九經九緯者，南北之道爲經，東西之道爲緯。王城面有三門，門有三涂，男子由右，女子由左，車從中央。」合九經九緯，正十八道。亦可云三十六道。翔鳳案：四正四維，四四十六，歧中有歧，言其多，非必十六也。四達曰衢，桓公屢稱齊爲衢之國，「十六」二字不誤。「索」、「入」韻。「人」、「同」韻，「同」讀屯。

〔一二〕戴望云：此句疑有脱誤。翔鳳案：周禮大行人「諭書名」，即此「名」也。荀子王制「謹畜藏」，注「嚴也」，即此「謹」字之義。闠市有遠人，則謹聽其書名也。

〔一三〕王引之云：「視其名」三字，因上下文而衍。尹不解此三字，則本無可知。張佩綸云：治要引申子大體篇「以其名聽之，以其名視之，以其名命之」，則「聽」與「視」並舉爲是。翔鳳案：張説是，指遠人。王不知而以爲衍，非是。

〔一四〕豬飼彦博云：「是」、「諟」同，審也。俞樾云：「是」猶視也。荀子解蔽篇「是其庭可以搏鼠」，楊倞注曰「『是』蓋當爲『視』」，即其證也。上云「視其色」，此云「是其事」，文異而義同。尹注「謂是正其事」，失之。翔鳳案：文義自通，解「是」爲「視」，則與上文複，非是。

〔一五〕丁士涵云：「則」字當屬上讀，爾雅曰：「則，事也。」「則」與「色」、「德」、「惑」、「職」爲韻。戴望云：宋本「貌」作「皃」，「皃」乃「完」字之誤。如上文「定冬完良」，宋本作「皃良」之例。完德，全德也。下文「以順貌德」，宋本亦作「皃」，皆「完」字誤。張佩綸云：「敦」，信也。「困」，亂也。「權」，説文：「一曰反常。」逸周書周祝孔晁注「貌，謂無實」，王充論衡「實行爲德」，「貌德」猶言「虚實」。大戴禮衛將軍文子篇：「不學其貌，竟其德，敦其言，於人也，無所不信。」後漢書郎顗傳：「易傳曰：有貌無實，佞人也，有實無貌，佞人也。」翔鳳案：丁説是，「貌」本作「皃」，即「完」字，見前。

〔一六〕翔鳳案：左莊八年傳「公問不至」，注：「命也。」與下文「令守法之官」同義。

〔一七〕王念孫云：「德厚」二字連讀，「厚」字上屬爲句，不與「和構」相連。「德厚」猶言「仁厚」。形勢解篇曰「無德厚以安之，無度數以治之」，樂記曰「廣其節奏，省其文采，以繩德厚」，鄉飲酒義曰「主人者，接人以仁，以德厚者也」，荀子君道篇曰「德厚者進，而佞説者止」，韓子外儲説右篇曰「德厚以與天下齊行」，齊策曰「德厚之道得，貴士之力也」，史記秦本紀曰「施德厚骨肉，而布惠於民」，漢景帝詔曰「德厚侔天地，利澤施四海」，鼂錯對策曰「今以陛下神明德厚」，鄒陽獄中上梁王書曰「墮肝膽，施德厚」，司馬相如子虛賦曰「今足下不稱楚王之德厚，而盛推雲夢以爲高」，皆以「德厚」連文。尹以「厚」字下屬爲句，非是。安井衡云：「邊」讀爲偏。檀弓曰「齊衰不以邊坐」，正義云：「不可著齊衰而偏坐。」是「邊」、「偏」通也。俞樾云：尹注曰「邊人失信，故傷德也」，然邊人失信，不得謂之「邊信」，於義殊不可通。「邊」當讀爲篡，即今篾字也。玉篇竹部「篡，篾也」，然説文無「篾」字，「篡」即「篾」也。篡信者，小信也。小信傷德，正與上文「小利害信，小怨傷義」一律。尚書君奭篇「文王蔑德」，正義引鄭注曰：「蔑，小也。」然則小信謂之「篡信」，猶小德謂之「蔑德」矣。顧命篇「敷重蔑席」，孫氏星衍疏曰：「『蔑』俗從竹，當爲『蔑』，即『篡』假音字」，據此知「篡」爲正字，「蔑」爲假字，「篯」爲俗字。管子之「篡信」，與尚書之「蔑德」，文異而義同矣。張佩綸云：王説「德厚」似矣，而於「邊信」二字全不置詞。俞氏至解「邊信」爲「蔑信」，曰「小信也」，殆不可通。今案：「邊信傷德厚」皆涉上下文而衍。下當作「和構四國，厚鄉四極」，（「厚」、「后」通，古文「厚」作「垕」。）以順貌德」，言勿以小利害信，勿以小怒傷義，和以構四國，厚以向四極，以順其外貌與内德。此安邊之策也。「義」與「國」、「極」、「德」爲韻。翔鳳案：郭沫若以「信」爲「和」之誤，是也。易傳「利者義之和也」，故小利害和。

〔一八〕豬飼彦博云：「失」上古本有「無」字，觀注可見。王念孫云：尹注甚謬，「日」當爲「曰」，字之誤也。「令守法之官曰」爲句，（上文「問於邊吏曰」云云，即其證。）「行度必明」爲句。（「行度」，行法度也。）「無失經常」爲句。翔鳳案：「日」當爲「曰」，王説是也。「明」、「常」韻。易晉「失得勿恤」，孟、馬、虞、王肅皆作「矢」。爾雅釋言：「矢，誓也。」論語：「夫子矢之曰。」「失」爲「矢」之誤，不必加「無」字。

謀失第二十五 闕

内言八